江西省民营经济研究会文库

江西民营经济年鉴

2014

主　编：蒋金法　龚培兴　副主编：曹元坤　胡大立　毛日清

经济管理出版社

ECONOMY & MANAGEMENT PUBLISHING HOUSE

图书在版编目（CIP）数据

江西民营经济年鉴2014/蒋金法，龚培兴主编 . —北京：经济管理出版社，2016. 11
ISBN 978 – 7 – 5096 – 4716 – 5

Ⅰ. ①江…　　Ⅱ. ①蒋… ②龚…　　Ⅲ. ①民营经济—江西—2014—年鉴　　Ⅳ. ①F121. 23 – 54

中国版本图书馆 CIP 数据核字（2016）第 270836 号

组稿编辑：杜　菲
责任编辑：杜　菲
责任印制：黄章平
责任校对：张　青

出版发行：经济管理出版社
　　　　　（北京市海淀区北蜂窝 8 号中雅大厦 A 座 11 层　　100038）
网　　　址：www. E – mp. com. cn
电　　　话：（010）51915602
印　　　刷：三河市延风印装有限公司
经　　　销：新华书店
开　　　本：787×1092/16
印　　　张：19
字　　　数：487 千字
版　　　次：2016 年 11 月第 1 版　2016 年 11 月第 1 次印刷
书　　　号：ISBN 978 – 7 – 5096 – 4716 – 5
定　　　价：98. 00 元

前　言

　　近年来，江西经济社会发展的成绩有目共睹，其中民营经济发展做出了巨大贡献。尽管相对于发达区域，江西省民营经济的发展还存在不小的差距，但是江西省民营经济从未停止努力向前的征程。与自身相比，无论在数量上还是在质量层面，江西民营经济都有历史性的飞跃发展。江西省委省政府对民营经济发展环境更是持续的高度重视，通过出台一系列文件、举措，正在营造平等、公平、公正的市场环境，促进江西非公有制经济更好更快地发展。2013年专项颁布了《中共江西省委、江西省人民政府关于大力促进非公有制经济更好更快发展的意见》（赣发〔2013〕14号），2014年就贯彻2013年"14号文件"颁布了《关于促进非公有制企业品牌建设的实施意见》（赣非公领办字〔2014〕15号）；各市县也纷纷出台相关政策措施，着力构建民营经济发展的良好环境，助力民营经济健康持续发展。

　　在新常态下，民营经济的发展质量在很大程度上决定了其所在区域的经济发展规模和水平。在2014年江西省"两会"举行的首场全媒体访谈直播中，江西省政协常委、省工商联主席雷元江谈及江西省非公有制经济发展时表示，非公有制经济已经成为江西经济发展的生力军，是江西经济发展最广泛的基础性力量、最大的发展潜力和增长点、最强的创新活力。非公有制经济在支撑江西经济增长、促进创新、扩大就业、增加税收等方面具有重要作用。可以说，没有非公有制经济的发展，就没有江西经济社会的繁荣。

　　正因为民营经济是经济结构中最活跃的成分，已成为带动江西经济发展的主要动力，所以有必要对民营经济发展历程进行客观记述，本年鉴就是在这样的背景中应时而出。受江西省工商联、江西省民营经济研究会委托，由江西财经大学主持成立专项课题组，组织专家学者编写江西民营经济发展年鉴。本着客观记录和真实反映2014年度江西民营经济运行的经济贡献、创新能力、主要活动、发展环境等方面的情况，年鉴的主要内容包括江西民营经济发展概况、民营经济政策法规、民营经济统计资料、民营经济科技创新、商会组织发展、县市民营经济发展、重点产业民营企业、民营企业社会责任、民营经济研究组织与成果、民营企业排行榜以及年度大事记。本年鉴尽可能做到结构科学、内容丰富、资料翔实、数据客观，力求为广大读者了解、研究江西民营经济发展发挥富有意义和价值的参考作用。

　　作为一项原则性强、工作量大、涉及面广的文化工程，《江西民营经济年鉴2014》的编写和出版能够顺利进行，应归功于江西省工商联的坚强领导、江西省民营经济研究会和江西财经大学的精诚协作，同时得益于年鉴编撰同仁的专注努力。

　　期待江西省民营经济的发展不断取得更加灿烂辉煌的成就！

目　录

第一章　江西民营经济发展概况

民营经济是具有中国特色的经济概念和经济形式。关于民营经济的定义，尚未形成一致的观点。较为认可的定义是，民营经济是指除国有及国有控股、集体经济、外商和港澳台商独资及其控股以外的经济组织，它的主要成分是私营经济、个体经济和混合所有制经济。其中，私营企业和个体工商户在民营经济中占据了绝大部分。

民营经济不等于非公有制经济。我国现行法律、行政法规或司法解释中对"民营经济"一词没有明确的规定，只在地方性政府政策性文件中有时出现。2013 年 5 月 13 日国务院发布的《关于鼓励支持和引导个体私营等非公有制经济发展的若干意见》（简称"新 36 条"）同 2005 年的"非公经济 36 条"一样，都是使用"非公经济"而非"民营经济"。它们的差别在于非公有制经济包括外商和港澳台商独资及其控股经济组织，而民营经济不包括外商和港澳台商独资及其控股经济组织。

民营企业是民营经济的微观经营主体，有广义和狭义之分。广义的民营企业是指国有及国有控股企业、集体企业、三资和港澳台企业以外的所有企业，主要包括私营企业、混合所有制企业，而其中又以私营企业占绝大部分。狭义的民营企业仅指私营企业。本年鉴对民营企业一般作狭义的理解，即除特别说明外，民营企业均专指私营企业。

一、江西民营经济基本情况

根据江西省工商局统计调查结果显示，2014 年末江西省企业总数达 40 万家，其中生产制造类企业 12 万家，贸易经营类企业 22 万家，对外贸易类企业 1 万家，信息技术类企业 7000 家，旅游类企业 3000 家，服务类企业 3 万家，金融类企业 5000 家。全省民营企业总数已达 32.89 万户，民营企业个数在整个企业总数中占比高达 80%。全省民营企业注册资本总额突破万亿元大关，达 11704.59 亿元，占全省各类企业注册资本总额的比重达 57%。全省民营经济就业人员达 1057.24 万人，占全省总就业人口数的 40.6%。至 2014 年底，全省民营企业（不含分支机构）的户均注册资本为 389.32 万元。注册资本在 100 万元以下的有 15.14 万户，比重为 50.36%，其中 2014 年 3～12 月新登记注册资本在 3 万元以下的民营公司 481 户，"一元公司"只有 10 户；注册资本在 100 万～500 万元的有 9.22 万户，比重为 30.68%；注册资本在 500 万～1000 万元的有 2.78 万户，比重为 9.23%；注册资本在 1000 万～1 亿元的有 2.82 万户，比重为 9.37%；注册资本在 1 亿元以上的有 1078 户，比重为 0.36%，其中 2014 年 3～12 月新登记"亿元公司"171 户，同比增长 116.46%，这些新登记"亿元公司"注册资本总额为 558.38 亿元，比上年同期新登记"亿元公司"注册资本总额增长 384.92%。全省民营企业集团达 512 户（见图 1－1）。

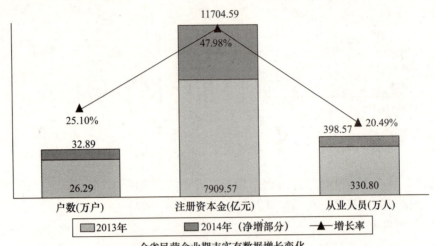

全省民营企业期末实有数据增长变化

注：柱状图底部为2013年底期末实有数据，顶部为2014年底期末实有数据。

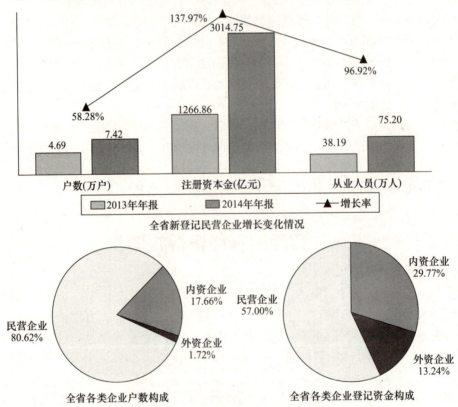

全省新登记民营企业增长变化情况

全省各类企业户数构成　　　　全省各类企业登记资金构成

图 1-1　江西省民营企业增长变化情况

资料来源：江西省工商行政管理局网站（http：//www.jxaic.gov.cn/jx/dxzsy.html）。

二、江西民营企业产业分布情况

至 2014 年底，全省民营企业从事第一产业的有 2.05 万户；从事第二产业的有 8.53 万户；从事第三产业的有 22.31 万户。三大产业民营企业构成比重为 6.23∶25.95∶67.82。从全省民营企业产业资金投向看，第一产业资金集聚 666.54 亿元；第二产业资金集聚 3763.22 亿元；第三产业资金集聚 7274.83 亿元。三大产业民营企业产业资金构成比重为 5.69∶32.15∶62.15（见图 1-2）。

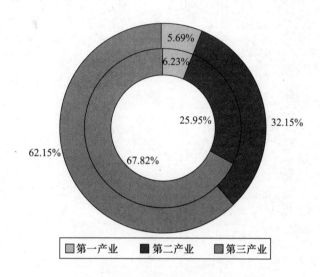

图 1-2　民营企业数及注册资本产业构成

注：内环为民营企业户数产业构成，外环为民营企业资金产业构成。

资料来源：江西省工商行政管理局网站（http：//www.jxaic.gov.cn/jx/dxzsy.html）。

从就业人数行业分布情况来看，城镇民营单位就业人员主要集中在制造业、建筑业、批发零售业，其占总就业人数比重分别为 52.82%、13.27%、10.16%。其他各行业从业人员情况如图 1-3 和表 1-1 所示。

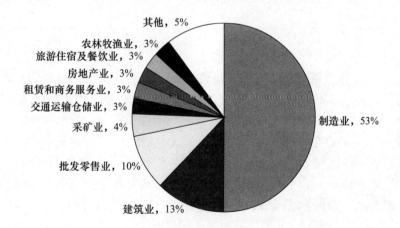

图 1-3　城镇民营企业在国民经济各行业就业人数占比

表 1-1　按行业划分城镇民营就业人员年末人数及占比（2014 年）

类别（按国民经济行业分）	就业人员人数（人）	各行业就业人数占比（%）
总计	2967731	100
农林牧渔业	60622	2.04
采矿业	111951	3.77
制造业	1567654	52.82
电力、燃气及水的生产和供应业	16505	0.56
建筑业	393682	13.27
交通运输仓储业	100441	3.38
批发零售业	301595	10.16
旅游住宿及餐饮业	66307	2.23
信息传输、软件和信息技术服务业	33590	1.13
金融业	4664	0.16
房地产业	75128	2.53
租赁和商务服务业	83029	2.80
科学研究和技术服务业	12344	0.42
水利、环境和公共设施管理业	8415	0.28
居民服务、修理和其他服务业	40761	1.37
教育业	52808	1.78
卫生和社会工作	15375	0.52
文化、体育和娱乐业	22637	0.76
公共管理、社会保障和社会组织	223	0.01

从民营企业行业分布情况来看，全省民营企业分布前三大行业分别为：批发和零售业（11.21 万户），占比为 34.09%；制造业（5.87 万户），占比为 17.84%；租赁和商务服务业（4.40 万户），占比为 13.39%。民营企业较上一年增长迅速、较上一年度（2013 年）增幅超过行业平均水平的有：建筑业（2.08 万户），同比增长 37.64%；科学研究和技术服务业（0.55 万户），同比增长 33.99%；文化、体育和娱乐业（0.33 万户），同比增长 33.41%；教育业（0.06 万户），同比增长 29.98%；农林牧渔业（2.17 万户），同比增长 28.77%；信息传输、软件和信息技术服务业（1.15 万户），同比增长 28.41%（见图 1-4）。

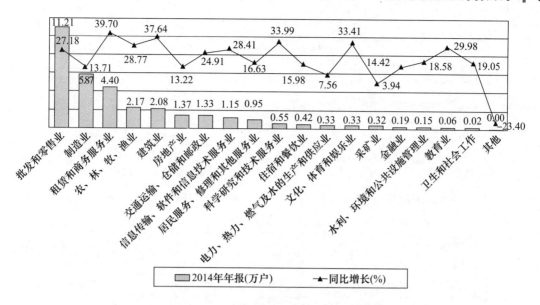

图1-4　江西省民营企业行业分布状况及增长变化

资料来源：江西省工商行政管理局网站（http：//www.jxaic.gov.cn/jx/dxzsy.html）。

三、江西民营企业区域分布情况

从民营企业、注册资本总额区域分布来看，至2014年底，昌九一体区域（含省本级登记、南昌市、九江市）期末实有民营企业12.20万户，占全省比重达37.10%；注册资本总额4480.27亿元，占全省比重达38.28%。赣南苏区区域（含赣州市、吉安市）期末实有民营企业6.92万户，占全省比重为21.05%；注册资本总额2247.69亿元，占全省比重为19.20%。赣东北区域（含上饶市、鹰潭市、景德镇市）期末实有民营企业5.54万户，占全省比重为16.84%；注册资本总额1908.98亿元，占全省比重为16.31%。赣西区域（含宜春市、萍乡市、新余市）期末实有民营企业5.94万户，占全省比重为18.05%；注册资本总额达2406.14亿元，同比增长50.30%，为全省最高增速，占全省比重为20.56%。抚州市期末实有民营企业2.29万户，占全省比重为6.96%，注册资本总额661.50亿元，占全省比重为5.65%（见图1 5）。

从民营企业就业人员区域分布来看，2014年城镇民营单位就业人员中年末就业人数最多的是赣州市，达655657人，占比达22.093%。排在第二位的是南昌市，年末就业人员数达411449人，占比达13.864%。其他设区市依次排名是：萍乡市（345849人、占比11.654%）、宜春市（334260人、占比11.263%）、九江市（300238人、占比10.117%）、吉安市（296797人、占比10.001%）、上饶市（115418人、占比8.597%）、抚州市（115418人、占比3.889%）、景德镇市（100692人、占比3.393%）、新余市（90141人、占比3.037%）、鹰潭市（62107人、占比2.093%）。如表1-2所示。

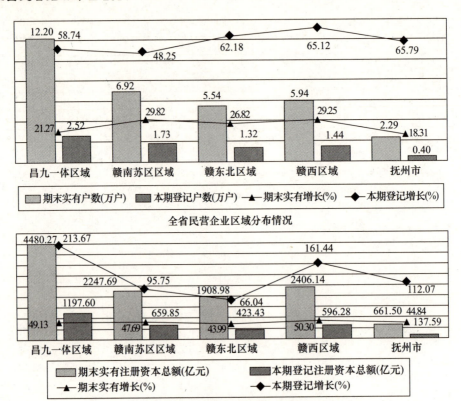

图 1-5　江西省民营企业区域分布情况

表 1-2　按地区划分城镇私营单位就业人员年末人数及占比（2014 年）

设区市	就业人员年末人数（人）	占比（%）
南昌市	411449	13.864
景德镇市	100692	3.393
萍乡市	345849	11.654
九江市	300238	10.117
新余市	90141	3.037
鹰潭市	62107	2.093
赣州市	655657	22.093
吉安市	296797	10.001
宜春市	334260	11.263
抚州市	115418	3.889
上饶市	255123	8.597
合计	2967731	100.000

资料来源：江西省工商行政管理局网站（http://www.jxaic.gov.cn/jx/dxzsy.html）。

　　从上规模民营企业的区域分布来看，2014 年江西上规模民营企业主要分布在宜春市、九江市、南昌市三个设区市，营业收入总额前三位为南昌市、上饶市、宜春市，资产总额前三位为南昌市、宜春市、上饶市，净利润总额前三位为南昌市、宜春市、九江市（见表 1-3）。

表1-3　2014年上规模民营企业营业收入、资产和净利润分布情况

设区市	企业数量（家）	企业数量比重（%）	营业收入总额（万元）	营收总额比重（%）	资产总额（万元）	资产总额比重（%）	净利润总额（万元）	净利润总额比重（%）
南昌市	47	12.40	19696525	43.36	9690525	31.57	707942	32.34
九江市	55	14.51	4672507	10.29	2573816	8.39	246310	11.25
景德镇市	7	1.85	477825	1.05	524514	1.71	78073	3.57
萍乡市	19	5.01	433861	0.96	374213	1.22	42424	1.94
新余市	12	3.17	1008555	2.22	2507505	8.17	212215	9.70
鹰潭市	23	6.07	2566227	5.65	1011029	3.29	72801	3.33
赣州市	32	8.44	2623681	5.78	3473771	11.32	199485	9.11
宜春市	102	26.91	4914928	10.82	4742795	15.45	311943	14.25
上饶市	34	8.97	5485417	12.08	3881560	12.65	178493	8.15
吉安市	26	6.86	2082660	4.59	1063329	3.46	84458	3.86
抚州市	22	5.80	1458422	3.21	852400	2.78	54763	2.50

2014年江西省民营企业100强中，全省11个设区市都有企业入围，其中南昌31家，宜春市、九江市、上饶市均超过10家（见表1-4）。

表1-4　江西省民营企业100强分布情况　　　　　　　　单位：家

设区市	入围江西省民营企业100强企业数
南昌市	31
九江市	12
景德镇市	3
萍乡市	1
新余市	4
鹰潭市	8
赣州市	7
宜春市	15
上饶市	11
吉安市	5
抚州市	3

四、江西民营企业发展状况[①]

（一）整体规模增长放缓

2014年上规模民营企业营业收入较2013年继续增长，但增长幅度有所放缓，江西民营

---

① 此部分内容来自江西省工商业联合会网站（http://www.jxfic.gov.cn/）。

企业 100 强的入围门槛大幅增长，达到 8.44 亿元，比 2013 年的 7.36 亿元增长 1.08 亿元，增长了 14.67%，但增长幅度较 2013 年有所减缓。2014 年 379 家上规模民营企业营业收入总额为 4542.06 亿元，比 2013 年增长 487.56 亿元，增长幅度为 11.97%，增长幅度较 2013 年下降了 5.23 个百分点；户均营业收入超过 10 亿元，达到 11.98 亿元。江西省上规模民营企业中，营收总额过百亿元的企业有 7 家，50 亿~100 亿元的企业有 6 家，10 亿~50 亿元的有 77 家，10 亿元以下的有 289 家，表明江西省上规模民营企业中超大型企业数量偏少（见表 1-5）。

表 1-5　2013~2014 年上规模民营企业营业收入分布　　　　单位：家

营业收入总额标准	2014 年企业数	2013 年企业数
100 亿元以上	7	6
50 亿~100 亿元	6	3
10 亿~50 亿元	77	66
10 亿元以下	289	302

379 家上规模民营企业大部分营业收入有所增长，其中营业收入增长 50% 以上的有 49 家，增长 20%~50% 的有 81 家，增长 20% 以内的有 176 家，营业收入下降的有 73 家（见图 1-6）。

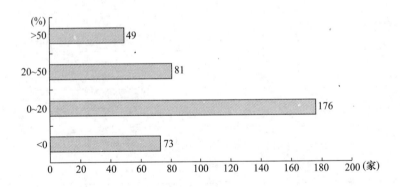

图 1-6　2014 年上规模民营企业营业收入增长情况

从江西上规模民营企业的资产规模来看，2014 年 379 家上规模民营企业资产总额达到 3069.55 亿元，户均 8.10 亿元，比 2013 年增长 0.84%，其中资产规模超过 100 亿元的有 4 家，50 亿~100 亿元的有 7 家，20 亿~50 亿元的有 10 家。江西萍钢实业股份有限公司、江西赛维 LDK 太阳能高科技有限公司两家总资产分别为 277 亿元和 183 亿元，分列前两位（见表 1-6 和表 1-7）。

表1-6 2013~2014年上规模民营企业资产总额分布   单位：家

资产总额标准	2014年企业数	2013年企业数
100亿元以上	4	4
50亿~100亿元	7	8
20亿~50亿元	10	11
10亿~20亿元	42	31
10亿元以下	315	323

表1-7 2014年上规模民营企业资产总额前10家   单位：万元

序号	企业名称	2014年资产总额
1	江西萍钢实业股份有限公司	2769833
2	江西赛维LDK太阳能高科技有限公司	1830000
3	晶科能源有限公司	1307548
4	毅德置业（赣州）有限公司	1185302
5	泰豪集团有限公司	999577
6	方大特钢科技股份有限公司	928745
7	江西博能实业集团有限公司	903706
8	正邦集团有限公司	862357
9	双胞胎（集团）股份有限公司	793832
10	九江联盛实业集团有限公司	606049

　　从全国工商联发布的中国民营企业500强榜单来看，近几年江西省入围500强的企业有所增加，2014年达到了8家，入围中国民营企业制造业500强的企业达到了9家（见图1-7、表1-8和表1-9）。

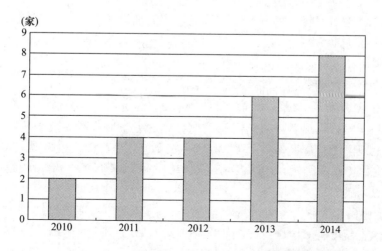

图1-7 近5年江西省入围中国民营企业500强情况

表 1-8　进入 2014 年中国民营企业 500 强的江西企业　　　　　单位：万元

排名	企业名称	所属行业	营业收入总额
74	正邦集团有限公司	农业	4303866
98	双胞胎（集团）股份有限公司	农副食品加工业	3702788
144	江西萍钢实业股份有限公司	黑色金属冶炼和压延加工业	2912994
225	晶科能源有限公司	电气机械和器材制造业	1937730
419	方大特钢科技股份有限公司	黑色金属冶炼和压延加工业	1150930
426	江西济民可信集团有限公司	医药制造业	1142731
475	吉安市大广宏再生资源利用有限公司	批发业	1037286
487	江西赣基集团工程有限公司	土木工程建筑业	993610

表 1-9　进入 2014 年中国民营企业制造业 500 强的江西企业　　　　单位：万元

排名	企业名称	所属行业	营业收入总额
90	江西萍钢实业股份有限公司	黑色金属冶炼和压延加工业	2912994
140	晶科能源有限公司	电气机械和器材制造业	1937730
245	方大特钢科技股份有限公司	黑色金属冶炼和压延加工业	1150930
252	江西济民可信集团有限公司	医药制造业	1142731
343	江西博能实业集团有限公司	金属制品业	786483
359	泰豪集团有限公司	专用设备制造业	726093
467	江西新金叶实业有限公司	有色金属冶炼和压延加工业	508700
472	志高空调（九江）有限公司	通用设备制造业	502716
479	鸭鸭股份公司	纺织服装、服饰业	495355

（二）经营效益稳步提升

2014 年以来，面对国际、国内宏观经济下行压力加大的形势，在江西省委、省政府一系列"稳增长"重大举措的拉动下，江西上规模民营企业经营效益平稳提升。从江西 100 强民营企业经营情况来看，2013 年度 100 强民营企业实现净利润 119.1 亿元，户均 1.19 亿元，2014 年度 100 强民营企业实现净利润 163.5 亿元，户均 1.64 亿元，净利润增长幅度达 37.3%。这是由于 2014 年上规模民营企业调研范围持续扩大，另一个不容忽视的重要原因就是部分行业利润大幅度提高，如医药制造业、有色金属冶炼和压延加工业等利润增长明显。从 379 家上规模民营企业 2013 年度和 2014 年度经营效益相比较来看，2013 年度这 379 家企业共实现利润 166.9 亿元，2014 年度实现利润 234.86 亿元，利润增长幅度达 40.72%，利润的增长明显。

379 家上规模民营企业中，大部分上规模民营企业 2014 年净利润有所上升，其中 273 家企业净利润比上年度有所增长，7 家持平，99 家下降。净利润超 10 亿元的有汇仁集团有限公司、江西赛维 LDK 太阳能高科技有限公司、双胞胎（集团）股份有限公司 3 家，其中汇仁集团有限公司实现净利润达 15.76 亿元，居首位；净利润在 5 亿~10 亿元的有方大特钢科技股份有限公司、江西济民可信集团有限公司、晶科能源有限公司、毅德置业（赣州）有限公司4家；亏损企业有19家。上规模民营企业净利润分布情况如表1-10所示，净利润4亿元以上的上规模民营企业有9家，如表1-11所示。

表1-10 2014年上规模民营企业净利润结构 单位：家

净利润标准	2014年企业数	2013年企业数
10亿元以上	3	2
5亿~10亿元	4	3
1亿~5亿元	45	42
1亿元以下	308	303
亏损	19	27

表1-11 2014年净利润4亿元以上的上规模民营企业 单位：万元

序号	企业名称	税后净利润额
1	汇仁集团有限公司	157644
2	江西赛维LDK太阳能高科技有限公司	150000
3	双胞胎（集团）股份有限公司	110744
4	方大特钢科技股份有限公司	59868
5	江西济民可信集团有限公司	55976
6	晶科能源有限公司	52987
7	毅德置业（赣州）有限公司	50647
8	正邦集团有限公司	46592
9	四特酒有限责任公司	41290

（三）行业差异较明显

本次调研行业分类标准参考国民经济行业分类GB/T 4757—2011标准调整，将部分行业进行了细分，上规模民营入围企业分布在13大类52个细分子行业。为便于分析比较，在行业分析中对部分行业进行合并处理。

2014年上规模民营企业主要集中于第二产业，仍以制造业为主导。

1. 上规模民营企业仍集中于第二产业

从企业数量和营业收入等数据来看，2014年上规模民营企业仍集中在第二产业，与全国分布情况大致相同。第三产业有41家企业，企业数量和规模所占比重仍然较低，民营企业转变发展方式、优化产业结构仍任重而道远，上规模民营企业产业分布情况如图1-8所示。

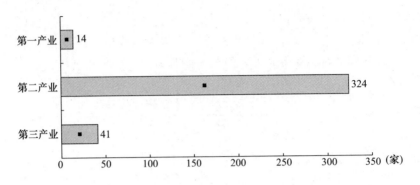

图 1－8　2014 年上规模民营企业产业分布情况

　　2014 年上规模民营企业属于第二产业的有 324 家，占比 85.49%；实现营业收入 3657.2 亿元，营业收入总额占上规模民营企业的 80.5%；拥有资产总额 2576.9 亿元，资产总额占上规模民营企业的 84.0%。属于第一产业的有 14 家，占企业总数的 3.69%，属于第三产业的有 41 家，占比 10.82%。第二产业比例有小幅增长，第一产业、第三产业比例小幅回落（见表 1－12）。

表 1－12　上规模民营企业营收和资产产业分布情况

产业	企业数量		营业收入总额		资产总额	
	数量（家）	占比（%）	金额（万元）	占比（%）	金额（万元）	占比（%）
第一产业	14	3.69	4716108	10.38	1261579	4.11
第二产业	324	85.49	36571580	80.52	25768921	83.95
第三产业	41	10.82	4132920	9.10	3664957	11.94

　　2. 上规模民营企业仍以制造业为主导

　　2014 年上规模民营企业中，共有 279 家从事制造业，占企业总数的 73.61%，资产总额占 75.24%，缴税总额占 73.42%，税后净利率占 76.46%，仍然为上规模民营企业的主导，但制造业营业收入占比稍低，营业收入仅占上规模民营企业的 66.94%，吸纳就业人数仅占 65.39%（见表 1－13）。

表 1－13　2014 年制造业企业占上规模民营企业比重

	企业数量（家）	营业收入总额（亿元）	税后净利润（亿元）	资产总额（亿元）	缴税总额（亿元）	研发费用（亿元）	员工人数（万人）
制造业企业	279	3040.5	167.36	2309.4	139.28	35.98	25.81
占上规模民营企业比重（%）	73.61	66.94	76.46	75.24	73.42	90.54	65.39

　　3. 重工业化特征显著，建筑业和医药制造业表现突出

　　随着江西省工业化进程地加快，重工业化成为不可避免的发展阶段，冶金、化工、太阳能等行业发展较快，民营企业规模逐渐壮大，重工业化特征明显。建筑业和医药制造业作为

江西省支柱产业，发展迅速，表现突出。

2014 年，上规模民营企业前十大行业 215 家企业中，有 89 家企业集中于冶金、化工、太阳能等资金和技术密集行业，而建筑业和医药制造业分别集中了 31 家和 26 家企业（见表 1-14）。上规模民营企业制造业前 50 家如表 1-15 所示，建筑业前 10 家如表 1-16 所示，医药制造业前 10 家如表 1-17 所示，服务业前 10 家如表 1-18 所示。

表 1-14　2014 年上规模民营企业前十大行业　　　　单位：家

所属行业名称	企业数量
有色金属冶炼和压延加工业	40
其他制造业	33
建筑业	31
医药制造业	26
化学原料和化学制品制造业	16
非金属矿物制品业	15
食品制造业	14
纺织业	14
农副食品加工业	14
金属制品业	12

注：建筑业包含房屋建筑业、土木工程建筑业、建筑装饰其他建筑业。

表 1-15　2014 年上规模民营企业制造业前 50 家　　　　单位：万元

序号	企业名称	所属市	所属行业	营业收入总额
1	双胞胎（集团）股份有限公司	南昌市	农副食品加工业	3702788
2	江西萍钢实业股份有限公司	南昌市	黑色金属冶炼和压延加工业	2912994
3	晶科能源有限公司	上饶市	电气机械和器材制造业	1937730
4	方大特钢科技股份有限公司	南昌市	黑色金属冶炼和压延加工业	1150930
5	江西济民可信集团有限公司	南昌市	医药制造业	1142731
6	江西博能实业集团有限公司	上饶市	其他制造业	786483
7	泰豪集团有限公司	南昌市	专用设备制造业	726093
8	鹰潭瑞兴铜业有限公司	鹰潭市	有色金属冶炼和压延加工业	680791
9	江西新金叶实业有限公司	上饶市	有色金属冶炼和压延加工业	508700
10	志高空调（九江）有限公司	九江市	通用设备制造业	502716
11	鸭鸭股份公司	九江市	纺织服装、服饰业	495355
12	仁和（集团）发展有限公司	宜春市	医药制造业	417865
13	江西赛维 LDK 太阳能高科技有限公司	新余市	其他制造业	397000
14	江西青峰药业有限公司	赣州市	医药制造业	377220
15	江西深傲服装有限公司	九江市	纺织服装、服饰业	368546
16	红旗集团江西铜业有限公司	鹰潭市	电气机械和器材制造业	364071

序号	企业名称	所属市	所属行业	营业收入总额
17	上饶和丰铜业有限公司	上饶市	有色金属冶炼和压延加工业	360580
18	煌上煌集团有限公司	南昌市	食品制造业	357303
19	贵溪大三元实业（集团）股份有限公司	鹰潭市	有色金属冶炼和压延加工业	326570
20	江西自立环保科技有限公司	抚州市	有色金属冶炼和压延加工业	326362
21	四特酒有限责任公司	宜春市	酒、饮料和精制茶制造业	310916
22	汇仁集团有限公司	南昌市	医药制造业	286096
23	全南晶环科技有限责任公司	赣州市	有色金属冶炼和压延加工业	232828
24	江西金汇铜业有限公司	上饶市	有色金属冶炼和压延加工业	212304
25	江西合力泰科技有限公司	吉安市	其他制造业	206916
26	崇义章源钨业股份有限公司	赣州市	有色金属冶炼和压延加工业	202500
27	上饶市华丰铜业有限公司	上饶市	有色金属冶炼和压延加工业	199106
28	江西太阳陶瓷有限公司	宜春市	非金属矿物制品业	194103
29	虔东稀土集团股份有限公司	赣州市	有色金属冶炼和压延加工业	186805
30	江西省万事发粮油有限公司	南昌市	农副食品加工业	169261
31	江西洪达医疗器械集团有限公司	南昌市	医药制造业	155785
32	江西百神药业股份有限公司	宜春市	医药制造业	153900
33	江西同心铜业有限公司	鹰潭市	有色金属冶炼和压延加工业	152603
34	江西金土地集团	新余市	农副食品加工业	148709
35	江西益康医疗器械集团有限公司	南昌市	医药制造业	138981
36	江西省人之初科技集团有限公司	南昌市	食品制造业	138941
37	江西美庐乳业集团有限公司	九江市	食品制造业	136721
38	江西保太有色金属集团有限公司	鹰潭市	有色金属冶炼和压延加工业	135924
39	江西汇能电器科技有限公司	宜春市	其他制造业	135000
40	江西凯安铜业有限公司	鹰潭市	有色金属冶炼和压延加工业	124833
41	江西新威动力能源科技有限公司	宜春市	其他制造业	123806
42	江西联达冶金有限公司	萍乡市	其他制造业	121893
43	江西青春康源集团有限公司	新余市	医药制造业	120300
44	中粮粮油工业（九江）有限公司	九江市	农副食品加工业	118504
45	高安红狮水泥有限公司	宜春市	非金属矿物制造业	118386
46	九江诺贝尔陶瓷有限公司	九江市	其他制造业	115531
47	协讯电子（吉安）有限公司	吉安市	计算机、通信和其他电子设备制造业	109570
48	九江恒生化纤股份有限公司	九江市	化学纤维制造业	107843
49	江西金田粮油集团有限公司	吉安市	农副食品加工业	105086
50	江西世龙实业股份有限公司	景德镇市	化学原料和化学制品制造业	104789

表1-16 2014年上规模民营企业建筑业前10家   单位：万元

序号	企业名称	所属市	营业收入总额
1	江西赣基集团工程有限公司	九江市	993610
2	利达装饰集团有限公司	南昌市	462743
3	美华建设有限公司	南昌市	393744
4	中大建设有限公司	上饶市	378329
5	发达控股集团有限公司	南昌市	363482
6	城开建设集团有限公司	南昌市	353289
7	中阳建设集团有限公司	抚州市	331258
8	江西省园艺城乡建设集团有限公司	南昌市	263580
9	江西省第五建设集团有限公司	南昌市	251820
10	江西诚建建筑装饰工程有限公司	南昌市	182649

表1-17 2014年上规模民营企业医药制造业前10家   单位：万元

序号	企业名称	所属市	营业收入总额
1	江西济民可信集团有限公司	南昌市	1142731
2	仁和（集团）发展有限公司	宜春市	417865
3	江西青峰药业有限公司	赣州市	377220
4	汇仁集团有限公司	南昌市	286096
5	江西洪达医疗器械集团有限公司	南昌市	155785
6	江西百神药业股份有限公司	宜春市	153900
7	江西益康医疗器械集团有限公司	南昌市	138981
8	江西青春康源集团有限公司	新余市	120300
9	江西天新药业有限公司	景德镇市	104333
10	鹰潭荣嘉集团医疗器械实业	鹰潭市	60990

表1-18 2014年上规模民营企业服务业前10家   单位：万元

序号	企业名称	所属市	所属行业	营业收入总额
1	吉安市大广宏再生资源利用有限公司	吉安市	批发业	1037286
2	江西省丰和营造集团有限公司	南昌市	房地产业	408019
3	毅德置业（赣州）有限公司	赣州市	房地产业	336019
4	九江联盛实业集团有限公司	九江市	零售业	253927
5	华林特钢集团有限公司	九江市	房地产业	228000
6	江西盛达商业投资集团有限公司	南昌市	道路运输业	182753
7	江西省绿滋肴实业有限公司	南昌市	零售业	139389
8	江西九州医药有限公司	宜春市	批发业	107196
9	思创数码科技股份有限公司	南昌市	软件和信息技术服务业	104543
10	江西九州通药业有限公司	南昌市	批发业	87629

钢铁行业（黑色金属冶炼和压延加工业）企业数量虽然少（仅 4 家），但实现了 412.64 亿元的营业收入，占上规模民营企业营业收入的 9.08%，比重较 2013 年度有所降低。

4. 上规模民营企业行业间经营效益差异明显

2014 年上规模民营企业行业间运营效率差异明显，皮革、毛皮、羽毛及其制品和制鞋业，住宿业，教育业等表现突出，仓储业、批发业、畜牧业等整体经营效益不佳。

从销售净利率来看，2014 年上规模民营企业平均销售净利率为 4.82%，在 54 个行业中，有 35 个行业销售净利率高于平均值，其中 11 个行业销售净利润高于 10%，皮革、毛皮、羽毛及其制品和制鞋业以 23.32% 的销售净利率居榜首（见表 1-19）。

表 1-19　2014 年上规模民营企业中销售净利率超过 10% 的行业

行业名称	企业数（家）	净利润额（万元）	营业收入总额（万元）	销售净利率（%）
皮革、毛皮、羽毛及其制品和制鞋业	8	32305	138519	23.32
住宿业	1	1917	10005	19.16
教育业	1	2624	14450	18.16
林业	2	3973	25478	15.59
仪器仪表制造业	2	18569	126375	14.69
酒、饮料和精制茶制造业	3	47853	370078	12.93
木材加工和木、竹、藤、棕、草制品业	7	16075	128842	12.48
医药制造业	26	383362	3377167	11.35
石油加工、炼焦和核燃料加工业	2	11784	106370	11.08
房地产业	10	121216	1191609	10.17
餐饮业	1	1639	16299	10.06

有 8 个行业销售净利率低于 2%，分别为仓储业，批发业，畜牧业，黑色金属矿采选业，农业，铁路、船舶、航空航天和其他运输设备制造业，黑色金属冶炼和压延加工业，橡胶和塑料制品业（见表 1-20）。

表 1-20　2014 年上规模民营企业中销售净利率不足 2% 的行业

行业名称	净利润额（万元）	营业收入总额（万元）	销售净利率（%）
仓储业	430	141213	0.30
批发业	6282	7540	0.44
畜牧业	1301	132961	0.98
黑色金属矿采选业	160	14716	1.09
农业	62051	4492742	1.38
铁路、船舶、航空航天和其他运输设备制造业	1164	66494	1.75
黑色金属冶炼和压延加工业	78735	4115790	1.91
橡胶和塑料制品业	1917	99259	1.93

从资产运营效率来看，2014 年上规模民营企业平均资产净利率为 7.13%，有 27 个行业平均资产净利率高于平均值，其中 19 个行业资产净利率高于 10%，石油加工、炼焦和核燃料加工业以 38.88% 的资产净利率居首位（见表 1-21）。

表 1-21　2014 年上规模民营企业中资产净利率超过 10% 的行业

行业名称	净利润额（万元）	资产总额（万元）	资产净利率（%）
石油加工、炼焦和核燃料加工业	11784	30311	38.88
纺织服装、服饰业	71424	242387	29.87
机动车、电子产品和日用产品修理业	1561	5226	29.47
燃气生产和供应业	2498	9730	25.67
非金属矿采选业	6453	27925	23.11
建筑安装业	13465	58881	22.87
皮革、毛皮、羽毛及其制品和制鞋业	32305	147311	21.93
医药制造业	383362	2031362	18.87
餐饮业	1639	9233	17.75
电力、热力生产和供应业	1725	11244	15.34
装卸搬运和运输代理业	1830	13640	13.42
农副食品加工业	153972	1162081	13.25
土木工程建筑业	31325	243222	12.88
软件和信息技术服务业	11443	97955	11.68
金属制品业	26841	231956	11.57
木材加工和木、竹、藤、棕、草制品业	16075	142002	11.32
通用设备制造业	44275	393483	11.25
酒、饮料和精制茶制造业	47853	430020	11.13
住宿业	1917	17993	10.65

5 个行业资产净利率低于 2%，分别为仓储业，铁路、船舶、航空航天和其他运输设备制造业，造纸和纸制品业，黑色金属矿采选业，批发业（见表 1-22）。

表 1-22　2014 年上规模民营企业中资产净利率低于 2% 的行业

行业名称	净利润额（万元）	资产总额（万元）	资产净利率（%）
仓储业	430	35929	1.2
铁路、船舶、航空航天和其他运输设备制造业	1164	82312	1.41
造纸和纸制品业	5807	342249	1.7
黑色金属矿采选业	160	8917	1.79
批发业	6282	327268	1.92

从人均净利率来看，2014 年上规模民营企业人均净利润为 5.55 万元，有 15 个行业人均净利润高于 10 万元，其中燃气生产和供应业以 59.48 万元的人均净利润居首位，人均净利润前 10 位的行业（见表 1-23）。

表 1 – 23　2014 年上规模民营企业人均净利润前 10 位的行业

行业名称	净利润额（万元）	员工人数（人）	人均净利润额（万元）
燃气生产和供应业	2498	42	59.48
装卸搬运和运输代理业	1830	63	29.05
房地产业	121216	4602	26.34
石油加工、炼焦和核燃料加工业	11784	502	23.47
纺织服装、服饰业	71424	3043	23.47
机动车、电子产品和日用产品修理业	1561	70	22.30
住宿业	1917	120	15.98
建筑安装业	13465	906	14.86
建筑装饰和其他建筑业	67281	5051	13.32
仪器仪表制造业	18569	1484	12.51

（四）投资行为谨慎乐观

投资是企业扩大再生产的主要途径，也是企业做强做大、转型升级的必经之路，企业投资行为反映了企业对经济形势和企业发展前景的研判，也是企业经济实力的重要体现。2014年，江西全省民营经济在"新常态"下平稳运行，上规模民营企业投资热情较高，但更谨慎，68.7%的企业（258 家）有新增投资，总额达 247.22 亿元，户均新增投资 0.65 亿元，投资额较 2013 年（262.16 亿元）有所降低，企业数量比重与 2013 年基本持平（66.8%），显示出上规模民营企业在投资行为上的谨慎态度。

1. 上规模民营企业资金主要源于自有资金和银行借贷

从资金来源看，2014 年上规模民营企业新增投资以自有资金（253 家）和银行借贷（173 家）为主，采取股权融资、政府资助、资本市场融资和民间借贷方式的企业较少（见表 1 – 24）。

表 1 – 24　2014 年上规模民营企业新增投资的主要渠道

投资渠道	企业数量（家）	占上规模民营企业比重（%）
自有资金	253	66.75
银行借贷	173	45.65
股权投资	47	12.40
政府资助	19	5.01
资本市场融资	19	5.01
民间借贷	6	1.585
其他	6	1.58

2010 年 5 月以来国务院陆续出台了"民间投资 36 条"及其实施细则。6 年来，随着国家"简政放权"、"负面清单"、降低市场准入门槛等制度的推出，江西省民营企业适应了经济"新常态"，投资信心增强，但仍有因素制约民间投资的发展，民营企业投资行为更慎

重。调研数据表明，2014年上规模民营企业中，有158家企业认为垄断行业的门槛较高，行业准入存在不少障碍；有139家企业认为进入垄断行业的实施细则落实不到位，有待进一步健全和完善；有104家企业认为民营企业进入垄断行业仍存在"玻璃门"、"弹簧门"、"旋转门"现象；有96家企业认为在某些垄断行业的民营企业缺少话语权，投资不能控股（见表1-25）。

表1-25 2014年民间投资进入垄断行业存在的问题

民间投资进入垄断行业存在的问题	企业数量（家）	占上规模民营企业比重（%）
垄断行业的门槛较高	158	41.69
实施细则落实不到位	139	36.68
仍存在"玻璃门"、"弹簧门"、"旋转门"现象	104	27.44
某些垄断行业投资不能控股，缺少话语权	96	25.33

2. 部分企业积极响应混合所有制改革

中共十八届三中全会《决定》中提出"积极发展混合所有制经济"。调研数据显示，部分上规模民营企业开始尝试参与国企改革，通过控股、参股、收购国有资产、国有资本出资入股本企业等方式试水混合所有制经济。部分上规模民营企业虽然没有参与国企改革，但有参与意愿。民营企业参与国企改革的情况如表1-26所示。

表1-26 2014年上规模民营企业参与国有企业改制重组情况

参与国有企业改制重组情况	企业数量（家）	占上规模民营企业比重（%）
已控股国有企业	1	0.26
已参股国有企业	7	1.85
收购了国有企业资产	13	3.43
国有资本出资入股本企业	12	3.17
尚未参与，但有参与意向	135	35.62
尚未参与，也无参与意向	135	35.62

发展混合所有制经济对民营企业而言是一个重要机遇，使民营企业投资领域进一步扩大，对于民营企业调整产业结构、转型升级具有重要意义，但目前还存在不少困难。调研数据显示，有46.97%的企业认为混合所有制改革的具体细则尚不明确，不敢贸然进入；有21.11%的企业认为可参与的混合所有制项目不多（见表1-27）。

表1-27 2014年上规模民营企业参与发展混合所有制面临的突出障碍

突出的障碍	企业数量（家）	占上规模民营企业比重（%）
混合所有制改革的具体细则尚不明确，不敢贸然进入	178	46.97
可参与的混合所有制项目不多	80	21.11
目前参与的混合所有制项目没有话语权	22	5.80
其他	19	5.01
现有的混合所有制项目规模大，无能力参与	15	3.96

3. 当年重大事件以重大项目投产和重大技术突破为主

重大事件集中反映了企业发展战略的实施情况，2014 年上规模民营企业主要通过重大项目投产、重大技术突破和重大资产重组等方式实现企业发展壮大和转型升级。调研数据显示，2014 年上规模民营企业实现重大项目投产的有 116 家，占上规模民营企业总数的 30.6%，实现重大技术突破的有 75 家，占 19.8%，进行重大资产重组的有 25 家，占 6.6%，还有 15 家企业当年的重大事件为国内并购、企业上市等（见图 1-9）。

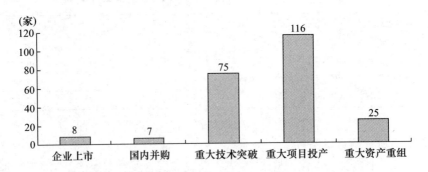

图 1-9　2014 年上规模民营企业发生重大事件情况

4. 上规模民营企业投资多样化

从企业投资方式来看，上规模民营企业的投资方式多样化，有扩建、技术改造、新建企业、兼并、参股、项目投资、基金投资等，但多数企业还是选择扩建和技术改造这两种较稳健的投资方式。调研数据显示，有 46.17% 的企业选择了在本企业基础上扩建的投资方式，有 48.02% 的企业选择了本企业技术改造（见表 1-28）。

表 1-28　2014 年上规模民营企业的投资方式

投资方式	企业数量（家）	占上规模民营企业比重（%）
本企业基础上扩建	175	46.17
本企业技术改造	182	48.02
项目投资	88	23.22
新建企业	45	11.87
兼并企业	12	3.17
参股企业	28	7.39
参与基金投资	6	1.58

5. 上规模民营企业积极进入战略性新兴产业

在"稳中有进"总体基调和国外市场缓慢回暖的双重作用下，我国战略新兴产业总体呈平稳、理性的发展态势。调研数据显示，2014 年上规模民营企业共有 245 家企业投资战略性新兴产业，占上规模民营企业总数的 64.64%，其中以节能环保产业（121 家）居多，上规模民营企业进入较多的产业有节能环保产业、新材料产业、生物医药产业、新能源产业、新一代信息技术产业、物联网产业和高端装备制造产业等（见表 1-29）。

表 1－29　上规模民营企业投资战略性新兴产业情况

战略性新兴产业名称	企业数量（家）	占上规模企业的比重（%）
节能环保产业	121	31.93
新一代信息技术产业	27	7.12
生物医药产业	45	11.87
高端装备制造产业	21	5.54
新能源产业	39	10.29
新材料产业	55	14.51
新能源汽车产业	9	2.37
物联网产业	22	5.80

第二章 民营经济政策法规

一、概述

政策法规，是指党政机关制定的关于处理党内和政府事务工作的文件。一般包括中共中央、国务院及其部门制定的规定、办法、准则以及行业的规范和条例规章等。2014 年，全国、江西省及各设区市为支持民营经济的发展出台了许多相关的政策法规，构建了民营经济发展的政策环境。

（一）国家有关民营经济发展的政策法规

2014 年，中共中央、国务院及其各部委为促进民营经济发展，发布了多方面、多角度的政策法规。政府不断加快对行政制度、科技体制、贸易管理体制、投融资机制、企业税费体制、企业资金管理体制进行改革优化。国家所颁布的政策法规涉及政府行政制度改革、取消与下放权力、体制机制改革、营造良好环境、减免企业税费负担、提供专项资金扶持等。中共中央、国务院及其各部委颁布这些政策，旨在提高政府管理科学化、规范化，切实做到简政放权、转变职能、激发市场和社会活力，从而达到提高经济领域的创新能力的目的。同时，国务院为能更好地完善市场监管体制，着力解决市场体系不完善、政府干预过多和监管不到位问题，坚持放管并重，实行宽进严管，激发市场主体活力，平等保护各类市场主体合法权益，维护公平竞争的市场秩序，促进经济社会持续健康发展。

（二）江西有关民营经济发展的政策法规

2014 年，江西省委省政府及各厅局为推动民营经济更好更快发展，颁布多条相关政策法规，在科技体制、投融资机制、贸易管理体制、企业税费体制、企业资金管理体制等方面进行了深度改革。所颁布的政策法规涉及省政府体制机制改革、营造良好环境的政策法规、落实创新驱动发展战略、推动产业转型升级、减免企业税费负担、提供专项资金扶持的政策法规等。多项政策法规的颁布表明江西省政府在落实创新驱动发展战略，切实减轻企业负担，提升企业创新能力等方面给予了重点关注。同时政府还颁布了有关企业家队伍建设方面的政策法规。非公有制经济代表人士队伍建设是人才队伍建设的重要组成部分，其能力和素质会直接决定着企业的兴衰成败，因此加强非公有制经济代表人士队伍建设，对团结动员非公有制经济人士积极投身改革开放和现代化建设、促进山西省非公有制经济更好更快发展都发挥着重要的作用。

（三）江西设区市有关民营经济发展的政策法规

2014 年，江西各设区市的市委市政府及其经济主管部门为构建民营经济的发展环境，颁布多条相关政策法规。各设区市为民营经济搭建更好的发展平台，不断破除制约民营经济发展的体制机制障碍，为民营经济发展提供最佳的审批环境，因此市委市政府逐步深化对政府行政制度、科技体制、企业税费体制改革，不断优化投融资机制。具体涉及市委市政府体制机制改革、营造良好环境、减免企业税费负担、提供专项资金扶持等。这些政策为促进非公有制经济，尤其是民营经济提供了制度保障。同时，各设区市注重企业家队伍建设，进入 21 世纪以来，民营企业家队伍不断壮大，其为推动各设区市的非公有制经济的发展做出巨大贡献。因此各设区市的市委市政府着力于企业家队伍的建设，希望能够提升企业家素质，弘扬企业家精神，培养和造就一批有抱负、有眼光、有社会责任感、懂经营、会管理、善创新的企业家。

二、政策法规文件列表

（一）国家有关民营经济发展的政策法规

2014 年国家促进民营经济发展的相关政策法规的整理与归纳如表 2－1 所示。

表 2－1　国家促进民营经济发展的政策法规

序号	文件名称	发文机关	文件内容摘要	文件文号
1	关于取消和下放一批行政审批项目的决定	国务院	国务院取消和下放 64 项行政审批项目和 18 个子项目，不断推动行政审批制度改革，使简政放权成为持续的改革动力	国发〔2014〕5 号
2	关于印发注册资本登记制度改革方案的通知	国务院	中共中央、国务院改革注册资本登记制度，不仅对加快政府职能转变、创新政府监管方式、建立公开开放透明的市场规则、保障创业创新具有重要的意义；同时还要求各级人民政府加强组织领导，统筹协调解决改革中的具体问题	国发〔2014〕7 号
3	关于进一步优化企业兼并重组市场环境的意见	国务院	充分发挥企业在兼并重组中的主体作用，加快推进审批制度改革，改善金融、完善财税政策，完善土地管理与职工安置政策，加强产业政策引导，强化服务和管理，健全企业兼并重组的体制机制和切实抓好组织实施	国发〔2014〕14 号
4	关于促进市场公平竞争维护市场正常秩序的若干意见	国务院	围绕市场在资源配置中起决定性作用和发挥政府作用，着力解决市场体系不完善、政府干预过多和监管不到位问题，坚持放管并重，实行宽进严管，强化市场行为监管，夯实监管信用基础，改进市场监管执法，改革监管执法体制，健全社会监督机制，完善监管执法保障和加强组织领导。最终建立起平等交换、建设统一开放、竞争有序、诚信守法、监管有力的现代市场体系，并逐步形成权责明确、公平公正、透明高效、法治保障的市场监管格局	国发〔2014〕20 号

续表

序号	文件名称	发文机关	文件内容摘要	文件文号
5	关于创新重点领域投融资机制鼓励社会投资的指导意见	国务院	要充分发挥社会资本特别是民间资本的积极作用。创新生态环保投资运营机制、鼓励社会资本投资运营农业和水利工程、鼓励社会资本加强能源设施投资、推进信息和民用空间基础设施投资主体多元化、鼓励社会资本加大社会事业投资力度、创新融资方式拓宽融资渠道是投融资机制改革的主要任务	国发〔2014〕60号
6	关于扶持小型微型企业健康发展的意见	国务院	为切实扶持小型微型企业（含个体工商户）健康发展，鼓励地方政府将小微型企业纳入中小企业扶持范围内、设立创业投资引导基金积极支持小微型企业、落实小微型企业税收优惠政策、完善小微型企业融资担保政策、对小型微型企业吸纳就业困难人员就业的，按照规定给予社会保险补贴和大力推进小型微型企业公共服务平台建设等	国发〔2014〕52号
7	关于推广中国（上海）自由贸易试验区可复制改革试点经验的通知	国务院	自上海自贸试验区成立以来，上海市和有关部门以简政放权、放管结合的制度创新为核心，加快政府职能转变，探索体制机制创新，在建立以负面清单管理为核心的外商投资管理制度、以贸易便利化为重点的贸易监管制度、以资本项目可兑换和金融服务业开放为目标的金融创新制度、以政府职能转变为核心的事中事后监管制度等方面，形成了一批可复制、可推广的改革创新成果	国发〔2014〕65号
8	关于支持外贸稳定增长的若干意见	国务院办公厅	当前外贸形势复杂严峻，为支持外贸稳定增长，须着力优化外贸结构、进一步改善外贸环境、强化政策保障、增强外贸企业竞争力和加强组织领导	国办发〔2014〕19号
9	关于进一步加强涉企收费管理减轻企业负担的通知	国务院办公厅	为进一步推进简政放权，建立权力清单制度，充分发挥市场配置资源的决定性作用，激发企业特别是小微企业的活力，进一步加强涉企收费管理、减轻企业负担。为此，建立和实施涉企收费目录清单制度、从严审批涉行政事业性收费和政府性基金项目、切实规范行政审批前置服务项目及收费、坚决查处各种侵害企业合法权益的违规行为、全面深化涉企收费制度改革，真正发挥各级减轻企业负担工作机制的作用	国办发〔2014〕30号
10	关于停止企业年度检验工作的通知	工商总局	国务院发布的《注册资本登记制度改革方案》将企业年度检验制度改为企业年度报告公示制度。据此，总局决定停止企业年度检查工作，但同时得抓紧做好企业年度报告公示制度等一系列新制度的实施准备工作	工商企字〔2014〕28号
11	关于小型微利企业所得税优惠政策有关问题的通知	财政部、国家税务总局	为了进一步支持小型微利企业发展，实行小型微利企业所得税优惠政策，对年应纳税所得额低于10万元（含10万元）的小型微利企业，其所得按50%计入应纳税所得额，按20%的税率缴纳企业所得税	财税〔2014〕34号
12	关于印发《中小企业发展专项资金管理暂行办法》的通知	财政部、工业和信息化部、科学技术部、商务部	为促进中小企业特别是小型微型企业健康发展，规范和加强中小企业发展专项资金的使用和管理，不断支持科技创新、改善融资环境、完善服务体系、促进国际合作、强化资金管理和工作组织、建立专项资金绩效评价制度、加强对专项资金使用情况的监督检查	财企〔2014〕38号

序号	文件名称	发文机关	文件内容摘要	文件文号
13	关于进一步支持小微企业增值税和营业税政策的通知	财政部、国家税务总局	为进一步加大对小微企业的税收支持力度，自2014年10月1日至2015年12月31日，对月销售额2万元（含本数，下同）至3万元的增值税小规模纳税人，免征增值税；对月营业额2万~3万元的营业税纳税人，免征营业税	财税〔2014〕71号
14	关于金融机构与小型微型企业签订借款合同免征印花税的通知	财政部、国家税务总局	为鼓励金融机构对小型、微型企业提供金融支持，进一步促进小型、微型企业发展，自2014年11月1日至2017年12月31日对金融机构与小型、微型企业签订的借款合同免征印花税	财税〔2014〕78号
15	关于取消、停征和免征一批行政事业性收费的通知	财政部	为进一步减轻企业特别是小微企业负担，取消或暂停征收12项中央级设立的行政事业性收费，还对小微企业（含个体工商户，下同）免征42项中央级设立的行政事业性收费	财税〔2014〕101号
16	关于对小微企业免征有关政府性基金的通知	财政部	为进一步加大对小微企业的扶持力度，将免征小微企业有关政府性基金，对按月纳税的月销售额或营业额不超过3万元（含3万元），以及按季纳税的季度销售额或营业额不超过9万元（含9万元）的缴纳义务人，免征教育费附加、地方教育附加、水利建设基金、文化事业建设费；对安排残疾人就业未达到规定比例、在职职工总数20人以下（含20人）的小微企业，免征残疾人就业保障金	财税〔2014〕122号
17	关于扩大小型微利企业减半征收企业所得税范围有关问题的公告	国家税务总局	为落实国务院扶持小型微利企业发展的税收优惠政策，让符合规定条件的小型微利企业均可按照规定享受小型微利企业所得税优惠政策，无需税务机关审核批准，但在报送年度企业所得税纳税申报表时，应同时将企业从业人员、资产总额情况报税务机关备案。如果小型微利企业符合享受优惠政策条件，但预缴时未享受的，在年度汇算清缴时统一计算享受	国家税务总局公告2014年第23号
18	关于贯彻落实国家停征和免征行政事业性收费政策有关工作的通知	国家质量监督检验检疫总局	质监总局将从2015年1月1日起，暂停征收工业产品生产许可证审查费、出口商品检验检疫费这两项中央级设立的行政事业性收费，还对小微企业（含个体工商户）免征8项中央级设立的行政事业性收费	国质检财〔2014〕686号
19	关于完善和创新小微企业贷款服务提高小微企业金融服务水平的通知	中国银监会	为进一步做好小微企业金融服务，着力解决小微企业倒贷（借助外部高成本搭桥资金续借贷款）问题，降低小微企业融资成本，将合理确定小微企业流动资金贷款期限、丰富完善小微企业流动资金贷款产品、积极创新小微企业流动资金贷款服务模式、科学准确进行贷款风险分类、切实做好小微企业贷款风险管理和不断提升小微金融服务技术水平，逐步推动小微企业健康发展	银监发〔2014〕36号
20	关于依法平等保护非公有制经济促进非公有制经济健康发展的意见	最高人民法院	各级人民法院要充分发挥司法审判的职能作用，为非公有制经济健康发展提供有力的司法保障。因此，要提高认识，增强保障非公有制经济发展的主动性和责任感；加强民商事审判工作，维护公开平等的市场交易秩序；严格执行刑事法律和相关司法解释，确保其受到平等刑事保护；切实发挥行政审判职能，依法维护非公有制经济主体行政相对人合法权益；加强执行工作，依法保障非公有制经济主体合法权益；完善审判工作机制，不断提高司法保障水平	法发〔2014〕27号

（二）江西有关民营经济发展的政策法规

2014 年江西发展民营经济的政策法规的整理与归纳如表 2－2 所示。

表 2－2　江西发展民营经济的政策法规

序号	文件名称	发文机关	文件内容摘要	文件文号
1	关于全面扩大开放加快开放型经济发展升级的意见	江西省委、江西省人民政府	全面扩大开放引领着江西的大发展，决定着江西的前途和未来，是江西实现科学发展、绿色崛起的强大动力和重要法宝，是江西省必须长期坚持的重大战略。因此，需全面了解掌握全面扩大开放的重大意义和指导思想、深入推进招大引强、促进全省产业转型升级、着力发展进出口贸易、大力支持企业"走出去"、提升开放平台建设水平、优化开放发展环境、加大政策支持力度、努力构建开放型经济新机制，只有这样才能不断拓宽开放广度和深度	赣发〔2014〕9 号
2	关于进一步加强协同创新提升企业创新能力的实施意见	江西省人民政府	为推动江西产业升级、经济转型和科技创新取得新的突破，省政府结合江西实际情况，着力加强企业创新能力建设、培育一批科技型企业、发挥企业科技成果转化的主体作用、促进科技创新人才向企业集聚、落实鼓励企业创新的财税政策、加快科技金融发展步伐和强化企业创新引导	赣府发〔2014〕11 号
3	关于印发 2014 年战略性新兴产业推进工作指导意见的通知	江西省人民政府办公厅	为推动战略性新兴产业加快发展，促进全省工业加速"六化"升级步伐，省政府提出当前主要工作是强化规划实施引导、大力实施"一产一策"、积极开展推进活动、深入推进协同创新、加大企业和项目帮扶力度	赣府厅发〔2014〕17 号
4	关于促进经济平稳增长若干措施的通知	江西省人民政府	为积极应对经济下行压力，促进全省经济平稳增长，提出 20 条措施。其中，加快省重点工程建设进度、拓宽投资渠道、支持企业直融资、发挥好融资平台作用、大力培育产业集群、减少和规范涉企收费、推进光伏发电应用、促进房地产市场平稳健康发展、扩大进出口规模等都需要重点关注	赣府发〔2014〕26 号
5	关于支持全省外贸稳定增长的实施意见	江西省人民政府办公厅	为支持全省外贸稳定增长，重点扩大省产品出口，加快外贸转型升级，省政府提出当前主要工作是大力开拓国际市场、推进外贸转型升级、完善出口退税政策、推进通关便利化、加大金融支持力度、完善外贸稳定增长工作机制	赣府厅发〔2014〕37 号
6	关于进一步加强涉企收费管理减轻企业负担的实施意见	江西省人民政府办公厅	省政府为更好地落实企业减负政策，结合江西省实际，逐步建立和实施涉企收费目录清单制度、规范和完善涉企收费管理、加强监督检查和政策宣传	赣府厅发〔2014〕38 号
7	关于鼓励社会资本进入社会事业领域的意见	江西省人民政府	资本进入社会事业领域，是扩大公共服务供给、提高公共服务水平、更好保障和改善民生的重要途径，是加快社会事业改革、推动政府职能转变、创新公共服务制度的迫切需要。因此，鼓励社会资本进入社会事业领域，有助于激发经济社会发展的动力与活力。同时，政府需要为其提供政策保障、组织保障等	赣府发〔2014〕39 号

序号	文件名称	发文机关	文件内容摘要	文件文号
8	关于促进健康服务业发展的实施意见	江西省人民政府	为促进江西省健康服务业发展，建立和完善健康服务体系，满足人民群众不断增长的健康服务需求，省政府强调大力提升医疗卫生服务能力、培育发展社区健康服务、加快建立健康养老服务体系、支持发展健康保险和提升健康服务业相关支撑产业水平等是当前的重要任务。同时，省政府还为服务业健康发展提供政策保障，如逐步放宽市场准入、落实税收价格政策、完善投融资政策、推进健康服务信息化等	赣府发〔2014〕40号
9	转发省政府金融办人行南昌中心支行省工信委《关于加快全省小微企业信用体系建设意见的通知》	江西省人民政府办公厅	为加快全省小微企业信用体系建设，改善企业金融服务，优化金融生态环境，当前主要的工作任务是完善信用信息征集体系、搭建信用信息服务平台、建立信息应用机制、健全政策支持体系。同时，还要有加强组织领导、强化宣传培训、定期督查通报这三个保障措施	赣府厅发〔2014〕42号
10	关于进一步促进资本市场健康发展的实施意见	江西省人民政府办公厅	为进一步促进江西省资本市场健康发展，省政府积极培育企业上市挂牌、支持上市公司做大做强、大力发展债券市场、推动多层次资本市场建设、大力发展创业投资和股权投资、充分利用期货市场、培育发展中介服务机构和营造资本市场良好发展环境	赣府厅发〔2014〕47号
11	关于印发《江西省"财政惠农信贷通"融资试点实施方案》的通知	省委办公厅、省政府办公厅	为充分发挥财政资金引导作用，带动金融资金对农业的信贷投入，推进全省现代农业发展升级，全省开展"财政惠农信贷通"融资试点，需重点关注"财政惠农信贷通"政策架构、运作模式、支持对象、授信限额、信贷计划申报与下达、贷款流程、补偿程序、账户管理和风险防控	赣办字〔2014〕33号
12	关于印发《关于加快高新技术企业发展的二十条措施》的通知	江西省科技厅、江西省工信委、江西省国资委、江西省财政厅、江西省国税局、江西省地税局、江西省中小企业局	为进一步加快江西省高新技术企业发展，大力提升企业自主创新能力，当前主要的工作任务是加强高新技术企业认定管理工作、优先给予高新技术企业资金和项目等扶持、鼓励高新技术企业自主研发和取得自主知识产权、优化高新技术企业融资环境	赣科发高字〔2014〕32号
13	关于印发《江西省战略性新兴产业科技协同创新体研发扶持资金管理暂行办法》的通知	江西省科技厅、江西省财政厅	为加强战略性新兴产业科技协同创新体研发扶持资金管理，提高资金使用效益，对科技协同创新体研发扶持资金的申报与认定、资金投入、资金返还、各方职责、监督管理、罚则六个方面做了详细的规定	赣科发专字〔2014〕60号

序号	文件名称	发文机关	文件内容摘要	文件文号
14	关于贯彻落实稳增长促改革调结构惠民生政策措施促进江西省经济平稳增长若干措施的通知	江西省地方税务局	为实现江西省"发展升级、小康提速、绿色崛起、实干兴赣"做出新的贡献,省政府提出不断深化行政审批改革,进一步转变服务职能、扎实推进税制改革,构建和完善地方税体系、强化税收政策落实,促进经济平稳增长、支持科技创新,促进企业转型升级、主动帮扶困难企业,营造良好发展环境、深入推进改革创新,进一步激发发展动力是当前新的工作要求,要积极落实与完善	赣地税发〔2014〕97号
15	关于印发《江西省中小企业技术创新资金管理暂行办法》的通知	江西省财政厅、江西省中小企业局	为贯彻落实创新驱动发展战略,鼓励引导全省中小企业向专精特新方向发展,充分发挥财政资金在推动中小企业科技创新方面的积极作用。因此,对满足申请中小企业技术创新资金支持条件的单位,给予规定内的中小企业发展专项资金。同时,资金按照普惠制、后补助和可预期的原则,专项用于支持向专精特新方向发展的中小企业开展技术创新。此外,省中小企业主管部门会加强该项目的组织申报、审核工作	赣财建〔2014〕93号
16	关于印发《关于加强江西省非公有制经济代表人士队伍建设的实施意见》的通知	江西省委统战部	省委统战部为进一步加强江西省非公有制经济代表人士队伍建设,需充分认识加强非公有制经济代表人士队伍建设的重要意义、了解非公有制经济代表人士的主要特点、加强非公有制代表人士队伍建设的总体要求、加强非公有制经济代表人士队伍建设的主要措施、加强对非公有制经济代表人士队伍建设工作的组织领导,这些都为非公有制经济健康发展和非公有制经济人士健康成长营造了一个良好环境	赣统字〔2014〕85号
17	关于国有企事业单位职工经批准停职领办创办企业有关问题的意见	江西省人力资源和社会保障厅	为更好地促进非公有制经济更好更快地发展,省人力资源和社会保障厅实行国有企事业单位职工经批准停职领办创办企业的政策,不管是国有企业(包括国有独资、国有控股企业,下同)职工还是事业单位职工,都可依照相关规定处理劳动关系、社会保险关系和聘用关系	赣人社发〔2014〕42号
18	关于印发《全省重点产业集群推进工作方案的通知》	江西省推进新型工业化领导小组办公室	为大力推动工业产业升级,推进全省重点产业集群发展,当前的主要工作任务是建立推进工作机制、制定集群发展规划、培育引进一批企业、搭建公共服务平台、出台政策扶持意见,各地政府只有根据自身产业发展特点,研究制定当地支持产业集群发展的政策意见,才能更好地推动产业集群升级发展	赣工业办字〔2014〕2号
19	关于印发《江西省电子商务产业发展规划(2014~2020年)》的通知	江西省商务厅、江西省发展和改革委员会	省委省政府高度重视电子商务工作,将发展电子商务作为转变经济发展方式,提升核心竞争力的战略选择。据此,省商务厅结合本省实际情况,不仅对国内外电子商务发展形势展开分析,还对江西省电子商务发展形势展开分析,从中确定新的指导思想、基本原则和发展目标。除此之外,还提出把6个方面作为当前工作的主要任务,抓好重点工程的平台建设	赣商务电商〔2014〕286号

序号	文件名称	发文机关	文件内容摘要	文件文号
20	关于印发《关于促进非公有制企业品牌建设的实施意见》的通知	江西省非公经济领导小组办公室	为发挥品牌建设在非公有制企业发展中的重要作用，促进非公有制企业品牌建设，当前主要的工作任务是建立和完善公共服务体系，建立和完善公共服务体系，为非公有制企业自主品牌建设提供金融服务，深入推进商标发展战略，实施老字号发展战略、名牌发展战略、标准化战略、地理标志产品保护战略、质量兴企战略，大力推进非公有制企业信用建设、加大知识产权的扶持与激励力度、加大非公有制企业自主品牌保护力度	赣非公领办字[2014]15号
21	关于促进道路运输行业集约发展的实施意见	江西省交通运输厅	省交通运输厅为推动江西省道路运输行业集约发展，结合本省的实际情况，提出力争5年内，通过政策扶持，引导各设区市至少培育一家龙头骨干旅客运输企业，一家龙头骨干货物运输企业，建成一批综合运输枢纽这个工作目标，还有九点具体的工作要点和三点保障措施	赣交运输字[2014]33号

（三）江西设区市有关民营经济发展的政策措施

江西设区市2014年推进民营经济发展的政策措施的整理和归纳如表2-3所示。

表2-3　江西设区市推进民营经济的政策措施

序号	文件名称	发文机关	文件内容摘要	文件文号
1	南昌市中小微企业购买科技成果或专利并产业化申报补贴的暂行管理规定	南昌市科学技术局办公室	为了鼓励南昌市中小微企业购买科技成果或者专利并进行产业化，促进科技成果、专利转化及产业化。南昌市科学技术局明确指出申报对象、申报条件、补贴标准、申报材料。即使满足项目申报条件的单位，最终也需接受市科技局审核与监管	洪科成字[2014]137号
2	关于印发《南昌市工信委贯彻落实市委、市政府〈关于加快民营经济发展的政策措施〉工作方案》的通知	南昌市工信委	为推动南昌市民营经济健康发展，南昌市工信委拟会同市财政局于近期组织开展2013年度民营经济"40条"政策的奖励兑现工作	
3	关于印发《加大对小微企业帮扶力度加快非公有制经济发展的实施意见的通知》	赣州市人民政府办公厅	为加大对赣州市小微企业的帮扶力度，进一步激发非公有制经济活力和创造力，加快非公有制经济发展，推动赣南苏区振兴发展，结合赣州市实际，赣州市政府不断加大对小微企业财税扶持力度、缓解企业融资难题、优化创业兴业环境、促进结构调整和技术创新、完善企业公共服务和强化保障措施	赣市府办发[2014]26号
4	关于印发《关于落实大力促进非公有制经济更好更快发展政策措施责任分工方案》的通知	吉安市促进非公有制经济发展领导小组	为促进全民创业和非公有制经济更好更快发展，吉安市委市政府提出新的指导思想、基本原则和目标任务。同时，将具体责任进行分工，有拓宽投资领域、推进公共服务领域扩大开放、进一步激励创业发展等方面。此外，市委市政府还加强非公有制经济发展组织领导，完善领导协调机制、健全政治引领机制、建立商会协同机制和考核督查机制	吉非公领发[2014]1号

续表

序号	文件名称	发文机关	文件内容摘要	文件文号
5	中共萍乡市委萍乡市人民政府关于加快非公有制经济发展的意见	萍乡市委、萍乡市人民政府	为落实萍乡市委市政府"一二三四五"总体工作思路和"一轴两核多组团"的发展构想，进一步优化企业发展环境，加快发展非公有制经济。为此，市委市政府提出明确的目标要求，到2016年，非公经济规模进一步壮大、科技创新能力进一步增强，战略性新兴产业发展壮大。同时，会打造公正公平的法治环境、切实保障企业合法权益、强化服务体系建设，完善要素平台，为企业经营和发展提供有力支持、加强督查考核是当前主要的工作任务	萍发[2014]14号
6	中共鹰潭市委鹰潭市人民政府关于大力促进非公有制经济更好更快发展的实施意见	鹰潭市委、鹰潭市人民政府	为进一步激发非公有制经济活力和创造力，结合鹰潭市实际情况，市委市政府首先实施"三大工程"，明确非公有制经济发展目标；其次拓宽发展空间，激发非公有制经济发展活力；随后强化财金支持，扩大非公有制经济有效投入；再次致力提质增效，推动非公有制经济转型升级、夯实服务保障，做优非公有制经济发展环境；最后创新工作机制，形成非公有制经济发展合力	鹰发[2014]13号
7	中共新余市委新余市人民政府关于大力促进非公有制经济更好更快发展的意见	新余市委、新余市人民政府	为进一步激发非公有制经济发展活力和创造力，结合本市实际，新余市委市政府提出新的总体要求和目标任务。除此之外，放宽经营领域和审批条件、加大财税金融土地等政策支持、鼓励非公有制企业提升竞争能力、完善公共服务体系、优化创业环境和加强非公有制经济发展组织领导是当前的主要工作任务	余发[2014]9号
8	中共宜春市委宜春市人民政府关于大力促进非公有制经济更好更快发展的实施意见	宜春市委、宜春市人民政府	为进一步激发非公有制经济活力和创造力，结合宜春市实际情况，宜春市委市政府提出新的指导思想和目标任务。同时，市委市政府提出要激发活力，落实推进发展政策、增力减负，加大财税金融支持力度、转型升级，引导企业提质增效、优化环境，强化服务保障、加强领导，形成促进跨越发展的强大合力，只有这样才能全力推进非公有制经济更好更快发展	宜发[2014]13号
9	中共上饶市委、上饶市人民政府关于大力促进非公有制经济更好更快发展的实施意见	上饶市委、上饶市人民政府	为促进上饶市非公有制经济转型升级、更好更快发展，结合上饶市实际情况，上饶市委市政府提出明确的发展目标，将提升非公有制经济在全市经济总量的比重。同时，落实非公有制经济发展的政策、加大对非公有制经济的财税金融支持、提高其发展质量和效益、不断优化其发展环境和加强组织领导	饶发[2014]6号
10	中共景德镇市委景德镇市人民政府关于大力促进非公有制经济更好更快发展的意见	景德镇市委、景德镇市人民政府	景德镇市委市政府立足"千年古镇、世界瓷都、生态之城"的城市性质和发展定位，进一步激发非公有制经济活力和创造力，推动本市经济更好更快发展。结合本市实际，市委市政府提出明确的发展目标与总体要求。同时，还强调切实落实非公有制经济发展政策、加大对非公有制经济财税金融土地等政策扶持、提高非公有制经济发展质量和效益、营造非公有制经济发展良好环境、建立非公有制经济健康发展的保障机制是当前主要的工作任务	景党发[2014]12号

续表

序号	文件名称	发文机关	文件内容摘要	文件文号
11	中共抚州市委抚州市人民政府关于大力促进非公有制经济更好更快发展的实施意见	抚州市委、抚州市人民政府	大力促进非公有制经济更好更快发展，加快推进"发展升级、小康提速、绿色崛起、实干兴赣"步伐做出的重大战略部署，对该市打好"三大战役"、建设幸福抚州具有十分重要的指导意义和促进作用。为此，抚州市委市政府结合本省实际情况，明确了新的目标；还认真落实促进非公有制经济发展的政策措施，充分释放非公有制经济发展活力；引导鼓励非公有制经济做大做强，不断提高非公有制经济发展质量和效益；加大对非公有制经济的扶持力度，助推非公有制经济更好更快发展；进一步优化服务，营造非公有制经济发展良好环境；加强组织领导，狠抓工作落实，这些是当前主要的工作任务	抚发〔2014〕16号

三、部分政策法规文本收录

（一）江西省促进非公有制经济发展领导小组关于促进非公有制企业品牌建设的实施意见

为深入贯彻落实《中共江西省委、江西省人民政府关于大力促进非公有制经济更好更快发展的意见》（赣发〔2013〕14号），充分发挥品牌建设在非公有制企业发展中的重要作用，现就促进非公有制企业品牌建设制定本实施意见，具体如下：

1. 指导思想

以邓小平理论、"三个代表"重要思想、科学发展观为指导，深入贯彻落实党的十八大、十八届三中全会精神，着力完善"政府推动、部门联动、企业为主、社会参与"的非公有制企业品牌发展战略运行机制，积极营造有利于非公有制企业品牌发展战略实施的法治环境、政策环境和市场环境，进一步提升江西省非公有制企业品牌建设能力，为加快全省经济发展方式转变提供有力支撑。

2. 工作目标

通过各地区各部门的共同努力，使江西省基本形成健康、规范的非公有制品牌发展的市场和社会环境；培育发展一批以自主创新为核心、以知名品牌为标志、具有较强竞争力的非公有制企业；江西省非公有制企业品牌在国内国际市场占有率显著提高；形成若干具有国际影响力的江西非公有制企业自主品牌。

本实施意见所称品牌包括江西省井冈质量奖、商标权、专利权、老字号、名牌产品、地理标志产品和无公害农产品、绿色食品、有机食品等资格认证以及守合同重信用、质量信用A级及以上等级、诚信纳税等方面。

到2017年，按照非公有制企业"双百"培育计划，重点打造100家科技含量高、市场前景好的"科技小巨人"企业和100家发展升级创新型示范企业；中国驰名商标和省著名商标分别达到100件和1200件；江西名牌产品500个；中华老字号和江西老字号品牌企业力争达到30家和100家；获无公害农产品、绿色食品、有机食品等资格认证的分别达到

1250 家、235 家、55 家。

3. 主要措施

（1）建立和完善公共服务体系。加强对非公有制企业自主品牌战略研究，指导和推动非公有制企业自主品牌建设；建立完善人才培训体系，为非公有制企业提供人力资源、企业管理、市场信息及员工培训等方面服务；加强产品研发设计和品牌推广平台建设，重点培育一批具有较大规模、较强影响力的非公有制企业产品研发中心和品牌推广中心；加强信息咨询和质量检测体系建设，为非公有制企业对外交流、信息咨询、技术咨询提供服务。（牵头单位：省工信委、省知识产权局；参加单位：省工商局、省商务厅、省发改委、省科技厅、省人社厅、省质监局、省工商联）

（2）扶持自主品牌非公有制企业拓展国内外市场。大力扶持非公有制企业发展自主品牌连锁店、专卖店、专业店、电子商务等符合现代流通发展趋势的新型流通销售模式，建立多层次的自主品牌销售渠道；大力开拓农村市场，推进非公有制企业自主品牌下乡。鼓励自主品牌非公有制企业"走出去"，在重点出口市场和新兴市场定期举办非公有制企业自主品牌展览会，支持自主品牌非公有制企业参加国内外知名会展；支持非公有制企业自主品牌在境外建立和完善营销网络，利用国际营销网络开拓国际市场。（牵头单位：省商务厅；参加单位：省农业厅、省工商局、省工商联）

（3）为非公有制企业自主品牌建设提供金融服务。建立新型银企关系，引导金融机构创新商业运作模式，鼓励符合条件的自主品牌非公有制企业通过改制上市挂牌新三板、发行债券等方式利用资本市场直接融资；鼓励和支持获得驰名商标、著名商标、江西名牌、中华老字号、江西老字号的非公有制企业以商标、老字号作为无形资产从事兼并、联营、特许经营等活动。其商标及老字号等无形资产经法定评估机构评估确认后，可按有关规定进行投资入股、质押贷款。鼓励银行等金融机构和小额贷款公司对拥有驰名商标、省著名商标、江西名牌、中华老字号、江西老字号的非公有制企业重点扶持，开通商标权、老字号品牌质押贷款融资绿色通道。（牵头单位：省发改委、省政府金融办；参加单位：省商务厅、人行南昌中心支行、省银监局、省证监局、省质监局、省工商局）

（4）深入推进商标发展战略。引导非公有制企业积极进行商标国际注册，主动使用自主商标；对自主品牌非公有制企业在境外商标注册、专利申请、渠道拓展等工作提供相关服务。加强对新能源、新材料、新动力汽车、民用航空、生物医药等战略性新兴产业商标注册的支持，全力推动一批知名度高、信誉好、叫得响的"江西制造"商品走向国际市场，引导企业及时将自主创新成果的商品和服务进行商标注册，保护企业自主创新成果，促进江西省战略性新兴产业抢占制高点，迅速占领市场。

加强农产品商标注册和保护。强化农业品牌意识，推动商标工作向农村延伸，深入挖掘特色农产品品种资源，引导非公有制涉农企业、农民专业合作社和家庭农场注册农产品商标，发挥农产品商标在促进现代农业发展中的重要作用。全力推动一批江西省的特色农产品走向国内外市场。

大力推进非公有制涉农企业无公害农产品、绿色食品、有机食品等资格认证，推行"公司＋品牌＋农户"产业化经营模式，培育发展一批具有地域特色农产品品牌基地。（牵头单位：省工商局；参加单位：省工信委、省农业厅、省质监局）

（5）实施老字号发展战略。大力实施老字号工程，加快建立保护与促进老字号发展的支持体系，积极保护、大力挖掘传承老字号产品、技艺和服务，增强非公有制老字号企业自主创新和市场竞争力，培育一批发展潜力大、竞争能力强、社会影响大、文化特色浓的知名老字号品牌。（牵头单位：省商务厅；参加单位：省工信委、省工商局）

（6）实施名牌发展战略。进一步加强江西名牌产品认定与保护工作，深化名牌带动工程，发挥品牌引领作用。建立非公有制企业知名品牌培育体系，开展知名品牌示范区创建工作，组织非公有制企业参与自主品牌价值评价，认定一批江西工业产品名牌、农产品名牌和优势特色服务业名牌，不断提高非公有制名牌企业和名牌产品的质量效益。鼓励和引导非公有制企业发挥名牌带动优势，实施规模扩张，促使各类生产要素向名牌企业集聚。（责任单位：省质监局；参加单位：省工商局、省工商联）

（7）实施标准化战略。大力实施技术标准战略，推动知识产权与标准有机融合，加快科技成果产业化进程。引导和支持非公有制企业加强标准创制能力建设。支持鼓励非公有制企业（或商会）牵头或参与制修订国际标准、国家标准、行业标准、地方标准和联盟标准。鼓励非公有制企业积极采用国际标准和国外先进标准，通过消化吸收和再创新，形成以江西省为优势的技术标准。（牵头单位：省质监局；参加单位：省工商联）

（8）实施地理标志产品保护战略。挖掘具有江西本地特色的产品，申请地理标志进行保护，积极引导非公有制企业参加地理标志保护产品的生产经营，努力提高其产品的质量和附加值，提高其国内外市场竞争力，打造具有自主知识产权的江西品牌。一是加强对江西省现有资源的调查研究，注重挖掘具有江西本地特色的、符合地理标志保护产品条件的酒类、茶叶、中药材、水果、蔬菜、工艺品、调味品等产品申报地理标志。二是在当地政府的领导下，正确引导非公有制企业参加地理标志这一公共资源的生产经营。三是完善地理标志保护制度，建立健全地理标志的技术标准体系、质量保证体系与检测体系。四是加强获得地理标志保护产品生产经营权的非公有制企业的管理，规范其生产经营地理标志保护产品和使用地理标志行为。（牵头单位：省质监局；参加单位：省农业厅、省工商局、省工商联）

（9）实施质量兴企战略。进一步加大质量管理、环境管理、职业安全管理体系等国际通行的先进管理模式的推行力度，通过质量管理水平的持续改进，提升整个产业的质量水平。建立卓越绩效管理经验共享机制，在非公有制企业中大力倡导和推广卓越绩效管理模式，引导非公有制企业不断从质量管理走向战略管理，实现与国际接轨的管理创新。（责任单位：省质监局；参加单位：省工商联）

（10）大力推进非公有制企业信用建设。要积极引导非公有制企业建立健全企业信用体系，提高非公有制企业的信用意识、信用水平、信用竞争力，引导非公有制企业大力开展"守合同重信用"、"重质量"、诚信纳税、发布《企业质量信用报告》等活动，促进非公有制企业诚信守约、依法经营，为建设"信用江西"做出积极贡献。对"守合同重信用"、质量信用企业，有关部门要在政策方面给予支持和扶持。（牵头单位：省发改委；参加单位：省促进非公有制经济发展领导小组各成员单位）

（11）加大知识产权的扶持与激励力度。积极鼓励、大力支持非公有制企业主动参与（主导）制定国际、国家、行业和地方标准，承担国际、国家和江西省专业标准化技术委员会（分技术委员会、工作组）工作。

对新获得中国驰名商标、中华老字号和江西省井冈质量奖的非公有制涉农企业，均由省政府给予一次性奖励。（牵头单位：省促进非公有制经济发展领导小组办公室；参加单位：省发改委、省工信委、省财政厅、省商务厅、省农业厅、省质监局、省工商局、省工商联）

（12）加大非公有制企业自主品牌保护力度。加强跨区域非公有制企业自主品牌和自主知识产权保护的协调工作；加强涉外知识产权保护，逐步建立涉外知识产权纠纷预警应对机制；加强对合资合作过程中非公有制企业自主品牌的保护和管理，对国外资本收购兼并江西省重点品牌的应经有关部门批准，防止自主品牌被恶意收购；加大对非公有制企业商标专用权、专利权以及地理标志保护产品等知识产权的行政保护力度，积极开展以保护非公有制企业合法权益为重点的专项整治活动。（牵头单位：省商务厅、省工商局；参加单位：省促进非公有制经济发展领导小组各成员单位）

4. 组织保障

（1）严格职责分工，确保任务完成。各有关职能部门要充分发挥主动性、积极性和创造性，各司其职、统筹谋划、精心部署，确保各项工作目标的完成。各牵头单位每半年向省促进非公有制经济发展领导小组报送本部门工作进展情况，遇有本部门无权解决的困难、问题，可随时向省促进非公有制经济发展领导小组报告。

（2）加强组织领导。省促进非公有制经济发展领导办公室要建立健全推进非公有制企业自主品牌建设工作的会商机制，不定期召开会议，确定工作重点，协调和指导非公有制企业自主品牌建设的推进工作。各成员单位要按照"统筹协调、明确责任、协同配合、全面推进"的原则，各司其职，加强协调配合。

（赣非公领办字〔2014〕15 号，2014 年 12 月 9 日）

（二）南昌市《关于加快民营经济发展的政策措施》工作方案

为认真贯彻市委、市政府《关于加快民营经济发展的政策措施》（洪发〔2013〕14 号，以下简称民营经济"40 条"政策）精神，加快落实政策兑现工作，市工信委委拟会同市财政局于近期组织开展 2013 年度民营经济"40 条"政策的奖励兑现工作。为确保该项工作顺利进行，特制定本工作方案。

1. 兑现范围

民营经济"40 条"政策中的第 14 条、第 16 条、第 20 条、第 21 条、第 24 条、第 26 条、第 28 条、第 33 条、第 34 条、第 36 条、第 39 条、第 40 条。

2. 工作职责

政策兑现工作按照"公开、公平、公正"和"分口申报、分类审核、分项评审、分条兑现"的原则，由市工信委非公经济发展处、综合处和市财政局企业处牵头，市工信委各归口业务处室按照职责分工，对各奖项进行审核考评，市工信委监察室全程监督。

3. 工作程序

（1）《关于做好兑现〈关于加快民营经济发展的政策措施〉组织申报工作的通知》由市工信委非公经济发展处起草，并在中国·南昌网站、市工信委和市财政局网站等有关媒体发布。

（2）市工信委、市财政局各归口业务处室根据工作实际，负责组织和指导县、区（开发区）、企业进行申报，企业申报材料需保留两年以上。

（3）申报材料收齐后，市工信委各归口业务处室须按照市工信委《关于贯彻落实〈关于加快民营经济发展的政策措施〉政策兑现工作分工的通知》和民营经济"40 条"政策具体条款严格履行职责，会同市财政局等单位有关处室认真审核把关，市工信委监察室全程监督。

（4）分项评审过程中如有必要可聘请专家或第三方中介机构参与评审。评审后视情况对有关申报企业进行现场勘验。对评审、勘验后不符合条件的，要在 5 个工作日内通知企业并说明理由。

（5）评审意见分别报市工信委、市财政局研究。

（6）拟政策兑现项目在市工信委网站上公示 5 个工作日，之后联合市财政局行文上报市政府批准。如有异议，市工信委和市财政局要进行复审。

（7）根据市政府批复或抄告单，市工信委和市财政局以两家联合发文的形式下达奖励兑现通知。

（8）市工信委各归口业务处室、市财政局对口业务处室负责每年对民营经济"40 条"政策条款兑现产生的效果进行调研评估，根据政策效果提出修改意见和建议。

（9）2013 年度政策兑现工作截至 2014 年底前完成评审并上报市政府批准。自 2015 年起，政策兑现工作每年上半年启动，9 月底前完成评审并上报市政府批准。

4. 资金来源

每年兑现政策的奖补资金均在市扶持企业发展资金中列支。

5. 具体流程

第 14 条　加大对融资性担保公司的风险补偿力度。对依法合规经营的融资性担保机构，在享受原有风险补偿政策的基础上，再按其当年为南昌市民营中小微工业企业贷款担保实际发生额的 0.5% 给予风险补偿，单户最高不超过 50 万元，风险补偿资金必须用于补充风险准备金。（责任处室：市工信委企业融资担保处）

（1）办事流程。担保机构根据市工信委、市财政局通知自行向市工信委、市财政局申报，市工信委会同市财政局对申报材料进行审核后，报市政府批准。

（2）申报材料。

1）南昌市中小企业信用担保机构风险补偿申请书。

2）南昌市中小企业信用担保机构风险补偿申请及审核意见表。

3）担保机构基本情况表。

4）融资性担保机构经营许可证（复印件）。

5）法人执照（复印件）。

6）备案证（复印件）。

7）贷款卡凭证（复印件）。

8）当年完税汇总表（复印件）。

9）担保机构当年担保贷款情况一览表（原件，合作银行必须加盖银行章）。

10）担保机构当年审计报告（原件，需含以下内容：①资产负债表。②现金流量表。③利润表。④担保余额变动表）。

（3）补偿标准。在享受原有风险补偿政策的基础上，再按照其当年为南昌市民营中小微工业企业贷款担保实际发生额的 0.5% 给予补偿，单户最高不超过 50 万元。风险补偿必须用于风险准备金。

第 16 条　对民营企业投资南昌市重点产业领域，且固定资产投资达到 3000 万元以上的产业项目，可由市重点产业引导资金以股权投资和股权质押投资的形式给予扶持。争取国家和省支持，设立若干市级新兴产业创业投资基金，对产业领域内的民营企业项目，以股权投

资的形式给予扶持。（责任处室：市工信委投资规划处）

依据《南昌市重点产业投资引导资金管理暂行办法》（洪府厅发〔2013〕55 号）进行申报、受理和兑现。

第 20 条 对将标准厂房租赁给民营中小微企业从事工业生产的，3 年内由受益财政按其缴纳的企业所得税分成额，给予等额奖励。（责任处室：市工信委工业园区处）

（1）奖励对象。将标准厂房租赁给民营中小微企业从事工业生产的项目单位；项目业主为依法登记注册的独立法人。

（2）奖励标准。对将标准厂房租赁给民营中小微企业从事工业生产的，3 年内由受益财政按其缴纳的企业所得税分成额，给予等额奖励。

（3）申报材料。

1）资金申请报告（包括项目基本情况、标准厂房租赁给民营工业企业的经济、社会效益等情况）。

2）《标准厂房项目奖励资金申请表》。

3）《标准厂房租赁给民营中小企业的明细表》。

4）项目投资企业（单位）营业执照复印件。

5）项目申报单位 2013 年企业所得税发票复印件。

6）项目申报单位对提供的相关资料真实性负责的承诺。

（4）申报程序及审核。

1）项目单位缴纳的企业所得税分成额县（区）财政受益部分，由县（区）、开发区组织兑现落实。

2）项目单位缴纳的企业所得税分成额市级财政受益部分，申报程序为：

①项目单位向工业园区管委会（园区外的向所在县（区）工信部门）提出申请，并由受理单位会同当地财政部门共同审核后，报市工信委、市财政局。

②市工信委、市财政局共同对项目进行审核，组织现场查看，由市财政局核定市级分成额度。

③市工信委、市财政局核定后按程序报市政府审批，审批同意后由市财政、市工信部门按规定下达资金。

第 21 条 对国家、省人保部门和中小企业主管部门新认定的国家、省创业孵化基地和小微企业创业园，一次性分别奖励 50 万元、30 万元。（责任处室：市工信委非公经济发展处）

新获批为国家、省小微企业创业园的单位凭国家部委、省中小企业主管部门的批复文件原件和申请报告提请受理。

第 24 条 支持民营企业引进和培养企业经营管理者和专业技术人员。民营企业经营管理者和专业技术人员平等享受职称评定及政府特殊人才津贴的申报和评选。（责任处室：市工信委中小企业处）

（1）办事流程。

1）将每年职称的申报时间、申报条件、职称系列、注意事项在网上公布。

2）接受符合条件人员申报，随后开展资格审查，将通过资格审查的人员的材料进行整理、输盘。

3）组织专家进行评审。

4）打印和发放证书。

（2）申报材料。

1）申报表。

2）学历证书。

3）申报职称等级所要求的专业资格证书。

4）已在岗的聘任书。

5）业绩材料。

第 26 条 政府部门组织实施帮助民营企业开拓市场的活动。每年在南昌市举办一定规模和场次的民营企业产品专场展示展销会；组织民营企业产品开展外省市巡回展示展销；有针对性地组织民营企业产品参加国内外知名交易会、博览会等会展活动，并视订单额给予一定的展位费补贴。（责任处室：市工信委行业管理处）

（1）补贴范围。市政府按照上级政府要求或应国内其他地方政府邀请，由市工信委代表市政府组织民营企业参加的重点展览会、博览会、展销会。

（2）补贴方式。由市工信委向市政府一事一报给予展位费补贴。

第 28 条 每年发布本地主机企业配套产品需求，对民营企业针对本地主机企业配套需求进行产品开发、转产扩能的项目，可优先列为市重点产业引导资金扶持项目。（责任处室：市工信委重点企业处、投资规划处）

依据《南昌市重点产业投资引导资金管理暂行办法》（洪府厅发〔2013〕55 号）进行申报、受理和兑现。

第 33 条 强化针对民营中小微企业的政府公共服务平台建设。充分发挥市中小企业服务中心公益性服务功能，为全市民营中小微企业提供"一站式"窗口服务和网络在线服务。加快建立县、区、开发区民营中小微企业公益性综合服务平台，为本地民营中小微企业提供政府公共服务。（责任单位：市工信委中小企业处、市中小企业服务中心）

依据《南昌市市级中小企业公共服务示范平台认定管理办法（试行）》（洪工信发〔2013〕130 号）进行申报、受理和兑现。

第 34 条 鼓励县区、开发区民营企业组建行业协会和商会，开展行业行为规范、内部资源整合、产业集群联合、产品品牌创建、市场开拓、行业维权等活动，实现抱团发展。市委、市政府每年对发挥作用好的行业协会和商会，以及推动行业协会和商会建设工作成效突出的县区、开发区进行表彰奖励。（责任处室：市工信委产业招商处）

（1）奖励对象。在南昌市辖区范围内民政部门注册登记的行业协会和商会。

（2）申报条件。

1）行业协会和商会成立两年以上（包括两年）。

2）能够很好地服务团结会员企业，社会影响力较大。

3）具有一定的典型示范意义和良好的社会反响。

（3）申报材料。

1）填报南昌市优秀行业协会（商会）申报表。

2）社会团体法人登记证复印件。

3）年度财务报表复印件。

4）按南昌市行业协会（商会）年度工作考核内容及评价标准提供相关佐证材料。

5）行业协会法人和经办人的书面诚信承诺，所提供材料经查实不属实的，3 年内不得申报。

（4）办事流程。

1）申报单位向所属县区、开发区工信部门提交申报材料，并对申报材料的真实性负责。

2）所属县区、开发区工信部门对申报材料进行初审，对初审合格的项目签署推荐意见并盖章后报送至市工信委；申报材料一式三份，县区、开发区工信委一份，市工信委和市财政局对口业务处室各一份，并保留两年以上。

3）市工信委会同市财政局进行集中评审，按照南昌市行业协会（商会）年度工作考核内容及评价标准对申报材料原件进行核查。

（5）表彰奖励。对发挥作用好的行业协会和商会，按照评价标准，每年评选出 10 个"南昌市优秀行业协会（商会）"，由市委、市政府予以表彰，并分别给予一定金额的奖励。

第 36 条 完善"企声通道"，加强市政府领导与民营企业家的对话沟通，建立多渠道的政企对话沟通机制。市直有关部门将了解、掌握民营企业诉求作为常态化工作，完善网上政企对话渠道，对企业反映的重大问题及时提交市政府，通过现场办公会和专题协调会等形式协调解决。（责任处室：市工信委重点企业处）

依托南昌市重点企业服务平台，完善平台职能，重点企业有问题直接在平台提交或提交书面材料。对在平台上提交的问题或报送的书面材料诉求，及时受理归纳，并协调相关部门进行处理。相对单一的问题在 3 个工作日内给予回复；若问题涉及单位多且内容相对复杂，在 5 个工作日内给予回复，并专题呈报市政府，视问题情况提请市领导进行现场办公会或召开专题协调会协调解决。

第 39 条 根据企业发展速度、税收贡献、科技创新等情况，每年评选优强民营中小企业和突出贡献民营企业家、优秀民营企业创业者，由市委、市政府进行表彰奖励。（责任处室：市工信委非公经济发展处）

依据《南昌市发展非公有制经济考评办法（修订稿）》进行申报、受理和兑现。

第 40 条 建立县区、开发区和市直部门民营经济发展工作考核机制。每年对县区、开发区民营经济增加值及增幅、新增民营企业户数等主要指标，以及市直有关部门服务民营经济发展的工作进行考核，由市委、市政府进行表彰奖励。（责任处室：市工信委非公经济发展处）

依据《南昌市发展非公有制经济考评办法（修订稿）》进行申报、受理和兑现。

6. **工作要求**

（1）高度重视，落实责任。民营经济"40 条"政策是市委、市政府在南昌市打造核心增长极关键时期出台的一个重要文件，做好政策兑现工作是加快推动南昌市民营经济发展的一项重要手段。各县区、开发区工信部门，市工信委各责任处室（单位）必须高度重视此项工作，认真研究政策条款，全面摸清底数情况，切实履行工作职责，全力抓好兑现工作。

（2）注重宣传，加强培训。市促进非公经济发展领导小组办公室要加大对民营经济"40 条"政策的宣传力度，根据工作需要，不定期开展政策宣讲活动，帮助县区和企业知晓政策、熟悉政策。市工信委各归口业务处室要结合工作实际，加强对县区和企业材料申报的指导，确保企业申报材料规范完整。

（3）规范程序，加强监督。各县区、开发区工信部门在接到兑现工作通知后要主动对接市级对口处室，掌握兑现要求，组织企业申报并做好初审工作。市工信委各归口业务处室要严格按照工作程序开展兑现工作。市工信委监察室要切实履行纪检监察职能，进行全程监督。市促进非公经济发展领导小组办公室每年将民营经济"40 条"政策兑现情况上报领导小组。

（南昌市工信委 2014 年 10 月 14 日）

（三）上饶市关于大力促进非公有制经济更好更快发展的实施意见

为贯彻落实省委、省政府《关于大力促进非公有制经济更好更快发展的意见》（赣发〔2013〕14 号），促进上饶市非公有制经济转型升级、更好更快发展，结合上饶市实际，提出如下实施意见。

1. 明确发展目标

提升非公有制经济在全市经济总量的比重。到 2017 年，全市非公有制经济增加值占全市地区生产总值（GDP）比重达到 70% 以上，非公有制经济上缴税金占全市税收总额的比重达到 75% 以上，非国有投资占全市固定资产投资总额的比重达到 85% 以上，非公有制经济城镇就业人员占全市城镇就业总人数的比重达到 90%。

促进非公有制经济市场主体成长。到 2017 年，全市个体工商户登记数达到 25 万户，年营业收入 100 亿元的非公有制企业 3 户以上，50 亿元以上的非公有制企业 10 户以上。非公有制企业总数达到 4.3 万户。推动非公有制企业集约、集群发展。到 2017 年，全市规模以上工业四大主导产业中，非公有制企业占比重达到 90% 以上。

2. 落实发展政策

（1）扩大投资领域。鼓励引导民间资本进入法律法规未明确禁止准入的行业和领域，重点引导支持民间资本进入交通、能源、矿产资源开发、城市基础设施、医疗、教育、养老、文化娱乐、对外出版、网络出版、现代物流、旅游和金融服务等领域。实行统一的市场准入制度，在制定负面清单基础上，各类市场主体可依法进入清单之外领域。降低投资准入门槛，取消不合理的准入限制，规范设置和降低准入条件，不得单独对民间资本设置附加条件，创造公平竞争、平等准入的市场环境。推进应用型技术研发机构市场化、企业化改革，可吸引民间资本入股。允许民间资本以控股形式参与教育、科研院所、文化艺术、卫生医疗、体育等事业单位的改制经营。国有资本投资项目允许非国有资本参股，鼓励引导民间资本参与全市重大项目和央企在上饶公司对外合作项目的投资、建设和运营，对交通、能源、城建、医疗、教育、养老等涉及公共资源领域的项目，实行竞争性配置，建立健全民间资本参与重大项目投资招标的长效机制。

（2）放宽经营条件。推行工商注册制度便利化，削减资质认定项目，企业注册时，除国家法律法规明确规定在登记前须经批准的项目外，可不限经营范围。积极实施工商登记制度改革，除法律、法规另有规定外，取消有限责任公司、一人有限责任公司、股份有限公司的最低注册资本金额的限制，不再限制公司设立时股东（发起人）的首次出资比例和缴足出资的期限。申请有限责任公司设立登记时，除法律、法规另有规定外，将注册资本实缴登记制改为认缴登记制，工商登记机关登记其全体股东认缴的注册资本总额，不再登记实收资本，申请人不再提交验资证明文件，公司对股东已经实缴的注册资本进行验资，并发给出资证明书。不再实行先主管部门审批、再工商登记的制度，由先证后照改为先照后证，商事主体向工商部门申请登记，取得营业执照后即可从事一般生产经营活动；对从事需要许可的生产经营活动，持营业执照和有关材料向主管部门申请许可。商事主体应当向商事登记机关提交年度报告，无须进行年度检验。允许以高新技术成果、知识产权、土地使用权、股权等作价出资兴办公司，其比例可占注册资本的70%。允许农民以承包经营权入股发展农业产业化经营。鼓励承包经营权在公开市场上向专业大户、家庭农场、农民合作社、农业企业流转，发展多种形式规模经营。鼓励引导工商资本到农村发展适合企业化经营的现代化种养业，向农业输入现代生产要素和经营模式。中国护照在申办各类经济实体或个体工商户登记时效力等同于居民身份证。允许个人独资企业、合伙企业、商会组织作为股东或者发起人投资设立公司（不含一人有限责任公司）。允许个体工商户用原经营场所、在不与他人重名的前提下沿用原名称、沿用原前置许可有效证件转型升级、变更改制为企业，扩大生产规模。

（3）鼓励扶持创业。完善扶持创业的优惠政策，形成政府激励创业、社会支持创业、劳动者勇于创业新机制。鼓励支持上饶经济技术开发区和县（市、区），依托城区、工业园区、产业集聚区建设小微企业创业园或创业孵化基地。对吸纳符合条件的高校毕业生、退役军人、下岗失业人员、返乡农民工、留学归国等人员进入创业孵化基地或小微企业创业园创办实体的，优先落实促进就业和小额担保贷款扶持政策。创业园（孵化基地）对入驻企业和个人在创业孵化基地发生的物管费等相关费用，3年内按其每月不超过实际费用的50%给予补贴。国有企业和事业单位职工经单位批准，可停薪留职领办创办企业。3年内不再领办创办企业的允许回原单位工作，3年期满后继续领办创办企业的，按辞职规定办理（辞职的经济补偿金按《劳动合同法》等规定执行）。经单位批准辞职的职工，按规定参加社会保险，缴纳社会保险费，享受社会保险待遇。允许、鼓励大专院校、科研院所科技人员利用职务科技成果入股或创办科技企业，参与收益分配。

（4）加大用地支持。在工业园区自建3层以上标准化生产性厂房并保证设施专用的，由工业园区给予一定补助。对租用政府投资、建设的多层标准化厂房的小型微型企业，3年内给予租金优惠。对现有工业用地，在符合规划、不改变用途的前提下，按照规定程序经批准提高土地利用率和增加容积率的，不再增收土地价款；对新增工业用地，要进一步提高工业用地控制指标，厂房建筑面积高于容积率控制指标的部分，不再增收土地价款。工业园区标准厂房建设免收市政配套费，并可进行分幢分层办理产权分割手续。鼓励非公有制专业开发企业进行工业地产开发，解决非公有制小微企业生产厂房和配套设施建设使用需求。凡是符合规划和产业政策、符合节约集约用地要求的工业、现代服务业项目用地，应尽力予以保障。投资现代农业示范基地、生态经济林示范基地、农业种植基地等重大农业产业化项目，鼓励采取向农村集体经济组织租赁、入股方式使用土地；非公有制企业参与城市基础设施、公益性科技和非营利性教育、文化、卫生、社会福利、体育等社会公益事业建设，其项目用地符合划拨土地条件的，可采取划拨方式供应。实行用地办理"绿色通道"制度，对非公有制企业投资的重大项目用地，及时受理，及时审查，特事特办。

3. 加大财税金融支持

（1）设立专项资金。从2014年起，市本级财政每年统筹安排促进非公有制经济发展专项资金，集中管理、使用。各县（市、区）也要安排促进非公有制经济发展专项资金。县（市、区）要根据地方财政的增长和非公有制经济对地方财政贡献的增长逐年增加专项资金额度，重点用于鼓励、扶持和引导非公有制经济发展、非公有制经济服务体系建设和非公有制经济发展研究等。

（2）落实优惠政策。加大国家结构性减税及在原中央苏区兴办鼓励类企业实行一系列税收优惠政策的落实力度，确保各项优惠政策及时落实到位。符合法定条件的资金周转困难企业经批准可以延期缴税并免收滞纳金。营业税改增值税后，在一定时期内，各级财政部门按现行财政体制对部分税负增加较重的企业采取适当的过渡性扶持政策。对年应纳税所得额低于 6 万元（含 6 万元）的小型微利企业，其所得按 50% 计入应纳税所得额，按 20% 的税率缴纳企业所得税；对增值税小规模纳税人中月销售额不超过 2 万元的企业或非企业性单位，暂免征增值税；对营业税纳税人中月营业额不超过 2 万元的企业或非企业性单位，暂免征营业税。新办非公有制企业按规定缴纳房产税、土地使用税确有困难的，可按税收管理体制报批减免。

（3）拓宽融资渠道。扩大金融业对民间资本开放，在加强监管前提下，允许具备条件的民间资本依法发起设立中小型银行等金融机构。鼓励民间资本投资入股金融机构和参与金融机构重组改造，参与城市商业银行风险处置的，持股比例放宽至 20%；参与农村信用社和农村商业银行风险处置的，允许单个企业及其关联方阶段性持股比例超过 20%；参与村镇银行发起设立或增资扩股，村镇银行主发起行的最低持股比例降低到 15%，允许发展成熟、管理规范的村镇银行在最低股比要求内，调整主发起行与其他股东持股比例。支持小额贷款公司按规定改制为村镇银行。鼓励民间资本设立创业投资企业、股权投资企业及相关投资管理机构。鼓励非公有制企业发行企业债、公司债、集合债券、中期票据、短期融资券、中小企业私募债、新三板等多种融资工具，支持企业引入风险投资、私募股权投资等战略合作伙伴，实现规范快速发展。支持境外资本依法合规到上饶市直接投资。

（4）加大金融支持。建立政银企合作机制，各项政策性专户存款要与开户银行支持非公有制经济的信贷额度挂钩。将银行业金融机构对非公有制经济信贷支持列入市政府对其考评奖励的重要指标。鼓励金融机构扩大土地承包经营权、农房、大型农用生产设备、林权、水域滩涂使用权等抵押贷款，应收账款、仓单、存单、股权、知识产权等权利质押贷款；增设为非公业户服务的专营机构、特色支行、特色柜台；在非公有制经济相对活跃、金融需求旺盛的地区增设网点。支持商业银行机构加快在县域设立分支机构。对符合创业条件的个人，可向创业项目所在地政府部门所属小额担保贷款经办机构，申请最高可达 10 万元的小额担保贷款。对符合二次扶持条件的个人，贷款最高限额可达 30 万元。对合伙经营和组织起来创业并经工商管理部门注册登记的，贷款规模最高可达 50 万元。对符合劳动密集型小企业或再就业基地、非正规就业劳动组织、小企业孵化基地和创业孵化基地等条件的非公有制企业，由小额贷款担保中心和经办金融机构，根据企业实际吸纳安置人数、经营项目、信用情况和还贷能力合理确定贷款规模，最高限额可达 400 万元。上述创业贷款期限按实际需要确定，从事当地政府规定微利项目的，可按规定享受财政贴息的优惠政策。

（5）引导担保服务。市县两级原则上要建立一个政府主导的融资性担保机构；设立中小企业贷款担保风险补偿资金，为生产型非公有制企业提供银行贷款担保的机构给予风险补偿，提高机构为生产型非公有制企业担保的积极性；设立政府主导的小微企业还贷应急资金池，为有订单、有信用的企业提供过桥服务。对坚持服务"三农"和小微企业、依法合规经营的小额贷款公司，其从银行业金融机构融资比例可放宽到资本净额的 100%。

4. 提高发展质量和效益

（1）推进科技创新。鼓励和支持非公有制企业加大研发投入，提高自主创新能力。对产业共性技术难题，由市科技专项资金出资、市科技部门通过项目招标方式组织技术攻关，成果免费提供企业共享。鼓励非公有制企业自建研发中心、工程中心、产品中心、创新中心，相关部门适当降低非公有制企业资质认定、准入门槛。通过国家级、省级企业技术中心验收的，由受益财政给予奖励。对迁入上饶市、在上饶市设立二级分支机构或在上饶市投资设立生产同一高新技术产品的全资企业的省外高新技术企业，经备案后核发江西省高新技术企业认定证书，向所在地税务机关申请减按15%优惠税率缴纳企业所得税。

（2）鼓励争创品牌。鼓励非公有制企业争创驰名（著名）商标、名牌产品，对新获得国家驰名商标、江西省著名商标、江西省名牌产品的非公有制企业，由受益财政给予奖励。鼓励、支持和引导非公有制企业建立健全质量管理体系、开展国际国家标准认证，提升企业核心竞争力。围绕特色农业、四大主导产业、旅游业等培育一批区域品牌、行业品牌和产业集群品牌。

（3）实施成长工程。每年选择300家生产专业化、管理精细化、产品特色化、技术高新化的"专、精、特、新"企业和成长性小企业，整合政策、资金资源进行重点扶持，在贷款担保、人才培训、市场开拓、技术创新、管理咨询、信用培育等方面予以重点支持，力争每年有100家进入规模以上企业"笼子"。

（4）提升开放水平。抓住实施鄱阳湖生态经济区建设、原中央苏区振兴发展两大国家区域发展战略，及高铁试验区和空港区建设契机，放大高铁"第一效应"，开展系列招商引资、择商选资、招大引强。主动对接鄱阳湖生态经济区、海西经济区和长江三角洲经济区，按照产业布局、产业集聚和产业配套的要求，大力开展产业集群招商，差异化承接产业转移，引进优质项目、配套项目和高新技术项目，力争在引入大型非公有制龙头企业、总部或研发中心进驻上饶市有新突破，推动上饶市非公有制经济发展上档次、上水平。鼓励"走出去"发展，对组织和参加境内外大型展销活动的非公有制企业和展会服务机构，其展位费、布展费等给予补助。支持非公有制企业参加出口信用保险，对年出口额200万美元（含）以下的小微企业，统一投保短期出口信用保险；对出口额200万美元以上的企业，按当年实际缴纳保费的50%给予支持（按规定限额）。

（5）加速人才培养。制定全市非公有制企业家培养提升规划，每年培训千名非公有制企业高管、技术骨干。上饶创业大学要积极采取政府资助、企业分担的形式，与国内名牌大学联合，重点培训培养上饶市非公有制经济领军人才。引导各类高中等职业技术院校与行业领军的非公有制企业对接合作，共建中高级技能人才"订单式"培养基地。鼓励支持非公有制企业引进国内（国际）优秀人才，建立院士工作站、博士后科研工作站的，由受益财政给予奖励。非公有制企业的职称申报及评定与公有制企业享有同等待遇，将非公有制企业的各类人才纳入享受政府特殊津贴人员、学术技术带头人及后备人选等优秀人才选拔培养范围。

5. 优化发展环境

（1）优化市场竞争环境。大幅减少行政审批项目，全面清理行政审批事项，提高服务效率，2014年全市行政审批事项减少70%。市、县两级监察等部门要加强对非公有制企业发展环境的督查，建立健全投诉反馈、检查纠错机制，严格规范各类检查。对非公有制企业除安全生产以外的检查，实行"首查免罚"和"阳光稽查"制度。支持非公有制企业改善生产环境，引进先进设备，提高劳动生产率，降低劳动强度，完善医疗、养老等社会保险机制。

（2）保护企业合法权益。公有制经济财产权不可侵犯，非公有制经济财产权同样不可侵犯。任何单位和个人不得滥用行政权力任意干涉企业合法生产经营活动，不得侵占、破坏非公有制企业及其经营者的合法财产，未经法定程序，不得查封、扣留、冻结。依法打击侵害非公有制企业合法权益的违法犯罪行为，维护非公有制企业合法权益。坚持公开公正文明执法，规范执法行为，规范行使自由裁量权，努力实现执法办案的法律效果与社会效果相统一，为非公有制经济发展营造良好的法治环境。

（3）加强服务体系建设。提升行政服务中心服务水平，为非公有制企业提供便捷、高效、顺畅的行政服务。构建市、县两级中小企业公共服务网络。着力办好市中小企业公共服务超市，增加入驻服务机构，组织服务联盟，为企业提供"找得到、有保障、用得起"的融资担保、财税评估、代办代理、管理咨询、节能评估、法律维权等一站式窗口服务和网络在线服务。完善以小微企业创业基地为载体的创业孵化体系建设，对国家、省人社部门和省中小企业主管部门新认定的国家、省级创业孵化基地和小微企业创业园，由受益财政给予补贴。

（4）开展政府购买服务。市财政每年从市本级促进非公有制经济发展专项资金中安排资金发行企业服务券，面向全市筛选出的 100～200 家成长型非公有制企业免费发放。鼓励持券企业在市中小企业公共服务超市自由选择担保、评估、咨询、法律等各种规范、优质的中介服务，凭券结算中介服务费用，让更多非公有制企业享受到政府购买服务。

（5）切实减轻企业负担。实行非公有制企业收费"一单清"，组织清理行政事业性收费项目，凡行政事业性收费项目，能合并、取消的一律合并、取消，凡收费标准有幅度的一律按下限收取。全面清理"挂靠"职能部门的中介机构及服务。非公有制企业员工参加社保，确有困难的企业可暂按全市上年度企业在岗月平均工资的 60% 为缴纳基数，按现行缴费比例参保缴费。

（6）营造良好舆论氛围。在全社会大力营造崇尚创业创新、开明开放、诚信守约、宽容失败、合作共赢的舆论氛围，宣传自我革新的勇气和胸怀，切实加强和改进非公有制经济领域的思想宣传工作。培育树立一批中国特色社会主义事业建设者典型、一批优秀非公有制企业典型、一批支持非公有制经济发展的先进地区和部门典型，利用电视、报纸等各种媒体并开设专频专栏，加大对先进典型的宣传。充分发挥舆论监督作用，对侵犯非公有制企业及企业家合法权益和干扰合法经营活动的典型事例及时予以曝光。

6. 加强组织领导

（1）强化领导协调机制。调整充实市、县（市、区）促进非公有制经济发展领导小组，统筹制定本地非公有制经济发展战略规划，研究和协调解决非公有制经济发展过程中的重大问题。领导小组下设办公室，负责日常办事协调服务。相关各单位，必须明确分工、落实责任、健全机制、切实履责。

（2）健全政治引领机制。市非公有制组织党工委负责统筹协调指导全市非公有制经济组织党建工作，宣传和贯彻党的路线、方针、政策，促进中央、省委和市委各项决策部署在非公有制经济组织的贯彻落实，指导各县（市、区）非公有制经济组织党工委抓好非公有制经济组织的党建工作。积极指导非公有制经济组织开展党建工作的探索创新。

（3）建立商会协同机制。充分发挥工商联在行业商会协会改革发展中的促进作用和总商会职能，发挥工商联作为非公有制经济领域协商民主的重要渠道作用，更加活跃有序地组织工商界的界别协商。新成立行业商会协会应向民政部门依法登记。限期实行商会协会与行政机关脱钩。探索一业多会，引入竞争机制。

（4）实行挂点帮扶制度。建立各级领导、部门和干部与非公有制企业的联系帮扶制度，对非公有制领军企业、骨干企业和成长型企业实行挂点服务；对经营困难企业、弱势企业实行挂点帮扶，帮助企业解决不同发展阶段的具体问题，促进企业进一步发展壮大。

（5）完善监测督查机制。由统计部门牵头建立健全非公有制经济的统计调查制度和监测预警评价制度，建立、完善报表制度、分析通报制度，及时准确反映非公有制经济发展情况。建立促进非公有制经济发展的工作协调机制和部门联席会议制度，加强部门之间配合，协调解决非公有制经济发展过程中的重点难点问题。

（6）建立考核激励机制。市委、市政府每年组织对非公有制经济发展进行考核评价，成绩优异的县（市、区）、市直单位、企业（机构）、企业家，由市委、市政府表彰奖励。每两年召开一次全市非公有制经济发展表彰大会。

各县（市、区）委、政府和市直有关部门要坚决贯彻落实中央、省委省政府和市委市政府出台的各项关于发展非公有制经济的政策，并结合本地、本单位实际，制定切实可行的实施意见和具体实施细则。

（饶发［2014］6 号）

（四）宜春市关于大力促进非公有制经济更好更快发展的实施意见

为认真贯彻落实《省委、省政府关于大力促进非公有制经济更好更快发展的意见》（赣发［2013］14 号），进一步激发非公有制经济活力和创造力，结合宜春市实际，现就大力促进非公有制经济更好更快发展提出如下实施意见。

1. 指导思想和目标任务

（1）指导思想。以党的十八大、十八届三中全会和省委十三届七次、八次全会精神为指导，毫不动摇地鼓励、支持、引导非公有制经济发展，把促进非公有制经济更好更快发展作为宜春市必须长期坚持的重大战略。立足解放思想、深化改革、扩大开放、创新创业，牢固树立内商外商一视同仁，国企民企平等竞争，大企小企同等对待的理念，积极改革与稳步发展并重，政策激励与优化服务并举，抓大引强与扶持小微并行，强化产业规划引导，强力优化发展环境，强促保障措施到位，全力推进非公有制经济更好更快发展。

（2）主要目标。实施非公有制经济比重提升"7999"计划，即到 2018 年，全市非公有制经济增加值占全市地区生产总值比重超过 70%，非公有制经济上缴税金占全市税收总额的比重超过 90%，非国有投资占全市固定资产投资总额的比重超过 90%，非公有制经济领域城镇就业人数占全市城镇就业人数比重超过 90%。推进非公有制经济市场主体成长计划，到 2018 年，力争实现全市非公有制企业达到 4 万家，个体工商户登记数达到 26 万户，在境内外各层次资本市场上市的非公有制企业达到 20 家，年营业收入 100 亿元以上非公有制企业达到 10 家。实施创新型重点非公有制企业"双十"培育计划，重点打造 10 家科技含量高、市场前景好的省级"科技小巨人"企业和 10 家省级发展升级创新型示范企业。逐步提升全市非公有制经济在全省份额的比重，力争到 2018 年，全市非公有制经济发展迈入全省第一方阵。

2. 激发活力，落实推进发展政策

（1）扩大投资领域。消除各种隐性壁垒，进一步破除各种形式的行政垄断。鼓励引导民营资本进入法律法规未明确禁止准入的行业和领域，重点引导支持民间资本进入交通、能源、矿产资源开发、城市基础设施、医疗、教育、养老、文化娱乐、对外出版、网络出版、现代物流、电子商务、旅游和金融服务等领域，制定并实行非公有制企业进入特许经营领域具体办法。实行统一的市场准入制度，在制定负面清单基础上，各类市场主体可依法进入清单之外领域。降低投资准入门槛，取消不合理的准入限制，规范设置和降低准入条件，明确进入途径、进入后的运行方式和监管办法，不得单独对民间资本设置附加条件，创造公平竞争、平等准入的市场环境。推进应用型技术研发机构市场化、企业化改革，可吸引民间资本入股。允许民间资本以控股形式参与教育、科研院所、文化艺术、卫生医疗、体育等事业单位的改制经营。国有资本投资项目允许非国有资本参股，鼓励引导民间资本参与全市重大项目的投资、建设和运营，建立健全民间资本参与重大项目招投标的长效机制。

（2）放宽经营条件。推行工商注册制度便利化，削减资质认定项目，企业注册时，除国家法律法规明确规定在登记前须经批准的项目外，可不限经营范围。积极实施工商登记制度改革，除法律法规另有规定外，取消有限责任公司、一人有限责任公司、股份有限公司的最低注册资本金额限制，不再限制公司设立时股东（发起人）的首次出资比例和缴足出资的期限。申请公司设立登记时，除法律法规另有规定外，将注册资本实缴登记制改为认缴登记制，工商登记机关登记其全体股东认缴的注册资本总额，不再登记实收资本，申请人不再提交验资证明文件，公司对股东已经实缴的注册资本进行验资，并发给出资证明书。不再实行先主管部门审批、再工商登记的制度，由先证后照改为先照后证，商事主体向工商部门申请登记，取得营业执照后即可从事一般生产经营活动；对从事需要许可的生产经营活动，持营业执照和有关材料向主管部门申请许可。商事主体应当向商事登记机关提交年度报告，无需进行年度检验。允许以高新技术成果、知识产权、土地使用权、股权等作价出资兴办公司，其比例可占注册资本的70%。允许农民以承包经营权入股发展农业产业化经营。鼓励承包经营权在公开市场上向专业大户、家庭农场、农民合作社、农业企业流转，发展多种形式规模经营。鼓励引导工商资本到农村发展适合企业化经营的现代化种养业，向农业输入现代生产要素和经营模式。居民身份证及其他有效身份证明可作为申办各类经济实体或个体工商户登记的主体资格证明。允许个人独资企业、合伙企业、商会组织作为股东或者发起人投资设立公司（不含一人有限责任公司）。允许个体工商户用原经营场所、在不与他人重名的前提下沿用原名称、沿用原前置许可有效证件转型升级、变更改制为公司制企业法人，扩大生产规模。

（3）鼓励扶持创业。完善扶持创业的优惠政策，形成政府激励创业、社会支持创业、劳动者勇于创业新机制。鼓励支持有条件的县、市、区和民间资本，依托城区、工业园区、产业集聚区建设小微企业创业园或创业孵化基地。对民间资本投资兴建的小微企业创业园或创业孵化基地，依据兴建规模和创造效益，地方政府给予一定的政策支持。对吸纳符合条件的高校毕业生、退役军人、下岗失业人员、返乡农民工、留学归国人员等进入小微企业创业园或创业孵化基地创办实体的，优先落实促进就业和小额担保贷款扶持政策。创业园（孵化基地）对入驻企业和个人在创业园（孵化基地）发生的物管费等相关费用，3年内按其每月不超过实际费用的50%给予补贴。国有企业和事业单位职工经批准，可停职领办创办企业。3年内不再领办创办企业的允许回原单位工作，3年期满后继续领办创办企业的，按辞职规定办理，辞职的经济补偿金按《劳动合同法》等规定执行。经批准辞职的职工，按规定参加社会保险，缴纳社会保险费，享受社会保险待遇。允许、鼓励大专院校、科研院所科技人员利用职务科技成果入股或创办科技企业，参与收益分配。

（4）促进开放升级。继续加大力度招商引资、招商选资、招大引强。定期发布鼓励民间投资的项目信息，采取定向招商、项目招商、以商招商、商会招商、投资公司招商、龙头企业招商、产业链招商等系列方式增强招商引资的质量和效益，提升招商选资工作的专业化水平。鼓励市外境外非公有制企业家、战略投资者、技术和管理人才来宜投资兴业，加强与在外宜商的联系和服务，加大异地商会建设力度，鼓励异地宜商回乡发展。对来宜春市投资的大型非公有制龙头企业、总部或研发中心迁至宜春市的非公有制企业，按一事一议原则实行优惠政策。落实项目激励机制，开展"重大项目招商引资线索奖"和引进重大工业项目"华木莲奖"评选表彰活动，对有功单位和个人给予重奖。

（5）高效配置土地。鼓励节约、集约用地，清理盘活闲置土地，完善土地租赁、转让、抵押二级市场。在工业园区自建3层以上标准化生产性厂房并保证设施专用的，由工业园区给予一定补助。对符合条件租用政府投资建设的多层标准化厂房的小微企业，3年内给予租金优惠。对现有工业用地，在符合规划、不改变土地用途的前提下，按照规定程序报批，提高土地利用率和增加容积率的，不再增收土地价款。对新增工业用地，要进一步提高工业用地控制指标，厂房建筑面积高于容积率控制指标的部分，不再增收土地价款。工业园区标准化厂房建设免收市政配套费，并可进行分幢分层办理产权分割手续。鼓励非公有制专业开发企业进行工业地产开发，解决非公有制小微企业生产厂房和配套设施建设使用需求，政府给予一定的政策支持。凡是符合规划和产业政策、符合节约集约用地要求的工业、现代服务业项目用地，应尽力保障，符合市重大项目条件的，优先保障。

3. 增力减负，加大财税金融支持力度

（1）设立专项资金。从2014年起，市、县财政分别整合资金设立非公有制经济发展专项资金，并根据地方财力的增长和非公有制经济对地方财政贡献的增长，逐年增加资金额度，重点用于鼓励、扶持和引导非公有制经济发展、非公有制经济服务体系建设和非公有制经济发展研究等。加大政策引导扶持力度，提升政策引导扶持效益，努力发挥非公有制经济发展专项资金的杠杆作用，促进宜春市非公有制经济产业升级、开放升级、创新升级，进一步做大总量，提升质量。

（2）实行税收优惠。用好用足税收优惠政策，加大国家结构性减税及在红色贫困地区兴办鼓励类企业实行一系列税收优惠政策的宣传落实力度，确保各项优惠政策及时落实到位，做到应减尽减、应免尽免。着眼于税源增多、税收可持续增长，合理制订税收增长计划，严禁收过头税，严禁违法要求企业提前缴税，符合法定条件的资金周转困难企业，按照程序报批，给予延期缴税，并免收延缴期限内产生的滞纳金。营业税改征增值税后，在2015年12月31日前，各级财政部门按现行财政体制对部分税负增加较重的企业采取适当的过渡性扶持政策。对年应纳税所得额低于6万元（含6万元）的小型微利企业，其所得按50%计入应纳税所得额，按20%的税率缴纳企业所得税；对增值税小规模纳税人中月销售额不超过2万元（含2万元）的企业或非企业性单位，暂免征收增值税；对营业税纳税人中月营业额不超过2万元的企业或非企业性单位，暂免征收营业税。新办非公有制企业按规定缴纳房产税、土地使用税确有困难的，可按税收管理体制报批减免。

（3）拓宽融资渠道。扩大金融业对民间资本开放，在加强监管前提下，允许具备条件的民间资本依法发起设立中小型银行等金融机构。鼓励民间资本投资入股金融机构和参与金融机构重组改造，参与农村信用社和农村商业银行风险处置的，允许单个企业及其关联方阶段性持股比例超过20%；参与村镇银行发起设立或增资扩股，村镇银行主发起行的最低持股比例降低到15%，允许发展成熟、管理规范的村镇银行在最低股比要求内，调整主发起行与其他股东持股比例。支持小额贷款公司按规定改制为村镇银行。鼓励民间资本设立创业投资企业、股权投资企业及相关投资管理机构。鼓励非公有制企业发行企业债券、公司债券、集合债券、中期票据、短期融资券、中小企业私募债等多种直接融资工具，对发行集合票据的中小微非公有制企业进行奖励，发行票据单只规模在 1 亿 ~ 2 亿元的，市财政奖励 20 万元；2 亿 ~ 5 亿元（含 2 亿元）的，奖励 50 万元；5 亿元以上（含 5 亿元）的，奖励 80 万元。支持企业引入风险投资、私募股权投资等战略合作伙伴，实现规范快速发展。支持境外资本依法合规到宜春市直接投资。

（4）增加有效信贷。对坚持服务"三农"和小微企业、依法合规经营的小额贷款公司，其从银行业金融机构融资比例可放宽到资本净额的 100%。支持各类政策性担保公司发展，鼓励和引导其对非公有制企业的担保支持，同时完善担保风险补偿机制，对当年贷款担保实际发生额超 2 亿元的，由市财政按照其贷款担保发生额 2 亿元以上部分的 0.5% 给予风险补偿，但单户最高不超过 50 万元。支持行业商会协会以"信用共同体形式"发起成立信用联保服务公司或联保基金，推进信用捆绑联保融资。银行业金融机构要不断创新金融产品，提供方便快捷、成本合理的融资服务，严禁在正常贷款之外附加不合理放贷条件和收费行为。对符合条件的非公有制企业，可以比照工业园区企业，享受工业园"财园信贷通"信贷支持政策。对符合创业条件的个人，可向创业项目所在地政府部门所属小额担保贷款经办机构，申请最高可达 10 万元的小额担保贷款。对符合二次扶持条件的个人，贷款最高限额可达 30 万元。对合伙经营和组织起来创业并经工商管理部门注册登记的，贷款规模最高可达 50 万元。对符合劳动密集型小企业或再就业基地、非正规就业劳动组织、小企业孵化基地和创业孵化基地等条件的非公有制企业，由小额贷款担保中心和经办金融机构，根据企业实际吸纳安置人数、经营项目、信用情况和还贷能力合理确定贷款规模，最高限额可达 400 万元。上述创业贷款期限按实际需要确定，从事当地政府规定微利项目的，可按规定享受财政贴息的优惠政策。

4. 转型升级，引导企业提质增效

（1）支持科技创新。建立健全鼓励原始创新、集成创新、引进消化吸收再创新的体制机制，健全技术创新市场导向机制，发挥市场对技术研发方向、路线选择、要素价格、各类创新要素配置的导向作用。对非公有制企业研发机构在承担国家科技任务、人才引进等方面与公办研发机构实行一视同仁的支持政策。全面落实非公有制企业研发投入税前加计扣除政策。市政府对建立博士后科研工作站和主持国家标准制定的非公有制企业给予奖励。建立产学研协同创新机制，支持非公有制企业与大专院校、科研院所实现深度对接合作，构建产业技术创新联盟，推动创新升级，增强经济发展动力。对非公有制企业的共性技术难题，经专家认定后，由市科技专项资金出资，市科技部门通过项目招标的方式组织开展技术攻关，并将攻关成果免费提供给企业共享。改善科技型中小企业融资条件，大力支持非公有制企业技术创新，实行与国有企业一视同仁、同等对待的扶持政策。完善风险投资机制，创新商业模式，促进科技成果资本化、产业化。对迁入宜春市、在宜春市设立二级分支机构或在宜春市投资设立生产同一高新技术产品的全资企业的市外高新技术企业，申请获得高新技术企业认定证书的，可向所在地税务机关申请减按 15% 优惠税率缴纳企业所得税。鼓励非公有制企业自建研发中心、工程中心、产品检测中心、创新中心等公共服务平台，有关建设规费减半收取，对首次获得国家级、省级企业技术中心（工程中心、产品检测中心）的，由受益财政分别一次性奖励企业 20 万元、5 万元。对以宜春市自主知识产权为主而产生的国际、国家、行业标准和地方标准，给予立项、资金等方面支持；对宜春市获得中国专利金奖、优秀奖的专利技术予以重点扶持和奖励。

（2）推进品牌提升。各级政府要依托各自的产业优势，制定产业发展规划和扶持政策，打造知名品牌。引导支持行业商会协会申请注册集体商标，打造区域品牌。鼓励企业商标国际注册，使用自主商标拓展国际市场。鼓励、支持和引导非公有制企业建立健全质量管理体系、施行国际国家标准认证。加强对专利权、著作权、商标权等知识产权的保护，支持驰名商标和著名商标的认定和保护，重点鼓励争创国家、省级免检产品，支持申报地理标志、无公害食品、绿色食品、有机食品等资格认证。严厉打击销售假冒品牌的违法行为。实施品牌激励机制政策，各级政府对以上在知识产权保护、资质认证和品牌创建方面取得成效的企业给予一定奖励和扶持，对新获得中国驰名商标的企业，当年由市、县两级财政各奖励 10 万元；新获得江西省著名商标的企业，当年由受益财政奖励 5 万元；新获得宜春市知名商标的企业，当年由受益财政奖励 2 万元。对获得中国驰名商标、江西省著名商标、宜春市知名商标的企业的商品和服务，符合政府采购规定的，在同等条件下予以优先采购。

（3）培育龙头企业。引导企业技术创新、强化管理、扩大营销，加快培育一批龙头企业，支持民间资本抱团合作、整合资源、优势互补、兼并重组，引导生产要素向行业龙头企业集聚，培育一定数量有特色、有一定规模的产业集群，形成分工合理、配套完善、有较强竞争力的区域产业板块。鼓励同行业龙头型、科技创新型非公有制企业出资入股、兼并重组国有企业。鼓励引导有条件的非公有制企业加快上市步伐。市政府设立企业上市扶持引导基金，用于企业上市奖励、扶持、培训及创业投资引导，对企业上市前完成股份制改造、通过省证监局辅导验收、上市申报材料被中国证监会受理三个阶段，每个阶段奖励 50 万元，其中市财政奖励 20 万元，其余由受益县、市、区财政奖励。每年选择 200 户发展前景广、成长性好的企业，市、县两级各调度帮扶 100 户，在审批、用地、融资、招工等方面予以优先，促其做大做强。对上交税收首次超 5000 万元、1.5 亿元、2.5 亿元的企业，由市财政分别一次性奖励 10 万元、20 万元、30 万元。对首次被认定为国家级农业产业化龙头企业，企业当年实现纳税地方所得 100 万元以下的，由市财政一次性奖励 30 万元，100 万元以上（含 100 万元）的由市财政一次性奖励 50 万元。

（4）鼓励走出去发展。扩大民间资本对外投资，确立企业及个人对外投资主体地位，鼓励发挥自身优势到境外开展投资合作，鼓励自担风险到各国各地区自由承揽工程和劳务合作项目，鼓励创新方式走出去开展绿地投资、并购投资、证券投资、联合投资等，努力在国际市场获取资源、技术、人才、知识产权、营销网络等要素，逐步实现研发、生产、销售全球化。鼓励非公有制企业与国际市场接轨，引进国外先进设备、技术和人才，改造和提升传统优势产业。对组织和参加境内外大型展销活动的非公有制企业和展会服务机构，其展位费、公共布展费等给予补助。支持非公有制企业到市外境外开展品牌专卖、电子商务、连锁网络，巩固并扩大营销网络体系。鼓励境内非公有制企业运用人民币进行跨境贸易和投资结算。支持非公有制企业参加出口信用保险，对年出口额 200 万美元（含 200 万美元）以下的小微企业，统一投保短期出口信用保险；对出口额 200 万美元以上的企业，按当年实际缴纳保费的 50% 给予支持（按规定限额）。

（5）加强企业家队伍培养。弘扬宜商企业家"敢为人先、诚信包容、善谋实干、乐善好施"的精神，注重培养和造就一批有抱负、有眼光、有社会责任感、懂经营、会管理的非公有制企业家，教育引导非公有制经济人士坚定对中国特色社会主义的信念、对党和政府的信任、对企业发展的信心、对社会的信誉，争当爱国、敬业、诚信、守法、贡献的合格的中国特色社会主义事业建设者。实施"民营企业家素质提升工程"。把培养非公有制企业家纳入统一规划，有计划有重点地分期分批进行培训培养。按照政府组织指导、企业需求主导的要求，开展"进高校、建基地、请进来、走出去"的培养形式，从2014年开始，利用3年左右时间，对宜春市纳税前500名规模以上非公有制企业家或者经营管理人员进行多形式、多层次、多途径的培训。加强创业培训，使退役军人、下岗失业人员、转移就业农民特别是失地农民、返乡农民工得到政府在培训项目的相应资助。高等院校要开设创业教育必修课程。建立以优秀企业家、管理专家为主体的"创业导师库"，通过管理咨询、企业诊断等手段对不同规模、不同层次的非公有制企业进行培训辅导，提高创业成功率，提升企业管理水平。支持各类职业技术学校及培训机构和非公有制企业对接合作，凡是企业、社会培训机构、大专院校围绕宜春市企业发展需要，实现"订单式"职业培训的，当地政府应在促进就业资金中给予其适当的补贴。

5. 优化环境，强化服务保障

（1）优化市场竞争环境。大力推进商务诚信建设，建立健全社会征信体系，褒扬诚信，惩戒失信，教育、引导非公有制企业守法合规经营、诚信经营、承担企业社会责任。加强并改进对市场主体、市场活动的监督管理，加大打假力度，切实做到放宽准入、有序统一监管。消除地区封锁，打破行业垄断，清除市场壁垒，提高资源配置效率和公平性，加快形成企业自主经营、公平竞争，消费者自由选择、自主消费，商品和要素自由流动、平等交换的现代市场体系，健全统一开放、机会均等、公平诚信、竞争有序的市场规则，使市场在资源配置中起决定性作用。

（2）保护企业合法权益。公有制经济财产权不可侵犯，非公有制经济财产权同样不可侵犯。建设法制化营商环境，支持各级工商联组织成立维权服务中心，各行政职能部门要支持其开展工作，加大对非公有制企业合法权益的保护力度，严厉打击侵害非公有制企业合法权益的违法犯罪行为。任何单位和个人不得侵占、破坏非公有制企业、非公有制企业经营者的合法财产。未经法定程序，不得查封、扣留、冻结，不得改变权属关系。深化平安创建活动，为非公有制经济组织营造良好的周边治安环境。创新矛盾纠纷社会化调处机制，完善矛盾纠纷动态排查、内部化解制度，及时有效化解劳资关系、安全生产、环境保护以及与周边争议等矛盾纠纷。坚持公开公正文明执法，规范执法行为，规范行使自由裁量权，努力实现执法办案的法律效果与社会效果相统一，为非公有制经济发展营造良好的法治环境。

（3）提高政府办事效率。推进政府机构改革和政府职能转变，进一步清理和减少行政许可、非行政许可审批事项，重点减少投资和生产经营活动审批事项。市场机制能有效调节的经济活动，一律取消审批。在市管权限内不涉及公共资源开发利用的投资项目核准改为备案管理。企业投资项目，除关系国家安全和生态安全、涉及全国重大生产力布局、战略性资源开发和重大公共利益等项目外，一律由企业依法依规自主决策，政府不再审批。完善主要由市场决定价格的机制，凡是能由市场形成价格的都交给市场，政府不进行不当干预。简化程序，同一部门承担的多个审批事项原则上合并办理，限时办结。建立非公有制企业公益性综合服务平台，公开审批程序，完善行政审批服务中心"一站式"项目联合审批机制，行政许可项目逐步推行网上审批、能同步办理的同步并联办理，提高行政审批效率。对重大项目、重大事项一事一议，建立健全重大项目审批绿色通道，实现全程服务制度。

（4）加强服务体系建设。整合协调科技、中小微企业、外向型经济、农业产业化和商会等服务体系，探索建立以政府公共服务为引导、公益性服务为基础、商业性服务为支撑的企业社会化综合服务体系。引导扶持民间资本投资发展现代生产型服务业，探索采取政府引导扶持、民间商会组织协调、企业参与的方式，引导扶持现代生产型服务业、中介服务业集聚发展、配套合作、公开平等竞争。取消依附于行政许可的各种中介服务，规范中介机构服务行为，在行政服务中心建立中介机构自选平台，建立中介机构备案管理、业务过程监管、清退淘汰机制和中介信息公开、"三统一"（统一承诺时间、统一收费标准、统一服务标准）等多方参与的市场监管制度和长效机制。对非公有制企业专门人才的职称评审、专业技术资格和职业资格考试，相关职能部门可以组织专场评审或专项评审，设立快捷通道落实办理。受财政资助的科技平台、科研设施，向所有企业提供开放性服务，适当减免中小微企业使用费。

（5）切实减轻企业负担。组织清理行政事业性收费项目，降低收费标准，凡收费标准有上下限的，一律按下限收取，严禁提高标准或变相提高标准乱收费。全面清理涉企中介机构收费项目，实行涉企收费项目登记手册制度，凡手册没有登记的收费项目，企业有权拒交。对列入鼓励类的服务业企业，其用电、用水、用气、用热基本与工业同价。努力降低企业环评、安评成本。

（6）严格规范各类检查。对企业进行各种检查必须依法进行，告知当地"双优办"并备案。设立企业"安静生产日"制度，重点企业每月 1～25 日为企业"安静生产日"。期间，除安全检查、税收征管、环境保护和纪检监察机关、政法机关查处案件外，各行政执法机关不得到企业进行执法检查。特殊情况确需进行执法检查的，必须事先到"双优办"备案。规范执法行为，约束自由裁量权，实行"首查不罚"。建立健全投诉反馈、检查纠错机制，充分发挥各级行政投诉中心的作用，畅通非公有制企业反映诉求和举报的渠道，及时受理和分办、督办非公有制企业反映的问题。各级纪检监察部门要认真查访行政办事服务机关不作为、乱作为等问题，查处对非公有制企业乱摊派、乱检查、乱收费、乱处罚和强行指定中介服务机构等违法违纪行为，对故意刁难、妨碍企业生产经营的直接责任人依法依规严肃查处，相关单位主要负责同志在媒体上做出公开检查。

（7）营造良好舆论氛围。在全社会大力营造"服务非公有制经济、宣传非公有制经济、主攻非公有制经济"的浓厚氛围，每两年以市委、市政府名义，在非公有制经济人士中开展一次中国特色社会主义事业建设者评选表彰活动，培育树立一批中国特色社会主义事业建设者典型、一批优秀非公有制企业典型、一批支持非公有制经济发展的先进地区和部门典型，利用电视、报纸等各种媒体并开设专题专栏，加大对先进典型的宣传力度。支持组建市民营经济研究会，加强对非公有制经济进行系统研究和广泛宣传。充分发挥舆论监督作用，对侵犯非公有制企业及企业家合法权益和干扰合法经营活动的典型事例及时予以曝光。

6. 加强领导，形成促进跨越发展的强大合力

（1）完善领导协调机制。成立宜春市促进非公有制经济发展领导小组，统筹制定全市非公有制经济发展战略规划和措施，加强对重点非公有制龙头企业发展和重大项目建设的协调，跟踪督查企业发展情况和项目实施情况，研究和协调解决非公有制经济发展过程中的重点难点问题。领导小组下设办公室，办公室设市委统战部。建立完善"企声通道"，加强市政府领导与非公有制企业家的对话沟通，建立多渠道的政企对话沟通机制。市直有关部门将了解、掌握非公有制企业诉求作为常态化工作，完善网上政企对话渠道，对企业反映的重大问题及时提交市政府，通过现场办公会和专题协调会等形式协调解决。

（2）健全政治引领机制。探索完善党委统一领导、党委组织部牵头抓总、非公有制经

济组织党工委统筹负责、有关部门协同配合的非公有制经济组织党建工作领导体制和工作机制。市非公有制经济组织党工委负责统筹协调指导全市非公有制经济组织党建工作，宣传贯彻党的路线、方针、政策，促进中央、省和市各项决策部署在非公有制经济组织的贯彻落实。鼓励、支持非公有制经济组织党建工作的探索创新，市、县两级非公有制经济组织党工委要指导非公有制经济领域内各类商会（协会）党建工作全覆盖，实现全市非公有制经济组织的社会管理工作全覆盖。

（3）建立商会协同机制。重点培育、优先发展中国特色社会主义行业商会协会，探索一业多会，引入竞争机制。成立行业商会协会，直接向民政部门依法申请登记。并限期实现行业协会商会与行政机关脱钩。鼓励、支持和引导行业商会协会自愿加入工商联组织，充分发挥工商联在行业协会商会改革发展中的促进作用和总商会职能。加强对非公有制经济的服务管理，建立和完善现代商会服务体系，鼓励、扶持各类商会协会组织建设企业总部基地，增强服务非公有制经济发展的功能。

（4）建立考核督查研究机制。建立健全非公有制经济统计调查制度和监测预警评价制度，建立监测点、数据库，进行第三方评估，加强对非公有制经济数据的分析使用和非公有制经济发展环境的评估。建立和完善非公有制经济发展考核评价体系，并将考评结果纳入各地各部门工作绩效考核目标体系。由市促进非公有制经济发展领导小组对中央、省和市出台的政策措施落实情况和全市非公有制经济发展环境进行调查研究、分析评估和工作督导，建立健全定期报告、工作激励机制，每年召开一次全市非公有制经济发展总结表彰和工作部署会议。

各级党委、政府和市直相关部门要坚决贯彻落实中央、省和市出台的各项扶持非公有制经济发展的政策，从本地本部门实际出发，制定切实可行的实施意见或实施细则。

（宜发〔2014〕13号）

（五）赣州市关于加大对小微企业帮扶力度加快非公有制经济发展的实施意见

为加大对赣州市小微企业的帮扶力度，进一步激发非公有制经济活力和创造力，加快非公有制经济发展，推动赣南苏区振兴发展，结合赣州市实际，提出如下意见。

1. 明确发展目标任务

提速提质提效发展。力争到2020年，全市非公有制经济增加值占全市GDP比重和上缴税金占全市财政收入比重均突破70%，万人拥有企业100户以上，非公有制企业和个私经营总户数分别达到10万户和50万户，发展质量和效益大幅提升。其中，到2016年全市非公有制经济增加值占全市GDP比重和上缴税金占全市财政收入比重达到65%，非公有制企业和个私经营总户数分别达到6万户和38万户。（牵头单位：市民营企业管理局；责任单位：市统计局、市工商局、市国税局、市地税局）

2. 加大财税扶持力度

（1）扩大专项资金规模。2014年市财政统筹安排中小企业发展专项资金2000万元，重点用于中小微企业创业创新、完善服务环境以及规模企业、新三板企业、专精特新企业培育等奖励补助。各县（市、区）、赣州经济技术开发区（以下合称各县（市、区））应在本级预算中安排中小企业发展专项资金。专项资金使用管理办法另行制定。（牵头单位：市财政局；责任单位：市民营企业管理局、各县（市、区）人民政府、赣州经济技术开发区管委会）

（2）优化"财园信贷通、小微信贷通"。从2014年起，各县（市、区）财政每年按1:1比例安排一定数额的资金，分别与省、市财政资金配套，存入合作银行作为贷款风险代偿保证金，引导合作银行按不低于财政保证金总额的8倍放大贷款额度，向园区内企业和辖区内小微企业提供"财园信贷通"、"小微信贷通"贷款，切实帮助小微企业解决生产经营过程中所需流动资金。从2014年起，市、县两级财政安排一定资金用于中小微企业贴息贷款，其中，2014年市、县两级财政共安排3亿元资金。具体资金管理办法由市民营企业管理局和市财政局另行制定。（牵头单位：市财政局；责任单位：市工信委、市民营企业管理局、各县（市、区）人民政府、赣州经济技术开发区管委会）

（3）增加小微企业政府采购份额。采购人在编制采购项目预算时，在满足机构自身运转和提供公共服务基本需求的前提下，要预留年度政府采购项目预算总额的30%以上，专门面向中小微企业采购，其中预留给小微企业的比例不低于60%；对于非专门面向中小微企业的项目，采购人或者采购代理机构应当在招标文件或者谈判文件、询价文件中做出规定，对小微企业产品价格给予6%～10%的扣除，用扣除后的价格参与评审，具体扣除比例由采购人或者采购代理机构确定。（牵头单位：市财政局）

（4）强化税收扶持政策落实。认真贯彻落实国家支持小型微利企业发展和赣南苏区振兴发展税收优惠政策。免收小微企业管理类、登记类、证照类行政事业性收费；对增值税小规模纳税人中月销售额不超过2万元的企业或非企业性单位，暂免征收增值税；对年应纳税所得额低于10万元（含10万元）的小型微利企业，其所得减按50%计入应纳税所得额，按20%的税率缴纳企业所得税；对持《就业失业登记证》人员从事个体经营的，在3年内按每户每年8000元为限额依次扣减其当年实际应缴纳的营业税、城市维护建设税、教育费附加、地方教育附加和个人所得税，最高可上浮20%。对商贸企业、服务型企业、劳动就业服务企业中的加工型企业和街道社区具有加工性质的小型企业实体，当年新增加岗位中，招用在人力资源社会保障部门公共就业服务机构登记失业1年以上且持《就业失业登记证》人员，与其签订1年以上劳动合同并缴纳社会保险的，在3年内按实际招用人数予以定额依次扣减营业税、城市维护建设税、教育费附加、地方教育附加和企业所得税。定额标准为每人每年4000元，最高可上浮30%。（牵头单位：市财政局；责任单位：市国税局、市地税局、市民营企业管理局）

3. 缓解企业融资难题

（1）推进信用体系建设。建立和完善中小微企业信用评价服务体系，加快信贷资质培育。推进工业园区中小微企业信用示范区建设。先期在"财园信贷通"、"小微信贷通"和银企对接签约企业中建立信用评价，将企业登记备案、年度报告、资质资格、监管等信息公示，健全守信激励和失信惩戒机制，督促和引导小微企业守信用、重合同。鼓励社会资本发起设立新型征信机构、信用评级机构，培育发展信用服务市场。（牵头单位：人民银行赣州市中心支行；责任单位：市金融工作局、赣州银监分局、市财政局、市工信委、市民营企业管理局）

（2）鼓励小型金融机构发展。鼓励民间资本依法设立或参股融资性担保机构、小额贷款公司，支持民营企业参与村镇银行的发起设立和增资扩股等，有序扩大小型金融机构在市、县的覆盖范围；开展民间资本管理服务公司试点工作，争取放宽小额贷款公司法人投资者最高持股比例，优化股东占比；支持符合条件的小额贷款公司根据有关规定改制设立为村镇银行。（牵头单位：市金融工作局；责任单位：赣州银监分局、人民银行赣州市中心支行）

（3）强化小微企业信贷绩效监督考核。金融监管部门要建立小微企业信贷工作定期监测与考评激励机制，按季通报，按年考核，年底对各银行金融机构的小微企业金融服务工作进行年度考核评价；市、县人民政府将考评结果与金融奖励政策挂钩，对达到小微企业贷款"两个不低于"要求的金融机构，除了给予一定资金奖励外，中国人民银行优先给予支持再贷款、再贴现业务。（牵头单位：市金融工作局；责任单位：赣州银监分局、人民银行赣州市中心支行、市财政局、市工信委、市民营企业管理局）

（4）支持融资性担保行业发展。扩大融资性担保机构的担保、再担保业务，每年担保业务额不低于注册资本金的 3 倍，对小微企业的担保业务额不少于担保总额的 2/3。支持有条件的县（市、区）建立注册资本 5000 万元以上的政策性担保机构。大力支持民营资本进入担保领域，对担保机构担保贷款新增额风险补偿按照《赣州市人民政府关于支持中小微型企业融资担保的意见》（赣市府发〔2012〕17 号）的有关规定予以补偿；对为抵押物不足的自主创新型非公有制科技企业提供贷款担保的担保机构，可适当提高风险补贴金比率。（牵头单位：市金融工作局；责任单位：人民银行赣州市中心支行、赣州银监分局、市财政局、市工信委、市民营企业管理局）

（5）支持小微企业直接融资。支持符合条件的小微企业上市融资，培育小微企业在全国中小企业股份转让系统挂牌融资，鼓励小微企业进行场外股权交易和流转。对于成功融资或交易、流转的小微企业，按照《赣州市扶持企业上市专项引导资金管理办法（试行）》给予补贴和奖励。（牵头单位：市金融工作局；责任单位：人民银行赣州市中心支行、赣州银监分局、市财政局、市工信委、市民营企业管理局）

4. 优化创业兴业环境

（1）压缩行政审批和改革工商登记。积极落实国家、省和赣州市出台的各项工商改革措施，推进工商登记制度改革，放宽注册登记条件，优化登记程序，完善登记服务，大力压缩行政审批事项，依法实施"先照后证"，支持个体工商户转型升级为私营企业。（牵头单位：市工商局）

（2）全面清理乱收费行为。严格落实国家、省和赣州市各类取消或减免涉企行政事业收费的规定；全面清理涉企行政事业性不合理收费及其他不合理收费；执行收费公示制度，对企业的所有收费项目必须在媒体上先行公示，防止变相收费和隐性收费，严肃查处乱收费、乱罚款及各种摊派行为。（牵头单位：市财政局；责任单位：市发改委、市物价局、市民营企业管理局）

（3）实行小微企业首次违规预警制度。除食品生产经营和高危行业企业外，小微企业非主观故意，未造成危害后果的首次违规、违章行为，工商、税务、质监、药监、环保、安监、消防、城管等行政执法部门实行"处罚预警"制度，企业及时纠正的，一般不予立案调查和行政处罚。（牵头单位：市政府法制办；责任单位：市工商局、市国税局、市地税局、市质监局、市食品药品监督管理局、市安监局、市城管局）

（4）加大人才引进力度。国有企业和事业单位职工经单位批准，可停职领办创办企业，3 年内不再领办创办企业的允许回原单位工作，3 年期满后继续领办创办企业的，属国有企业人员按辞职规定办理，辞职经济补偿金按《劳动合同法》等规定执行；属事业单位人员，按照国家有关辞职辞聘规定办理，不再保留事业编制及事业单位人事关系。允许、鼓励大专院校、科研院所科技人员利用科技成果入股或创办科技企业，参与收益分配。小微企业与新招用高校毕业生签订 1 年以上劳动合同并按时给其足额缴纳社会保险费的，按规定给予社会保险补贴。小微企业引进的高级专业技术人员、行业领军人物等高层次人才，按赣州市《关于大力引进高层次人才的若干意见》（赣市才发〔2013〕2号）享受优惠政策。（牵头单位：市人力资源和社会保障局；责任单位：市国资委、市科技局、市民营企业管理局）

5. 促进结构调整和技术创新

（1）优化小微企业产业结构。大力完善工业园区发展整体规划，强化产业引领，实现中小微企业集聚发展，引导小微企业向专业化、精细化、特色化方向发展；大力转移并集中整治高耗能、高污染、低产能的企业；鼓励企业重组，引导小微企业发展节能环保、新能源新材料、电子信息等战略性新兴产业，发展信息服务、文化创意、现代物流等新兴服务业，发展旅游服务、农产品精深加工、农业休闲旅游等特色产业；引导小微企业实现集约、集群发展，加强与龙头企业的配套链接，形成产业集群，增强竞争力。（牵头单位：各县（市、区）人民政府、赣州经济技术开发区管委会；责任单位：市工信委、市国土资源局、市商务局、市旅游局、市农业和粮食局、市民营企业管理局、市环保局、市安监局）

（2）支持成长性小微企业发展。大力实施中小企业成长工程，每年新增100家以上规模工业企业、培育100家以上"专精特新"企业、组织30家以上企业开展驻厂式管理咨询活动、扶持50家龙头骨干非公有制企业。重点扶持稀土和钨及其应用、新能源汽车及配套、有色冶金及新材料、电子信息、生物制药、商贸服务等行业的成长性小微企业发展。（牵头单位：市民营企业管理局；责任单位：市工信委）

（3）支持小微企业技术创新。加大各类扶持资金对中小微企业技术创新的支持力度。鼓励大型企业、高校和科研院所向小微企业开放研发试验设施，与小微企业开展智力和技术合作，推动产学研成果转化与应用。小微企业固定资产由于技术进步原因需加速折旧的，可按规定缩短折旧年限。鼓励小微企业实施技术改造，提高装备水平，对引进国外先进设备的企业给予一定补贴。（牵头单位：市科技局；责任单位：市财政局、市发改委、市工信委、市民营企业管理局）

（4）支持小微企业提高管理水平。市中小企业专项资金每年安排150万元以上用于开展创业和管理培训，提升创业能力和经营管理水平。县（市、区）中小企业专项资金每年应安排30万元以上，用于轮训小微企业管理人员。采取政府购买服务的方式，引入管理咨询机构，采取驻厂、调研等形式，开展管理咨询和企业诊断，帮助小微企业建立现代企业制度，完善法人治理结构。（牵头单位：市民营企业管理局、各县（市、区）人民政府、赣州经济技术开发区管委会）

6. 完善企业公共服务

（1）支持小微企业创业基地建设。各县（市、区）要统筹安排，围绕工业园区主导产业规划建设小微企业创业基地。原则上每个县（市、区）每年应安排50亩以上土地，按功能配套要求，建设多层标准厂房和公共管理服务用房6万平方米以上，吸纳小微企业入驻100户以上，引导小微企业突出产业特色，集聚发展。对达到要求、政策兑现的创业基地给予奖励补助。支持依托创业基地多渠道、多形式建设公共租赁住房，解决小微企业职工住房，稳定小微企业职工队伍。（牵头单位：市民营企业管理局；责任单位：市城乡规划建设局、市国土资源局、市房管局、各县（市、区）人民政府、赣州经济技术开发区管委会）

（2）建设中小微企业公共服务体系。实施中小企业服务体系建设工程，按照"资源共享、服务协同、覆盖全市"思路，建设赣州中小企业服务超市，为小微企业提供创业培训、技术创新、工业设计、管理咨询、金融服务、电子商务、软件开发等生产型服务。力争到 2020 年，重点培育认定 50 个省级中小企业公共服务示范平台，争创 10 个国家级中小企业公共服务示范平台。（牵头单位：市民营企业管理局；责任单位：市工信委、市财政局）

（3）支持开拓市场。引导小微企业创建自主品牌。支持小微企业参加国家部委组织的大型展会，给予展位费补贴；对小微企业开展境外商标注册和专利申请、进行国际市场宣传推介等市场开拓活动给予补助；加强对小微企业知识产权的保护，提升赣州市小微企业的进出口贸易质量。（牵头单位：市民营企业管理局；责任单位：市工信委、市商务局、市工商局、市质监局、市科技局、赣州海关）

7. 强化保障措施

（1）加强组织领导。市促进非公有制经济发展领导小组要加强对小微企业、非公有制经济工作的统筹规划、组织协调和督促检查。各地各部门各单位要结合实际，建立起领导亲自抓、一级抓一级、层层抓落实的工作机制，建立党政领导班子成员和有关部门联系重点小微企业的制度。充分发挥工商联职能作用，促进非公有制企业改革发展。（牵头单位：市促进非公有制经济发展领导小组；责任单位：各县（市、区）人民政府、赣州经济技术开发区管委会、市直有关部门（单位））

（2）加强监测分析。按照国家划分标准对小微企业开展统计监测和分析。加强对小微企业和非公有制经济的动态跟踪和监测分析，指导促进小微企业、非公有制经济健康快速发展。（牵头单位：市统计局；责任单位：市工信委、市民营企业管理局）

（3）强化监督检查。把小微企业和非公有制经济发展情况纳入年度工作目标考核考评体系。每年对中央、省和市委、市政府出台的政策措施落实情况和小微企业、非公有制经济发展环境进行调查研究、分析评估和工作督导，建立健全定期报告、工作激励机制，每两年召开一次全市小微企业、非公有制经济发展表彰大会。宣传部门要加大对中小微企业和非公有制经济的宣传力度，及时总结推广成功企业和典型案例、经验。（牵头单位：市工信委；责任单位：市民营企业管理局、市委宣传部、市委统战部、市工商联、各县（市、区）人民政府、赣州经济技术开发区管委会、市直有关部门（单位））

各县（市、区）、各部门（单位）要根据本意见制定切实可行的实施细则，并对社会和媒体公开宣传解读，确保政策宣传落实到位。

（赣市府办发〔2014〕26 号，2014 年 9 月 28 日）

（六）吉安市关于落实大力促进非公有制经济更好更快发展政策措施责任分工方案

市委、市政府高度重视非公有制经济发展工作，并于 2012 年 10 月 20 日下发了《中共吉安市委、吉安市人民政府关于进一步促进全民创业的实施意见》（吉发〔2012〕13 号）文件，吉安市非公有制经济呈现出良好的发展态势。2013 年 12 月 20 日，中共江西省委、江西省人民政府出台了《关于大力促进非公有制经济更好更快发展的意见》（赣发〔2013〕14 号）文件，市委、市政府将贯彻落实该文件精神纳入全面深化改革重要日程，要求继续抓好吉发〔2012〕13 号文件贯彻落实的同时，主动对接省委省政府政策利好，丰富、创新和完善大力促进非公有制经济更好更快发展的政策措施，将贯彻措施分解到全面深化改革"1＋N"系列文件中，并对市促进非公有制经济发展领导小组组成人员进行了调整。2014

年3月7日，市委常委会召开贯彻落实赣发〔2013〕14号文件专题部署会。强调要找准问题，畅通渠道，大力促进全民创业；要善于总结经验，发现基层创业好典型，找出影响创业的不利因素并抓好整改，助力推进改革和发展；各部门要通力合作，共同促进全民创业和非公有制经济更好更快发展。按照市委、市政府要求，现就市促进非公有制经济发展领导小组落实大力促进非公有制经济更好更快发展政策措施责任分工提出如下方案。

1. 指导思想、基本原则和目标任务

（1）指导思想。立足吉安非公有制经济发展实际，准确把握赣发〔2013〕14号文件精神，解放思想，改革创新，先行先试，细化政策对接措施，为推动吉泰走廊加快发展、绿色崛起提供强大动力和体制机制保障，为全市乃至全省改革创新探索新路，积累经验，提供示范。

（2）基本原则。坚持统筹谋划，分类推进，对吉发〔2012〕13号和赣发〔2013〕14号文件已明确的内容，市促进非公有制经济领导小组成员单位要主动细化，增强贯彻落实的针对性和操作性。已出台操作细则的，要积极承担、加快推进；对已看准但还需要检验的，要敢于先行先试；对省已明确要试点的，要积极跟进。确保准确、有序、协调推进省、市非公有制经济政策的"落地"，推动吉安市非公有制经济迈出新步伐、取得新成效。

（3）目标任务。按照略高于省委省政府提出的目标，实施非公有制经济比重提升"6788"计划。即到2017年，全市非公有制经济增加值占全市生产总值比重超过60%；全市非公有制经济上缴税金占全市税收总额的比重超过70%；全市非公有制经济投资占全市固定资产投资总额的比重超过80%；全市非公有制经济城镇就业人员占全市城镇就业总人数的比重超过80%。继续实施吉发〔2012〕13号文件提出的到2015年的全民创业奋斗目标，推进非公有制经济市场主体成长。2016～2017年的目标由市工信委根据非公有制经济发展形势提出报市委、市政府审定后实施。

2. 具体责任分工

（1）拓宽投资领域。消除各种隐性壁垒，进一步破除各种形式的垄断。加大国有企业股份制改革力度，探索国有商贸、农林、城投等企业改革重组，鼓励各种形式和资本参与国企改革。积极发展混合所有制经济，推动国有资本、集体资本、非公有资本交叉持股、相互融合的混合所有制经济发展。支持行业相近、产业关联的优势企业通过扩股引资、企业间并购，组建混合所有制企业集团。探索民营企业和龙头企业壮大机制，加快发展与产业配套相关的中小微企业。支持民营企业改制上市、债券融资、科技创新、跨国经营。支持民间资本参股国有资本投资项目，鼓励国有企业引入战略投资者，支持民营企业股份制改造。健全非公有制经济服务体系，加大对非公有制经济发展的金融、科技和人才支持，鼓励民间资本进入战略性新兴产业、绿色食品加工业和现代服务业。扩大工业（非公有制经济）发展专项资金规模，由市本级财政预算安排1000万元用于企业入规、上市、技术创新及电子信息企业融资担保贴息等工业企业发展，以及兑现企业、金融各项政策奖补。（责任单位：市工信委、市国资委负责牵头组织实施，市发改委、市财政局、市工商局、市国税局、市地税局、市人社局等单位负责协同推进）

（2）推进公共服务领域扩大开放。实行财税优惠政策。市政公用项目引进企业均按外商投资、工业园区、开发区企业享受相关税收优惠政策，各项行政事业性收费按照有关规定实行减免，必须收取的一律按下限收取。对城市道路、路灯照明、桥梁、园林绿化、供水、污水处理、环卫保洁、垃圾清运等市政公用事业领域的养护给予税收减免优惠；民办学校在税收、银行贷款等方面与公办学校享受同等政策；引导现有民办学校在当地工业园区周边聚集，实现"退城进园"，入驻园区的民办职校享受招商引资工业企业优惠政策；符合现行营业税政策规定的公益性中小学生社会实践活动基地的门票收入免征营业税，用于事业发展；中小学生社会实践活动基地中符合现行政策规定的自用房产、土地免征房产税、城镇土地使用税；对养老机构提供的养护服务免征营业税，对非营利性养老机构自用房产、土地免征房产税、城镇土地使用税，对符合条件的非营利性养老机构按规定免征企业所得税。（责任单位：市城乡规划建设局负责牵头组织实施，市财政局、市城管局、市交通运输局、市工商局、市国资委、市教育局、市卫生局、市民政局、市文广新局、市体育局、市人防办、市国土资源局、市地税局、市人社局等单位负责协同推进）

（3）进一步激励创业发展。降低创业门槛。凡法律法规未禁止的所有行业和领域，一律向各类创业主体开放。除法律、法规另有规定外，取消有限责任公司、一人有限责任公司、股份有限公司最低注册资本金额的限制。允许以高新技术成果、知识产权、土地使用权、股权等作价兴办公司，其比例可占注册资本的70%。允许农民以承包经营权入股发展农业产业化经营。允许国有企业和事业单位职工领办创办企业。经单位批准，国有企业和事业单位职工可停职领办创办企业。3年内不再领（创）办企业的允许回原单位工作，3年期满后继续领（创）办企业的，按辞职规定办理（辞职的经济补偿金按《劳动合同法》等规定执行）。允许、鼓励大专院校、科研院所科技人员利用科技成果入股或创办科技企业，参与收益分配。（责任单位：市委组织部、市人社局负责牵头组织实施，市编办、市工商局、市财政局、市国税局、市地税局、市工信委、市农业局、市扶贫和移民办等单位负责协同推进）

（4）加强金融改革创新。培育发展新型金融机构。抓住全省加快农信社改革步伐的机遇，积极引进战略投资者推进辖区内农信社（农合行）改制组建农村商业银行；支持民间资本参股辖区内法人金融机构和设立新型金融机构，探索由民间资本依法发起设立或参与组建中小型银行、金融租赁公司、消费金融公司、村镇银行等金融机构；支持各类银行金融机构在吉安市辖区内发起设立村镇银行，争取实现村镇银行县域全覆盖；鼓励辖区内银行业金融机构批量设立社区金融便利店；支持小额贷款公司发展，引导小额贷款公司公平竞争、合法经营，促进行业健康、良性发展；健全全市担保体系，引导民间资本和财政性资金进入融资性担保领域，争取每个县（市、区）至少成立1家注册资本5000万元以上的担保机构。（责任单位：市金融办负责牵头组织实施，市发改委、市财政局、市人民银行、市银监局、市人社局、市工信委、市国资委、市城投公司等单位负责协同推进）

（5）促进产城互动。坚持走"以产兴镇，以镇促产"的路子，支持和引导各类投资主体到试点镇发展井冈蜜柚、绿色蔬菜、休闲观光等绿色生态产业，支持发展以农产品为主的加工企业和劳动密集型企业，支持发展商贸服务、餐饮住宿、文化娱乐、金融服务、社区服务、乡村旅游等行业。优先支持试点镇创建各种类型的小企业创业基地，为本地农民、下岗职工、大中专毕业生、返乡农民工等提供创业平台。鼓励各级中小企业融资担保机构为符合条件的中小企业提供融资担保服务。推动多元化的投资活力，大力推进创业集聚、就业集聚、居住集聚，吸引农村人口加快向城镇有效转移。（责任单位：市委农工部负责牵头组织实施，市委组织部、市编办、市发改委、市财政局、市城乡规划建设局、市国土资源局、市民政局、市公安局、市人社局、市农业局、市林业局、市水利局、市扶贫和移民办、市新村办、市农业开发办等单位负责协同推进）

（6）推进富民产业发展。进一步推动全市家庭农场发展，充分发挥家庭农场在吉安市非公有制经济发展中的重要作用。鼓励以土地、资金、技术、品牌等要素发展股份制、混合所有制等多种形式的合作社，积极探索建立多元化、多类型经营和提供服务的专业合作社，切实提高合作社的综合实力。创新龙头企业发展模式，鼓励和引导龙头企业与农民合作社、农户形成产权联合、产销合作的紧密联结机制。围绕富民产业扶持和培育一批"龙头企业＋合作社＋农户"发展模式的农业龙头企业，推进由"带动"关系向"合作"关系转变，促进农业产业化经营。鼓励龙头企业加强与科研院所合作，允许合作方以技术入股，参与收益分配，努力把龙头企业办成农业技术攻关、技术升级和新技术成果转化的示范基地。（责任单位：市农业局负责牵头组织实施，市委农工部、市编办、市发改委、市财政局、市林业局、市工商局、市国土资源局、市质量技术监督局、市人民银行、市农业开发办等单位负责协同推进）

（7）加大民办职业学校扶持力度。进一步健全政府主导、行业指导、企业和社会参与的多元办学机制。鼓励国内知名教育集团和社会力量在吉安市独立兴办或联办各类学校，尤其是职业学校。民办职业学校在建设用地、项目安排以及学生资助、税收、融资等方面与公办学校享受同等待遇。民办职业学校的收费项目及标准由举办者自定并报物价和教育部门备案。达到国家中职学校办学标准的民办职校，其学生平均公用经费地方配套部分参照普通中专标准纳入同级财政预算；达到省级重点职校以上标准的民办职校，由当地政府解决20%的公办教师编制，或者对在岗教师的社保金单位承担部分由同级财政解决，使民办职校教师退休后与公办教师待遇基本相同，稳定民办职校教师队伍。各县（市、区）要安排一定数额的民办教育发展资金，对年检为良好以上的民办职业学校或校长给予奖励。建立由政府推动，行业协会、企业实体、职业学校等广泛参与的校企合作新机制。引导职业学校主动适应企业用工需求，开展订单培养、送教到企、顶岗实习等校企合作。鼓励企业在学校建立研究开发机构和实验中心，并选派工程技术人员担任学校兼职教师。对市内企业在本地相关职校建立研发机构的，经评估合格，由当地政府给予奖励。（责任单位：市教育局负责牵头组织实施，市财政局、市人社局、市编办、市工信委等单位负责协同推进）

（8）着力培育现代文化企业。以创业精神推进企业主体建设，实施文化企业"百千万工程"，即用3年时间培育百家骨干文化企业，新增千家文化企业，培养万名文化经营人才，打造一批实力强、控制力强的国有文化企业，培植一批潜力大、活力足、机制新、效益好的民营骨干文化企业，培养一批成长性好的"专、精、特、新"的中小文化企业，形成吉安文化企业蓬勃发展之势。加大招商引资力度，引导社会资本投资文化产业，鼓励民营资本参与国有电影公司、文艺院团改制经营，推进国有文化企业股份制改造。加快培育本土文化产业、本土文化企业、本土企业家，激活民间投资潜能，实施小微文化企业扶持政策。支持文化人才在保留编制的情况下进行创业，建立文化企业协会，引导文化企业自我管理、自觉履行社会责任。推动民营企业国民待遇，在申请政府资助和政府采购等方面，与国有企业享受同等待遇。（责任单位：市委宣传部负责牵头组织实施，市委组织部、市文广新局、井冈山报社、吉安广播电视台、市财政局、市人社局、市编办、市工商局、市国资委、市地税局、市教育局等单位负责协同推进）

（9）大力实施品牌战略。引导支持行业商会协会申请注册集体商标，打造区域品牌。鼓励企业商标国际注册，使用自主商标拓展国际市场。鼓励、支持和引导非公有制企业建立健全质量管理体系、施行国际国家标准认证。加强对专利权、著作权、商标权等知识产权的保护，支持驰名商标和著名商标的认定和保护，重点鼓励争创国家免检产品，支持申报地理标志、无公害食品、绿色食品、有机食品等资格认证。凡获省级著名商标、省名牌产品的企业由受益财政一次性奖励 5 万元；获全国驰名商标或中国名牌新产品的企业，市政府一次性奖励 10 万元，受益财政配套一次性奖励 5 万元；年内同时获全国驰名商标和中国名牌新产品的企业，市政府一次性奖励 25 万元，受益财政配套一次性奖励 10 万元；对获国家地理标志保护产品的单位，市政府一次性奖励 10 万元，受益财政一次性奖励 10 万元。（责任单位：市工商局、市质监局负责牵头组织实施，市委农工部、市工信委、市农业局、市财政局、市工商联等单位负责协同推进）

3. 加强非公有制经济发展组织领导

（1）完善领导协调机制。调整后的市促进非公有制经济发展领导小组，下设办公室作为办事协调机构。领导小组及其办公室统筹制定全市非公有制经济发展战略规划，加强对重点非公有制龙头企业发展和重大项目建设的协调，跟踪督查企业发展情况和项目实施情况，研究和协调解决非公有制经济发展过程中的重点难点问题。各县（市、区）都要建立健全促进非公有制经济发展的领导协调机构，落实领导责任，明确部门分工，健全工作机制。（责任单位：市委统战部、市工信委、市工商联等单位，各县（市、区）党委、政府）

（2）健全政治引领机制。探索完善党委统一领导、党委组织部牵头抓总、非公有制经济组织党工委统筹负责、有关部门协同配合的非公有制经济组织党建工作领导体制和工作机制。市非公有制组织党工委负责统筹协调指导全市非公有制经济组织党建工作，宣传和贯彻党的路线、方针、政策，指导各县（市、区）非公有制经济组织党工委和井冈山经济技术开发区非公党委抓好非公有制经济组织的党建工作。鼓励支持非公有制经济组织党建工作的探索创新，积极推进商会党建设工作。（责任单位：市委组织部、市委统战部、市工商联等单位，各县（市、区）党委）

（3）建立商会协同机制。重点培育、优先发展中国特色社会主义行业商会协会，探索一业多会，引入竞争机制。成立行业商会协会，直接向民政部门依法申请登记，并限期实现行业商会协会与行政机关脱钩。鼓励、支持和引导行业商会协会自愿加入工商联组织，充分发挥工商联在行业商会协会改革发展中的促进作用和总商会职能。发挥工商联作为非公有制经济领域协商民主的重要渠道作用，更加活跃有序地组织工商界的界别协商。鼓励扶持各类行业商会协会组织建设企业总部基地，增强服务非公有制经济发展的功能，着力打造商会经济。（责任单位：市民政局、市工商联、市工信委、市发改委等单位，各县（市、区）党委、政府）

（4）建立考核督查机制。建立健全非公有制经济的统计调查制度和监测预警评价制度，建立监测点、数据库，进行第三方评估，加强对非公有制经济数据的分析使用和非公有制经济发展环境的评估。建立非公有制经济发展考核评价体系，将考评结果纳入各地各有关部门工作绩效考核目标体系。每年对中央、省、市党委政府出台的政策措施落实情况和非公有制经济发展环境进行调查研究、分析评估和工作督导，建立健全定期报告、工作激励机制，定期召开全市非公有制经济发展表彰大会，并做好宣传工作。（责任单位：市委统战部、市工信委、市工商联、市委宣传部、市统计局、市商务局、市工商局等单位，各县（市、区）党委、政府）

各县（市、区）促进非公有制经济发展领导小组要从本地实际出发，制定出切实可行的落实大力促进非公有制经济更好更快发展政策措施责任分工的方案。

（吉非公领发〔2014〕1号，2014年3月2日）

（七）抚州市关于大力促进非公有制经济更好更快发展的实施意见

大力促进非公有制经济更好更快发展，是省委、省政府贯彻落实党的十八大、十八届三中全会和省委十三届七次全体（扩大）会议精神，加快推进"发展升级、小康提速、绿色崛起、实干兴赣"步伐做出的重大战略部署，对抚州市打好"三大战役"、建设幸福抚州具有十分重要的指导意义和促进作用。根据赣发〔2013〕14号文件精神，结合抚州实际，现就大力促进抚州市非公有制经济更好更快发展提出如下实施意见。

1. 提高认识，明确目标

（1）切实把促进非公有制经济更好更快发展作为一项长期坚持的大战略来抓。非公有制经济是社会主义市场经济的重要组成部分。抚州市非公有制经济不断发展壮大，已成为经济社会发展的重要基础和力量。实践证明，非公有制经济是市场经济中最有活力、最具潜力、最富创造力的主体，是抚州市加快发展的主力军、改革开放的主动力、增收富民的主渠道。各级各部门务必从战略的高度，充分认识发展非公有制经济的重大意义，进一步解放思想、深化改革，消除一切妨碍非公有制经济发展的思想观念、体制弊端和不符合发展要求的做法，充分激发非公有制经济的活力和创造力，充分发挥非公有制经济在支撑增长、促进创新、扩大就业、增加税收中的重要作用，促进非公有制经济做大总量、做优结构、做强龙头，不断增强非公有制经济整体实力和竞争力，为打好"三大战役"、加快幸福抚州建设提供内生动力和有力支撑。

（2）主要目标。加大非公有制经济市场主体培育力度，力争全市每年新增个体工商户1.5万户以上，新增非公有制企业2000户以上。到2017年，全市非公有制经济增加值占全市地区生产总值比重超过70%，非公有制经济上缴税金占全市税收总额的比重超过90%，非国有投资占全市固定资产投资总额的比重超过90%，非公有制经济城镇就业人员占全市城镇就业总人数的比重超过90%。促进非公有制企业成长壮大。到2017年，力争全市年营业收入50亿元以上的非公有制企业达到10户以上（其中力争扶持培育出年营业收入100亿元以上的非公有制龙头企业4户以上），重点打造10家科技含量高、市场前景好的"科技小巨人"企业和10家发展升级创新型示范企业，非公有制企业上市或列入上市培育备案实现新的突破。

2. 认真落实促进非公有制经济发展的政策措施，充分释放非公有制经济发展活力

（1）放宽投资领域。按照国家、省关于鼓励和引导民间投资健康发展的要求，全面清理并废止一切限制民间投资的不合理政策和文件规定。除国家法律法规明确禁止准入的行业和领域外，一律对非公有制资本开放，不得单独设置附加条件。制定并实施非公有制企业进入特许经营领域具体办法。鼓励非公有制企业参与国有企业改革改制，允许民间资本以控股形式参与教育、科研院所、文化艺术、卫生医疗、体育等领域的改制经营。推进应用型技术研发机构市场化、企业化改革，鼓励吸引民间资本入股。国有资本投资项目允许非国有资本参股，鼓励引导民间资本参与省、市重大项目和央企在抚州市公司对外合作项目的投资、建设和运营。对交通、能源、城建、医疗、教育、养老等涉及公共资源领域的项目实行竞争性配置，建立健全民间资本参与重大项目投资招标长效机制。已建成项目可通过公开拍卖经营

权、推行政府服务外包等市场化运作方式，向民营资本转让产权或经营权。

（2）降低准入门槛。落实赣发〔2013〕14号文件关于放宽经营条件的要求，积极推进工商注册登记制度改革，削减资质认定项目，改革优化审批准入程序，放宽注册资本登记条件，取消最低注册资本限制，将注册资本实缴登记制改为认缴登记制，将先证后照改为先照后证，将企业年检制度改为年度报告制度，简化手续，降低成本，切实推进工商注册制度便利化。允许以高新技术成果、知识产权、土地使用权、股权等作价出资兴办公司，其比例可占注册资本的70%。鼓励农民以土地承包经营权入股发展农业产业化经营。探索土地承包经营权在公开市场上向家庭农场、专业大户、农民专业合作社、农业产业化龙头企业流转，发展多层次、多形式和多效益的适度规模经营。允许个人独资企业、合伙企业、商会组织作为股东或者发起人投资设立公司（不含一人有限责任公司）。允许个体工商户用原经营场所、在不与他人重名的前提下沿用原名称、沿用原前置许可有效证件转型升级、变更改制为企业，扩大生产规模。

（3）鼓励全民创业。加强创业平台建设。抚州高新区要充分发挥中小企业创业园的促进功能，不断总结经验、完善机制、扩大规模。各县（区）也要在工业园区建设小微企业创业园、创业孵化基地或高校毕业生创业园。支持在有条件的乡（镇）建设返乡创业园、特色产业集聚区。对民间资本投资兴建的创业园或创业孵化基地，由受益财政根据其规模和创造效益给予一定的政策扶持。鼓励高校职校毕业生、退役军人、下岗失业人员自主就业、自主创业，鼓励外出务工人员返乡就业创业。相关部门要健全激励机制，在社会保障、档案管理、职称评定、户籍管理、子女入学等方面提供便利。国有企业和事业单位职工经单位批准，可停职领办创办企业。3年内不再领办创办企业的允许回原单位工作，3年期满后继续领办创办企业的，按辞职的相关规定办理。经单位批准辞职的职工，按规定参加社会保险，缴纳社会保险费，享受社会保险待遇。允许、鼓励大专院校、科研院所科技人员利用职务科技成果入股或创办科技企业，参与收益分配。对进入中小企业创业园、创业孵化基地、高校毕业生创业园、返乡创业园、乡（镇）特色产业集聚区创办实体的创业人员，优先落实促进就业和小额担保贷款扶持政策，在创业园（孵化基地）发生的房租、物管费等相关费用，3年内按每月不超过实际费用的50%给予补贴。对符合创业条件的个人，可向创业项目所在地政府部门所属小额担保贷款经办机构申请最高10万元的小额担保贷款。对符合二次扶持条件的个人，贷款最高限额可达30万元。对合伙经营和组织起来创业并经工商管理部门注册登记的，贷款规模最高可达50万元。对符合劳动密集型小企业或再就业基地、非正规就业劳动组织、小企业孵化基地和创业孵化基地等条件的非公有制企业，由小额贷款担保中心和经办金融机构根据企业实际吸纳安置人数、经营项目、信用情况和还贷能力，合理确定贷款规模，最高限额可达400万元。上述创业贷款期限按实际需要确定，从事当地政府规定微利项目的，可按规定享受财政贴息的优惠政策。

（4）扩大招商引资。完善"跑项争资"长效机制，继续加大力度招商引资、择商选资、招大引强。改进招商引资方式，推进产业招商、项目招商、专业招商、定向招商、以商招商、商会招商、投资公司招商、龙头企业招商，提升招商选资工作的专业化水平，全方位多层次宽领域引进市外资金、技术、人才来抚投资兴业。抓住实施鄱阳湖生态经济区建设、海峡西岸经济区建设、赣南等原中央苏区振兴发展三大国家区域发展战略机遇，融入省会、对接海西，加快推进昌抚一体化和赣闽合作开放试验区建设，创新区域合作机制，不断提升开放型经济发展层次和水平。充分发挥驻外办事处、外地抚州商会、驻抚外地商会作用，积极招商引资。加强在外投资经商抚州籍人士的联系和服务，鼓励回乡发展。对来抚投资的大型非公有制龙头企业、总部或研发中心迁至抚州市的非公有制企业，按一事一议原则实行优惠政策。

3. 引导鼓励非公有制经济做大做强，不断提高非公有制经济发展质量和效益

（1）培育壮大重点特色行业和骨干龙头企业。围绕抚州市优势特色产业，鼓励、支持和引导民间资本抱团发展、整合资源、优势互补、兼并重组，引导生产要素向重点产业、龙头企业集聚，培育一批有较强特色、较大规模的产业集群，形成分工合理、配套完善、有较强竞争力的区域产业板块。实施非公有制企业壮大工程，各县（区）和市本级每年筛选确定一批符合抚州市产业发展方向、科技含量高、市场前景好、具有较大发展潜力的非公有制企业，进行重点扶持，在申报国家和省项目资金、生产要素保障、政策扶持等方面给予倾斜。鼓励、引导非公有制企业做大做强，对年营业收入首次超过 50 亿元且生产和税收保持增长的非公有制企业，由当地政府给予一次性奖励 100 万元。推动一批符合条件的重点非公有制企业进行股改或到"新三板"挂牌上市。各级财政设立企业上市专项引导资金，并按照抚府发〔2012〕8 号文件规定，由受益财政对企业改制上市进行奖励。

（2）支持鼓励非公有制企业科技创新。建立健全鼓励原始创新、集成创新、引进消化吸收再创新的体制机制，健全技术创新市场导向机制，支持引导非公有制企业技术创新，促进民营科技企业发展。非公有制企业经认定为高新技术企业的，依照税法规定减按 15% 的税率征收企业所得税。对迁入抚州市、在抚州市设立二级分支机构或在抚州市投资设立生产同一高新技术产品的全资企业的市外高新技术企业，按要求报省备案后直接核发高新技术企业认定证书。积极协助符合条件的非公有制企业申请国家高新技术产业化资金、中小企业发展专项资金、中小企业技术创新基金等政策性扶持资金。对非公有制企业拥有自主知识产权和核心技术可迅速做大或带动产业发展的产品或项目，根据实际情况采取贷款贴息、有偿或无偿资助的方式予以扶持，加快科技成果转化。对获得国家发明专利并实现产业化的非公有制企业，由当地财政给予 3 万~5 万元奖励。鼓励非公有制企业加大技术改造投入，对纳入全市重点技术改造项目的给予贷款贴息扶持。引导帮助非公有制企业与有实力的高校、科研机构和央企实现科技对接合作，建立企业协同创新平台。鼓励非公有制企业自建研发中心、工程中心、产品中心、创新中心。相关部门适当降低非公有制企业资质认定、准入门槛。非公有制企业研发机构在承担国家科技任务、人才引进等方面与公办研发机构实行一视同仁的支持政策。对新认定的国家级、省级研发机构（含企业内部研发机构），由当地政府分别给予 20 万元和 10 万元的一次性奖励。鼓励非公有制企业加大研发投入，对研发投入达到规定比例的非公有制企业，当地政府可给予企业研发和技改资金扶持。

（3）推进品牌提升。鼓励和引导非公有制企业实施品牌战略，提升品牌知名度和产品附加值，着力打造一批知名品牌。引导支持行业商会协会申请注册集体商标，打造区域品牌，实现抱团发展。鼓励企业商标国际注册，使用自主商标拓展国际市场。鼓励、支持和引导非公有制企业建立健全质量管理体系、实施国际国家标准认证。支持驰名商标和著名商标的认定和保护，新认定为中国驰名商标、中华老字号、中国名牌产品、国家免检产品、国家出口名牌的，由当地政府给予一次性奖励 30 万元；新认定为省著名商标、省名牌产品的，由当地政府给予一次性奖励 5 万元；新获得市知名商标、地理标志商标、生态原产地产品、无公害食品、绿色食品、有机农产品认证和境外注册商标的，由当地政府给予一次性奖励 2 万元。

（4）支持企业开拓市场。加大政府采购支持力度。政府采购产品、服务和工程招标对符合资质要求的各类企业同等对待，招标单位不得提高投标企业资质等级排斥潜在投标人，面向小微企业的采购项目不低于年度预算总额的20%。支持非公有制企业参加境内外各类展会，对组织和参加境外展览会的非公有制企业，其展位费按实际发生费用的20%由商务部门予以补助，最高不超过2万元；对组织和参加境内大型展销活动的非公有制企业和展会服务机构，其展位费、公共布展费等按照实际发生费用的50%由商务及其行业主管部门给予补助。支持非公有制企业到市外、境外开展品牌专卖、电子商务、连锁网络，巩固并扩大营销网络体系。对新获得国家认可的境外营销网络机构的非公有制企业，由商务部门给予一次性5万元的奖励。支持非公有制企业参加短期出口信用保险，其自行缴纳的保费按实际发生费用的20%由商务部门予以补助，最高不超过5万元。鼓励发展现代物流业，对符合条件的项目、企业，按照抚发〔2012〕14号文件给予财税、土地、金融等政策支持。支持民间资本到境外投资，鼓励自担风险到各国各地区自由承揽工程和劳务合作项目。鼓励非公有制企业运用人民币进行跨境贸易和投资结算。

（5）提升企业家素质。弘扬企业家精神，培养和造就一批有抱负、有眼光、有社会责任感、懂经营、会管理、善创新的民营企业家。实施"民营企业家素质提升工程"，把培养民营企业家纳入全市企业家培养的统一规划，采取市内集中办班、省里调训和外出专题培训等办法，通过进知名大学、创业大学培训、到经济发达地区学习考察等走出去学和邀请名人名家专题讲座等请进来教相结合的方式，加强对非公有制企业经营管理者的教育培训。采取选派人员到国内农业产业化品牌龙头企业跟班学习的方式，着力培养一批农业产业化领军人才。鼓励非公有制企业发展企业文化，完善企业制度，规范企业经营管理行为。加大对优秀非公有制企业家的奖励力度。

4. 加大对非公有制经济的扶持力度，助推非公有制经济更好更快发展

（1）设立专项资金。市、县财政分别设立非公有制经济发展专项资金，并根据地方财力的增长和非公有制经济对地方财政贡献的增长逐年逐步增加资金额度。专项资金重点用于鼓励、扶持和引导非公有制经济发展、非公有制经济服务体系建设和非公有制经济发展研究等，引导促进抚州市非公有制经济产业升级、开放升级、创新升级，进一步做大总量，提升质量。

（2）实行税费优惠。用好用足税收优惠政策，加大国家结构性减税及在赣南等原中央苏区兴办鼓励类企业实行一系列税收优惠政策的宣传落实力度，确保各项优惠政策及时落实到位。营业税改征增值税后，在一定时期内，各级财政部门按现行财政体制对部分税负增加较重的企业采取适当的过渡性扶持政策。对年应纳税所得额低于6万元（含）的小型微利企业，其所得按50%计入应纳税所得额，按20%的税率缴纳企业所得税；对增值税小规模纳税人中月销售额不超过2万元的企业或非企业性单位，暂免征收增值税；对营业税纳税人中月营业额不超过2万元的企业或非企业性单位，暂免征收营业税。符合法定条件的资金周转困难企业经批准可以延期缴税。新办非公有制企业按规定缴纳房产税、土地使用税确有困难的，可按税收管理体制报批减免。全面清理涉及非公有制企业的行政事业性收费项目和政府性基金项目。凡收费标准有上下限的，一律按下限收取。涉及小微企业的行政事业性收费和政府性基金能免则免，能减则减。

（3）加大金融信贷支持力度。完善和落实财政对金融机构的信贷奖励办法，鼓励金融机构加大对非公有制经济贷款的支持力度，提高对非公有制经济贷款的总量和比重。支持各

类政策性担保公司发展，完善担保风险补偿机制，鼓励和引导其对非公有制企业的担保支持。对当年贷款担保实际发生额超 2 亿元的，由市财政按照其贷款担保发生额 2 亿元以上部分的 0.5% 给予风险补偿，但单户最高不超过 50 万元。支持行业商会协会以"信用共同体形式"发起成立信用联保服务公司或联保基金，推进信用捆绑联保融资。银行金融机构要不断创新金融产品，提供方便快捷、成本合理的融资服务，严禁在正常贷款之外附加不合理放贷条件和收费行为。对坚持服务"三农"和小微企业、依法合规经营的小额贷款公司，其从银行金融机构融资比例可放宽到资本净额的 100%。

扩大金融业对民间资本开放，在加强监管前提下，支持和鼓励具备条件的民间资本依法发起设立中小型银行、金融租赁、信托、典当等金融机构。鼓励民间资本投资入股金融机构和参与金融机构重组改造，参与农村信用社和农村商业银行风险处置的，允许单个企业及其关联方阶段性持股比例超过 20%；参与村镇银行发起设立或增资扩股，村镇银行主发起行的最低持股比例降低到 15%，允许发展成熟、管理规范的村镇银行在最低股比要求内，调整主发起行与其他股东持股比例。支持小额贷款公司按规定改制为村镇银行。鼓励民间资本设立创业投资企业、股权投资企业及相关投资管理机构。鼓励非公有制企业发行企业债、公司债、集合债券、中期票据、短期融资券、中小企业私募债等多种直接融资工具，支持企业引入风险投资、私募股权投资等战略合作伙伴，实现规范快速发展。支持非公有制企业上市直接融资。

（4）优化土地资源配置。凡是符合规划和产业政策、符合节约集约用地要求的工业、现代服务业项目用地，尽力予以保障，符合省、市重大项目条件的，优先保障用地需求。完善土地租赁、转让、抵押二级市场。鼓励集约用地、节约用地。在工业园区自建 3 层以上标准化生产性厂房并保证设施专用的，由工业园区给予一定补助。对租用政府投资、建设的多层标准化厂房的小型微型企业，3 年内给予租金优惠。对现有工业用地，在符合规划、不改变用途的前提下，按照规定程序经批准提高土地利用率和增加容积率的，不再增收土地价款；对新增工业用地，要进一步提高工业用地控制指标，厂房建筑面积高于容积率控制指标的部分，不再增收土地价款。工业园区标准厂房建设免收市政配套费，并可进行分幢分层办理产权分割手续。鼓励非公有制专业开发企业进行工业地产开发，解决非公有制小微企业生产厂房和配套设施建设使用需求。

（5）支持非公有制企业引进培养人才。结合中央"千人计划"、省"百千万人才工程"和市"优秀高层次人才引进计划"的实施，采取多种方式，支持非公有制企业引进各类中高级经营管理和技术创新人才。非公有制企业聘请的高级管理人才和核心技术人才，在职称评定、户籍迁移、子女就学、家属就业等方面给予优先照顾，符合抚州市引进高层次人才条件的，享受抚发〔2012〕17 号文件明确的优惠待遇。鼓励非公有制企业对重大技术创新项目的主要研究人员从相应产品收益中提取一定比例予以奖励，鼓励企业对技术带头人、做出突出贡献的科技人员给予期权或股权奖励。支持鼓励高校和职业技术学校根据企业需求建立定向、订单式人才培养机制，支持鼓励校企联建各类专业人才培养点，支持鼓励有条件的企业面向高校建立学生实习、实训基地。支持鼓励企业加强职工的继续教育和职业技能培训，按照《中华人民共和国企业所得税法实施条例》第四十二条规定，企业发生的职工教育经费支出不超过工资薪金总额 2.5% 的部分，可在企业所得税前扣除，超过部分可在以后纳税年度结转扣除。

5. 进一步优化服务，营造非公有制经济发展良好环境

（1）加强服务体系建设。坚持社会化、专业化、市场化原则，整合协调科技、中小微企业、外向型经济、农业产业化和商会等服务体系，探索建立以政府公共服务为引导、公益性服务为基础、商业性服务为支撑的企业社会化综合服务体系。引导扶持民间资本投资发展现代生产型服务业。积极发展各类社会中介服务机构，规范和发展各类行业协会、商会等自律性组织。取消依附于行政许可的各种中介服务，引导扶持集中建设中介服务超市，企业在中介服务超市中自由选择中介服务商，政府部门不得硬性指定中介服务机构。对非公有制企业专门人才的职称评审、专业技术资格和职业资格考试，相关职能部门可以组织专场评审或专项评审，设立快捷通道落实办理。受财政资助的科技平台、科研设施，向所有企业提供开放性服务，适当减免中小微企业使用费。建立市、县（区）领导定点联系非公有制强优企业制度，强化重点企业特派员制度，实施动态化重点帮扶。

（2）进一步提升行政效能。深化行政审批制度改革，实行行政审批事项政府目录清单管理，向社会公布，目录清单以外的一律取消审批。各职能部门要大力精简压缩审批项目，简化审批程序，同一部门承担的多个审批事项原则上合并办理，限时办结。加快电子政务建设，建立行政审批网络平台，逐步实现网上咨询、审批、备案和投诉，积极推进网上审批、网上交易、网络监察实质性融合，提升审批服务效率。对重大项目、重大事项一事一议、特事特办，建立健全重大项目审批绿色通道，实行全程服务。

（3）建立健全维护非公有制经济合法权益的保障机制。依法保护非公有制经济财产权，任何单位和个人不得滥用行政权力任意干涉企业合法生产经营活动，不得侵占、破坏非公有制企业及其经营者的合法财产，未经法定程序，不得查封、扣留、冻结。依法打击侵害非公有制企业合法权益的违法犯罪行为，维护非公有制企业合法权益。坚持公开公正、文明执法，各级政府部门要严格依法履职，不断改进完善"首查免罚"、"阳光稽查"和"企业安静生产日"制度，涉企检查、收费、处罚严格按《抚州市规范涉企检查若干规定》（抚办发〔2013〕16号）报批、备案，定期汇总报同级效能办监督检查。各级监察机关要强化"对监督者实施再监督"的理念，依法对政府部门落实监督检查制度的情况进行监督检查，严肃查处行政服务机关和办事人员不作为、乱作为等问题，查处对非公有制企业乱摊派、乱检查、乱收费、乱处罚和强行指定中介服务机构等违法违纪行为。建立健全投诉反馈、检查纠错机制，充分发挥各级行政投诉中心的作用，畅通非公有制企业反映诉求和举报的渠道，及时受理和分办、督办非公有制企业反映的问题。大力推进商务诚信建设，加快建立企业信用征集体系、评级发布制度、失信惩戒机制和企业信用档案。加强并改进对市场主体、市场活动的监督管理，保护正当竞争。

（4）支持商会和行业协会工作。重点培育、优先发展中国特色社会主义行业商会协会，进一步发挥行业商会协会服务、自律、协调作用，引导企业开展产业协作，促进资源共享、优势互补，防止和减少恶性竞争，形成产业整体合力，推动产业健康发展。引导鼓励相关行业、同类型企业成立行业商会协会，做到主要行业"一业一会"。探索一业多会，引入竞争机制。成立行业商会协会，直接向民政部门依法申请登记，并限期实现行业商会协会与行政机关脱钩。加快政府职能转变，逐步将政府事务性、辅助性职能转移给商会协会承担。对机构健全、运转良好、业绩突出的商会给予通报表彰。鼓励、支持和引导行业商会协会自愿加入工商联组织，充分发挥工商联在行业商会协会改革发展中的促进作用和总商会职能，发挥工商联作为非公有制经济领域协商民主的重要渠道作用，更加活跃有序地组织工商界的界别

协商。鼓励扶持各类行业商会协会组织建设企业总部基地，增强服务非公有制经济发展的功能。

6. 加强组织领导，狠抓工作落实

（1）加强综合协调。调整充实市促进非公有制经济发展领导小组，下设办公室作为领导小组的办事协调机构，落实工作力量。领导小组每季度至少召开一次会议，协调解决非公有制经济发展过程中的重点难点问题。各县（区）要建立健全促进非公有制经济发展的领导协调机构，制定本县（区）的贯彻落实意见或办法，进一步落实责任，明确分工，健全机制，切实把市委、市政府鼓励和支持非公有制经济发展的政策措施落到实处。市直各有关单位要从各自的职能职责出发，尽快研究制定具体操作细则。

（2）加强党的建设。探索完善党委统一领导、党委组织部牵头抓总、非公有制经济组织党工委统筹负责、有关部门协同配合的非公有制经济组织党建工作领导体制和工作机制。市非公有制组织党工委负责统筹、协调、指导全市非公有制经济组织党建工作，宣传和贯彻党的路线、方针、政策，促进中央、省委和市委各项决策部署在非公有制经济组织中的贯彻落实，指导各县（区）非公有制经济组织党工委抓好非公有制经济组织的党建工作。各级党委及相关部门要高度重视非公有制企业的党建工作，指导和帮助非公有制企业以单独或联合组建的方式建立党的基层组织，支持其开展党组织活动，有效发挥非公有制企业党组织在企业发展中的政治引领作用。

（3）加强督查考核。建立非公有制经济发展考核评价体系，将考评结果纳入各地各有关部门工作绩效考核目标体系。每年对各县（区）、市直单位执行情况进行检查考核，定期通报情况。每两年召开一次全市非公有制经济发展表彰大会。市委、市政府督查室要加强对中央、省、市出台的有关促进非公有制经济发展的政策措施贯彻落实情况的督查，确保各项政策措施落实到位。各有关部门要建立健全非公有制经济的统计调查制度和监测预警评价制度，建立监测点、数据库，进行第三方评估，准确掌握全市非公有制企业的基本运行状况，加强非公有制经济的运行调度，及时发现在兑现政策和推进发展过程中存在的问题，并采取有效措施加以解决。

（4）加强舆论宣传引导。大力宣传党和政府鼓励、支持和引导非公有制经济发展的方针政策，宣传非公有制经济在打好"三大战役"、建设幸福抚州中的重要地位和作用。培育树立一批全民创业典型、一批优秀非公有制企业典型、一批支持非公有制经济发展的先进地区和单位典型。在电视、报纸、政府网站等主流媒体上开设专频专栏，加大对先进典型的宣传，营造全市上下、社会各界支持非公有制经济加快发展和"企业家最受尊重、不受委屈"的浓厚氛围。充分发挥舆论监督作用，对侵犯非公有制企业及企业家合法权益和干扰合法经营活动的典型事例及时予以曝光。

凡本市过去文件规定与本文件不一致的，以本文件为准。

（抚发［2014］16 号，2014 年 3 月 17 日）

（八）萍乡市关于加快非公有制经济发展的意见

非公有制经济是萍乡市国民经济的重要组成部分，在支撑增长、促进创新、扩大就业、增加税收等方面具有重要作用。为落实市委市政府"一二三四五"总体工作思路和"一轴两核多组团"的发展构想，进一步优化企业发展环境，加快发展非公有制经济，根据《中共中央关于全面深化改革若干重大问题的决定》和《省委省政府关于大力促进非公有制经济更好更快发展的意见》（赣发［2013］14号）文件精神，按照"优环境、强服务、降门槛、拆篱笆、减负担、搭平台"的要求，制定本意见。

1. 明确目标要求

（1）总体要求。按照市委市政府把萍乡建设成为江西省重要新型工业城市、现代消费型城市、赣西经济转型示范城市、赣湘边际区域重要的中心城市的要求，顺应决战"一轴两核"发展构想，以农业产业化为导向，巩固发展第一产业；以科技创新为动力，主攻工业；以现代服务业为重点，大力发展第三产业，科学引导产业布局，形成结构合理、集群发展、分工协作、区域特色鲜明的发展格局，将非公有制经济发展有机融入萍乡市新型工业化和城镇化进程，确保非公有制经济发展水平保持在全省前列。

（2）主要目标。到2016年，非公经济规模进一步壮大、科技创新能力进一步增强，质量效益进一步提高，产业转型升级进一步凸显，传统产业巩固提升，战略性新兴产业发展壮大，形成冶金机械制造、陶瓷等主营收入超过800亿元产业和建材、煤炭、生物医药食品、新能源等一批主营收入超过100亿元产业，力争实现1~2个1000亿元产业。到2016年，全市非公有制经济增加值达到1000亿元，年平均增长20%以上，占全市GDP比重达到75%以上；上缴国家税金120亿元，年平均增长13%以上；营业收入10亿元的企业50家以上，50亿元的企业10家以上。

2. 打造公正公平的法治环境，切实保障企业合法权益

（1）充分尊重非公有制企业市场主体的平等地位。各级司法、行政机关应当依法保护非公有制企业的合法权益，完善行政执法程序，规范执法自由裁量权，慎用强制执行权，为非公有制经济发展提供公正、公平的法治环境。各级监察机关及发展环境和机关效能投诉中心要强化"对监督者实施再监督"的理念，认真查访行政办事服务机关不作为、乱作为、乱摊派、乱检查、乱收费等问题，对故意刁难、妨碍企业生产经营的单位和个人依法依规严肃处理。

（2）提高政府办事效率。深化行政审批改革，进一步转变政府职能，规范政府管理和服务行为，清理和减少行政许可、非行政许可审批事项，重点减少投资和生产经营活动审批事项。对利用行政许可、审批事项，强制或指定收取经营性服务收费或强行购买指定产品的行为要严肃查处，对擅自设立前置条件，强制服务对象接受中介机构论证、评估、审查、代理等有偿服务的行为要立即禁止。

对市场机制能有效调节的经济活动，一律取消审批。涉及审批事项的部门应在行政服务中心实行一站式服务，按照一次性告知的要求公开审批、服务的具体项目，办理流程及办结时限。要求办事对象提供证件、证照、文件等资料复印件的，单位应当在审批服务窗口配置复印设备，为办事对象提供免费复印服务，复印成本由审批服务单位自行承担。在办理审批事项中，办事对象需要查阅相关资料的，相关单位应当提供免费查阅服务，不得收取任何咨询费、查阅费。要求办事对象上网下载填写制式表格的，审批服务窗口应当免费提供下载、打印服务，不得收取下载费、打印费。简化行政审批流程，行政许可项目逐步推行网上审批，能同步办理的同步并联办理，提高行政审批效率。

（3）建立"企声通道"，形成多渠道的政企对话沟通机制。市直有关部门应将了解、掌握非公有制企业诉求作为常态化工作，完善网上政企对话渠道，对企业反映的重大问题及时提交市委市政府，通过现场办公会和专题协调会等形式协调解决。市效能中心、市工信委、

市中小企业局、市工商联应建立企业网上投诉平台，设立投诉服务电话，每天汇总投诉情况交市效能办统一处理。除法律、法规、规章另有规定外，相关职能部门应在 5 个工作日内回复投诉事项处理情况。

（4）建立涉企行政处罚备案制。针对企业一次 2 万元以上的罚款及其他行政处罚（含吊销证照、责令停产停业等），做出行政处罚决定的部门须将处罚决定及相关资料，抄告市效能投诉中心，由市效能投诉汇总后，抄报市委、市政府有关领导同志及市纪检、监察、市促进非公有制经济发展领导小组办公室等相关单位。为减少对企业生产经营活动的干扰，推行联合检查、联合执法，避免多头执法、重复检查。推行"企业宁静日"制度，除涉及公共安全、安全生产、环境保护、人身健康等检查外，一般性的检查安排在每月 15～22 日（节假日顺延），同一单位对同一企业检查每年不超过一次。

（5）保护企业合法权益。任何单位和个人不得滥用行政权力任意干涉企业合法生产经营活动。各级政府要加强对企业周边环境的整治，重点整治对企业强买强卖、强揽工程、敲诈勒索、无理取闹、偷盗哄抢、阻工闹事等行为。各县区、乡镇政府为企业周边环境调处的主体，辖区内公安机关为维护治安环境，打击涉企违法犯罪活动的主体，在接到投诉反映后，相关地方政府及相关部门应组织人员迅速赴现场处置，并依法追究肇事者的法律责任。凡国家工作人员、村组干部支持、参与、暗中指挥上述损害企业利益的行为及活动者，由纪检监察及相关部门严肃查处，并给予相应的党纪、政纪处分。各级政府、各有关部门要在全社会营造支持非公有制经济发展的舆论范围，充分发挥舆论监督作用，对侵犯非公有制企业及企业家合法权益和干扰合法经营活动的典型事例及时予以曝光。

（6）放宽投资领域。坚持权利平等、机会平等、规则平等，废除对非公有制经济各种形式的不合理规定。消除各种隐性壁垒，进一步破除各种形式的行政垄断。按照"非禁即准"的原则，全面放开投资领域，鼓励引导民间资本进入法律法规未明确禁止进入的行业和领域，制定并实行非公有制企业进入特许经营领域具体办法。实行统一的市场准入制度，在制定负面清单基础上，各类市场主体可依法进入清单之外的领域。允许民间资本以控股形式参与教育、科研院所、文化艺术、卫生医疗、民政、体育等事业单位的改制经营。国有资本投资项目允许非国有资本参股，建立健全民间资本参与重大项目投资招标的长效机制。

（7）降低经营门槛。推行工商注册制度便利化，削减资质认定项目，企业注册时，除国家法律法规明确规定在登记前须经批准的项目外，可不限经营范围。积极实施工商登记制度改革，除法律、法规另有规定外，取消有限责任公司、一人有限责任公司、股份有限公司的最低注册资本金额的限制，不再限制公司设立时股东（发起人）的首次出资比例和缴足出资的期限。除法律、行政法规、国务院决定设置的企业登记注册前置许可外，一律不得设置其他前置许可。应当进行前置许可的，要简化环节、优化程序、提高效率。允许以高新技术成果、知识产权、土地使用权、股权等作价出资兴办公司，其比例可占注册资本的 70%。

（8）鼓励个体工商户公司化转型升级。坚持"主体自愿、市场主导、政策支持、政府推动"的原则，鼓励个体工商户提升规模档次，增强市场竞争力。转型升级为企业的个体工商户，允许继续使用原字号名称。其名称、经营范围和经营场所不变的，工商部门可直接凭原许可文件予以转型升级登记，免收登记费用。允许个体工商户在转型升级期间保留原营业执照，待其注销时再交回原营业执照。转型升级为企业后，原个体工商户的招牌允许保留6 个月。

（9）鼓励扶持创业。完善扶持创业的优惠政策，形成政府激励创业、社会支持创业、劳动者勇于创业新机制。对高校毕业生、退役军人、下岗失业人员、返乡农民工、留学归国人员等进入创业园和孵化基地创办经济实体的，优先落实促进就业和小额担保贷款扶持政策。创业园（孵化基地）对入驻企业和个人在创业孵化基地发生的物管费等相关费用，3 年内按其每月不超过实际费用的 50% 给予补贴。国有企业和事业单位职工经单位批准，可停职领办创办企业。3 年内不再领办创办企业的允许回原单位工作，3 年期满后继续领办创办企业的，按辞职规定办理。允许、鼓励大专院校、科研院所科技人员利用职务科技成果入股或创办科技企业，参与收益分配。

（10）建立商会协同机制。重点培养、优先发展中国特色社会主义行业商会协会，探索一业多会，引入竞争机制。市内各行业可依法成立行业商会（协会），鼓励、支持和引导行业商会（协会）自愿加入各级工商联组织。行业商（协）会组织主要在法律允许的范围内开展行业行为规范、内部资源整合、产业集群联合、市场开拓、产品品牌创建等组织协调工作。建立企业救助体系，成立法律援助中心，由市工商联牵头，成立以执业律师为主体、有工商、质监、公安、司法等部门人员构成的"法律服务团"，负责开展企业在外经营活动中遭受诈骗、处罚等不公平待遇的维权追偿活动。各级政府要高度重视行业商（协）会的作用，赋予商（协）会一定的行业管理职能和权力，更多地借助行业商（协）会进行行业管理。

（11）加强党组织建设。加强非公经济领域党组织建设，引导企业履行社会责任。符合条件的企业要建立党的组织，充分发挥党组织的政治引领作用。对未建立党组织的非公有制企业（经济组织），可通过选派党建工作指导员、确定党建工作联络员、建立工会和共青团组织等方式实现党的组织（工作）全覆盖。企业工会组织要维护劳资双方的合法权益，努力构建和谐劳动关系。引导广大非公有制企业自觉遵守法律法规，照章纳税，合法经营，弘扬诚实守信精神，积极履行社会责任。

（12）营造浓厚舆论氛围。利用新闻媒体大力宣传国家、省、市有关加快发展非公有制经济的部署和要求，在全社会大力营造创业创新、开明开放、诚信守约、宽容失败、合作共赢的舆论氛围；大力宣传表彰非公有制企业家和创业者的先进事迹，每两年召开一次全市非公有制经济发展表彰大会，对纳税大户，劳动力就业、社会保障、科技创新、节能环保等优秀企业进行表彰奖励。加强对侵犯非公有制企业合法权益和干扰非公有制企业正常经营的行为的舆论监督。

3. 强化服务体系建设，完善要素平台，为企业经营和发展提供有力支持

（1）加强非公有制企业公共服务网络体系建设。坚持以企业需求为导向，按照"政府主导、整合资源、做强龙头、完善体系"的工作原则，积极整合政府与社会、市内与市外两方面的服务资源，以市中小企业公共服务网络平台为龙头，加快完善市、县两级企业综合性公共服务平台建设，积极引导和扶持各类社会服务机构参与企业服务，形成功能完善、门类齐备的企业公共服务网络。取消依附于行政许可的各种中介服务，引导扶持集中建设中介服务超市，企业可在中介服务超市中自由选择中介服务商。

（2）加强非公有制经济发展平台建设。鼓励支持有条件的县区依托城区、工业园区、产业聚集区建设小微企业创业园或创业孵化基地。对国家、省人保部门和中小企业主管部门认定的国家、省创业孵化基地和小微企业创业园，由受益财政一次性分别奖励 50 万元、30 万元。

（3）加大重大项目建设力度。对符合萍乡产业发展规划、非公企业总投资超 10 亿元以

上的重大工业项目，采取"一事一议"方式，确定用地、融资等资源配置办法，并对投资方进行特别奖励。对引进投资超 10 亿元且 1 年内到位资金达到总投资额 50% 的重大工业项目责任单位和所在地政府，市委、市政府在年度考绩中给予记功嘉奖。对非公有制企业投资萍乡市重点战略性新兴产业领域，且固定资产投资（土地除外）达到 3000 万元以上的产业项目，可由市战略性新兴产业引导资金以股权投资和股权质押投资的形式给予扶持，并争取列入国家和省项目支持。

（4）高效配置土地资源。鼓励节约、集约用地，清理盘活闲置土地，完善土地租赁、转让、抵押二级市场。按照产城融合、宜业宜居的原则，在开发区、工业园区规划建设商贸集聚区和保障性住房，为非公有制企业员工提供良好的生产生活条件，吸引企业入驻，扩大就业渠道。在工业园区自建 3 层以上标准化厂房并保证设施专用的，由工业园区给予一定补助。

（5）实行税收优惠。用好用足国家、省相关税收优惠政策，继续争取西部大开发及赣南等原中央苏区振兴、比照东北地区老工业基地振兴、资源枯竭转型试点城市等一系列税收优惠政策。加大税收优惠政策的宣传落实力度，确保各项优惠政策及时落实到位，做到应减尽减、应免尽免。各级财政及税务部门要着眼于税源增多，税收可持续增长，合理制订税收增长计划，严禁收过头税，严禁违法要求企业提前缴税，资金周转困难企业经批准可延期缴税并免收滞纳金。营业税改增值税后，在一定时期内，各级财政部门按现行财政体制对部分税负增加较重的企业采取适当的过渡性扶持政策。

（6）加大金融支持力度。加强银企合作的组织领导，定期召开政、企、银联席会议，组织协调金融部门开展银企授信活动，鼓励和支持保险机构开展小额信贷保证保险试点，向符合条件的非公小微企业发放贷款，建立有利于金融机构支持非公有制经济发展的协调机制。鼓励金融机构加大对非公有制企业的信贷支持力度，对支持非公有制经济发展做出重大贡献的金融机构，政府给予表彰和奖励。金融机构要为企业提供方便快捷、成本合理的融资服务，严禁在正常贷款之外附加不合理放贷条件和收费行为。积极引进银行机构在萍乡市设立分支机构，对新设机构给予支持，提供便利条件。扩大金融业对民间资本开放，在加强监管前提下，允许具备条件的民间资本依法发起设立中小型银行等金融机构。对坚持服务"三农"和小微企业、依法合规经营的小额贷款公司，其从银行业金融机构融资比例可放宽到资本净额的 100%。支持小额贷款公司按规定改制为村镇银行。支持境外资本依法合规到萍乡市直接投资。

（7）建设全国小微企业信用体系建设试验区。充分借鉴萍乡经济技术开发区建设全国首批"中小企业信用体系试验区"成功做法，推广"政府主导、央行推动、部门协作、各方参与"的中小企业信用体系建设新模式。在《萍乡市人民政府印发〈关于推进中小企业信用体系试验区建设的实施意见〉的通知》（萍府发［2010］9 号）的基础上，进一步完善相关制度建设。各金融机构设立专门的小微企业信贷服务部门，简化小微企业信贷流程。中国人民银行萍乡市中心支行强化企业信用信息采集，建立信用信息共享和更新的长效机制，大力推广使用企业及个人信用报告。各银行业机构要积极向上级行争取贷款规模，加大对中小微企业的信贷资金倾斜，确保小微企业贷款增速高于贷款平均增速，对中小微企业不抽贷、不压贷。银行业机构要按照企业信用等级不同，对信用等级较高的中小企业发放贷款实行利率优惠政策，贷款利率执行上级规定的贷款下限，贷款利率上浮最高不得超过 30%。对资金一时有困难的企业，可以主办行为主，联合其他贷款银行统一开展救助；对已出现危机的企业，也要尽可能给予资金帮扶，支持重组。政府有关部门可采取适当提高工业用地评估价的方式，为企业土地增值抵押贷款提供便利。

（8）积极推动直接融资。推动科技含量高、经济效益好的非公有制企业在境内外资本市场融资，创造条件上市融资或者争取在资本市场发行债券。在法律允许的范围内，妥善处理非公有制企业改制上市前的税收、资产权属和股权规范等历史遗留问题，尽力为企业上市提供方便。对上市成功的企业法人代表，政府给予适当奖励。积极探索建立创业投资机制，支持中小投资公司发展。鼓励民间资本设立创业投资企业、股权投资企业及相关投资管理机构。鼓励非公有制企业发行企业债、公司债、集合债券、中期票据等多种直接融资工具，支持企业引入风险投资、私募股权投资等战略合作伙伴。

（9）建立和完善信用担保体系。按照"政府引导、多元融资、企业化管理、市场化运作"的方式，进一步引进和发展中小企业、非公企业信用担保机构。建立健全中小企业、非公企业信用担保行业监管机制、管理办法和风险补偿资金及相应的管理机制，扩大对担保机构的支持和风险补偿的力度。各县区原则上要建立一个政府主导、多元投资的中小企业、非公企业的信用担保机构。

（10）支持科技创新。大力支持非公有制企业技术创新，实行与国有企业一视同仁、同等对待的扶持政策。鼓励龙头企业、行业（工程）技术中心发挥引领和示范作用，与高等院校、科研机构通过委托开发、技术协作、共同研发等形式开展技术合作，构建产学研知识产权联合体，针对产业发展的关键技术组织开展联合技术攻关，形成支撑产业发展的自主知识产权。市科技部门通过项目招标的方式组织开展技术攻关，解决非公有制中小微企业的共性技术难题，并将攻关成果免费提供给企业共享。建立技术交易平台，促成科技成果及专利资本化、产业化。鼓励非公有制企业自建研发中心、工程中心、产品中心、创新中心，相关部门适当降低非公有制企业资质认定、准入门槛。

（11）推进"质量兴市"。各县区政府要依托各自的产业优势，制定名牌产品（著名商标）培育规划，培育一批拥有自主知识产权和核心技术的知名品牌企业。引导支持行业商会协会申请注册集体商标，打造区域品牌。鼓励、支持和引导非公有制企业打造江西工业产品名牌（著名商标）、农产品名牌和优势特色服务业品牌，不断提高名牌企业和名牌产品的质量效益。争创3~5个国家级名牌产品（驰名商标）。对获取国家驰名商标、名牌产品和省级著名商标的企业，参照《萍乡市名牌产品认定和管理办法》给予奖励。

（12）大力培育龙头企业。鼓励、支持和引导民间资本抱团合作、优势互补、整合资源、兼并重组，实行生产要素向行业龙头企业集聚。在传统优势产业和新兴产业中，着力培育一批有特色，上规模的产业集群，进一步形成分工合理、配套完善，有较强竞争力的区域产业板块。对非公有制企业正式投产后，年实现税收在1000万~3000万元、3000万元以上的，分别由收益财政一次性奖励100万元、300万元。

（13）鼓励开拓国内外市场。有针对性地组织市内非公有制企业参加国内外各类知名会展、经贸洽谈活动，并给予展位费补贴。政府采购产品、服务和工程对各类企业一视同仁，严禁在政府采购中通过设定附加条件等形式变相对非公有制企业设置门槛，对照国家产品惠民政策，鼓励非公有制企业参与竞标。扩大民间资本对外投资，确立企业及个人对外投资主体地位，鼓励发挥自身优势到境外开展投资合作。鼓励非公有制企业与国际市场接轨，引进国外先进设备、技术和人才，改造提升传统优势产业。

（14）加强非公有制企业人力资源开发。弘扬企业家精神，培养和造就一批有抱负、有眼光、有社会责任感、懂经营、会管理、善创新的非公有制企业家，制定非公有制企业家培养规划，有计划有重点地分期进行培养。不断加强创业培训，重点完善萍乡创业大学建设，全面开展对非公有制企业各类专业人员技术培训及有创业意愿人员的技能培训。非公经济人士培训由市委统战部、人才办、市工信委、中小企业局、工商联、劳动就业局等相关部门整合资源、协同开展。支持非公有制企业引进和培养企业经营管理者和专业技术人员。对非公有制企业专门人才的职称评审、专业技术资格和职业资格考试，相关职能部门可组织专场评审和专项评审，设立快捷通道落实办理。支持民办职业技术学院和非公有制企业对接合作，共建高技能人才"订单式"培养示范基地。

（15）保障非公经济人士合法权益。非公有制企业经营管理者和专业技术人员平等享受职称评定及政府特殊人才津贴的申报和评选。非公有制经济员工参加社会保险，应按萍乡市上年度在岗职工月平均工资的60%～300%，由用人单位根据员工实际工资收入申报缴纳社会保险费，但不得低于全市上年度在岗职工月平均工资的60%。

（16）切实减轻企业负担。实行涉企收费"一费公示"制，组织清理行政事业性收费项目，凡行政事业性收费项目，能合并的一律合并取消，对收费标准有幅度的一律按下限收费，严禁提高标准或变相提高标准乱收费。全面清理中介机构收费项目，能取消的尽量取消，能减少费用的尽量减少，实行涉企收费项目登记手册制度，凡手册没有登记的收费项目，企业有权拒交。对列入鼓励类的服务业企业，其用电、用水、用气基本与工业同价。

4. 加强督查考核

（1）强化组织推动。加强市促进非公有制经济发展领导小组对全市非公有制经济工作的领导和协调，推动各项政策措施贯彻落实。各县区党委、政府要加强对非公有制经济发展工作的领导，建立健全促进非公有制经济发展的领导协调机构，落实领导责任，健全工作机制，解决制约非公有制经济发展的突出问题。市委、市政府每年将适时对国家、省、市出台的政策规定落实情况进行督查，对政策不落实的部门和县区进行问责。

（2）健全非公有制经济统计和考核制度。切实加强非公有制经济统计监测工作，及时准确反映发展状况。制定促进非公有制经济发展的考核指标体系，把非公有制经济发展情况纳入对各级政府和有关部门年度考核的重要内容，考核工作由市促进非公有制经济发展领导小组牵头组织。各级党委、政府和市直有关部门要坚决贯彻落实中央、省委、省政府和市委、市政府出台的各项扶持非公有制经济发展的政策，从本县区、本部门的实际出发，制定切实可行的实施方案。

（此文件发至县）

（萍发〔2014〕14号，2014年5月9日）

（九）景德镇市关于大力促进非公有制经济更好更快发展的意见

为深入贯彻落实省委、省政府《关于大力促进非公有制经济更好更快发展的意见》（赣发〔2013〕14号）精神，立足"千年古镇、世界瓷都、生态之城"的城市性质和发展定位，进一步激发非公有制经济活力和创造力，推动景德镇市经济更好更快发展。结合景德镇市实际，提出如下实施意见。

1. 明确发展目标与总体要求

（1）发展目标。到2018年，非公有制经济投资占固定资产投资总额的比重超过85%，非公有制经济实现增加值占全市生产总值的比重超过70%，非公有制企业提供的城镇就业岗位达到全市城镇就业岗位的85%以上，上缴税收占全市税收总额的比重超过70%（上述指标不含昌飞、昌汽）。到2018年，打造5~6家"新三板"挂牌企业和3~5家上市公司。实施创新型重点非公有制企业"双十"培育计划：重点打造10家科技含量高、市场前景好的"科技小巨人"企业和10家发展升级创新型示范企业。

（2）总体要求。以党的十八大、十八届三中全会和省委十三届七次、八次全会精神为指导，毫不动摇地鼓励、支持、引导非公有制经济发展，激发非公有制经济活力和创造力，把促进非公有制经济健康有序发展作为景德镇市必须长期坚持的重大战略。进一步解放思想、深化改革、扩大开放、创新创业。牢固树立内商外商一视同仁，国企民企平等竞争，大企小企同等对待的理念，积极改革与稳步发展并重，政策激励与优化服务并举，抓大引强与扶持小微并行，强化产业规划引导，强力优化发展环境，让市场经济各种生产要素的活力竞相迸发，让一切创造社会财富的源泉充分涌流，全力推进非公有制经济更好更快发展。

2. 切实落实非公有制经济发展政策

（1）放宽投资领域。消除各种隐性壁垒，进一步破除各种形式的行政垄断，鼓励引导民间资本进入法律法规未明确禁止准入的行业和领域。实行统一的市场准入制度，在制定负面清单基础上，各类市场主体可依法进入清单之外领域。在资源配置和生产要素协调供给上，对非公企业一视同仁。支持非公有资本积极参与交通、能源、矿产资源开发、城市基础设施、教育、医疗、养老、文化娱乐、现代物流、旅游和金融服务等领域的投资、建设与运营。

（2）改革工商注册登记制度。企业注册时，除国家法律法规明确规定在登记前须经批准的项目外，可不限经营范围。工商登记由先证后照改为先照后证，商事主体向工商部门申请登记，取得营业执照后即可从事一般生产经营活动。对从事需要许可的生产经营活动，持营业执照和有关材料向主管部门申请许可。将企业年检制度改为年度报告制度，商事主体应当向登记机关提交年度报告，无须进行年度检验。

（3）放宽注册主体条件。中国护照在申办各类经济实体或个体工商户登记时效力等同于居民身份证。允许个人独资企业、合伙企业、商会组织作为股东或者发起人投资设立公司（不含一人有限责任公司）。允许个体工商户用原经营场所，在不与他人重名的前提下沿用原名称、沿用原前置许可有效证件转型升级为企业，扩大生产规模。

（4）放宽注册资本登记条件。将注册资本实缴登记制改为认缴登记制。申请有限责任公司设立登记时，工商登记机关登记其全体股东认缴的注册资本总额，不再登记实收资本，申请人也不再提交验资证明文件。除法律法规另有规定外，取消有限责任公司、一人有限责任公司、股份有限公司的最低注册资本金额限制和股东（发起人）的首次出资比例和缴足出资的期限。允许以高新技术成果、知识产权、土地使用权、股权等作价出资兴办公司，其比例不作任何限制。允许农民以承包经营权入股发展农业产业化经营。

（5）放宽注册场地登记条件。对一般经营项目的商事主体，允许按规定实行一址多照和同一县（市、区）行政区划内一照多址。有照主体从事电子商务经营活动，且经营范围与登记注册的经营范围一致的，无须重新登记。对有办公场所的电子商务经营者，允许在符合条件的集中办公区域内一个住所登记多家企业。对以未取得产权证的房屋作为企业住所的（两违建筑除外），可凭园区管委会、乡镇政府、街道办事处出具的住所使用证明和房屋租赁合同办理注册登记。允许使用住宅从事电子商务、设计策划、软件开发、管理咨询、服务外包和文化创意等不影响居民正常生活的经营活动。

（6）鼓励扶持创业。鼓励支持有条件的工业园区、产业集聚区建设小微企业创业园或创业孵化基地。对吸纳符合条件的高校毕业生、退役军人、下岗失业人员、返乡农民工、留学归国人员等进入孵化基地创办实体的，优先落实促进就业和小额担保贷款扶持政策。允许、鼓励大专院校、科研院所科技人员利用职务科技成果入股或创办科技企业，参与收益分配。国有企业和事业单位职工经单位批准，可停职领办创办企业。3 年内不再领办创办企业的允许回原单位工作，3 年期满后继续领办创办企业的，按辞职规定办理（辞职的经济补偿金按《劳动合同法》等规定执行）。经单位批准辞职的职工，按规定参加社会保险，缴纳社会保险费，享受社会保险待遇。对在小微企业创业园和创业孵化基地创业的小微企业，从创办之日起，3 年内免缴物管费、卫生费，1 年内减半缴纳房租、水电费，其减免费用由受益财政给予补贴，并根据创业效果每年可给予一次性奖励。鼓励民间资本建设小企业创业基地、科技孵化器、商贸集聚区。对投资 5000 万元以上，入驻 15 户以上小微工业企业、50 户以上小微商贸企业、30 户以上服务业小微企业，并获得行业主管部门组织相关部门认定的小企业创业基地、科技孵化器、商贸集聚区由受益财政给予适当补助。小企业创业基地、科技孵化器、商贸集聚区每孵化 1 家规模以上企业由受益财政再给予适当奖励。

（7）促进开放升级。定期发布鼓励民间投资的项目信息。组建专业招商小分队，采取定向招商、专项招商、商会招商等系列方式增强招商引资的质量和效益，提升招商选资工作的水平。鼓励国内外非公有制企业家来景德镇市投资兴业，鼓励异地景德镇籍客商回乡发展。对来景德镇市投资的非公有制龙头企业，按一事一议原则实行政策优惠和对接服务。

3. 加大对非公有制经济财税金融土地等政策扶持

（1）设立专项资金。市级财政设立非公有制经济发展专项资金，并按一定比例逐年递增。各县（市、区）应在本级财政预算中安排专项资金，并逐步扩大资金规模。专项资金主要用于鼓励支持和引导非公有制经济发展、非公有制经济服务体系建设和非公有制经济发展研究等。统筹市财政现有的工业发展资金、陶瓷发展资金、科学技术等专项资金，对符合条件的非公有制企业给予扶持。

（2）加大金融支持力度。建立非公企业融资信用信息库和企业融资目录。积极引导非公资本投资村镇银行，组建小额贷款公司等新型金融机构，对坚持服务"三农"和小微企业、依法合规经营的小额贷款公司，其从银行金融机构融资比例可放宽到资本净额的100%。各商业银行每年支持非公企业的新增贷款和占比均高于 2012 年水平。

（3）实行税收优惠。加大对国家各项税收优惠政策宣传贯彻落实力度，做到应减尽减、应免尽免。对年应纳税所得额不超过 10 万元（含 10 万元）的小微企业，其所得按 50% 计入应纳税所得额，按 20% 的税率缴纳企业所得税。对营业税纳税人中月营业额不超过 2 万元的企业和非企业性单位，暂免征营业税。对增值税小规模纳税人月销售额不超过 2 万元的企业或非企业性单位，暂免征收增值税，且无须办理免税申请或备案手续，由符合条件纳税人直接申报免税；提供应税服务的，同时免征文化事业建设费。严禁收过头税，严禁违法要求企业提前缴税，资金周转困难企业经批准可延期缴税并免收滞纳金。营业税改增值税后，在一定时期内，各级财政部门按现行财政体制对部分税负增加较重的企业采取适当的过渡性扶持政策。新办非公有制企业按规定缴纳房产税、土地使用税确有困难的，可按税收管理体制报批减免。

（4）拓宽直接融资渠道。鼓励具备条件的非公企业通过互相参股、职工持股、吸引外部资金等方式改组为有限责任公司、股份有限公司，完善企业法人治理结构，建立现代企业制度。建立上市企业后备库，积极引导非公企业在"新三板"挂牌，辅导条件成熟的企业上市。推荐符合国家产业政策、信誉良好、实力较强的非公企业积极利用债务融资工具。鼓励非公企业对接 PE、VC 等投资基金，鼓励非公企业以股权融资和项目融资等方式筹集资金。

（5）增加有效信贷。做大市中小企业担保中心资本金，推进县（市、区）、园区担保体系建设，支持各类融资性担保机构发展，鼓励和引导其对非公有制企业的担保支持。支持行业商会协会以若干大型非公企业为主体，发起成立信用联保服务公司或联保基金，为行业内中小企业融资提供信用担保。银行业金融机构要不断创新金融产品，探索陶瓷仓单质押、汽车航空产业供应链金融支持模式。强化定价机制，合理确定利率水平，提供方便快捷、成本合理的融资服务，严禁在正常贷款之外附加不合理放贷条件和收费行为。在园区内对符合条件的非公有制企业，享受工业园"财园信贷通"信贷支持政策。中国人民银行要加强商业银行支持小微企业信贷监测和考核，并在支农、支小再贷款、再贴现工具运用上给予优先支持。对符合创业条件的个人，可向创业项目所在地政府部门所属小额担保贷款经办机构，申请最高可达 10 万元的小额担保贷款。对符合二次扶持条件的个人，贷款最高限额可达 30 万元。对合伙经营和组织起来创业并经工商管理部门注册登记的，贷款规模最高可达 50 万元。对符合劳动密集型小企业或再就业基地、非正规就业劳动组织、小企业孵化基地和创业孵化基地等条件的非公有制企业，由小额贷款担保中心和经办金融机构，根据企业实际吸纳安置人数、经营项目、信用情况和还贷能力合理确定贷款规模，最高限额可达 400 万元。上述创业贷款期限按实际需要确定，从事当地政府规定微利项目的，可按规定享受财政贴息的优惠政策。

（6）加强用地政策支持。鼓励节约、集约用地，清理盘活闲置土地，完善土地租赁、转让、抵押二级市场。在工业园区自建 3 层以上标准化生产性厂房并保证设施专用的，由工业园区给予一定补助。对租用政府投资、建设的多层标准化厂房的小型微型企业，3 年内给予租金优惠。对现有工业用地，在符合规划、不改变用途的前提下，按照规定程序经批准提高土地利用率和增加容积率的，不再增收土地价款；对新增工业用地，要进一步提高工业用地控制指标，厂房建筑面积高于容积率控制指标的部分，不再增收土地价款。工业园区标准厂房建设免收市政配套费，并可进行分幢分层办理产权分割手续。鼓励非公有制专业开发企业进行工业地产开发，解决非公有制小微企业生产厂房和配套设施建设使用需求。凡是符合规划和产业政策、符合节约集约用地要求的工业、现代服务业项目用地，应尽力予以保障。符合省重大项目条件的，优先保障用地需求。

4. 提高非公有制经济发展质量和效益

（1）支持科技创新。建立健全鼓励原始创新、集成创新的体制机制，健全技术创新市场导向机制。建立非公企业信息服务平台，推进非公企业上网工程建设。鼓励非公企业创办研发中心、工程中心、产品中心和创新中心。支持非公有制企业与国内高校、国家科研机构和央企实现深度科技对接合作，着力发挥中国直升机研究所、国家日用及建筑陶瓷工程技术研究中心、中国轻工业陶瓷研究所、江西省陶瓷研究所、景德镇陶瓷研究所等单位创新骨干作用，构建以企业为主体、市场为导向、产学研一体的技术创新体系，新增 2～3 个技术创新战略联盟，实现协同创新，加快科技成果的转化。对研发投入达到规定比例的非公有制企业，同级政府给予企业研发和技改资金扶持。对科技型非公企业通过科技计划项目与经费的支持引导，调动企业加大科技投入，积极开展创新活动。对具有一定条件的非公企业，积极指导其申报高新技术企业，享受相关优惠政策。支持非公企业参与政府采购招标投标，对国家和省自主创新产品、新产品实行首购和订购。

（2）实施品牌战略。积极帮助非公企业争创驰名商标和著名商标，打造知名品牌。引导支持行业商业协会申请注册集体商标，打造区域品牌，鼓励非公企业注册国际商标，增强景德镇市非公有制企业的市场竞争能力。加大对专利权、商标权等知识产权的保护力度，严厉打击侵权行为。对荣获国家、省级新产品称号并有认定证书、荣获江西省品牌产品称号、荣获中国驰名商标、省著名商标的企业，以及取得无公害农产品、绿色食品资格认证、有机食品或者地理标志资格认证的，政府给予一定的奖励和扶持。

（3）鼓励"走出去"发展。扩大民间资本对外投资，确立企业及个人对外投资主体地位，鼓励发挥自身优势到境外开展投资合作，鼓励自担风险到各国各地区自由承揽工程和劳务合作项目，鼓励创新方式走出去开展绿地投资、并购投资、证券投资、联合投资等，努力在国际市场获取资源、技术、人才、知识产权、营销网络等要素，逐步实现研发、生产、销售全球化。鼓励非公有制企业与国际市场接轨，引进国外先进设备、技术和人才，改造和提升传统优势产业。对组织和参加境内外大型展销活动的非公有制企业和展会服务机构，其展位费、公共布展费等给予补助。支持非公有制企业到市外境外开展品牌专卖、电子商务、连锁网络，巩固并扩大营销网络体系。商务局、海关、税务、人行要简化审批程序，实施政策倾斜，引导境内非公有制企业运用人民币进行跨境贸易和投资结算。支持非公有制企业参加出口信用保险，对年出口额200万美元（含）以下的小微企业，统一投保短期出口信用保险；对出口额200万美元以上的企业，按当年实际缴纳保费的50%给予支持（按规定限额）。

（4）重视非公企业人才队伍建设。实施人才强市战略，大力引进海外高层次专家和急需紧缺人才，着力打造世界陶瓷人才硅谷、华东航空人才高地和中国瓷都人才金港"三大平台"，培养和造就一批懂经营、会管理、善创新的非公有制企业家。支持非公有制企业引进和培养企业经营管理者和专业技术人员。非公有制企业经营管理者和专业技术人员同等享受国有企事业单位职称评定及政府特殊人才津贴的申报和评选。将非公有制企业人才纳入国家"百千万人才"评选的范围。对非公有制企业专门人才的职称评审、专业技术资格和职业资格考试，相关职能部门可组织专场评审和专项评审，设立快捷通道落实办理。有计划、有重点地组织对非公有制企业高级经营管理人才进行培训。加大创业培训力度，对小微企业业主和有创业愿望或培训要求的城乡登记失业人员、被征地农民、退役军人、低保人员和灵活就业人员，全部纳入免费创业培训对象范围，参加具有培训资质机构组织的创业培训。建立以优秀企业家、管理专家为主体的"创业导师库"，通过管理咨询、企业诊断等手段对不同规模、不同层次的非公有制企业进行培训辅导，提高创业成功率，提升企业管理水平。

（5）建立和完善中小企业公共服务平台。探索建立以政府公共服务为引导、公益性服务为基础、商业性服务为支撑的企业社会化综合服务体系。规范整顿中介服务市场，逐步将中介服务机构与行政事业单位脱钩。大力培育中介服务市场，在新筹建的"市民之家"建立企业可以自主选择的中介服务超市。重点发展政策咨询、创业创新、知识产权、投资融资、管理诊断、检验检测、人才培训、市场开拓、财务指导、法律维权、信息化服务等各类社会化公共服务平台。对达到国家级、省级、市级认定标准的中小企业公共服务平台，市政府结合上级补助政策，适当给予补助。受财政资助的科技平台、科研设施，向所有企业提供开放性服务，适当减免中小微企业使用费。

5. 营造非公有制经济发展良好环境

（1）着力提高办事效率。推进行政审批制度改革和政府职能转变，深入清理行政许可和非行政许可审批项目，优化审批流程，精简审批环节，压缩审批时限，提高审批效率，降低企业成本，消除审批运行障碍。各部门除全市统筹协调和综合平衡的行政审批权外，原则上均下放委托给开发区、县（市、区），不能下放委托的审批权全部进驻市行政服务中心窗口集中办理。创新服务机制，推行网上审批、并联审批。对重大项目畅通审批绿色通道，建立投资项目审批代办制。建立信息公开平台，发改、工信、财税、国土、商务、金融等部门应及时发布促进非公经济组织发展的相关政策性信息。

（2）切实减轻企业负担。全面清理行政事业性收费、经营服务性收费和涉企中介机构收费，能合并取消的一律合并取消，凡收费标准有上下限的，一律按下限收取，严禁提高标准或变相提高标准。实行涉企收费项目登记手册制度，凡手册没有登记的收费项目，企业有权拒交。列入鼓励类的服务业企业，其用电、用水、用气、用热与工业企业实现基本同价。努力降低企业环评、安评成本。

（3）严格规范各类检查。严格监管涉企检查和收费，完善涉企检查审批备案制度。除安全生产、食品药品安全、环境保护、税务检查和刑事案件，以及国家和省统一安排的执法检查外，未经批准，任何单位和部门不得进入企业检查。建立健全投诉反馈、检查纠错机制，充分发挥各级行政投诉中心的作用，畅通非公有制企业反映诉求和举报的渠道，及时受理和分办、督办非公有制企业反映的问题。各级纪检监察机关要加大对窗口服务单位"慢作为、不作为、乱作为"的明察暗访力度，查处对非公有制企业乱摊派、乱检查、乱收费、乱处罚和强行指定中介服务机构等违法违纪行为，对故意刁难、妨碍企业生产经营的直接责任人依法依规严肃查处，相关单位主要领导在媒体上做出公开检查。

（4）营造良好舆论氛围。建立健全社会征信体系，引导非公企业守法经营、诚信经营。鼓励非公企业开展外部资信评级，引导商业银行对资信等级高的企业优先信贷支持、优惠利率定价。加强市场监管，加大打假力度，提高失信成本，加快形成公平竞争的现代市场体系，优化市场竞争环境。加强对非公企业合法权益的保护，依法打击侵犯非公企业合法权益的违法犯罪行为。充分利用广播电视、报纸杂志、网络等媒体，大力宣传发展非公有制经济的方针政策、法律法规，在全市大力营造发展非公有制经济的舆论氛围。

6. 建立非公有制经济健康发展的保障机制

（1）强化组织推动。调整充实市促进非公有制经济发展领导小组，领导小组下设办公室，办公室设在市工信委，负责日常组织、协调和推进工作。领导小组及其办公室统筹制定全市非公有制经济发展战略规划，加强对重点非公有制龙头企业发展和重大项目建设的协调，跟踪督查企业发展情况和项目实施情况，研究和协调解决非公有制经济发展过程中的重点难点问题。各县（市、区）也要建立相应的领导协调机构。

（2）建立完善政企对话沟通机制。市直有关部门将了解、掌握非公有制企业诉求作为常态化工作，完善网上政企对话渠道，对企业反映的重大问题及时提交市委、市政府，通过现场办公会和专题协调会等形式协调解决。市委、市政府主要领导每半年与企业对话沟通一次。市效能中心、市工信委、市工商联应建立企业网上投诉平台，设立投诉服务电话，每周汇总投诉情况交市效能办统一处理，除法律、法规、规章另有规定外，相关职能部门应在 7 个工作日内回复投诉事项处理情况。

（3）健全政治引导机制。进一步完善党委统一领导、党委组织部牵头抓总、非公有制经济组织党工委统筹负责、有关部门协同配合的非公有制经济组织党建工作领导体制和工作机制。市非公有制经济组织党工委负责统筹协调指导全市非公有制经济组织党建工作，宣传和贯彻党的路线、方针、政策，教育引导非公有制企业经营者坚定对中国特色社会主义的信念，对党和政府的信任，对企业发展的信心，对社会的信誉，争当爱国、敬业、诚信、守法、贡献的合格中国特色社会主义事业建设者。

（4）建立商会协同机制。重点培育、优先发展中国特色社会主义行业商会协会，探索一业多会，引入竞争机制。成立行业商会协会，直接向民政部门依法申请登记，并限期实现行业商会协会与行政机关脱钩。鼓励、支持和引导行业商会协会自愿加入工商联组织，充分发挥工商联在行业商会协会改革发展中的促进作用和总商会职能，发挥工商联作为非公有制经济领域协商民主的重要渠道作用，更加活跃有序地组织工商界的界别协商。鼓励扶持各类行业商会协会组织建设企业总部基地，增强服务非公有制经济发展的功能。

（5）建立考核督查机制。建立健全非公有制经济的统计调查制度和监测预警评价制度，建立监测点、数据库，进行第三方评估，加强对非公有制经济数据的分析使用和非公有制经济发展环境的评估。建立非公有制经济发展考核评价体系，将考评结果纳入各地各有关部门工作绩效考核目标体系。市促进非公有制经济发展领导小组每年对中央、省、市出台的政策措施落实情况和非公有制经济发展环境进行调查研究、分析评估和工作督导，建立健全定期报告、工作激励机制，每年召开一次全市非公有制经济发展表彰大会。

7. 附则

（1）各级党委、政府及市各有关部门要坚决贯彻落实中央、省委、省政府和市委、市政府出台的各项扶持非公有制经济发展的政策，从本地区、本部门的实际出发，制定具体的实施细则。

（2）本意见所涉及优惠政策，如遇国家政策性调整，按新政策执行。

（3）本意见所涉及的专项资金、奖金和补贴资金的安排、使用和管理办法，由市财政部门商市相关部门制定。对获得支持和奖励的企业或项目的认定，由相关部门负责。

（4）本意见自发布之日起实施。

（此文件发至县）

（景党发〔2014〕12号，2014年8月20日）

（十）新余市关于大力促进非公有制经济更好更快发展的意见

为认真贯彻落实《中共江西省委江西省人民政府关于大力促进非公有制经济更好更快发展的意见》（赣发〔2013〕14号）精神，进一步激发非公有制经济发展活力和创造力，结合新余市实际，提出如下意见：

1. 总体要求和目标任务

（1）总体要求。以党的十八届三中全会、省委十三届八次全会和市委七届十一次全会精神为指导，按照《中共江西省委江西省人民政府关于大力促进非公有制经济更好更快发展的意见》、《中共新余市委新余市人民政府关于进一步推进改革创新的意见》（余发〔2014〕1号）要求，充分发挥非公有制经济在新余市"发展至上，富民为先"中的重要作用，让社会主义市场经济各种生产要素的活力竞相迸发，让一切创造社会财富的源泉充分涌流，为加快建设和谐富裕文明新余、提前全面建成小康社会奠定坚实基础。

（2）目标任务。①实施非公有制经济比重提升计划：到2016年，全市非公有制经济增加值占全市地区生产总值比重超过70%，非公有制经济上缴税金占全市税收总额的比重超过70%，非国有投资占全市固定资产投资总额的比重超过80%，非公有制经济城镇就业人员占全市城镇就业总人数的比重超过80%。②推进非公有制经济市场主体成长计划：到2016年，力争全市个体工商户登记数超过8万户，在境内外各层次资本市场上市的非公有制企业5户，年营业收入100亿元以上的非公有制企业3户（其中，力争扶持培育出年营业收入1000亿元以上的非公有制龙头企业），非公有制企业（含分支机构）总数超过1.2万户。③实施创新型重点非公有制企业"双十"培育计划：重点打造10家科技含量高、市场前景好的"科技小巨人"企业和10家发展升级创新型示范企业。（市工商局、市工信委、市发改委、市政府金融办、市科技局、市统计局、市人社局、市国税局、市地税局负责）

2. 放宽经营领域和审批条件

（1）放宽投资领域。依法制定民间资本投资领域的负面清单、准许清单、监管清单，降低准入门槛，实行统一的市场准入制度，各类市场主体可平等进入负面清单之外的领域。重点鼓励和支持民间投资进入新材料、新能源、电子商务等新余市重点发展产业，以及交通、能源、通信、城市基础设施、医疗、教育、养老、文化创意、食品医药、现代物流、旅游和金融服务等领域。（市发改委、市编委办、市行管委、市监察局、市工商局、市工信委、市交通运输局、市国土资源局、市卫生局、市教育局、市民政局、市住建委、市文广新局、市旅游局、市商务局、市政府金融办负责）

（2）改革工商注册登记制度。企业注册时，除国家法律法规明确规定在登记前须经批准的项目外，可不限经营范围。工商登记由先证后照改为先照后证，商事主体向工商部门申请登记，取得营业执照后即可从事一般生产经营活动；对从事需要许可的生产经营活动，持营业执照和有关材料向主管部门申请许可。将企业年检制度改为年度报告制度，商事主体只须向商事登记机关提交年度报告，无须进行年度检验。（市工商局负责）

（3）放宽注册主体条件。中国护照在申办各类经济实体或个体工商户登记时效力等同于居民身份证。允许个人独资企业、合伙企业、商会组织作为股东或者发起人投资设立公司（不含一人有限责任公司）。允许个体工商户用原经营场所、在不与他人重名的前提下沿用原名称、沿用原前置许可有效证件转型升级、变更改制为企业，扩大生产规模。（市工商局负责）

（4）放宽注册资本登记条件。将注册资本实缴登记制改为认缴登记制，申请有限责任公司设立登记时，工商登记机关登记其全体股东认缴的注册资本总额，不再登记实收资本，申请人也不再提交验资证明文件。除法律法规另有规定外，取消有限责任公司、一人有限责任公司、股份有限公司的最低注册资本金额限制和股东（发起人）的首次出资比例和缴足出资的期限。允许以高新技术成果、知识产权、土地使用权、股权等作价出资兴办公司，其比例可占注册资本的70%。允许农民以承包经营权入股发展农业产业化经营。鼓励承包经营权在公开市场上向专业大户、家庭农场、农民合作社、农业企业流转，发展多种形式规模经营。鼓励引导工商资本到农村发展现代种养业。（市工商局、市委农工部负责）

（5）放宽注册场地登记条件。对一般经营项目的工商主体，允许按规定实行一址多照和一照多址。允许企业、个体工商户依法将住宅作为住所（经营场所，下同）登记注册。有照主体从事电子商务经营活动，且经营范围与登记注册的经营范围一致的，无须重新登记。对只在网上从事经营活动的经营者，可以在符合相关规定的前提下，将其自有或租用的住宅作为住所进行登记。对有办公场所的电子商务经营者，允许在符合条件的集中办公区域内一个住所登记多家企业。在工业园区、物流园区或开发区开办企业，无法提供房地产管理部门出具的住所权属证明，可凭园区管委会出具的合法证明作为注册场地证明文件。在农村地区因故无法提供合法权属证明的，村民委员会出具在本村范围内的合法住所使用文件，可作为企业和个体工商户住所证明。在有形市场内设立企业或从事个体经营，市场主办单位出具的合法住所使用文件，可作为该企业或个体工商户的住所证明。企业、个体户经营场所设在商场、宾馆酒店内的，可将租赁协议和该商场、宾馆酒店的营业执照复印件作为场地使用证明。（市工商局负责）

3. 加大财税金融土地等政策扶持

（1）设立非公有制经济发展专项资金。市、县（区）财政分别设立非公有制经济发展专项资金，重点用于鼓励支持和引导非公有制经济发展、非公有制经济服务体系建设和非公有制经济发展研究等。统筹市财政现有的产业技术研究与开发、重大科技专项、结构调整、扶持战略性新兴产业等专项资金，对符合条件的非公有制企业给予支持。（市财政局、市发改委、市工信委、市政府金融办、市商务局、市科技局，各县区政府、管委会负责）

（2）落实税收优惠政策。加大对国家各项税收优惠政策的宣传，确保落实到位。严禁收过头税，严禁违法要求企业提前缴税，符合法定条件的资金周转困难企业，经逐级上报省级税务机关批准，可以延期 3 个月缴税并免收滞纳金。营业税改增值税后，各级财政部门按现行财政体制对部分税负增加较重的企业采取适当的过渡性扶持政策。在政策规定的期限内，对年应纳税所得额低于 6 万元（含 6 万元）的小型微利企业，其所得按 50% 计入应纳税所得额，按 20% 的税率缴纳企业所得税；对增值税小规模纳税人中月销售额不超过 2 万元的企业或非企业单位，暂免征收增值税；对营业税纳税人月营业额不超过 2 万元的企业或非企业性单位，暂免征收营业税。新办非公有制企业按规定缴纳房产税、土地使用税确有困难的，可依据税收法律、法规以及国家有关税收规定给予纳税人减税、免税。（市财政局、市国税局、市地税局负责）

（3）扩大金融业对民间资本开放。试点设立民间借贷登记服务中心、民间资本管理公司，规范和加强民间资本的有序投资和管理。在加强监管前提下，允许具备条件的民间资本依法发起设立中小型银行等金融机构。鼓励民间资本投资入股金融机构和参与金融机构重组改制，参与农村商业银行风险处置的，允许单个企业及其关联方阶段性持股比例超过 20%；参与村镇银行发起设立或增资扩股，村镇银行主发起行的最低持股比例降低到 15%；允许发展成熟、管理规范的村镇银行在不突破主发起行最低持股比例之内，调整主发起行与其他股东持股比例。支持小额贷款公司按规定改制为村镇银行。鼓励民间资本设立创业投资企业、股权投资企业及相关投资管理机构。鼓励非公有制企业发行企业债、公司债、集合债券、中期票据、短期融资券、中小企业私募债、区域集优中小企业集合票据等多种直接融资工具。支持企业引入风险投资、私募股权投资等战略合作伙伴。鼓励、支持和引导非公有制企业通过多层次资本市场上市融资，对符合条件的企业按《新余市人民政府关于大力发展和利用资本市场的意见》（余府发〔2012〕9 号）规定进行奖励。支持境外资本依法合规到新余市直接投资。（市政府金融办、市人民银行、新余银监分局、市财政局负责）

（4）支持增加有效信贷。对坚持服务"三农"和小微企业、依法合规经营的小额贷款公司，其从银行业金融机构融资比例可放宽到资本净额的 100%。鼓励引导各类政策性担保公司对非公有制企业提供担保支持，降低担保费率，完善担保风险补偿机制。严禁银行业金融机构在贷款利率之外附加不合理放贷条件和收费行为。对符合创业条件的个人，可向创业项目所在地政府部门所属小额担保贷款经办机构申请最高10万元的小额担保贷款。对符合二次扶持条件的个人，贷款最高限额可达30万元。对合伙经营和组织起来创业并经工商管理部门注册登记的，贷款规模最高可达50万元。对符合劳动密集型小企业或再就业基地、非正规就业劳动组织、小企业孵化基地和创业孵化基地等条件的非公有制企业，贷款规模最高可达400万元。上述创业贷款期限按实际需要确定，从事当地政府规定微利项目的，可按规定享受财政贴息的优惠政策。（市政府金融办、市人民银行、新余银监分局、市财政局、市人社局负责）

（5）鼓励节约、集约用地。在工业园区自建3层以上标准化生产性厂房并保证设施专用的，由工业园区给予一定补助。对租用政府投资、建设的多层标准化厂房的小型微型企业，3年内给予租金优惠。对现有工业用地，在符合规划、不改变用途的前提下，按照规定程序经批准提高土地利用率和增加容积率的，不再增收土地价款；对新增工业用地，厂房建筑面积高于容积率控制指标的部分，不再增收土地价款。工业园区标准厂房建设免收市政配套费，并在符合规划前提下可进行分幢分层办理产权分割手续。属市里重点发展产业或重大项目，优先保障用地需求。对列入《江西省优先发展产业目录》且用地集约的小微企业的工业项目，在确定土地出让底价时可按不低于所在地土地等别相对应《全国工业用地出让最低价标准》的70%执行。（市国土资源局、市住建委、市规划局、市房管局、各工业园区负责）

4. 鼓励非公有制企业提升竞争能力

（1）加大对企业家、创业人员的培训支持力度。有计划、有重点地组织对非公有制企业高级经营管理人才进行培训，培训所需学费由市财政给予补贴。实行创业培训全覆盖，对小微企业业主和有创业愿望或培训要求的城乡登记失业人员、被征地农民、退役军人、低保人员和灵活就业人员，全部纳入免费创业培训对象范围，参加具有培训资质机构组织的创业培训，培训合格后，按参加培训人数和培训时间、质量、效果等给予培训机构每人最高不超过1600元的培训补贴。建立以优秀企业家、管理专家为主体的"创业导师库"，通过管理咨询、企业诊断等手段对不同规模、不同层次的非公有制企业进行培训辅导，提高创业成功率。（市委人才办、市委统战部、市工商联、市工信委、市人社局、市商务局、市财政局负责）

（2）推进技能振兴试点。加强技能大师工作室、高技能人才培养示范基地建设。支持高校和职业技术学校和非公有制企业对接合作，鼓励非公有制企业职工参加技能培训，对在岗学习中取得国家行政主管部门认可的相应等级职业资格证书的人员，由所在地方财政按标准给予一定补贴。鼓励高校毕业生到非公有制企业就业。对小型微型企业新招用国家承认学历的应届高校毕业生，签订1年以上劳动合同并按时足额缴纳社会保险费的，给予1年的社会保险补贴。（市工信委、市人社局、市商务局、市教育局、市财政局负责）

（3）鼓励科技创新。对非公有制企业研发机构在承担科技项目、人才引进等方面与公办研发机构一视同仁。对研发投入达到规定比例的非公有制企业，同级政府可给予企业研发和技改资金扶持。对建立博士后科研工作站的非公有制企业，由市财政专项资金根据工作站建设进度（主要参考博士进站开展科研人数情况），分期给予20万元的扶持；对作为第一起草者参与制定国际技术标准、国家技术标准的非公有制企业，标准发布后由市财政专项资金给予 5 万元的一次性奖励；非第一起草者的主要参与非公有制企业给予 1 万元的一次性奖励。建立产学研协同创新机制，支持非公有制企业与高校、科研机构和央企实现深度对接合作，构建产业技术创新联盟，推动创新升级。对非公有制企业技术创新的扶持政策与国有企业一视同仁、同等对待。对通过国家级高新技术企业评审的企业，给予 5 万元的一次性奖励，经批准，可享受减按 15% 的优惠税率征收企业所得税。鼓励非公有制企业自建研究开发机构。对非公有制企业创办的工程技术研究中心、工程研究中心、企业技术中心、工程技术中心和重点实验室等研发机构，通过国家级评估认定的一次性奖励 50 万元；通过省级评估认定的一次性奖励 10 万元；通过市级评估验收的，一次性奖励 5 万元。以上奖励资金由市财政和受益财政各负担 50%。（市科技局、市发改委、市工信委、市人社局、市环保局、市质监局、市国税局、市地税局、市财政局负责）

（4）实施"品牌新余"战略。引导支持行业商会协会申请注册集体商标，打造区域品牌。加强对专利权、著作权、商标权等知识产权的保护，支持驰名商标和著名商标的认定和保护。鼓励个体工商户及私营企业注册商标，并积极开展创名牌商标活动。对荣获国家、省级新产品称号并有认定证书的分别奖励 10 万元、2 万元；对荣获中国名牌产品、江西省名牌产品称号的企业分别奖励 20 万元、5 万元；对荣获中国驰名商标、省著名商标和市知名商标的企业，分别奖励 20 万元、10 万元、2 万元。对取得无公害农产品、绿色食品资格认证的，分别奖励 2 万元、5 万元；对取得有机食品或地理标志资格认证的奖励 10 万元。（市工商局、市委农工部、市农业局、市质监局、市科技局、市财政局负责）

（5）促进开放升级。发挥市场在招商引资中的主体地位，推进招商引资由政府主导向市场驱动转变。强化产业招商、专业招商、商会招商，围绕发展实体经济，重点抓好光电信息、节能环保、机械装备、电子商务、文化创意、旅游开发、艺术陶瓷等产业招商。鼓励引导民间资本参与全市重大项目和央企、省企驻市公司对外合作项目的投资、建设和运营。鼓励境外非公有制企业家、战略投资者、技术和管理人才来余投资兴业；鼓励异地新余籍客商回乡发展，享受有关招商引资优惠政策。对来新余投资的大型非公有制龙头企业、总部或研发中心迁至新余市的，按一事一议原则实行优惠政策。（市商务局负责）

（6）鼓励非公有制企业"走出去"开拓市场。鼓励非公有制企业与国际市场接轨，引进国外先进设备、技术和人才，改造和提升传统优势产业。对参加国家、省、市商务主管部门统一组织的境内外大型展销活动的非公有制企业和展会服务机构，其展位费、公共布展费等给予补助。鼓励非公有制企业利用电子商务开拓市场，对在电子商务网站开设店铺，奖励标准按照《新余市促进电子商务产业发展暂行办法》（余府发〔2013〕30 号）规定执行。鼓励非公有制企业运用人民币进行跨境贸易和投资结算。支持非公有制企业参加出口信用保险，对年出口额 300 万美元（含）以下的小微企业，统一投保短期出口信用保险；对出口额 300 万美元以上的企业，按当年实际缴纳保费的 50% 给予支持（按规定限额最高不超过 10 万元）。（市商务局、市统计局、市财政局、市保险协会负责）

5. 完善公共服务体系

（1）加快建设小微企业孵化园。新余高新技术产业开发区、新余袁河经济开发区和分宜工业园都应按照标准化要求，建立小微企业孵化园。对吸纳符合条件的高校毕业生、退役军人、下岗失业人员、返乡农民工、留学归国人员等进入孵化园创办实体的，优先落实促进就业和小额担保贷款扶持政策。孵化园对入驻企业和个人在孵化园内发生的物管费等相关费用，3 年内由受益财政按其每月不超过实际费用的 50% 给予补贴。鼓励民间资本建设小企业创业基地、科技孵化器、商贸集聚区。对投资 5000 万元以上，入驻 15 户以上小微工业企业、50 户以上小微商贸企业、30 户以上服务业小微企业，并获得行业主管部门组织相关部门认定的小企业创业基地、科技孵化器、商贸集聚区由受益财政给予 30 万元的补助，小企业创业基地、科技孵化器、商贸集聚区每孵化 1 家规模以上企业由受益财政再给予 2 万元奖励。（市工信委、市商务局、市人社局、市科技局、市财政局，各县区政府、管委会负责）

（2）完善中小企业公共服务平台建设。整合协调科技、中小微企业、外向型经济、农业产业化和商会等服务体系，探索建立以政府公共服务为引导、公益性服务为基础、商业性服务为支撑的企业社会化综合服务体系。取消依附于行政许可的各种中介服务，引导扶持集中建设企业可以自主选择的中介服务超市。按照政府支持中介、中介支持企业的模式，重点发展政策咨询、创业创新、知识产权、投资融资、管理诊断、检验检测、人才培训、市场开拓、财务指导、法律维权、信息化服务等各类社会化公共服务平台。对达到市政府认定标准的社会化公共服务平台给予 5 万元补助，对达到省政府认定标准的社会化公共服务平台给予 10 万元补助，对达到国家认定标准的社会化公共服务平台给予 20 万元补助。对非公有制企业专门人才的职称评审、专业技术资格和职业资格考试，相关职能部门可以组织专场评审或专项评审，设立快捷通道落实办理。受财政资助的科技平台、科研设施，向所有企业提供开放性服务，适当减免中小微企业使用费。（市工信委、市商务局、市人社局、市科技局、市财政局负责）

6. 优化创业环境

（1）实施创业推进工程。鼓励大中专毕业生、退役军人、下岗失业人员和残疾人等各类群体立志创业，相关部门应提供小额贴息贷款，对符合条件的应一次性办理相关手续或注册登记，3 年内免缴登记类、证照类和管理类各种行政事业性收费。允许、鼓励大专院校、科研院所科技人员利用职务科技成果入股或创办科技企业，参与收益分配。（市人社局、市委组织部、市科技局、各收费管理单位负责）

（2）优化市场竞争环境。努力建成覆盖全社会的信用体系。打造诚信政府，坚决兑现政府承诺、各类优惠政策和减负措施。以"企业信用与金融服务一体化平台"为依托，加强企业、个人信用体系建设，健全信息共享、社会监督、信息披露和奖惩机制，实现对失信行为的协同监督。消除地区封锁，打破行业垄断，加快形成企业自主经营、公平竞争，消费者自由选择、自主消费，商品和要素自由流动、平等交换的现代市场体系，使市场在资源配置中起决定性作用。（市人民银行、市工信委、市工商局等负责）

（3）保护企业合法权益。完善行政执法的工作标准、规范、程序和相应的责任制度。任何单位和个人不得滥用行政权力任意干涉企业合法生产经营活动，不得侵占、破坏企业及其经营者的合法财产。任何单位不得下达罚没指标，杜绝执法创收现象发生。要加强横向联系和纵向协调，避免多头交叉重复执法。对严重危害投资环境的违法犯罪行为，要依法严厉打击，切实维护企业的合法权益。（市监察局、市公安局、相关行政执法单位负责）

（4）严格规范各类检查。各级政府部门要建立健全对企业的监督检查制度并抄告本级监察机关。有关涉企检查，严格按《新余市规范涉企检查规定》（余办字〔2013〕17 号）执行。各级监察机关要依法对政府部门落实监督检查制度的情况进行监督检查。重点查处不作为、乱作为、乱摊派、乱检查、乱收费、乱处罚和强行指定中介服务机构等违法违纪行为，并依法依规严肃处理，对有关单位责任人进行约谈。充分发挥各级行政投诉中心的作用，畅通非公有制企业反映诉求和举报的渠道。（市监察局、各涉企检查执法单位负责）

（5）提高政府办事效率。进一步精简行政审批事项，依托新余市数字化办公平台，开发建设高度集成、部门联网、实时监察的网上审批系统、便民服务系统，逐步将审批事项全部纳入协同系统和网上办事大厅办理。推进行政审批流程再造，减少审批环节、缩短审批时限，最大限度方便企业和市民办事。（市发改委、市编委办、市行管委、市工信委、市国土资源局、市工商局、市住建委、市规划局、市房管局等涉审部门负责）

（6）切实减轻企业负担。清理行政事业性收费项目，能合并、取消的一律合并、取消；降低收费标准，凡收费标准有上下限的，一律按下限收取。清理涉企中介机构收费项目，能取消的一律取消，能减少费用的尽量减少，实行涉企收费项目登记手册制度，凡手册没有登记的收费项目，企业有权拒交。列入鼓励类的服务业企业，其用电、用水、用气、用热与工业企业实现基本同价。努力降低企业环评、安评、能评成本。（市发改委、市安监局、市物价局、市环保局、各涉企收费部门负责）

（7）营造良好舆论氛围。切实加强和改进非公有制经济领域的思想宣传工作，培育树立一批中国特色社会主义事业建设者典型、一批优秀非公有制企业典型、一批支持非公有制经济发展的先进地区和部门典型。充分发挥舆论监督作用，对侵犯非公有制企业及企业家合法权益和干扰合法经营活动的典型事例及时予以曝光。（市委宣传部、市委统战部、市监察局、市工商联、市广播电视台、新余日报社负责）

7. 加强非公有制经济发展组织领导

（1）完善领导协调机制。调整充实市促进非公有制经济发展领导小组（调整后组成人员名单附后），下设办公室作为领导小组的办事协调机构。领导小组及其办公室统筹制定全市非公有制经济发展战略规划，加强对重点非公有制龙头企业发展和重大项目建设的协调，跟踪督查企业发展情况和项目实施情况，研究和协调解决非公有制经济发展过程中的重点难点问题。各县（区）也要建立相应的领导协调机构。（市委办、市政府办负责）

（2）健全政治引导机制。进一步完善党委统一领导、党委组织部牵头抓总、非公有制经济组织党工委统筹负责、有关部门协同配合的非公有制经济组织党建工作领导体制和工作机制。市委非公有制经济组织党工委负责统筹协调指导全市非公有制经济组织党建工作，宣传和贯彻党的路线、方针、政策，促进中央和省委各项决策部署在非公有制经济组织的贯彻落实，指导各县（区）非公有制经济组织党工委抓好非公有制经济组织的党建工作。鼓励支持非公有制经济组织党建工作的探索和创新。（市委组织部、市非公经济组织党工委负责）

（3）建立商会协同机制。重点培育、优先发展中国特色社会主义行业商会协会，探索一业多会，引入竞争机制。成立行业商会协会，直接向民政部门依法申请登记，限期实现行业商会协会与行政机关脱钩。明确工商联对经济类社会团体组织的业务指导职能，鼓励、支持和引导行业商会协会自愿加入工商联组织，充分发挥工商联在行业商会协会改革发展中的促进作用和总商会职能，发挥工商联作为非公有制经济领域协商民主的重要渠道作用，更加活跃有效地组织工商界的界别协商。鼓励扶持各类行业商会协会组织建设企业总部基地，增强服务非公有制经济发展的功能。（市委办、市政府办、市民政局、市工商联负责）

（4）建立考核督查机制。建立健全非公有制经济的统计调查制度和监测预警评价制度。建立非公有制经济发展考核评价体系，将考评结果纳入各地、各有关部门工作绩效考核目标体系。每年对中央、省、市出台的政策措施落实情况进行督导，建立健全定期报告、工作激励机制，每两年召开一次全市非公有制经济发展表彰大会。（市委办、市政府办、市工信

委、市商务局、市统计局、市非公经济发展领导小组办公室负责)

8. 附则

(1) 本意见所涉及的专项资金、奖金和补贴资金的安排、使用和管理办法，由市财政部门商市相关部门制定。对获得支持和奖励的企业或项目的认定，由相关部门负责。

(2) 本意见自发布之日起实施。

(余发〔2014〕9 号，2014 年 4 月 2 日)

(十一) 鹰潭市关于大力促进非公有制经济更好更快发展的实施意见

为全面贯彻落实《中共江西省委、江西省人民政府关于大力促进非公有制经济更好更快发展的意见》，进一步激发非公有制经济活力和创造力，结合鹰潭实际，提出如下实施意见。

1. 实施"三大工程"，明确非公有制经济发展目标

以党的十八大、十八届三中全会和省委十三届七次、八次全会精神为指导，以全面深化改革为动力，按照"主攻项目、决战'三区'，凸显特色、实现跨越"的总体要求，坚持深化改革与转型升级并重，政策激励与优化服务并举，招大引强与扶持小微并行，深入实施非公有制经济比重提升工程，到 2016 年，全市非公有制经济增加值占全市地区生产总值比重超过 52%，非公有制经济上缴税金占全市税收总额的比重超过 65%，非国有投资占全市固定资产投资总额的比重超过 75%，非公有制经济城镇就业人员占全市城镇就业总人数的比重超过 78%；深入实施非公有制经济市场主体成长工程，到 2016 年，力争全市个体工商户登记数达到 3.5 万户，在境内外各层次资本市场上市的非公有制企业达到 2 户以上，年营业收入 20 亿元以上非公有制重点企业达到 25 户 (其中，年营业收入 50 亿元以上非公有制龙头企业力争超过 3 户)，非公有制企业 (含分支机构) 总数达到 0.9 万户；深入实施创新型重点非公有制企业培育工程，到 2016 年，重点打造 45 家高新技术企业和 10 家发展升级创新型示范企业。

2. 拓宽发展空间，激发非公有制经济发展活力

(1) 扩大投资领域。打破行政垄断，消除各种隐性壁垒，鼓励引导民间资本进入法律法规未明确禁止准入的行业和领域，支持民间资本进入"1 + 6"产业、旅游业商贸物流、现代农业和电子商务领域。重点引导支持民间资本进入交通、能源、矿产资源开发、城市基础设施、农产品加工、医疗、教育、养老、文化娱乐和金融服务等领域。降低投资准入门槛，取消不合理的准入限制，规范设置和降低准入条件，明确进入途径、进入后的运行方式和监管办法，创造公平竞争、平等准入的市场环境。市场准入标准、优惠扶持政策对各类投资主体公开透明、同等对待，不得单独对民间资本设置附加条件。推进应用型技术研发机构市场化、企业化改革，可吸引民间资本入股。允许民间资本以控股形式参与教育、科研院所、新闻出版、文化艺术、卫生医疗、体育等事业单位的改制经营。国有资本投资项目允许非国有资本参股，鼓励引导民间资本参与重大项目和央企在鹰潭公司对外合作项目的投资、建设和运营，对交通、能源、城建、医疗、教育、养老等涉及公共资源领域的项目，实行竞争性配置，建立健全民间资本参与重大项目投资招标的长效机制。

(2) 改革工商注册登记制度。企业注册时，除国家法律法规明确规定在登记前须经批准的项目外，可不限经营范围。由先证后照改为先照后证，不再实行先主管部门审批、再工

商登记的制度，商事主体向工商部门申请登记，取得营业执照后即可从事一般生产经营活动；对从事需要许可的生产经营活动，持营业执照和有关材料向主管部门申请许可。将企业年检制度改为年度报告制度。企业注册登记实行并联审批制度，按照"一口收件、分送相关、并联审批、限时完成"的操作流程。对申请材料齐全，符合法定形式的，当场准予登记3个工作日办结。实行外商投资企业"一局多点、就近受理、远程核准"登记模式改革，外商投资企业办理营业执照向县（市、区）局"窗口"前移，完成从提交申请到领取执照全过程。推行电子营业执照和全程电子化登记受理，电子营业执照载有工商登记信息，与纸质营业执照具有同等法律效力。已取得营业执照的市场主体从事电子商务经营活动且经营范围不变，无须重新登记，只须到工商部门备案。

（3）放宽注册主体登记条件。中国护照在申办各类经济实体或个体工商户登记时效力等同于居民身份证。允许个人独资企业、合伙企业、商会组织作为股东或者发起人投资设立公司（不含一人有限责任公司）。允许个体工商户用原经营场所、在不与他人重名的前提下沿用原名称、沿用原前置许可有效证件转型升级、变更改制为企业，扩大生产规模。已迁入城镇居住但仍保留土地承包经营权的居民申请设立农民专业合作社可以按照农民身份对待，国有农（牧、渔、林）场等企业、事业单位中实行承包经营、从事农产品生产经营或农业生产经营服务的职工可以参照《农民专业合作社》、《农民专业合作社登记管理条例》设立农民专业合作社。

（4）放宽注册资本登记条件。除法律、法规另有规定外，将注册资本实缴登记制改为认缴登记制，申请公司设立登记时，工商登记机关登记其全体股东认缴的注册资本总额，不再登记实收资本，申请人不再提交验资证明文件。除法律、法规另有规定外，取消有限责任公司、一人有限责任公司、股份有限公司的最低注册资本金额的限制，不再限制公司设立时全体股东（发起人）的首次出资比例，不再限制公司全体股东（发起人）的货币出资金额占注册资本的比例，不再规定公司股东（发起人）缴足出资的期限。公司股东（发起人）应当对其认缴出资额、出资方式、出资期限等自主约定，并记载于公司章程。公司应当将股东认缴出资额或者发起人认购股份、出资方式、出资期限、缴纳情况通过市场主体信用信息公示系统向社会公示。允许以高新技术成果、知识产权、土地使用权、股权等作价出资兴办公司，其比例可占注册资本的70%。允许农民以承包经营权入股发展农业产业化经营。鼓励承包经营权在公开市场上向专业大户、家庭农场、农民合作社、农业企业流转，发展多种形式规模经营。鼓励引导工商资本到农村发展适合企业化经营的现代化种养业。

（5）放宽注册场地登记条件。申请人提交场所合法使用证明即可予以登记。申请人申请住所（经营场所，下同）为自有房屋的，提交房屋产权证明；租用房屋的，提交合法租赁合同。

允许企业、个体工商户将住宅依法作为住所登记注册。对未取得房产证等合法权属证明的，城市的房屋可凭购房合同或房管部门出具的购房合同备案证明，农村地区由村委会出具相关证明，作为注册住所证明。允许以《农村土地承包经营权证》、《林权证》或农村土地林权等流转协议等所标明的位置作为注册住所登记。允许农民利用自用房屋、庭院或租赁场地开办农家乐、家庭农场等，可凭村委会场地证明办理营业执照。

在高新园区、物流园区、信江新区、龙岗新区、月湖新城等其他开发区开办企业，无法提供房管部门出具的住所权属证明，可凭辖区管委会（居委会、村委会）出具的合法证明作为注册场所证明。在大型商场、超市、集贸市场等有形市场内设立企业或从事个体经营的，由市场主办单位出具的租赁协议或柜台摊位使用证明，可作为该企业或个体工商户的住所证明。租用军队空余房地产作为住所的按军队房屋管理规定简化办理。在网上从事经营活动的经营者，可以在符合相关规定的前提下，将其自有或租用的住宅、仓库等作为住所进行登记。对有办公场所的电子商务经营者，允许在符合条件的集中办公区域内一个住所登记多家企业。对一般经营项目的市场主体，允许按规定实行"一址多照"和"一照多址"。

（6）鼓励扶持创业。打造沿320国道产业集聚升级带，做优非公经济发展平台。鼓励支持各县（市、区）依托城区、工业园区、320国道产业集聚区和10强中心镇建设小微企业创业园或创业孵化基地。对民间资本投资兴建的小微企业创业园创业孵化基地，依据兴建规模和创造效益地方政府给予一定的政策支持。对吸纳符合条件的高校毕业生、退役军人、下岗失业人员、返乡农民工、留学归国人员等进入创业孵化基地或小微企业创业园创办实体的，优先落实促进就业和小额担保贷款扶持政策。创业园（孵化基地）对入驻企业和个人在创业孵化基地发生的物管费等相关费用，3年内按其每月不超过实际费用的50%给予补贴。国有企业和事业单位职工经组织批准，可停职领办创办企业。3年内不再领办创办企业的允许回原单位工作，3年期满后继续领办创办企业的，按辞职规定办理，辞职的经济补偿金按《劳动合同法》等规定执行。经单位批准辞职的职工，按规定参加社会保险，缴纳社会保险费，享受社会保险待遇。允许、鼓励大专院校、科研院所科技人员利用职务科技成果入股或创办科技企业，参与收益分配。

（7）促进开放升级。围绕"1+6"产业、旅游业、现代服务业，继续加大力度招商引资、择商选资、招大引强。抓住实施鄱阳湖生态经济区建设、赣南等原中央苏区振兴两大国家区域发展战略的契机，定期发布鼓励民间投资的项目信息，采取定向招商、项目招商、产业链招商等方式增强招商引资的质量和效益，提升招商选资工作的专业化水平。鼓励市外境外非公有制企业家、战略投资者来鹰投资兴业。对来鹰潭市投资的大型非公有制龙头企业、总部或研发中心迁至鹰潭市的非公有制企业，按一事一议原则实行优惠政策。

（8）高效配置土地。鼓励节约集约用地，清理盘活闲置土地，完善土地租赁、转让、抵押二级市场。在工业园区自建3层以上标准化生产性厂房并保证设施专用的，由工业园区给予一定补助。对租用政府投资、建设的多层标准化厂房的小型微型企业，3年内给予租金优惠。对现有工业用地，在不改变用地性质的前提下，按照规定程序经批准提高土地利用率和增加容积率的，不再增收土地出让金。对新增工业用地，建筑面积高于容积率控制指标的部分，不再征收土地出让金。工业园区标准厂房建设免收市政配套费，房屋登记有固定界限可进行分幢分层办理产权分割手续。鼓励非公有制专业开发企业进行工业用地开发建设，解决非公有制小微企业生产厂房和配套设施建设使用需求。凡符合规划和产业政策、符合节约集约用地要求的工业、现代服务业项目用地，应尽力予以保障。符合市重大项目条件的，优先保障用地需求。

3. 强化财金支持，扩大非公有制经济有效投入

（1）设立专项资金。2014年起，市、县财政分别设立非公有制经济发展专项资金，重点用于扶持非公有制经济发展、非公有制企业家培训、非公有制经济服务体系建设和非公有制经济发展研究等。加大政策引导扶持力度，提升政策引导扶持效益，努力发挥非公有制经济发展专项资金的杠杆作用，促进鹰潭市非公有制经济产业升级、做大总量，提升质量。

（2）实行税收优惠。用好用足税收优惠政策，加大国家结构性减税及在赣南等原中央苏区兴办鼓励类企业实行的一系列税收优惠政策的宣传落实力度，确保各项优惠政策及时落

实到位，做到应减尽减、应免尽免。着眼于税源增多、税收可持续增长，合理制定税收增长计划，严禁收过头税，严禁违法要求企业提前缴税，符合法定条件的资金周转困难企业经批准可以延期缴税并免收滞纳金。营业税改征增值税后，在一定时期内，各级财政部门按现行财政体制对部分税负增加较重的企业采取适当的过渡性扶持政策。按现行政策，对年应纳税所得额低于 10 万元（含 10 万元）的小型微利企业，其所得按 50% 计入应纳税所得额，按 20% 的税率缴纳企业所得税；对增值税小规模纳税人中月销售额不超过 2 万元的企业或非企业性单位，暂免征收增值税；对营业税纳税人中月营业额不超过 2 万元的企业或非企业性单位，只要企业（不含金融保险业、电信业等财务由市级或省级单位统一核算的分支机构）或非企业性单位按月申报，其当月计税营业额不超过 2 万元，即可享受免征收营业税。对从事娱乐业的营业额纳税人中，月营业额不超过 2 万元的单位，免征文化事业建设费。新办非公有制企业按规定缴纳房产税、土地使用税确有困难的，可按税收管理体制报批减免。

（3）拓宽融资渠道。扩大金融业对民间资本开放，在加强监管前提下，允许具备条件的民间资本依法发起设立中小型银行等金融机构。鼓励民间资本投资入股金融机构和参与金融机构重组改造，参与城市商业银行风险处置的，持股比例放宽至 20%；参与农村商业银行风险处置的，允许单个企业及其关联方阶段性持股比例超过 20%；参与村镇银行发起设立或增资扩股，村镇银行主发起行的最低持股比例降低到 15%，允许发展成熟、管理规范的村镇银行在最低股比要求内，调整主发起行与其他股东持股比例。支持小额贷款公司按规定改制为村镇银行。鼓励民间资本设立创业投资企业、股权投资企业及相关投资管理机构。鼓励非公有制企业通过发行企业债、公司债、集合债券、中期票据、短期融资券、中小企业私募债等多种融资工具募集资金，支持企业引入风险投资、私募股权投资等战略合作伙伴，实现规范快速发展。支持境外资本依法合规到鹰潭市直接投资。

（4）增加有效信贷。建立有利于金融机构支持非公经济发展的协调机制，加强政、银、企之间相互沟通，增加非公经济信贷支持。对坚持服务"三农"和小微企业、依法合规经营的小额贷款公司，其从银行业金融机构融资比例可放宽到资本净额的 100%。支持各类政策性担保公司发展，鼓励和引导其对非公有制企业的担保支持，同时完善担保风险补偿机制。支持行业商会协会以"信用共同体形式"发起成立信用联保服务公司或联保基金，推进信用捆绑联保融资。银行业金融机构要不断创新金融产品，提供方便快捷、成本合理的融资服务。对符合创业条件的个人，可向创业项目所在地政府部门所属小额担保贷款经办机构，申请最高可达 10 万元的小额担保贷款。对符合二次扶持条件的个人，贷款最高限额可达 30 万元。对合伙经营和组织起来创业并经工商管理部门注册登记的，贷款规模最高可达 50 万元。对符合劳动密集型小企业或再就业基地、非正规就业劳动组织、小企业孵化基地和创业孵化基地等条件的非公有制企业，由小额贷款担保中心和经办金融机构，根据企业实际吸纳安置人数、经营项目、信用情况和还贷能力合理确定贷款规模，最高限额可达 400 万元。上述创业贷款期限按实际需要确定，从事当地政府规定微利项目的，可按规定享受财政贴息的优惠政策。

4. 致力提质增效，推动非公有制经济转型升级

（1）支持科技创新。实施创新驱动战略，大力推进产业升级。对非公有制企业研发机构在承担国家科技计划、人才引进等方面与公办研发机构实行一视同仁的支持政策。对研发投入达到规定比例的非公有制企业，同级政府可给予企业研发和技改资金扶持。市政府对建立博士后科研工作站和主持国家标准制定的非公有制企业给予奖励。建立产学研协同创新机

构，支持非公有制企业与国内高校、国家科研机构等实现深度对接合作，构建产业技术创新联盟，推动创新升级，增强经济发展动力。大力支持非公有制企业技术创新，实行与国有企业一视同仁、同等对待的扶持政策。对已获得省外高新技术企业证书的企业在鹰潭市设立生产高新技术产品的二级分支机构，可申请减按 15% 优惠税率缴纳企业所得税；对已获得省外高新技术企业证书的企业在鹰潭市投资设立的生产同一高新技术产品的全资子公司，视同江西省认定的高新技术企业，备案后即核发高新技术企业证书，企业据此申请享受减按 15% 优惠税率缴纳企业所得税。鼓励非公有制企业自建工程技术研究中心、企业技术中心、重点实验室以及其他研发机构。

（2）推进品牌提升。依托产业优势，制定产业发展规划和扶持政策，打造知名品牌。引导支持行业商会协会申请注册集体商标，打造区域品牌。鼓励企业商标国际注册，使用自主商标拓展国际市场。鼓励、支持和引导非公有制企业建立健全质量管理体系、施行国际国家标准认证。加强对专利权、著作权、商标权等知识产权的保护，支持驰名商标和著名商标的认定和保护，支持申报地理标志产品、鼓励企业申报低碳节能环保认证、无公害食品、绿色食品、有机食品等资格认证。各级政府对以上在知识产权保护、资质认证和品牌创建方面取得成效的企业给予一定奖励和扶持。对获得国家、省、市质量奖，中国驰名商标、江西省著名商标、低碳节能环保认证、江西省质量信用 AAA 级企业、鹰潭市知名商标企业的商品和服务，符合政府采购规定的，在同等条件下予以优先采购。

（3）培育龙头企业。鼓励、支持和引导民间资本抱团合作、整合资源、优势互补、兼并重组，引导生产要素向行业龙头企业集聚，进一步巩固和拓展铜产业在全国的领先优势，围绕培育壮大六大特色产业，通过打造水工、节能照明电器、新能源新材料、大健康、硫磷化工、文化创意、汽摩配、眼镜、微型元件、童家创业十大特色产业基地，培育一定数量有特色、有一定规模的产业集群，形成分工合理、配套完善、有较强竞争力的区域产业板块。鼓励、支持和引导同行业龙头型、科技创新型非公有制企业出资入股、兼并重组国有企业。每年遴选 50 户产业前景好、科技含量高、成长性强的非公有制企业予以重点扶持，通过政策聚焦，加大支持力度，促进一批非公有制重点企业做强做大。鼓励、支持和引导非公有制龙头企业通过多层次资本市场上市融资。对取得中国证监会首次公开发行股票材料受理通知的拟上市企业，视进展情况给予一定奖励。

（4）鼓励走出去发展。扩大民间资本对外投资，确立企业及个人对外投资主体地位，鼓励发挥自身优势到境外开展投资合作，鼓励自担风险到各国各地区自由承揽工程和劳务合作项目，鼓励创新方式走出去开展绿地投资、并购投资、证券投资、联合投资等。鼓励非公有制企业与国际市场接轨，引进国外先进设备、技术和人才，改造和提升传统优势产业。对组织和参加境内外大型展销活动的非公有制企业和展会服务机构，其展位费、公共布展费等给予补助。支持非公有制企业到市外境外开展品牌专卖、电子商务、连锁网络，巩固并扩大营销网络体系。鼓励境内非公有制企业运用人民币进行跨境贸易和投资结算。支持非公有制企业参加出口信用保险，对年出口额 200 万美元（含）以下的小微企业，统一投保短期出口信用保险；对出口额 200 万美元以上的企业，按当年实际缴纳保费的 50% 给予支持（按规定限额）。

（5）加强非公经济人才培养。把非公经济人才培养纳入全市人才的统一规划，有计划有重点地分期分批进行培训。发挥鹰潭创业大学等培训机构的作用，提升企业家综合素质。教育引导非公有制企业经营者坚定对中国特色社会主义的信念，坚定对党和政府的信任，坚定对企业发展的信心，争当合格的中国特色社会主义事业建设者。加强创业培训，使退役军人、下岗失业人员、转移就业农民特别是失地农民、返乡农民工得到政府在培训项目的相应资助。支持各类职业技术院校及培训机构和非公有制企业对接合作，凡是企业、社会培训机构、大专院校围绕鹰潭市企业发展需要，实现"订单式"职业培训的，各级政府应在促进就业资金中给予其适当的补贴。努力促进非公有制经济健康发展、非公有制经济人士健康成长。

5. 夯实服务保障，做优非公有制经济发展环境

（1）优化市场竞争环境。大力推进商务诚信建设，大力推进中小企业信用体系建设，教育、引导非公有制企业守法合规经营、诚信经营、承担企业社会责任。加强并改进对市场主体、市场活动的监督管理，加大打假力度，提高失信成本和风险，切实做到准入放宽、监管有序。消除地区封锁，打破行业垄断，清除市场壁垒，提高资源配置效率和公平性，加快形成企业自主经营、公平竞争，消费者自由选择、自主消费，商品和要素自由流动、平等交换的现代市场体系，健全统一开放、机会均等、公平诚信、竞争有序的市场规则，使市场在资源配置中起决定性作用。

（2）保护企业合法权益。公有制经济财产权不可侵犯，非公有制经济财产权同样不可侵犯。任何单位和个人不得滥用行政权力任意干涉企业合法生产经营活动，不得侵占、破坏非公有制企业及其经营者的合法财产，未经法定程序，不得查封、扣留、冻结。政法机关要进一步完善服务非公经济发展措施，依法打击侵害非公有制企业合法权益的违法犯罪行为，维护非公有制企业合法权益。坚持公开公正文明执法，规范执法行为，规范行使自由裁量权，努力实现执法办案的法律效果与社会效果相统一，为非公有制经济发展营造良好的法治环境。

（3）提高政府办事效率。推进政府机构改革和政府职能转变，进一步清理和减少行政许可、非行政许可审批事项，重点减少投资和生产经营活动审批事项。完善主要由市场决定价格的机制，凡是能由市场形成价格的都交给市场，政府不进行不当干预。简化程序，同一部门承担的多个审批事项原则上合并办理，限时办结。公开审批程序，完善行政审批服务中心"一站式"项目联合审批机制，行政许可项目逐步推行网上审批，能同步办理的同步并联办理，提高行政审批效率。对重大项目、重大事项一事一议、特事特办，建立健全重大项目审批绿色通道，实行全程服务制度。

（4）加强服务体系建设。整合协调科技、中小微企业、外向型经济、农业产业化和商会等服务体系，探索建立以政府公共服务为引导、公益性服务为基础、商业性服务为支撑的企业社会化综合服务体系。加快建设铜产业工程技术中心、铜基新材料产业院士工作站、三川水表国家技术中心、国家级大健康检验检疫中心等技术创新公共服务平台；尽快建成铜交割仓库、铜期货交割仓库，做大铜现货交易，形成有色金属交易市场。引导扶持民间资本投资发展现代生产型服务业，探索采取政府引导扶持、民间商会组织协调、企业参与的方式，引导扶持现代生产型服务业、中介服务业集聚发展、配套合作、公开平等竞争。规范中介机构服务行为，建立中介机构自选平台，建立中介机构备案管理、业务过程监管、清退淘汰机制、中介信息公开和统一承诺时间、统一收费标准、统一服务标准等多方参与的市场监管制度和长效机制。对非公有制企业专门人才的职称评审、专业技术资格和职业资格考试，相关职能部门可以组织专场评审或专项评审，设立快捷通道落实办理。受财政资助的科技平台、科研设施，向所有企业提供开放性服务，适当减免中小微企业使用费。

（5）切实减轻企业负担。组织清理行政事业性收费项目，降低收费标准，凡收费标准有上下限的，一律按下限收取，严禁提高标准或变相提高标准乱收费。全面清理涉企中介机构收费项目，实行涉企收费项目登记手册制度，凡手册没有登记的收费项目，企业有权拒交。严禁银行业金融机构在正常贷款之外附加不合理放贷条件和收费行为，银监部门和金融办要不定期进行督查。对列入鼓励类的服务业企业，其用电、用水、用气等基本与工业同价。努力降低企业环评、安评成本。

（6）严格规范各类检查。各级政府部门要严格依法履职，规范入企检查行为，到企业检查要统筹安排，有序进行。各级监察机关对政府部门落实监督检查制度的情况进行监督检查。认真查访行政办事服务机关不作为、乱作为等问题，查处对非公有制企业乱摊派、乱检查、乱收费、乱处罚和强行指定中介服务机构等违法违纪行为，对故意刁难、妨碍企业生产经营的单位和个人依法依规严肃处理，对严重损害发展环境的问题，要对有关单位责任人进行约谈，督促整改、跟踪问效。充分发挥非公有制经济发展环境监测点的作用，畅通非公有制企业反映诉求和举报的渠道，及时受理和分办、督办非公有制企业反映的问题。

（7）营造良好舆论氛围。在全社会大力营造崇尚创业创新、开明开放、诚信守约、宽容失败、合作共赢的舆论氛围，宣传自我革新的勇气和胸怀，切实加强和改进非公有制经济领域的思想宣传工作。培育树立一批中国特色社会主义事业建设者典型、一批支持非公有制经济发展的部门典型，加大对先进典型的宣传。充分发挥舆论监督作用，对侵犯非公有制企业及企业家合法权益和干扰合法经营活动的典型事例及时予以曝光。

6. 创新工作机制，形成非公有制经济发展合力

（1）完善领导协调机制。调整充实市促进非公有制经济发展领导小组，统筹制定全市非公有制经济发展战略规划，加强对重点非公有制龙头企业发展和重大项目建设的协调，跟踪督查企业发展情况和项目实施情况，研究和协调解决非公有制经济发展过程中的重点难点问题。设立"企声通道"，加强市政府领导与非公有制企业家的对话沟通，建立政企沟通机制。对企业反映的重大问题及时提交市政府，通过现场办公会和专题协调会等形式协调解决。

（2）健全政治引领机制。探索完善党委统一领导、党委组织部牵头抓总、非公有制经济组织党工委统筹负责、有关部门协同配合的非公有制经济组织党建工作领导体制和工作机制。市非公有制经济组织工作委员会负责统筹协调指导全市非公有制经济组织党建工作，宣传和贯彻党的路线、方针、政策，指导基层抓好非公有制经济组织的党建工作。

（3）建立商会协同机制。支持鼓励各行业、各专业市场成立商会协会，简化注册登记程序。成立行业商会协会，可直接向民政部门依法申请登记。加强商会协会管理指导，引进竞争机制，允许"一行多会"、"一业多会"。限期实现行业商会协会与行政机关脱钩。鼓励、支持和引导行业商会协会自愿加入工商联组织，充分发挥工商联在行业商会协会改革发展中的促进作用和总商会职能。推进外埠鹰潭商会建设，凝心聚力，扩大宣传，服务家乡建设。支持鹰潭异地商会建设，充分发挥组织作用，服务会员，促进鹰潭经济社会发展。鼓励各类商会协会组织建设企业总部基地，增强服务非公有制经济发展的功能。

（4）实行考核督查机制。建立健全非公有制经济统计调查制度，建立监测预警评价制度和非公有制经济发展考核评价体系，并将考评结果纳入各地和各有关部门工作绩效考核目标体系。每年对中央、省市出台的政策措施落实情况和非公有制经济发展环境进行调查研

究、分析评估和工作督查，每两年召开一次全市非公有制经济发展表彰大会。

各县（市、区）和市直相关部门要坚决贯彻落实中央、省、市出台的促进非公有制经济发展的政策，从本地本部门的实际出发，制定切实可行的具体实施细则。

（鹰发［2014］13号）

第三章　民营经济统计资料

一、概述

本章除"资本市场利用"部分外，其他部分均根据《江西统计年鉴 2015》编撰而成。《江西统计年鉴 2015》系统收录了全省和 11 个设区市 2014 年经济、社会各方面的统计数据，改革开放以来和其他历史重要年份的全省主要统计数据，以及全国各省市部分主要指标数据。它是一部全面反映江西省经济和社会发展情况的资料性年刊。"资本市场利用"部分主要根据上市民营企业在中国证监会指定的信息披露网站巨潮资讯网发布的 2014 年年度报告整理而来。

本章内容分为 8 部分，分别是概述、就业人员和职工工资、固定资产投资、工业、建筑业、国内贸易和旅游、房地产开发及资本市场利用等。为方便读者使用，各节前设有"简要说明"，对本节的主要内容、统计范围、资料来源、统计调查方法等予以简要概述，篇末附有《主要统计指标解释》。

行业相关数据由综合资料及国民经济核算资料两个部分组成：综合资料主要通过对民营经济各产业部门主要统计指标及其速度、结构、比例和效益等的加工计算，来反映民营经济发展的总体情况；国民经济核算资料主要包括民营经济不同产业部门生产总值及其有关资料。不同产业部门生产总值是根据产业部门特点、不同支出构成的特点和资料来源情况而分别采取不同方法计算的。所有数据既有民营经济总计，也有全社会总合计。

根据第一次第三产业普查结果，《江西统计年鉴 2015》对 1992 年以前全省地区生产总值的历史数据做了调整；根据 2005 年全国第一次经济普查结果，对 1993～2004 年的全省地区生产总值历史数据做了调整，本章的数据为调整后数据。凡与本章资料有出入的，均以本章数据为准。分设区市的国民经济核算数据由各设区市统计局提供，由于采取分级核算，各设区市数据相加不等于全省总计。

本章所使用的度量衡单位，均采用国际统一标准计量单位；部分数据合计数或相对数由于单位取舍不同而产生的计算误差均未做机械调整。

符号使用说明：年鉴各表中的"空格"表示该项统计指标数据不足本表最小单位数、数据不详或无该项数据；"#"表示其中的主要项。

二、就业人员和职工工资

（一）资料说明

1. 主要内容

本部分资料反映全省民营经济的劳动就业方面基本情况，包括 11 个设区市民营经济的主要劳动统计数据，如就业人员、职工工资总额、职工平均工资等情况。

2. 统计范围

《劳动统计报表制度》的调查范围为城镇辖区内独立核算法人单位（不包括乡镇企业和个体工商户），自 1998 年起部分指标有所变动，职工人数为在岗职工；劳动力资源、全社会就业人员统计范围为城镇和乡村 16 岁以上人口，2002 年及以后全社会就业人员、城镇和乡村就业人员的总计资料根据人口和劳动力调查资料推算，因此分地区、分类型、分行业的资料相加不等于总计；私营和个体工商户统计范围为全社会。

3. 资料来源

本部分资料取自《江西统计年鉴 2015》"第三章 就业人员和职工工资"，主要包括：①就业基本情况及分组资料、职工工资总额等资料，是省统计局人口和就业处根据《劳动统计报表制度》、《人口变动情况抽样调查制度》、《劳动力调查制度》等资料加工整理；②个体劳动者根据省工商行政管理局报表整理。

4. 统计调查方法

《江西统计年鉴 2015》表明，本部分采用了以下统计调查方法：劳动统计采用全面调查方法，由各级统计部门和各直报单位逐级上报；劳动力调查采用抽样调查方法；培训、就业统计及个体工商统计利用行政登记资料加工汇总。

表 3-1　民营经济社会就业人员数（年末数）　　　　　单位：万人

类　　别	2013 年	2014 年
全社会总合计	2588.72	2603.3
民营经济总计	979.34	1057.24
按经济类型分		
城镇	675.21	731.27
#股份合作	3.35	2.31
联营	0.26	0.22
有限责任公司	148.29	165.24
股份有限公司	34.42	34.25
私营和个体	488.89	529.25
乡村	304.13	325.97
#私营和个体	304.13	325.97

注：就业人员总计是江西省统计局根据人口变动抽样调查资料推算的。

表 3 - 2 各地区城镇个体劳动者数（年末数） 单位：万人

地　区	2013 年	2014 年
全省	**203. 48**	**232. 48**
南昌市	33. 64	30. 91
景德镇市	9. 45	12. 35
萍乡市	11. 45	16. 40
九江市	24. 98	38. 36
新余市	9. 71	5. 37
鹰潭市	5. 17	5. 17
赣州市	35. 82	41. 29
吉安市	15. 86	19. 47
宜春市	24. 50	21. 68
抚州市	18. 64	9. 94
上饶市	14. 25	27. 40

表 3 - 3 城镇私营单位就业人员年末人数、工资（2014 年）

类　别	就业人员人数（人）	就业人员平均工资（元）
总计	**2967731**	**30149**
按国民经济行业分		
农林牧渔业	60622	24906
采矿业	111951	34298
制造业	1567654	30500
电力、燃气及水的生产和供应业	16505	30013
建筑业	393682	32447
交通运输仓储业	100441	32748
批发零售业	301595	25342
旅游住宿及餐饮业	66307	25066
信息传输、软件和信息技术服务业	33590	28769
金融业	4664	35701
房地产业	75128	34886
租赁和商务服务业	83029	29215
科学研究和技术服务业	12344	30305

类　别	就业人员人数（人）	就业人员平均工资（元）
水利、环境和公共设施管理业	8415	30954
居民服务、修理和其他服务业	40761	25931
教育	52808	27473
卫生和社会工作	15375	33996
文化、体育和娱乐业	22637	25431
公共管理、社会保障和社会组织	223	18260
按地区分		
南昌市	411449	33696
景德镇市	100692	31966
萍乡市	345849	26148
九江市	300238	31962
新余市	90141	31212
鹰潭市	62107	32089
赣州市	655657	31169
吉安市	296797	24352
宜春市	334260	28349
抚州市	115418	28319
上饶市	255123	30923

（二）主要统计指标解释

1. 就业人员

就业人员指从事一定社会劳动并取得劳动报酬或经营收入的人员。包括：①在岗职工；②再就业的离退休人员；③私营业主；④个体户主；⑤私营企业和个体就业人员；⑥乡镇企业就业人员；⑦农村就业人员；⑧其他就业人员。

2. 私营企业就业人员

私营企业就业人员指在工商管理部门注册登记的私营企业就业人员。包括私营企业投资者和雇工。

3. 个体就业人员

个体就业人员指在工商管理部门注册登记，经批准从事个体工商经营的就业人员。包括个体户主和在个体工商户劳动的家庭帮工和雇工。

4. 单位就业人员劳动报酬

单位就业人员劳动报酬指各单位在一定时期内直接支付给本单位全部就业人员的劳动报酬总额。包括在岗职工工资总额和本单位其他从业人员劳动报酬两部分。

5. 在岗职工平均工资

在岗职工平均工资指在企业、事业、机关单位的在岗职工在一定时期内平均每人所得的货币工资额。其计算公式如下：

$$在岗职工平均工资 = \frac{报告期实际支付的全部在岗职工工资总额}{报告期全部在岗职工平均人数}$$

6. 在岗职工工资总额

在岗职工工资总额指各单位在一定时期内直接支付给本单位全部在岗职工的劳动报酬总额。包括：①计时工资（含计时标准工资）；②计件工资；③计件超额工资；④奖金；⑤津贴和补贴；⑥加班加点工资；⑦特殊情况下支付的工资等。

7. 津贴和补贴

津贴和补贴包括：①补偿职工特殊额外劳动消耗的津贴及岗位性津贴；②保健性津贴；③技术性津贴；④年功性津贴；⑤地区津贴；⑥其他津贴包括伙食补贴、上下班交通补贴、洗理卫生费、书报费等，以及为保证职工工资不受物价上涨或变动影响而支付的各种补贴，如副食价格补贴（含肉类等价格补贴）、粮、油、蔬菜等价格补贴，煤价补贴、房贴、水电补贴、房改补贴等。

三、固定资产投资

（一）资料说明

1. 主要内容

本部分资料通过对一定时期包括民营经济在内的全社会建造和购置固定资产活动的数量描述，反映报告期内固定资产投资的规模和速度、固定资产投资的结构和比例关系、固定资产投资的资金来源及固定资产投资的效果等。

2. 统计范围

全社会固定资产投资统计的范围包括建设项目固定资产投资、房地产开发投资、农村农户固定资产投资。

3. 资料来源

本部分资料取自《江西统计年鉴2015》"第四章　固定资产投资"，其中农户固定资产投资资料来自国家统计局江西调查总队；除此以外的固定资产投资统计资料均来自省统计局固定资产投资统计处统计调查。

4. 统计调查方法

除农户固定资产投资统计采用抽样调查方法外，其他均为全面统计报表。

表 3 – 4　民营经济全社会固定资产投资（按登记注册类型分）　　　　单位：万元

指　标	2013 年	2014 年
全社会固定资产投资	128502527	150792554
民营经济固定资产投资	99434352	115248972
股份合作	762543	507229
联营	678057	713766
有限责任公司	33259826	39581973
股份有限公司	5777891	5497125
私营	48167579	58211181
个体经营	5572715	5344395
其他内资	5215741	5393303

注：（1）全社会固定资产投资 = 固定资产投资 + 农村农户投资。固定资产投资包括建设项目投资和房地产开发投资。下同。

（2）本表在《江西统计年鉴》"全社会固定资产投资"总表基础上删除国有、集体、港澳台投资、外商投资等项后形成。下同。

表 3 – 5　民营经济固定资产投资（按登记注册类型分）　　　　单位：万元

指标	2013 年	2014 年
固定资产投资	124349494	146463081
民营经济固定资产投资	95281319	110919499
股份合作	762543	507229
联营	678057	713766
有限责任公司	33259826	39581973
股份有限公司	5777891	5497125
私营	48167579	58211181
个体经营	1419682	1014922
其他内资	5215741	5393303

注：固定资产投资统计范围为计划投资 500 万元及以上建设项目固定资产投资和房地产开发投资。下同。

表 3－6　按行业和登记注册类型分的固定资产投资（2014 年）

单位：万元

行　业	全社会总计	民营经济合计	股份合作	联营	有限责任公司	股份有限公司	私营	个体经营	其他
总　计	146463081	110919499	507229	713766	39581973	5497125	58211181	1014922	5393303
农、林、牧、渔业	3512762	2778292	12030	6898	309700	113186	1856017	46924	433537
#农业	1680644	1400805	4710	600	174885	54964	998272	16770	150604
林业	542177	379926		2100	20128	27399	225386	7958	96955
畜牧业	772510	724468	4500	2568	84218	28523	490610	14186	99863
渔业	164552	147437			27789	2300	64095	6210	47043
农、林、牧、渔服务业	352879	125656	2820	1630	2680		77654	1800	39072
采矿业	2893892	2679213	5653	9244	346177	137749	1965648	134605	80137
#煤炭开采和洗选业	477327	446229	5653		65416	8500	332153	18570	15937
黑色金属矿采选业	396298	396298			54072	54656	287570		
有色金属矿采选业	455112	336969			58260	32413	235946	2850	7500
非金属矿采选业	1461342	1405100		9244	151984	20380	1061867	113185	48440
制造业	72300500	67635541	214921	42499	21391622	2847832	40025323	234125	2879219
#农副食品加工业	3576653	3153785		4585	895484	91637	1995052	30624	140988
食品制造业	1888473	1796378	20	4394	627870	24369	1079069		65050
酒、饮料和精制茶制造业	1314115	1270702			230381	74451	923939	723	41208
烟草制造业	43450	200							200
纺织业	2186264	2148537	2852		791062	87736	1237017		25285
纺织服装、服饰业	3527139	3460482	5575	4394	1493542	26659	1817696	3700	108916
皮革、毛皮、羽毛及其制品和制鞋业	1883165	1779296			432372	46577	1202578	5800	91969
木材加工及木、竹、藤、棕、草制品业	1375106	1322262			398761	19922	832793	25118	45668
家具制造业	1129983	1117998			412868	18121	676409	100	10500
造纸及纸制品业	1367220	1230613	2468	4928	341514	141212	702707		37784

续表

行 业	全社会总计	民营经济合计	股份合作	联营	有限责任公司	股份有限公司	私营	个体经营	其他
印刷和记录媒介复制业	911318	826762	22758	975	243218	17775	511699		30337
文教、美工、体育和娱乐用品制造业	899018	798101	4760		292813	65606	378426	7860	48636
石油加工、炼焦加工业	417545	361548			50817	236889	73842		
化学原料及化学制品制造业	5820821	5355557	10320	8001	1083029	216949	3878865	21459	136934
医药制造业	2525795	2408786	55930	4200	851211	87292	1230848		179305
化学纤维制造业	399093	355163			46336	46429	262398		
橡胶和塑料制品业	2017202	2005578	5451	4971	639971	78752	1172772		103661
非金属矿物制品业	8167788	7854155	35996		2272618	248084	4660830	104005	532622
黑色金属冶炼及压延加工业	976444	951361			423481	15076	423091		89713
有色金属冶炼及压延加工业	4080573	3790928		2380	766231	182076	2547481	980	294160
金属制品业	2928590	2896329	2530		825718	126335	1880314	2912	58520
通用设备制造业	3329635	3147711	28131		987036	179736	1874691	9500	68617
专用设备制造业	3547589	3368118	16613	2380	1166698	173636	1899382	12714	96695
汽车制造业	3310965	2840129			1043224	141800	1628431		26674
铁路、船舶、航空航天和其他运输设备制造业	1232994	722948			282109	1171179	216365		107295
电气机械和器材制造业	5875299	5387198	2066	900	1949737	200930	2935262	6850	291453
计算机、通信和其他电子设备制造业	4774868	4541033	1451	4452	2031949	111050	2248915		143216
仪器仪表及制造业	941651	929488	18000		369158	39364	480316		22650
其他制造业	804010	775927		2713	163621	5660	536650		67283
废弃资源综合利用业	943347	934081			215413	10930	693858		13880
金属制品、机械和设备修理业	104387	104387			63380	15600	23627	1780	

续表

行 业	全社会总计	民营经济合计	股份合作	联营	有限责任公司	股份有限公司	私营	个体经营	其他
电力、热力、燃气及水的生产和供应业	3874717	1512743	10033	49065	677371	87803	580022	2824	105625
#电力、热力的生产和供应业	2521172	973139	8133	34690	487155	37500	349083		56578
燃气生产和供应业	265843	198945	1900		70128	2000	110624	2232	12061
水的生产和供应业	1087702	340659		14375	120088	48303	120315	592	36986
建筑业	813674	762836		2000	339738	26084	379006	1500	14508
#房屋建筑业	282085	275599		2000	104942	21434	143074		4149
土木工程建筑业	183243	148450			69195		72116		7139
建筑安装业	84208	80152			50202		29950		
建筑装饰业和其他建筑业	264138	258635			115399	4650	133866	1500	3220
批发和零售业	6790014	6507536	8430	22785	2385936	552408	3239936	123861	174180
#批发业	3613783	3492715	482	1912	1711708	170831	1464466	24434	118882
零售业	3176231	3014821	7948	20873	674228	381577	1775470	99427	55298
交通运输、仓储和邮政业	7034040	2504490		40000	1405998	46329	917393	2680	92090
#铁路运输业	231077	91942			53500	20000	18442		
道路运输业	5021859	1438891			1074241		343682	2680	18288
水上运输业	109583	18662			18662				
航空运输业	30594	1700					1700		
管道运输业	241120	500			500				
装卸搬运和其他运输服务业	356225	83962			55510	5521	22931		
仓储业	987338	812789		40000	198311	20808	480058		73612
邮政业	56244	56044			5274		50580		190
住宿和餐饮业	2565722	2218761	27529	2600	538609	74301	1338551	133722	103449
#住宿业	1589972	1266221	21329	2600	445236	66701	630296	30454	69605

续表

行　业	全社会总计	民营经济合计	股份合作	联营	有限责任公司	股份有限公司	私营	个体经营	其他
餐饮业	975750	952540	6200		93373	7600	708255	103268	33844
信息传输、软件和信息技术服务业	736940	671556	2880	181	515434	9633	123828	5017	14583
#电信、广播电视和卫星传输服务	78717	18119		181	12158	1883	2910		2870
互联网和相关服务	52123	51603	2880		32180		14877		2663
软件和信息技术服务业	606100	601834			471096	7750	106041	5017	9050
金融业	336654	210307	42737	4748	86056	30748	46018		
#货币金融服务	216576	104667	42737		11832	30748	19350		
资本市场服务	80680	80680		1949	62233		16498		
保险业	14264	11415		2799	8616				
其他金融活动	25134	13545			3375		10170		
房地产业	19377351	14239465	5880	284195	7597869	775146	4812214	227607	536554
租赁和商务服务业	2707006	2068016	2650	25600	1157706	134233	610969	22025	114833
#租赁业	131421	131421			73136	5460	38932		13893
商务服务业	2575585	1936595	2650	25600	1084570	128773	572037	22025	100940
科学研究和技术服务业	543953	428179		109441	234973	25352	143810	5835	18209
#研究与试验发展	48416	29790			8562		16293		4935
专业技术服务业	239828	195261			86835	19372	69945	5835	13274
科技推广和应用服务业	255709	203128			139576	5980	57572		
水利、环境和公共设施管理业	14779901	3364959	118320	109441	1597183	418876	670768	5856	444515
#水利管理业	1086643	101504	3000		31887	5460	39952		21205
生态保护和环境治理业	421312	146451			59836	54845	29420		2350

续表

行　业	全社会总合计	民营经济合计	股份合作	联营	有限责任公司	股份有限公司	私营	个体经营	其他
公共设施管理业	13271946	3117004	118320	106441	1505460	358571	601396	5856	420960
居民服务、修理和其他服务业	**687046**	**604129**	**50930**		**132973**	**5852**	**329082**	**32954**	**52338**
#居民服务业	301681	242619	50930		27056	3062	118251	11180	32140
机动车、电子产品和日用产品修理业	305103	299073			75806	2790	190315	17519	12643
其他服务业	80262	62437			30111		20516	4255	7555
教育	**1824439**	**437016**	**1650**	**18836**	**113741**	**14438**	**214858**	**13278**	**60215**
卫生和社会工作	**1052597**	**227162**	**2860**	**2750**	**52030**	**4950**	**92792**	**9897**	**61883**
#卫生	852158	149957	2860	2750	20151	4950	54467	9897	54882
社会工作	200439	77205			31879		38325		7001
文化、体育和娱乐业	**2516902**	**1804274**			**681956**	**191705**	**847696**	**12212**	**70705**
#新闻和出版业	10728	1989					1989		
广播、电视、电影和影视录音制作业	105219	77455			31468		45987		
文化艺术业	1271983	921605			305023	54477	526205		35900
体育	396444	182119			105078		76261	780	
娱乐业	732528	621106			240387	137228	197254	11432	34805
公共管理、社会保障和社会组织	**2114971**	**265024**	**726**	**92924**	**16901**	**500**	**17250**		**136723**
#国家机构	1833360	114779	726	5300	12401	500	17250		78602
社会保障	45683	4524		4524					
群众团体、社会团体和其他成员组织	196632	128231		83100					45131
基层群众自治组织	39296	17490			4500				12990

表 3－7　各地区按登记注册类型分的固定资产投资（2014 年）　　　单位：万元

地　区	总合计	民营经济合计	股份合作	联营	有限责任公司	股份有限公司	私　营	个体经营	其他
全　省	**146463081**	**110919499**	**507229**	**713766**	**39581973**	**5497125**	**58211181**	**1014922**	**5393303**
南昌市	34273680	26102261	187615	68850	15217276	1138618	8181256	349608	959038
景德镇市	6225413	5231555	31700		1863988	174049	2967651	6000	188167
萍乡市	9060922	8032850	37865	7000	1598304	225411	5574127	106828	483315
九江市	18122162	14607361	78000	20682	5756994	385329	8279605	31095	55656
新余市	7474923	5826331	21961	129490	2235489	909710	2065702	139158	324821
鹰潭市	4642315	3121667	2750		1028715	71573	1499155		519474
赣州市	16087125	10152953	7066	308608	3720225	294685	5249825	229772	342772
吉安市	12701175	9016547	18093	2700	721447	460206	7522965	7376	283760
宜春市	13548527	11244016	78930	93415	2389553	380248	7162018	71055	1068797
抚州市	9392481	7047285	16481	9550	2710636	572740	3502674	65030	170174
上饶市	13433252	10536673	26768	73471	2339346	884556	6206203	9000	997329

（二）主要统计指标解释

1. 全社会固定资产投资

全社会固定资产投资是以货币形式表现的在一定时期内全社会建造和购置固定资产的工作量以及与此有关的费用的总称。该指标是反映固定资产投资规模、结构和发展速度的综合性指标，又是观察工程进度和考核投资效果的重要依据。全社会固定资产投资按登记注册类型可分为国有、集体、个体、联营、股份制、外商、港澳台商、其他等。按统计方式可分为建设项目固定资产投资和房地产开发投资（全面统计）、农村农户固定资产投资（抽样调查）。建设项目投资的不同时期有不同的统计起点。1995～1996 年，项目投资统计的起点为计划总投资 5 万元及以上；自 1997 年起，项目投资统计的起点由 5 万元提高到 50 万元及以上；自 2011 年起，项目投资的统计起点由 50 万元提高至 500 万元及以上。为便于比较，2010 年调整为 500 万元以上起点数。

2. 固定资产投资

固定资产投资指各种登记注册类型的企业、事业、行政单位及个体户进行的建设项目投资、房地产开发投资。

3. 房地产开发投资

房地产开发投资指各种登记注册类型的房地产开发公司、商品房建设公司及其他房地产开发法人单位和附属于其他法人单位实际从事房地产开发或经营活动的单位统一开发的包括统代建、拆迁还建的住宅、厂房、仓库、饭店、宾馆、度假村、写字楼、办公楼等房屋建筑物和配套的服务设施，土地开发工程（如道路、给水、排水、供电、供热、通信、平整场地等基础设施工程）的投资；不包括单纯的土地交易活动。

四、工业

（一）资料说明

1. 主要内容

本部分资料反映全省规模以上民营经济在工业经济方面的基本情况，包括 11 个设区市民营经济的主要工业经济统计数据：①规模以上工业企业单位数和总产值以及按企业登记注册类型、轻重工业、企业规模、工业行业大类和按地区分组的主要经济指标和经济效益指标；②规模以上私营工业企业主要经济指标和经济效益指标；③规模以上主要工业产品产量。

2. 统计范围

工业统计调查范围为全省境内民营经济的全部工业企业。1997 年以前，工业的统计范围按隶属关系划分，分为乡及乡以上独立核算工业企业和非独立核算生产单位、村办工业、城镇合作工业、农村合作工业、城镇个体工业、农村个体工业六大部分（1984 年以前村办工业不在工业统计范围内）。

1998 年及以后年份，工业统计调查范围由按隶属关系划分改为按企业规模划分，分为全部国有及年主营业务收入在 500 万元以上非国有工业企业和年主营业务收入在 500 万元以下非国有工业企业两部分。2011 年，规模以上工业划分标准提高到年主营业务收入 2000 万元及以上。本节资料中的统计范围为年主营业务收入在 2000 万元以上工业企业。

本节资料中工业行业分类按 2011 年《国民经济行业分类标准》划分；企业大中小微型划分按 2011 年《统计上大中小型企业划分办法（暂行)》标准执行。

3. 资料来源和统计调查方法

本部分资料取自《江西统计年鉴 2015》"第十三章　工业"，其中工业企业统计数据主要是根据工业统计月度报表中有关信息整理汇总而成。

表 3-8　规模以上工业企业单位数及工业总产值、增加值（2014 年）

类　　别	企业单位数（家）		工业总产值（万元）	工业增加值（万元）	2014 年比 2013 年增长（%）
	总数	#亏损企业数			
全省总计	8271	448	287923469	68337197	11.80
民营经济合计	7297	364	231094142	54641159	
股份合作企业	52		988285	252693	6.21
联营企业	3		32741	6874	-24.91
有限责任公司	2640	181	90970658	22388959	12.77
股份有限公司	261	23	19400164	5305223	8.76
私营企业	4318	159	119470756	26630484	13.25
其他经济类型	23	1	231538	56926	4.05

表 3 - 9　各地区规模以上工业企业单位数（2014 年）　　　单位：家

分　类	全省	南昌市	景德镇市	萍乡市	九江市	新余市	鹰潭市	赣州市	吉安市	宜春市	抚州市	上饶市
全省总计	8271	1086	305	660	1121	307	217	1095	963	953	823	741
民营经济合计	7297	920	267	623	995	277	199	842	854	867	764	689
股份合作企业	52	9	2	29	1					3	4	4
联营企业	3			1							1	
有限责任公司	2640	474	145	107	369	95	113	263	194	270	384	226
股份有限公司	261	53	5	41	35	1	7	28	18	27	16	30
私营企业	4318	381	115	443	587	181	79	550	638	565	358	421
其他经济类型	23	3		2	2			1	4	2	1	8

（二）主要统计指标解释

1. 股份合作企业

股份合作企业指以合作制为基础，由企业职工共同出资入股，吸收一定比例的社会资产投资组建，实行自主经营，自负盈亏，共同劳动，民主管理，按劳分配与按股分红相结合的一种集体经济组织。

2. 联营企业

联营企业指两个及两个以上相同或不同所有制性质的企业法人或事业单位法人，按自愿、平等、互利的原则，共同投资组成的经济组织。

3. 有限责任公司

有限责任公司指根据《中华人民共和国公司登记管理条例》规定登记注册，由两个以上，50 个以下的股东共同出资，每个股东以其所认缴的出资额对公司承担有限责任，公司以其全部资产对其债务承担责任的经济组织。有限责任公司包括国有独资公司以及其他有限责任公司。

4. 股份有限公司

股份有限公司指根据《中华人民共和国企业法人登记管理条例》规定登记注册，其全部注册资本由等额股份构成并通过发行股票筹集资本，股东以其认购的股份对公司承担有限责任，公司以其全部资产对其债务承担责任的经济组织。

5. 私营企业

私营企业指由自然人投资设立或由自然人控股，以雇佣劳动为基础的营利性经济组织。包括按照《公司法》、《合伙企业法》、《私营企业暂行条例》规定登记注册的私营有限责任公司、私营股份有限公司、私营合伙企业和私营独资企业。

6. 工业总产值

（1）定义。工业总产值是以货币形式表现的，工业企业在一定时期内生产的工业最终产品或提供工业性劳务活动的总价值量。它反映一定时间内工业生产的总规模和总水平。

（2）计算原则。

1）工业生产的原则。即凡是企业在报告期生产的经检验合格的产品，不管是否在报告期销售，均包括在内。

表 3－10　各地区规模以上工业企业总产值（2014 年）

单位：万元

分　类	全省	南昌市	景德镇市	萍乡市	九江市	新余市	鹰潭市	赣州市	吉安市	宜春市	抚州市	上饶市
全省总计	287923469	45780862	10835305	16422110	45601571	15624391	20578707	29983210	27294210	31472573	14641030	25556513
民营经济合计	231094142	31465909	10118966	15634326	38650296	11969531	12909770	22352511	22362660	27380275	13738577	20378334
股份合作企业	988285	193817	6974	705697	4035					19711	28261	29790
联营企业	32741			6011							26730	
有限责任公司	90970658	15839573	6673414	3046339	11428752	7465424	6724672	7964596	4647682	8978587	7212480	7079431
股份有限公司	19400164	4840877	711317	1441065	7210054	73550	427447	1508107	896423	1036600	414867	839858
私营企业	119470756	10583385	2727261	10424365	20006875	4430557	5757651	12877521	16767299	17737738	6029509	12305713
其他经济类型	231538	8257		10849	580			2287	51256	8039	26730	123542

表 3－11　规模以上工业企业主要经济指标（2014 年）

单位：万元

项目	主营业务收入	主营业务税金及附加	主营业务成本	营业费用	资产合计	流动资产	#产成品	负债合计	所有者权益合计	利润总额
全省总计	305971151	3185553	268661959	5057432	155356630	69060974	6711160	80419911	74936719	20439279
民营经济合计	234434990	2789274	204510597	3960278	111002516	46979612	5363651	56066274	54936242	16349876
股份合作企业	989290	9126	825951	13387	355187	70270	6024	68705	286482	117617
联营企业	32738	333	28456	393	19436	6294	1202	5313	14123	2844
有限责任公司	92725827	1403760	80675254	1570755	53629287	23091717	2377987	30292733	23336554	5828171
股份有限公司	20283377	534619	17529553	366775	13720130	6033241	739348	7807091	5913039	1238752
私营企业	120403758	841436	105451383	2008968	43278476	17778090	2239090	17892432	25386044	9162492

表 3-12　规模以上股份制工业企业经济指标

指　标	2000 年	2005 年	2010 年	2013 年	2014 年
企业单位数（家）	199	972	2178	2375	2901
#亏损企业数（家）	46	199	133	169	204
资产总计（万元）	4344536	13787559	30827281	52678672	67349417
流动资产合计（万元）	1711422	5440497	12239744	23678110	29124958
负债总计（万元）	2869565	9321612	19761575	31741325	38099824
所有者权益（万元）	1416631	4424947	11065706	20937347	29249593
主营业务收入（万元）	2058324	11225035	46255501	87160395	113009204
#主营业务税金及附加（万元）	16177	124353	664802	961274	1938379
营业费用（万元）	94606	293763	757286	1382160	1937530
利润总额（万元）	70249	281401	2024469	5109692	7066922
利润和税金总额（万元）	216345	850327	4043659	8850969	12930673
全部从业人员年平均人数（人）	215719	346472	532875	662521	879313
工业总产值（万元）	2126128	11348631	45522156	83781647	110602360
工业增加值（万元）	648393	3056479	10086142	18900804	26001668
总资产贡献率（%）	7.13	7.62	15.48	19.81	24.03
资本保值增值率（%）	141.23	100.48	114.65	120.19	118.19
资产负债率（%）	66.05	67.61	64.10	60.25	56.57
流动资产周转率（次）	1.25	2.12	4.13	3.95	4.52
成本费用利润率（%）	3.52	2.62	4.75	6.35	6.81
全员劳动生产率（元/人）	30057	88217	251328	314250.00	312570
产品销售率（%）	97.75	98.90	99.20	98.88	98.98
工业经济效益综合指数（%）	99.44	135.03	279.43	331.77	345.78

表 3-13　规模以上私营工业企业经济指标

指　标	2000 年	2005 年	2010 年	2013 年	2014 年
企业单位数（家）	252	2079	4349	3941	4318
#亏损企业数（家）	38	291	109	135	159
资产总计（万元）	280103	4618283	19097127	33999883	43278476
流动资产合计（万元）	135471	2136102	7601357	14607246	17778090
负债总计（万元）	176173	2378298	8834351	14660269	17892432
所有者权益（万元）	103930	2239923	10262776	19339614	25386044
主营业务收入（万元）	333975	7176739	53384652	102070952	120190173

续表

指　标	2000 年	2005 年	2010 年	2013 年	2014 年
#主营业务税金及附加（万元）	4011	82945	377494	659970	841436
营业费用（万元）	19971	250797	1030121	1665166	2008968
利润总额（万元）	5450	289789	3624354	7879904	9162492
利润和税金总额（万元）	21757	647106	5721671	12171837	14323275
全部从业人员年平均人数（人）	33823	315183	757930	821675	955581
工业总产值（万元）	355569	7500600	53492060	99029272	119470756
工业增加值（万元）	101405	2368465	11579822	22882034	26949174
总资产贡献率（%）	9.90	15.21	36.38	42.09	39.66
资本保值增值率（%）	197.87	175.04	126.25	128.20	126.22
资产负债率（%）	62.90	51.50	46.26	43.12	41.28
流动资产周转率（次）	2.47	3.56	8.34	7.84	7.66
成本费用利润率（%）	1.70	4.37	7.67	8.54	8.30
全员劳动生产率（元/人）	29981	75146	207636	299495	311352
产品销售率（%）	96.70	97.73	99.12	99.20	99.01
工业经济效益综合指数（%）	118.07	174.17	347.34	412.31	411.95

2）最终产品的原则。即凡是计入工业总产值的产品，必须是本企业生产的经检验合格的，不需要再进行任何加工的最终产品。如果企业有中间产品（半成品）对外销售，则对外销售的中间产品应视为企业的最终产品。

3）工厂法原则。即工业总产值是以工业企业作为基本计算（核算）单位，即按企业的最终产品计算工业总产值。按这种方法计算的工业总产值，不允许同一产品价值在企业内部重复计算，不能把企业内部各个车间（分厂）生产的成果相加，但允许企业间的重复计算。

（3）内容及计算方法。1995 年全国工业普查对工业总产值（原规定）的内容及计算原则和方法做了修订，修订后的工业总产值（新规定）包括三项内容：即本期生产成品价值、对外加工费收入、在制品半成品期末期初差额价值三部分。

1）本期生产成品价值：指企业本期生产，并在报告期内不再进行加工，经检验、包装入库的全部工业成品（半成品）价值合计，包括企业生产的自制设备及提供给本企业在建工程、其他非工业部门和福利部门等单位使用的成品价值。本期生产成品价值为按自备原材料生产的产品的数量乘以本期不含增值税（销项税额）的产品实际销售平均单价计算；会计核算中按成本价格转账的自制设备和自产自用的成品，按成本价格计算生产成品价值。生产成品价值中不包括用订货者来料加工的成品（半成品）价值。

2）对外加工费收入：指企业在报告期内完成的对外承接的工业品加工（包括用订货者来料加工产品）的加工费收入和对外工业修理作业所取得的加工费收入。对外加工费收入按不含增值税（销项税额）的价格计算，可根据会计"产品销售收入"科目的有关资料取得。

对于本企业对内非工业部门提供的加工修理、设备安装的劳务收入，如果企业会计核算基础较好，能取得这部分资料，而且这部分价值所占比重较大，应包括在对外加工费收入中。

3）自制半成品在制品期末期初差额价值：指企业报告期在制品期末减期初的差额价值，本指标一般可以从会计核算资料中取得。如果会计产品成本核算中不计算半成品、在制品的成本，则总产值中也不包括这部分价值，反之则包括。

（4）工业总产值统计范围变化和计算方法修订情况。1984 年以前工业总产值不包括村办工业，村办工业总产值划归农业。1984 年以后工业总产值包括村办工业。

1995 年工业普查对工业总产值计算方法做了修订，即从 1995 年始按新修订（新规定）方法计算工业总产值。新规定与原规定的区别如下：

1）全价与加工费的计算原则不同：新规定为凡自备原材料，不论其生产繁简程度如何，一律按全价计算工业总产值；凡来料加工，允许按加工费计算工业总产值。原规定则视生产加工的繁简程度不同，规定哪些行业按全价，哪些行业按加工费计算工业总产值。

2）自制半成品、在产品期末期初差额价值的计算原则不同：新规定要求，凡会计产品成本核算时计算了成本的差额价值，总产值中就应包括，否则可不包括；原规定则按生产周期 6 个月的界限区分，凡生产周期 6 个月以上的企业，总产值计算中应包括这部分差额价值，否则可不包括。

3）计算价格不同：新规定按不含增值税（销项税额）的价格计算；原规定则按含增值税（销项税额）的价格计算。

7. 工业增加值

工业增加值指工业企业在报告期内以货币表现的工业生产活动的最终成果。

工业增加值有两种计算方法：一是生产法，即工业总产出减去工业中间投入加上应交增值税；二是收入法，即从收入的角度出发，根据生产要素在生产过程中应得到的收入份额计算，具体构成项目有固定资产折旧、劳动者报酬、生产税净额、营业盈余，这种方法也称要素分配法。本年鉴中的工业增加值是以生产法计算的。

生产法工业增加值的计算方法如下：

工业增加值＝工业总产出－工业中间投入＋应交增值税

（1）工业总产出：指工业企业在一定时期内工业生产活动的总成果。工业总产出包括成品生产价值，对外加工费收入，自制半成品、在产品期末期初差额价值。1995 年后用新规定计算的工业总产值代替。

（2）工业中间投入：指工业企业在工业生产活动中消耗的外购物质产品和对外支付的服务费用。服务费用包括支付给物质生产部门（工业、农业、批发零售贸易业、建筑业、运输邮电业）的服务费用和支付给非物质生产部门（如保险、金融、文化教育、科学研究、医疗卫生、行政管理等）的服务费用。工业中间投入的确定须遵循以下原则：必须从外部购入的，并已计入工业总产出的产品和服务价值；必须是本期投入生产，并一次性消耗掉（包括本期摊销的低值易耗品等）的产品和服务价值。

工业中间投入包括直接材料费用、制造费用中的工业中间投入、管理费用中的工业中间投入、销售费用中的工业中间投入和利息支出五部分。

8. 资产总计

资产总计指企业拥有或控制的能以货币计量的经济资源，包括各种财产、债权和其他权利。资产按流动性分为流动资产、长期投资、固定资产、无形资产、递延资产和其他资产。该指标根据企业会计"资产负债表"中"资产总计"项目的期末数增列。

9. 流动资产

流动资产指企业可以在一年内或者超过一年的一个生产周期内变现或者耗用的资产，包括现金及各种存款、短期投资，应收及预付款项、存货等。

10. 流动资产平均余额

流动资产平均余额指企业在报告期内全部流动资产的平均余额。

11. 固定资产原价

固定资产原价指企业在建造、购置、安装、改建、扩建、技术改造某项固定资产时所支出的全部货币总额。它一般包括买价、包装费、运杂费和安装费等。

12. 固定资产净值年平均余额

固定资产净值年平均余额指固定资产净值在报告期内余额的平均数。

其计算公式如下：

$$固家资产净值年平均余额 = \frac{1 \sim 12 月各月月初、月末固定资产净值之和}{24}$$

该指标根据"资产负债表"中"固定资产原价"、"累计折旧"指标的期初、期末数计算填列。

固定资产净值指固定资产原价减去历年已提折旧额后的净额。其计算公式如下：

固定资产净值 = 固定资产原价 - 累计折旧

13. 负债合计

负债合计指企业所承担的能以货币计量，将以资产或劳务偿付的债务，偿还形式包括货币、资产或提供劳务。负债一般按偿还期长短分为流动负债和长期负债。根据会计"资产负债表"中"负债合计"的年末数填列。

14. 所有者权益

所有者权益指企业投资人对企业净资产的所有权。企业净资产等于企业全部资产减去全部负债后的余额，包括企业投资人对企业的最初投入的实际到位的资产及资本公积金、盈余公积金和未分配利润。所有者权益合计数小于零，表示企业资不抵债。

15. 主营业务收入

主营业务收入指企业销售产品和提供劳务等主要经营业务取得的收入。

16. 主营业务成本

主营业务成本指企业销售产品和提供劳务等主要经营业务过程中的实际成本。

17. 主营业务税金及附加

主营业务税金及附加指企业销售产品和提供劳务等主要经营业务应负担的城市维护建设税、消费税、资源税和教育费附加。

18. 利润总额

利润总额指企业生产经营活动的最终成果，是企业在一定时期内实现的盈亏相抵后的利润总额（亏损以"－"号表示），它等于营业利润、补贴收入、投资收益、营业外净收入和以前年度损益调整的加总。

19. 本年应交增值税

本年应交增值税指企业在报告期内应交纳的增值税额。它等于本年销项税额加上出口退税加上进项税额转出数减去本年进项税额。小规模纳税企业直接按全年计税销售额乘以征收率计算取得。

20. 从业人员平均人数

从业人员平均人数是指报告期内每天拥有的从业人员人数。其计算公式如下：

$$季平均人数 = \frac{报告季内各月平均人数之和}{3}$$

$$月平均人数 = \frac{报告月内每天实有人数之和}{报告月日历日数}$$

$$年平均人数 = \frac{报告年内各月平均人数之和}{12}$$

21. 工业增加值率

工业增加值率指在一定时期内工业增加值占同期工业总产值的比重，反映降低中间消耗的经济效益。其计算公式如下：

工业增加值率 = 工业增加值（现价）/工业总产值（现价）×100%

22. 总资产贡献率

总资产贡献率指标反映企业全部资产的获利能力，是企业经营业绩和管理水平的集中体现，是评价和考核企业盈利能力的核心指标。其计算公式如下：

$$总资产贡献率 = \frac{利润总额 + 税金总额 + 利息支出}{平均资金总额} \times 100\%$$

式中：税金总额为产品销售税金及附加与应交增值税之和；平均资产总额为期初期末资产之和的算术平均值。

23. 资产负债率

资产负债率指标既反映企业经营风险的大小，也反映企业利用债权人提供的资金从事经营活动的能力。其计算公式如下：

$$资产负债率 = \frac{负债总额}{资产总额} \times 100\%$$

资产与负债均为报告期期末数。

24. 流动资产周转次数

流动资产周转次数指一定时期内流动资产完成的周转次数，反映投入工业企业流动资金的周转速度。其计算公式如下：

$$流动资产周转次数 = \frac{产品销售收入}{全部流动资产平均余额}$$

式中：全部流动资产平均余额为期初和期末的流动资产之和的算术平均值。

25. 成本费用利润率

成本费用利润率指标反映企业投入的生产成本及费用的经济效益，同时也反映企业降低成本所取得的经济效益。其计算公式如下：

$$成本费用利润率 = \frac{利润总额}{成本费用总额} \times 100\%$$

式中：成本费用总额为产品销售成本、销售费用、管理费用、财务费用之和。

26. 产品销售率

产品销售率指标反映工业产品已实现销售的程度，是分析工业产销衔接情况，研究工业产品满足社会需求的指标。其计算公式如下：

$$产品销售率 = \frac{工业销售产值}{工业总产值（现价）} \times 100\%$$

27. 全员劳动生产率

全员劳动生产率指根据产品的价值量指标计算的平均每一就业人员在单位时间内的产品生产量。它是考核企业经济活动的重要指标，是企业生产技术水平、经营管理水平、职工技术熟练程度和劳动积极性的综合表现。目前，我国的全员劳动生产率是将工业企业的增加值除以同一时期全部就业人员的平均人数来计算的。其计算公式如下：

$$全员劳动生产率 = \frac{工业增加值}{全部从业人员平均人数}$$

28. 资本保值增值率

资本保值增值率指标反映企业净资产的变动状况，是企业发展能力的集中体现。其计算公式如下：

$$资本保值增值率 = \frac{报告期期末所有者权益}{上年同期期末所有者权益} \times 100\%$$

29. 工业经济效益综合指数

工业经济效益综合指数是综合衡量地区工业经济效益总体水平的一种特殊相对数，是反映一定时期工业经济运行质量的主要指标。工业经济效益综合指数由总资产贡献率、资本保值增值率、资产负债率、流动资产周转率、成本费用利润率、全员劳动生产率和产品销售率的实际数值分别除以该项指标的全国标准值，并乘以各自的权数，加总后除以总权数求得。该指标可从静态水平和动态趋势上较为全面地反映各地区工业经济效益的变化情况，并可在一定程度上消除地区对比的不可比因素。

五、建筑业

（一）主要内容

本部分资料反映全省民营经济建筑业概况和发展情况，包括建筑业企业基本情况和生产经营情况。主要指标有企业个数、从业人员数、建筑业总产值、房屋建筑面积、自有机械设备、资产负债、损益及分配、劳动生产率等。

（二）统计范围

具有建筑业资质的独立核算建筑业企业。

（三）资料来源

本部分建筑业企业统计数据是根据国家统计局制定的《建筑业统计报表制度》收集、整理、汇总而成。

（四）统计调查方法

本部分资料取自《江西统计年鉴2015》"第十四章　建筑业"，是由各级统计部门采取全面调查的方法布置、收集而成。

表3-14 按登记注册类型分的建筑业企业主要经济指标（2014年）

指 标	合计	股份合作企业	联营企业	有限责任公司	股份有限公司	私营企业	其他企业
企业数（家）	1786	11		676	110	712	5
建筑业合同情况（万元）							
签订的合同额	73558388	248042		37497071	8325788	16319071	30727
上年结转合同额	27126188	99836		14276337	3808752	4131280	12294
本年新签合同额	46432199	148206		23220734	4517036	12187791	18434
承包工程完成情况（万元）							
直接从建设单位承揽工程完成的产值	40546626	134723		18547205	3731730	11603211	28657
自行完成施工产值	39922202	134623		18236866	3725994	11356376	28657
分包出去工程的产值	624424	100		310339	5736	246834	
从建设单位以外承揽工程完成的产值	1304134	50		338338	25942	884201	
建筑业总产值（万元）	41244502	134673		18580427	3751935	12250437	28657
#装饰装修产值	2901744	3863		1407143	85421	1199459	17331
在外省完成的产值	13023891	4616		6397306	1760269	3325212	
建筑工程产值	35578445	110313		15645823	3552394	10364702	27332
安装工程产值	2789331	21762		1311393	78214	932234	1024
其他产值	2876726	2599		1623211	121327	953501	301
竣工产值（万元）	23318601	108604		10012162	1560851	8052000	21478
房屋建筑施工及竣工面积（万平方米）							
房屋建筑施工面积	27732.04	143.84		12963.79	1793.82	7939.89	
#本年新开工面积	14874.24	50.60		6424.97	862.92	4960.43	
实行投标承包面积	18668.15	57.68		8774.19	1179.16	4517.63	
#本年新开工	10268.25	43.83		4509.95	560.87	2962.83	
房屋建筑竣工面积	12725.69	67.43		5273.97	760.79	4594.09	
住宅房屋	8511.51	31.86		3393.29	542.06	2994.89	
商业及服务用房屋	823.89	10.50		296.44	35.93	316.12	
商厦房屋（批发和零售用房）	333.26	9.96		121.22	18.19	108.36	
宾馆用房屋（住宿用房）	87.93			43.56	4.28	25.96	
餐饮用房屋（餐饮用房）	43.59	0.45		14.50		25.89	
商务会展用房屋	6.94			2.07		4.20	
其他商业及服务用房屋（居民服务业用房）	352.17	0.09		115.08	13.45	151.72	
办公用房屋	1002.42	5.60		492.75	43.75	410.19	
科研、教育、医疗用房屋	502.58	0.07		222.69	43.81	159.45	
科学研究用房屋	40.27			18.53	3.83	8.84	
教育用房屋	365.44	0.07		144.49	27.52	137.36	
医疗用房屋（卫生医疗用房）	96.88			59.68	12.47	13.25	

续表

指 标	合计	股份合作企业	联营企业	有限责任公司	股份有限公司	私营企业	其他企业
文化、体育、娱乐用房屋	160.24	2.20		55.54	18.71	81.69	
厂房及建筑物	1378.53	16.97		659.99	60.25	495.53	
厂房	685.84	11.37		298.39	12.92	255.89	
仓库	94.87			44.39	4.21	38.17	
其他未列明的房屋建筑物	251.63	0.24		108.88	12.07	98.05	
竣工房屋价值（万元）	**14978169**	**80747**		**6275220**	**962683**	**5226079**	
住宅房屋	10067709	32120		3978285	690410	3504117	
商业及服务用房屋	1073219	14322		409277	47587	412554	
商厦房屋（批发和零售用房）	420447	13890		156056	30568	138521	
宾馆用房屋（住宿用房）	105537			45824	7220	36254	
餐饮用房屋（餐饮用房）	49089	360		22130		23631	
商务会展用房屋	15994			4016		10775	
其他商业及服务用房屋（居民服务业用房）	482152	72		181251	9798	203374	
办公用房屋	1239985	7445		634586	58612	482315	
科研、教育、医疗用房屋	628585	63		291834	61301	174248	
科学研究用房屋	40880			12221	5448	11490	
教育用房屋	434576	63		167787	44479	148977	
医疗用房屋（卫生医疗用房）	153129			111826	11374	13781	
文化、体育、娱乐用房屋	167853	3500		61410	22443	78992	
厂房及建筑物	1393268	22846		698737	62017	422700	
厂房	704702	13633		318901	16844	203535	
仓库	120734			57021	6608	47714	
其他未列明的房屋建筑物	286817	450		144071	13704	103438	
劳动人员情况（万人）							
计算劳动生产率的平均人数	123.09	0.63		55.93	8.88	37.32	0.10
期末从业人数	130.30	0.62		58.45	9.04	39.24	0.11
#工程技术人员	24.52	0.09		10.77	1.71	8.91	0.01
年末资产负债（万元）							
流动资产合计	17610745	107782		8434690	1835681	4002573	8962
#存货	3849730	48363		1885772	459268	1040347	4785
固定资产合计	3041229	13536		1338624	221261	968144	1434
固定资产原值	3528899	19257		1585464	316786	1088462	4151
累计折旧	1143385	6286		513987	126190	321579	2903
#本年折旧	213514	581		100951	15787	72271	481
在建工程	407771	45		194345	6906	110390	

续表

指　标	合计	股份合作企业	联营企业	有限责任公司	股份有限公司	私营企业	其他企业
资产合计	23469151	144167		11166329	2252191	5651486	11238
流动负债合计	11596904	101821		5533313	1469212	1816221	6825
#应付账款	2561625	5244		1104427	641710	386121	4368
非流动负债合计	906799			547005	32701	63209	
负债合计	13131732	103322		6330972	1515347	2152191	6825
所有者权益合计	10331003	40845		4832197	736844	3496365	4412
#实收资本	6277493	24124		2788904	527387	2129962	2209
国家资本	1194848	3717		608398	158643	7767	
集体资本	491871	10360		96684	14808	104433	
法人资本	1401127	1446		667711	98026	571804	1000
个人资本	3160115	8601		1415712	255820	1445820	1209
港澳台资本	3476			350	90	37	
外商资本	26057			50		100	
损益及分配（万元）							
营业收入	37196957	104480		17255196	3818442	10759726	20174
工程结算收入	36366433	100159		16885442	3756431	10672064	19507
营业成本	32692307	86117		15266187	3490464	9165818	16515
工程结算成本	31679805	61102		14847344	3427803	9009742	16005
营业税金及附加	1416149	5137		619611	129501	456575	652
工程结算税金及附加	1315332	4917		595365	125939	421507	641
其他业务利润	22955	13		14228	996	3368	147
销售费用	258138	975		124213	11066	110968	238
管理费用	954218	5733		429868	90005	277718	580
#税金	60527	263		23528	2832	23295	19
财务费用	196946	−995		91498	8185	53015	265
#利息收入	10506	−1267		4945	2183	2155	
#利息支出	152605	250		69656	6943	36744	167
营业利润	1559419	7580		673084	92090	602394	1925
营业外收入	34108	40		16508	417	12630	
#补贴收入	4358			2040	94	432	
营业外支出	26745	12		12029	506	8885	56
利润总额	1555117	7608		673581	92075	597826	1869
#应交所得税	349839	898		152540	18093	136751	453
工资、福利费（万元）							
应付职工薪酬	4385854	12452		2214139	313923	1020351	3018
其他							

续表

指　　标	合计	股份合作企业	联营企业	有限责任公司	股份有限公司	私营企业	其他企业
劳动生产率（按总产值计算）（元/人）	335076	213124		332184	422606	328250	273445
利税总额（万元）	2930976	12788		1292474	220846	1042627	2529
产值利润率（%）	3.8	5.6		3.6	2.5	4.9	6.5
产值利税率（%）	7.1	9.5		7.0	5.9	8.5	8.8
资产负债率（%）	56.0	71.7		56.7	67.3	38.1	60.7
房屋建筑面积竣工率（%）	45.9	46.9		40.7	42.4	57.9	

六、国内贸易和旅游

（一）主要内容

本部分资料主要反映全省民营经济国内贸易基本情况、零售市场的发展和批发和零售业商品流转情况、住宿和餐饮业经营情况以及主要财务状况；旅游的历年概况等。主要内容包括：①社会消费品零售总额及其分组指标；②城乡个体私营批发零售贸易、住宿餐饮业基本情况；③限额以上批发和零售业、住宿和餐饮业基本情况、商品流转和经营情况、财务状况；④亿元商品交易市场成交情况；⑤旅游统计资料等。

（二）统计范围

包括从事批发和零售业、住宿和餐饮业的民营法人企业、产业活动单位和个体户以及年成交额在亿元以上的商品交易市场。

根据国家统计局对社会消费品零售总额指标调整的要求，《江西统计年鉴2015》对社会消费品零售总额进行了调整，即1993年以后社会消费品零售总额指标不包括农业生产资料；1997年以后社会消费品零售总额指标不包括居民购买住房；2003年以后社会消费品零售总额指标不包括有各种经济类型的制造业法人企业、产业活动单位和个体工业，直接售给城乡居民（包括本企业职工）和社会集团的商品以及农民在田间地头出售的农产品。

限额以上批发和零售业、住宿和餐饮业统计限额标准：批发业，年主营业务收入2000万元及以上；零售业，年主营业务收入500万元及以上；住宿业、餐饮业，年主营业务收入200万元及以上。

还包括国际旅游和国内旅游资料。

（三）资料来源

本部分资料取自《江西统计年鉴2015》"第十六章　国内贸易和旅游"，其中国内贸易部分是江西省统计局贸易外经处根据国家统计局制定的《批发和零售业、住宿和餐饮业统计报表制度》进行收集和加工整理而得；城乡个体私营批发零售贸易、住宿餐饮业基本情况资料由省工商局提供；旅游资料来自省旅游局。

（四）统计调查方法

《江西统计年鉴 2015》表明，限额以上批发和零售业、住宿和餐饮业法人企业资料和限额以下批发和零售业、住宿和餐饮企业及个体户的资料采用全面调查和抽样调查的方法取得；国际、国内旅游收入和旅游人数等指标采取抽样调查方法取得。

表 3－15　限额以上批发零售贸易法人企业商品购进、销售、库存总额（2014 年）

单位：万元

指标	购进总额	#进口	销售总额	批发	#出口	零售	年末库存总额
总计（含所有注册类型）	**31100303**	**314574**	**38353950**	**20474469**	**850672**	**17879482**	**3010750**
批发业	**18641126**	**154528**	**24170133**	**19056954**	**845113**	**5113179**	**1584086**
股份合作企业							
有限责任公司	11036062	135829	12465803	11293255	413870	1172548	747728
国有独资公司	1768932		1786186	1506588		279598	37515
其他有限责任公司	9267130	135829	10679617	9786667	413870	892950	710213
股份有限公司	2076670		4368033	875299		3492734	170134
私营企业	1957982	5666	2165949	1931935	134785	234014	133241
#私营有限责任公司	1873331	5666	2060804	1833522	126738	227282	127083
私营股份有限公司	70376		80617	75553	8048	5064	4051
其他企业	5086		5091	5091			6
零售业	**12459177**	**160046**	**14183817**	**1417515**	**5559**	**12766302**	**1426664**
股份合作企业	15747		15008	334		14674	974
有限责任公司	6108136	146877	6725376	651074	5559	6074303	678861
国有独资公司	56953		59450	6940		52510	5316
其他有限责任公司	6051183	146877	6665926	644134	5559	6021792	673545
股份有限公司	1463521		2072021	216129		1855891	245565
私营企业	3847662	13169	4215209	465368		3749841	428403
私营独资企业	52396		53103	4551		48552	5032
私营合伙企业	28325		27171	275		26896	1906
私营有限责任公司	3590233	13169	3943670	459462		3484208	399418
私营股份有限公司	176707		191265	1080		190185	22048
除国有、集体外的其他内资企业	24815		25514	1728		23786	1102

表 3 - 16 限额以上批发零售贸易法人企业主要财务指标 I （2014 年） 单位：万元

类别	资产合计	流动资产合计	固定资产原价	负债合计	所有者权益合计	主营业务收入	主营业务成本
总计（含所有注册类型）	16649036	11648428	3249295	10892506	5756530	34725197	31167725
批发业	9805498	7120274	1698166	6402518	3402980	21920906	19733177
股份合作企业							
有限责任公司	5680112	4519322	710050	4553777	1126335	11457337	10644104
国有独资公司	613151	464922	48553	544734	68418	1545873	1517183
其他有限责任公司	5066961	4054400	661497	4009044	1057917	9911465	9126921
股份有限公司	1144693	262251	372602	596261	548432	3763752	3558982
私营企业	865105	707366	137485	592008	273097	2059954	1911485
#私营独资企业	10441	9312	406	8373	2067	19901	18188
私营有限责任公司	816350	670638	127662	557229	259121	1962972	1826316
零售业	6843539	4528154	1551130	4489988	2353551	12804291	11434548
股份合作企业	4621	4202	493	2961	1661	14010	12743
有限责任公司	3185464	2215664	628178	2012859	1172604	6044885	5366600
国有独资公司	13450	11833	1549	5683	7767	58004	55359
其他有限责任公司	3172014	2203832	626629	2007176	1164837	5986881	5311240
股份有限公司	1244332	644527	373962	729943	514389	1799993	1615298
私营企业	1965323	1405968	416623	1399245	566078	3936756	3557166
私营独资企业	12612	8369	4439	6399	6213	49085	43647
私营合伙企业	10787	3766	4213	4104	6683	26989	21673
私营有限责任公司	1824519	1325907	361285	1345237	479282	3675741	3334014
私营股份有限公司	117406	67926	46686	43505	73901	184941	157832
除国有、集体外的其他内资企业	5568	3021	3469	1649	3919	24212	20702

表 3 - 17 限额以上批发零售贸易法人企业主要财务指标 II （2014 年） 单位：万元

类别	主营业务税金及附加	其他业务利润	营业利润	利润总额	本年应交增值税	利税总额
总计（含所有注册类型）	332219	154372	1056233	1167820	639907	2139946
批发业	260476	36369	750993	830974	390030	1481479
股份合作企业						
有限责任公司	32817	21911	149068	170707	141667	345191
国有独资公司	483	315	3012	5641	19880	26004
其他有限责任公司	32333	21596	146057	165067	121787	319187
股份有限公司	3928	1130	22166	33861	30595	68384
私营企业	14354	3875	37163	34088	43134	91577
#私营独资企业	17		567	574	4038	4629
私营有限责任公司	13689	3743	33452	32118	37260	83067

类别	主营业务税金及附加	其他业务利润	营业利润	利润总额	本年应交增值税	利税总额
零售业	71743	118004	305240	336847	249877	658467
股份合作企业	215		296	300	223	739
有限责任公司	30411	38677	153034	148193	107716	286319
国有独资公司	77		262	454	518	1049
其他有限责任公司	30333	38677	152773	147739	107198	285270
股份有限公司	9564	19957	89759	89500	40272	139336
私营企业	26708	30375	47771	58987	85930	171625
私营独资企业	346	149	1740	1527	899	2772
私营合伙企业	650	8	1615	261	333	1244
私营有限责任公司	21350	29990	34553	50235	81387	152972
私营股份有限公司	4363	228	9863	6964	3311	14638
除国有、集体外的其他内资企业	529	113	935	717	965	2211

表 3 – 18　限额以上餐饮法人企业主要财务指标（2014 年）　　　单位：万元

类别	资产合计	流动资产合计	固定资产原价	负债合计	所有者权益合计	主营业务收入	主营业务成本	主营业务税金及附加	其他业务利润	营业利润	利润总额	利税总额
总计（含所有注册类型）	479351	166807	222343	294421	184930	333168	179893	16416	5394	6097	8726	25330
股份合作企业	3954	3297	829	4611	– 658	2405	1384	87		– 54	– 88	– 1
有限责任公司	141440	56484	66696	83975	57465	93799	48810	4761	2686	– 1580	2727	7538
其他有限责任公司	137652	54666	66678	81968	55684	93249	48536	4747	2686	– 1679	2652	7449
股份有限公司	20760	4047	5525	7570	13190	9802	6114	594	54	386	198	794
私营企业	215653	70824	101204	127395	88258	142869	79399	6168	1364	7807	6380	12621
私营独资企业	26567	11000	11293	7936	18631	21550	12840	884		1563	897	1785
私营合伙企业	3433	590	2364	697	2736	3889	2087	232	12	523	498	733
私营有限责任公司	171959	50592	82011	115869	56090	111908	60966	4754	1316	5067	4252	9073

续表

类别	资产合计	流动资产合计	固定资产原价	负债合计	所有者权益合计	主营业务收入	主营业务成本	主营业务税金及附加	其他业务利润	营业利润	利润总额	利税总额
私营股份有限公司	13694	8642	5536	2893	10801	5522	3506	297	37	654	734	1031
除国有、集体外的其他内资企业	2610	1509	1670	363	2247	3869	2411	253		448	309	562

表 3 – 19　限额以上住宿法人企业主要财务指标（2014 年）　　　　单位：万元

类别	资产合计	流动资产合计	固定资产原价	负债合计	所有者权益合计	主营业务收入	主营业务成本	主营业务税金及附加	其他业务利润	营业利润	利润总额	利税总额
总计(含所有注册类型)	**1885264**	**661929**	**1079070**	**1300908**	**584356**	**522006**	**212338**	**27643**	**5165**	**－30207**	**－28092**	**－19**
股份合作企业	3714	668	3269	3279	435	3718	1069	132	4	554	554	685
有限责任公司	955877	361335	448652	714591	241285	228260	81718	11706	2221	－21511	－20905	－9097
其他有限责任公司	796178	331758	397357	601752	194426	209771	75699	10810	2192	－19541	－18989	－8076
股份有限公司	108411	38804	87145	75707	32704	39917	20252	2128	415	－994	－1348	780
私营企业	476392	166638	248172	332929	143463	144121	65808	7476	1354	－3130	－2248	5497
私营独资企业	11517	5927	6137	5001	6516	10197	6124	389	83	1448	1419	1808
私营合伙企业	6560	1741	3844	1663	4898	4419	2008	154	59	601	888	1054
私营有限责任公司	390933	152400	193799	275497	115436	115532	50339	6199	1212	－6129	－5829	625
私营股份有限公司	67382	6570	44392	50769	16613	13974	7338	733		949	1275	2009
除国有、集体外的其他内资企业	9658	3664	4696	7109	2549	5342	3232	269		765	487	757

表 3 – 20　限额以上住宿业经营情况（2014 年）　　　　　单位：万元

类别	法人企业（个）	从业人数（人）	营业额	#客房收入	#餐费收入	#商品销售收入
总计（含所有注册类型）	**399**	**40963**	**526594**	**272228**	**207414**	**15193**
股份合作企业	3	113	3718	2040	1371	212
有限责任公司	131	16969	229631	117188	88475	6436
其他有限责任公司	121	15324	211142	107888	80264	6183
股份有限公司	30	2405	39962	19602	17535	1909
私营企业	144	12281	146104	76230	59193	3703
私营独资企业	11	754	10216	4383	4234	342
私营合伙企业	8	374	4889	2216	2024	142
私营有限责任公司	112	10293	117112	62751	46516	2683
私营股份有限公司	13	860	13887	6881	6420	536
除国有、集体外的其他内资企业	8	478	5279	2764	2161	295

表 3 – 21　限额以上餐饮法人企业经营情况（2014 年）　　　　　单位：万元

类别	法人企业（个）	从业人数（人）	营业额	#客房收入	#餐费收入	#商品销售收入
总计（含所有注册类型）	**236**	**20794**	**334484**	**39980**	**272284**	**18008**
股份合作企业	3	232	2405		1877	528
有限责任公司	72	6436	93446	12266	74981	5102
其他有限责任公司	71	6361	92793	11881	74734	5102
股份有限公司	9	936	9811	1929	6502	904
私营企业	125	9563	143559	20851	110568	9565
私营独资企业	21	1066	21758	2956	17336	799
私营合伙企业	6	369	3825	484	3157	173
私营有限责任公司	93	7776	112497	16926	85807	7869
私营股份有限公司	5	352	5478	486	4267	725
除国有、集体外的其他内资企业	4	131	3869	460	3338	67

七、房地产开发

（一）主要内容

全省民营经济房地产开发建设方面的基本情况，包括 11 个设区市的主要房地产统计数据。如房地产开发投资额、房屋施工面积、房屋竣工面积、商品房销售面积、商品房销售额、房地产开发投资资金来源等。

（二）统计范围

房地产开发投资统计的统计范围为各种民营经济的房地产开发公司、商品房建设公司及其他房地产开发单位统一开发的包括统代建、拆迁还建的住宅、厂房、仓库、饭店、宾馆、度假村、写字楼、办公楼等房屋建筑物和配套的服务设施、土地开发工程，如道路、给水、排水、供电、供热、通信、平整场地等基础设施工程。包括实际从事房地产开发或经营活动的附营房地产开发单位。

（三）资料来源

本部分资料取自《江西统计年鉴2015》"第十八章 房地产开发"，是根据国家统计局制定的《房地产开发投资统计报表制度》收集资料，由省统计局固定资产投资处整理汇总而成。

（四）统计调查方法

由各级统计部门采取全面调查方法，执行企业一套表，由企业网上直报。

表3-22 房地产开发与经营主要指标

指标	2000 年	2005 年	2010 年	2013 年	2014 年
全省企业数（家）	539	1824	2141	2080	2077
全省房地产开发投资（万元）	423705	3010982	7068222	11745768	13224909
民营经济房地产开发投资（万元）					
股份合作	16395	49932	31746	56661	5565
联营	627	4280	10683	16155	
有限责任公司	29918	1053487	3037481	5285465	7068110
股份有限公司	16114	333554	779993	823424	696300
私营	73810	854028	2033226	4187707	4575744
其他	300	67149	63406	223424	15665

表3-23 按登记注册类型分的房地产开发投资（2014年） 单位：万元

指标	全省合计	私营及个体投资	股份有限公司	其他内资
投资总额	13224909	4575744	696300	15665
按构成分				
建筑工程	9411069	3243913	516636	14172
安装工程	1241277	415885	81634	407
设备工器具购置	176563	58259	3056	
其他费用	2396000	857687	94974	1086
按工程用途分				
住宅	9719227	3260494	527416	13774
#90平方米及以下住房	1857806	558280	120752	17
别墅、高档公寓	338386	117395	11198	

指标	全省合计	私营及个体投资	股份有限公司	其他内资
办公楼	539721	125287	25223	2
商业营业用房	1986456	840809	103937	220
其他	979505	349154	39724	1669
本年资金来源合计	**26038375**	**8947363**	**1140117**	**28106**
上年末结余资金	6579895	2148256	307216	3843
本年资金来源小计	19458480	6799107	832901	24263
国内贷款	2559744	731151	87682	3235
#银行贷款	2327578	688489	78011	3235
非银行金融机构贷款	232166	42662	9671	
自筹资金	6065001	2037008	239521	11574
#自有资金	2223512	699031	90659	9694
其他资金来源	10829850	4030948	505698	9454
#定金及预付款	5494382	1817461	284405	501
个人按揭贷款	3554048	1339610	155591	1252

表 3 – 24　各地区房地产开发和经营指标（2014 年）

指标	全省	南昌市	景德镇市	萍乡市	九江市	新余市	鹰潭市	赣州市	吉安市	宜春市	抚州市	上饶市
全省企业数(家)	2077	511	86	71	200	100	86	316	139	208	154	206
全省投资额(万元)	13224909	4140682	369684	371730	1291834	286231	449443	2303368	661003	1107259	988831	1254844
民营经济投资额	5287709	930247	115532	104686	523516	189947	163008	1204637	321937	688032	380793	665374
私营及个体	4575744	729598	94169	97000	515920	160171	126532	1164080	266596	650384	219332	551962
股份有限公司	696300	196145	21363	7686	7596	29776	36082	31670	55341	37648	159581	113412
其他内资	15665	4504					394	8887			1880	

八、资本市场利用

（一）主要内容

全省民营企业上市公司生产经营的基本情况包括行业分布、区域分布、总资产、负债、

表 3 - 25　江西省民营上市公司合并资产负债表

序号	证券代码	证券简称	总资产（元）			所有者权益合计（元）			负债合计（元）		
			2014 年	2013 年末	增减（%）	2014 年	2013 年	增减（%）	2014 年	2013 年	增减（%）
1	000650.SZ	仁和药业	2597104303.80	2338717164.66	11.5	2162045530.26	1938853553.90	11.5	435058773.54	389863610.76	11.6
2	000829.SZ	天音控股	10941822372.11	11545191682.01	-5.2	2662263771.90	2955536574.12	-9.9	8279558600.21	8589655107.89	-3.6
3	002157.SZ	正邦科技	7311955720.80	5994381212.64	22.0	2421347381.13	1497282427.69	61.7	4890608339.67	4497098784.95	8.8
4	002176.SZ	江特电机	2292295867.77	1583372823.48	44.8	2005180223.52	959368037.64	109.0	287115644.25	624004785.84	-54.0
5	002378.SZ	章源钨业	3165123144.44	2993970447.18	5.7	2066608339.67	1422736507.16	45.3	1098514804.77	1571233940.02	-30.1
6	002460.SZ	赣锋锂业	1954451783.93	1795891836.47	8.8	1387778661.21	1313485643.77	5.7	566673122.72	482406192.70	17.5
7	002591.SZ	恒大高新	929888751.50	891091829.07	4.4	773867651.80	755772223.09	2.4	156021099.70	135319605.98	15.3
8	002695.SZ	煌上煌	1599989157.05	1492457341.62	7.2	1481906777.13	1410668167.03	5.0	118082379.92	81789174.59	44.4
9	300066.SZ	三川股份	1416047803.96	1240211902.48	14.2	1226216167.20	1107133181.36	10.8	189831636.76	133078721.12	42.6
10	300095.SZ	华伍股份	1133333298.25	1061293314.92	6.8	864683843.57	813913343.34	6.2	268649454.68	247379971.58	8.6
11	300294.SZ	博雅生物	1017831687.41	1004469771.29	1.3	923928810.47	846624685.28	9.1	93902876.94	157845086.01	-40.5
12	600363.SH	联创光电	3207700859.73	2803467174.94	14.4	1982621777.50	1877505275.06	5.6	1225079082.23	925961899.88	32.3
13	600507.SH	方大特钢	9287453287.63	9975156946.17	-6.9	3203186134.17	2711019611.66	15.6	6084267153.46	7204137334.51	-15.5
14	600590.SH	泰豪科技	5821522582.85	6344129941.16	-8.2	2263906225.55	2213264380.27	2.3	3557616357.30	4130865560.89	-13.9
	合计		52676520621.23	51053803388.09	3.2	25425541295.08	21883163611.37	16.2	27250979326.15	29170639776.72	-6.6

使用者权益、总收入、净利润等。

(二）统计范围

江西辖区内在上海证券交易所、深圳证券交易所的主板、中小板、创业板的上市民营企业，不包括境外上市公司和新三板上市企业。

(三）资料来源

根据上市民营企业在中国证监会指定的信息披露网站巨潮资讯网发布的 2014 年年度报告整理而来。2014 年江西省上市公司总数达 32 家，其中民营企业 14 家，占比为 43.8%。

表 3 - 26　江西省民营上市公司合并利润表

序号	证券代码	证券简称	营业总收入（元）			净利润（元）		
			2014 年	2013 年	增减（%）	2014 年	2013 年	增减（%）
1	000650. SZ	仁和药业	2253212435. 55	1799375836. 47	25. 2	323853637. 77	216002056. 49	49. 9
2	000829. SZ	天音控股	34596856949. 75	29852342236. 31	15. 9	-361800034. 87	-27969665. 99	1193. 5
3	002157. SZ	正邦科技	16483547772. 92	15582493561. 33	5. 8	40166292. 04	-31331646. 31	-228. 2
4	002176. SZ	江特电机	793299115. 59	855380275. 72	-7. 3	43766836. 02	64119606. 87	-31. 7
5	002378. SZ	章源钨业	2038829463. 73	1952470198. 17	4. 4	96474180. 76	143895744. 77	-33. 0
6	002460. SZ	赣锋锂业	869480146. 97	686267000. 36	26. 7	84399576. 03	69541432. 12	21. 4
7	002591. SZ	恒大高新	248793122. 98	332813546. 55	-25. 2	5392833. 22	31678078. 47	-83. 0
8	002695. SZ	煌上煌	983980418. 35	893258187. 47	10. 2	98629108. 77	121602350. 65	-18. 9
9	300066. SZ	三川股份	697933365. 07	676209983. 83	3. 2	143993967. 38	111875420. 39	28. 7
10	300095. SZ	华伍股份	677903252. 73	422710035. 47	60. 4	46432716. 52	67457157. 53	-31. 2
11	300294. SZ	博雅生物	437792952. 80	245278066. 33	78. 5	115204125. 19	82361123. 24	39. 9
12	600363. SH	联创光电	1957049506. 94	1602272717. 79	22. 1	145443521. 24	93648617. 71	55. 3
13	600507. SH	方大特钢	11509303447. 76	13214657544. 73	-12. 9	598678676. 32	584527740. 67	2. 4
14	600590. SH	泰豪科技	2920709571. 22	2501488517. 81	16. 8	58178899. 76	19649336. 26	196. 1
	合计		76468691522. 36	70617017708. 34	8. 3	1438814336. 15	1547057352. 87	-7. 0

表 3 - 27　江西省民营上市公司所处行业与区域分布

序号	证券代码	证券简称	上市板	行业	区域
1	000650. SZ	仁和药业	主板	医药生物	宜春市
2	000829. SZ	天音控股	主板	商业贸易	赣州市
3	002157. SZ	正邦科技	中小板	农林牧渔	南昌市

续表

序号	证券代码	证券简称	上市板	行业	区域
4	002176. SZ	江特电机	中小板	电气设备	宜春市
5	002378. SZ	章源钨业	中小板	有色金属	赣州市
6	002460. SZ	赣锋锂业	中小板	有色金属	新余市
7	002591. SZ	恒大高新	中小板	化工	南昌市
8	002695. SZ	煌上煌	中小板	食品饮料	南昌市
9	300066. SZ	三川股份	创业板	机械设备	鹰潭市
10	300095. SZ	华伍股份	创业板	机械设备	宜春市
11	300294. SZ	博雅生物	创业板	医药生物	抚州市
12	600363. SH	联创光电	主板	电子	南昌市
13	600507. SH	方大特钢	主板	钢铁	南昌市
14	600590. SH	泰豪科技	主板	电气设备	南昌市

第四章　民营经济科技创新

一、概述

企业是科技和经济紧密结合的重要力量，对新技术、新产品、新市场最敏感。2014年，江西省提出，着力构建以企业为主体、市场为导向、产学研相结合的技术创新体系，完善企业技术成果转化的风险投资体系，推动企业发展由要素驱动型向创新驱动型转变；引导企业加大科技投入，鼓励企业利用社会各类资本，加快形成多元化、多层次的重大科技项目融资渠道；支持和鼓励骨干企业建设重点实验室、工程技术研究中心等研发机构，建立各类企业技术创新联盟。加快建设以企业为主体的技术创新体系，增强各类创新主体的动力和活力，加快形成协同高效的创新格局。发挥市场对技术研发方向、路线选择和各类创新资源配置的导向作用，引导各类创新要素向企业集聚，促进企业真正成为技术创新决策、研发投入、科研组织和成果转化的主体。

科技创新平台是实现科技有效供给的重要载体。我国"国字号"的重大创新平台主要有科技部主管的国家实验室、国家重点实验室以及国家工程技术研究中心等，国家发改委主管的国家工程研究中心、国家工程实验室等和国家发改委、科技部、财政部、海关总署、国家税务总局联合认定的"国家级企业技术中心"等。创新体系中企业主体地位不断凸显，涌现出一批国家级企业技术中心和国家工程技术中心等。

江西省积极推动企业在全面落实国家科技创新政策，主动申报国家级科研创新平台的同时，也在积极统筹本省企业协同创新平台、公共协同创新平台、军民协同创新平台等科技协同创新平台建设，建立产学研用相结合的科技协同创新机制。《江西省科技创新促进条例》提出，鼓励和支持企业围绕市场需求和长远发展，独自设立或者与其他企业、科研机构、高等学校和其他组织联合设立研究开发机构，自主确立研究开发课题，申报科技项目，开展科技创新活动；鼓励企业参与重大科技项目的决策，支持有条件的企业牵头组织实施符合国家产业政策方向的重大科技项目；引导具备条件的行业骨干企业建设省级工程（技术）研究中心、重点实验室、企业技术中心。该条例极大地促进了江西企业的科技创新，增强了企业的自主创新能力，对加快科技创新成果向现实生产力转化，推动经济建设和社会发展起来重大作用。

民营企业成为科技创新中坚力量，江西民营企业坚持创新驱动发展，成为实现江西在中部地区崛起的一支生力军。2014年，江西民营企业新增国家级企业技术中心1家，新增国家地方联合工程研究中心（工程实验室）3家；新增江西省省级企业技术中心31家；新增江西省重点实验室6个；新增江西省工程技术研究中心46家；新增江西省重点实验室培育基地 1 个；新增江西省工程技术研究中心培育基地 17 个；新增高新技术企业 294 家。

二、科技创新机构与高新技术企业名录

（一）江西省国家级科技创新载体

1. 国家级企业技术中心

根据《国家认定企业技术中心管理办法》，经审定，国家发改委、科技部、财政部、海关总署、国家税务总局联合发布了《2014 年（第 21 批）国家认定企业技术中心名单》，江西正邦科技股份有限公司技术中心获准认定。至此，江西省总共有 12 家国家级企业技术中心，其中民营企业有 4 家，占比 33.3%。至此，江西省总共有 6 家国家工程技术中心，其中依托单位为高校、科研院所的有 4 家；依托单位为企业的有 2 家，其中 1 家为民营企业。民营企业在总量中占 16.7%，在企业中占 50%（见表 4-1）。

表 4-1　江西省国家级企业技术中心名单

序号	企业名称	批准时间
1	江西正邦科技股份有限公司技术中心	2014 年
2	崇义章源钨业股份有限公司技术中心	2013 年
3	江西三川水表股份有限公司技术中心	2013 年
4	泰豪科技股份有限公司企业技术中心	2005 年

2. 国家工程技术中心

2014 年 2 月，科技部下发《关于 2013 年度国家工程技术研究中心验收结果的通知》。江西省江西赛维 "LDK 太阳能高科技有限公司国家光伏工程技术研究中心" 等工程中心通过验收，并予以正式命名。至此，江西省总共有 8 家国家工程技术中心，其中依托单位为高校、科研院所的有 5 家；依托单位为企业的有 3 家，其中 1 家为民营企业。民营企业在总量中占 12.5%，在企业中占 33.3%（见表 4-2）。

表 4-2　江西省国家工程技术中心名单

工程中心	依托单位	建设时间	验收时间
国家光伏工程技术研究中心	江西赛维 LDK 太阳能高科技有限公司	2009 年	2013 年

3. 国家地方联合工程研究中心（工程实验室）

国家地方联合工程研究中心（工程实验室）是国家创新平台的重要组成部分，是国家支持中西部地区提升自主创新能力的重要手段。根据相关规定，国家地方联合工程研究中心（工程实验室）要围绕所在区域的产业特色和优势，着力解决产业发展中的关键技术与装备等瓶颈问题，促进产业技术进步和结构调整，支撑和推动地方经济社会持续健康发展。

国家发改委批复了江西省药用真菌技术工程研究中心、昆虫病毒生物农药开发工程研究中心、手性化学药物制造技术工程研究中心 3 家工程研究中心为 2014 年度国家地方联合工程研究中心（工程实验室），至此，江西省国家地方联合工程研究中心（工程实验室）已达到 11 家，其中有 7 家的依托单位为民营企业，达到 63.6%（见表 4 - 3）。

表 4 - 3　江西省国家地方联合工程研究中心

序号	名称	依托单位	建设地	批准时间
1	药用真菌技术国家地方联合工程研究中心	江西百神药业股份有限公司	宜春	2014 年
2	昆虫病毒生物农药开发国家地方联合工程研究中心	江西省新龙生物科技有限公司	宜春	2014 年
3	手性化学药物制造技术国家工程研究中心	江西施美制药有限公司	抚州	2014 年
4	锂基新材料国家地方联合工程研究中心	江西赣锋锂业股份有限公司	新余	2013 年
5	核辐射探测技术国家地方联合工程研究中心	贝谷科技股份有限公司	南昌	2013 年
6	复合材料锂电池制造技术国家地方联合工程研究中心	江西省福斯特新能源有限公司	宜春	2013 年
7	真菌源生物农药国家地方联合工程研究中心	江西天人生态股份有限公司	吉安	2011 年

（二）江西省重点实验室和工程技术研究中心

为全面推进创新驱动发展战略，大力加强江西省科技创新体系建设，增强自主创新和科技持续创新能力，促进科技成果转化与推广，加快创新型江西建设，2014 年，江西省组建若干个重点实验室、工程技术研究中心、重点实验室培育基地、工程技术研究中心培育基地等。

1. 江西省重点实验室

江西省重点实验室评定主要从研究水平与贡献、队伍建设与人才培养、开放交流与运行管理等方面进行。在 20 个江西省重点实验室中，有 10 个来自企业，其中来自民营企业的有 6 个（见表 4 - 4）；重点实验室培育基地有 7 个，全部为高校，其中有 1 个来自民办高校（见表 4 - 5）。

表 4 - 4　2014 年江西省重点实验室

序号	重点实验室	依托单位	主管部门
1	江西省触摸屏重点实验室	江西联创电子股份有限公司	南昌市科技局
2	江西省电子电镀废水处理与资源化重点实验室	江西金达莱环保股份有限公司	南昌市科技局
3	江西省耐磨抗蚀材料重点实验室	江西恒大高新技术股份有限公司	南昌市科技局
4	江西省中药提取物及制剂重点实验室	江西济民可信药业有限公司	宜春市科技局
5	江西省中药消炎药重点实验室	江西普正制药有限公司	吉安市科技局
6	江西省维生素重点实验室	江西天新药业有限公司	景德镇市科技局

表 4 - 5　2014 年江西省重点实验室培育基地

重点实验室培育基地	依托单位	主管部门
江西省智能楼宇网络重点实验室	南昌工学院	南昌市科技局

2. 江西省工程技术研究中心

江西省工程技术研究中心主要评估内容包括研究开发能力与水平、队伍建设与人才培养、效益与影响、对外开放与运行管理等。在 61 家工程技术研究中心中，有 54 家来自企业，而民营企业有 45 家，还有 1 家来自民办高校（见表 4 - 6）；在 18 家江西省工程技术研究中心培育基地中，有 16 家来自民营企业，1 家来自民办高校（见表 4 - 7）。

表 4 - 6　2014 年江西省工程技术研究中心

序号	工程技术研究中心	依托单位	主管部门
1	江西省触摸屏工程技术研究中心	江西联创电子股份有限公司	南昌市科技局
2	江西省金属家具工程技术研究中心	江西金虎保险设备集团有限公司	宜春市科技局
3	江西省液压系统工程技术研究中心	安福唯冠油压机械有限公司	安福县科技局
4	江西省特种管道工程技术研究中心	吉安锐迈管道配件有限公司	吉安市科技局
5	江西省井下掘进装备工程技术研究中心	江西蓝翔重工有限公司	萍乡市科技局
6	江西省高频线缆连接组件工程技术研究中心	博硕科技（江西）有限公司	吉安市科技局
7	江西省变电设备工程技术研究中心	江西变电设备有限公司	抚州市科技局
8	江西省抗电磁干扰材料及元器件工程技术研究中心	江西大有科技有限公司	宜春市科技局
9	江西省竹制电子品工程技术研究中心	江西铜鼓江桥竹木业有限责任公司	宜春市科技局
10	江西省螺杆膨胀机工程技术研究中心	江西华电电力有限责任公司	新余市科技局
11	江西省塑料助剂工程技术研究中心	江西岳峰高分子材料有限公司	萍乡市科技局
12	江西省轨道交通清洗剂工程技术研究中心	江西瑞思博化工有限公司	宜春市科技局
13	江西省铝型材工程技术研究中心	江西雄鹰铝业股份有限公司	南昌市科技局
14	江西省工业陶瓷工程技术研究中心	江西萍乡龙发实业股份有限公司	萍乡市科技局
15	江西省稀土二次资源利用工程技术研究中心	信丰县包钢新利稀土有限责任公司	赣州市科技局
16	江西省无机非金属粉体填料工程技术研究中心	江西广源化工有限责任公司	吉安市科技局
17	江西省耐磨抗蚀材料工程技术研究中心	江西恒大高新技术股份有限公司	南昌市科技局
18	江西省锆资源综合利用工程技术研究中心	江西晶安高科技股份有限公司	南昌市科技局
19	江西省银铜合金材料工程技术研究中心	江西广信铜业股份有限公司	鹰潭市科技局
20	江西省眼镜框丝工程技术研究中心	鹰潭市亨得利金属材料有限公司	鹰潭市科技局
21	江西省光电复合材料工程技术研究中心	明冠新材料股份有限公司	宜春市科技局
22	江西省金刚石线切割工程技术研究中心	江西金葵能源科技有限公司	萍乡市科技局
23	江西省覆盆子工程技术研究中心	江西天海集团有限公司	上饶市科技局
24	江西省弹簧钢工程技术研究中心	方大特钢科技股份有限公司	南昌市科技局
25	江西省橡胶助剂工程技术研究中心	江西恒兴源化工有限公司	丰城市科技局
26	江西省中药提取物及制剂工程技术研究中心	江西济民可信药业有限公司	宜春市科技局
27	江西省中药消炎药工程技术研究中心	江西普正制药有限公司	吉安市科技局
28	江西省维生素工程技术研究中心	江西天新药业有限公司	景德镇市科技局
29	江西省特色原料药工程技术研究中心	江西同和药业有限责任公司	宜春市科技局
30	江西省手性药物工程技术研究中心	江西施美制药有限公司	抚州市科技局
31	江西省辣椒工程技术研究中心	江西农望高科技有限公司	南昌市科技局
32	江西省稻米综合利用工程技术研究中心	江西金农米业集团有限公司	宜春市科技局
33	江西省葛工程技术研究中心	江西观山月葛业开发有限公司	上饶市科技局
34	江西省眼健康用品工程技术研究中心	江西珍视明药业有限公司	抚州市科技局
35	江西省苎麻工程技术研究中心	江西恩达麻世纪科技股份有限公司	新余市科技局

序号	工程技术研究中心	依托单位	主管部门
36	江西省生猪繁育工程技术研究中心	江西正邦养殖有限公司	南昌市科技局
37	江西省大容量注射剂工程技术研究中心	江西科伦药业有限公司	抚州市科技局
38	江西省蛋白类药物工程技术研究中心	江西浩然生物医药有限公司	南昌市科技局
39	江西省淡水珍珠工程技术研究中心	江西万年县凤珠实业有限公司	上饶市科技局
40	江西省食（药）用菌工程技术研究中心	江西仙客来生物科技有限公司	九江市科技局
41	江西省南酸枣工程技术研究中心	江西齐云山食品有限公司	赣州市科技局
42	江西省输注医疗器械工程技术研究中心	江西三鑫医疗科技股份有限公司	南昌市科技局
43	江西省铁皮石斛工程技术研究中心	鹰潭市天元仙斛生物科技有限公司	鹰潭市科技局
44	江西省中药栓剂工程技术研究中心	江西九华药业有限公司	瑞金市科技局
45	江西省禽饲料工程技术研究中心	江西赣达牧业有限公司	南昌市科技局
46	江西省汽车安全工程技术研究中心	江西科技学院	省教育厅

表 4 - 7 　 2014 年江西省工程技术研究中心培育基地

序号	工程技术中心培育基地	依托单位	主管部门
1	江西省集成化节能起重机工程技术研究中心	江西工埠机械有限责任公司	宜春市科技局
2	江西省数控高速磨床工程技术研究中心	江西杰克机床有限公司	吉安市科技局
3	江西省畜禽副产物综合利用工程技术研究中心	南昌宝迪农业科技有限公司	南昌市科技局
4	江西省汽车智能电子工程技术研究中心	江西好帮手电子科技有限公司	丰城市科技局
5	江西省电光源工程技术研究中心	江西美的贵雅照明有限公司	鹰潭市科技局
6	江西省磨料磨具工程技术研究中心	江西冠亿砂轮有限公司	宜春市科技局
7	江西省信息安全工程技术研究中心	江西迪创科技有限公司	南昌市科技局
8	江西省动漫工程技术研究中心	江西凯天动漫有限公司	萍乡市科技局
9	江西省钨钢合金工程技术研究中心	江西耀升钨业股份有限公司	赣州市科技局
10	江西省废橡胶综合利用工程技术研究中心	江西国燕高新材料科技有限公司	新余市科技局
11	江西省城市矿产资源循环利用工程技术研究中心	江西格林美资源循环有限公司	丰城市科技局
12	江西省稀土荧光粉废料和河矿淤泥综合利用工程技术研究中心	江西华科稀土新材料有限公司	赣州市科技局
13	江西省锂资源综合利用工程技术研究中心	江西合纵锂业科技有限公司	宜春市科技局
14	江西省复合肥料工程技术研究中心	江西六国化工有限责任公司	鹰潭市科技局
15	江西省茶叶工程技术研究中心	江西井冈红茶业有限公司	吉安市科技局
16	江西省中药材种苗繁育工程技术研究中心	江西万茂科技有限公司	九江市科技局
17	江西省现代服装工程技术研究中心	江西服装学院	省教育厅

（三）江西省省级企业技术中心

按照《江西省省级企业技术中心管理办法》（赣经贸技术发〔2007〕15 号）规定，经专家综合评审，江西省工信委、省财政厅、省国税局、省地税局共同确定发达控股集团有限公司等34家企业技术中心为第16批江西省省级企业技术中心，其中民营企业31家，占91.2%（见表4-8）。

表4-8 2014年江西省省级企业技术中心名单（第16批）

序号	企业名称	序号	企业名称
1	发达控股集团有限公司技术中心	17	江西仰山园油茶开发有限公司技术中心
2	双胞胎（集团）股份有限公司技术中心	18	赣州市德普特科技有限公司技术中心
3	萍乡市德博科技发展有限公司技术中心	19	江西博微新技术有限公司技术中心
4	江西蓝翔重工有限公司技术中心	20	贝谷科技股份有限公司技术中心
5	江西中投科信科技有限公司技术中心	21	江西广源化工有限责任公司技术中心
6	江西雄鹰铝业股份有限公司技术中心	22	吉安市新琪安科技有限公司技术中心
7	江西晶安高科技股份有限公司技术中心	23	江西蓝微电子科技有限公司技术中心
8	中阳建工集团有限公司技术中心	24	吉安市瑞鹏飞精密科技有限公司技术中心
9	江西赣电电气有限公司技术中心	25	江西变压器科技股份有限公司技术中心
10	江西省环球陶瓷有限公司技术中心	26	上饶光电高科有限公司技术中心
11	江西艾芬达卫浴有限公司技术中心	27	江西日月明铁道设备开发有限公司技术中心
12	江西春源绿色食品有限公司技术中心	28	江西金龙化工有限公司技术中心
13	江西恩达麻世纪科技股份有限公司技术中心	29	景德镇宏柏化学科技有限公司技术中心
14	江西井竹实业有限公司技术中心	30	九江天赐高新材料有限公司技术中心
15	江西国兴集团兴国齿轮箱拨叉有限公司技术中心	31	上犹县沿湖玻纤有限公司技术中心
16	江西五丰食品有限公司技术中心		

（四）江西省高新技术企业

高新技术企业是指在《国家重点支持的高新技术领域》内，持续进行研究开发与技术成果转化，形成企业核心自主知识产权，并以此为基础开展经营活动，在中国境内（不包括港、澳、台地区）注册1年以上的居民企业。它是知识密集、技术密集的经济实体。根据科技部、财政部、国家税务总局《关于印发〈高新技术企业认定管理办法〉的通知》（国科发火〔2008〕172号）、《关于印发〈高新技术企业认定管理工作指引〉的通知》（国科发火〔2008〕362号）文件规定，根据全国高企认定工作办公室的复函，江西省2014年共有两批企业被认定为高新技术企业。第一批59家，其中民营企业54家，占91.5%（见表4-9）；第二批241家，其中民营企业224家，占比92.9%（见表4-10）。

表4-9 江西省2014年第一批高新技术企业名单

（发证日期：2014年4月9日）

序号	企业名称	证书编号
1	江西省三余环保节能科技有限公司	GR201436000001
2	赣州步莱铽新资源有限公司	GR201436000002
3	赣州正康生物科技有限公司	GR201436000003

序号	企业名称	证书编号
4	江西第二电力设备有限公司	GR201436000004
5	江西省晶瑞光电有限公司	GR201436000006
6	江西省汉华环保有限公司	GR201436000008
7	江西美的贵雅照明有限公司	GR201436000009
8	景德镇景光精盛电器有限公司	GR201436000010
9	萍乡市慧成精密机电有限公司	GR201436000011
10	南昌市建筑设计研究院有限公司	GR201436000012
11	贵溪奥泰铜业有限公司	GR201436000013
12	江西耀升钨业股份有限公司	GR201436000014
13	江西志特现代建筑科技有限公司	GR201436000015
14	江西红海新型脚手架有限公司	GR201436000016
15	江西赣南海欣药业股份有限公司	GR201436000018
16	南昌同心紫巢生物工程有限公司	GR201436000019
17	江西岳峰高分子材料有限公司	GR201436000021
18	吉安市瑞鹏飞精密科技有限公司	GR201436000022
19	新余市南方硅灰石有限公司	GR201436000023
20	江西科晨高新技术发展有限公司	GR201436000024
21	江西华宇软件股份有限公司	GR201436000025
22	南昌光明化验设备有限公司	GR201436000026
23	江西变电设备有限公司	GR201436000027
24	江西 3L 医用制品集团股份有限公司	GR201436000028
25	九江市环球科技开发有限公司	GR201436000029
26	江西鸥迪铜业有限公司	GR201436000030
27	江西兴鼎科技有限公司	GR201436000031
28	江西伊发电力科技有限公司	GR201436000032
29	江西三琦药业有限公司	GR201436000033
30	江西纵横天亿通信有限公司	GR201436000034
31	晶能光电（江西）有限公司	GR201436000036
32	江西中科新建材有限公司	GR201436000037
33	江西宏特绝缘材料有限公司	GR201436000038
34	南昌傲农生物科技有限公司	GR201436000039
35	吉安市艾吉特光电科技有限公司	GR201436000040
36	江西江镍高纯材料有限公司	GR201436000041
37	江西风驰新能源有限公司	GR201436000042
38	江西康威电气技术有限公司	GR201436000043
39	江西众能光电科技有限公司	GR201436000044
40	江西耀润磁电科技有限公司	GR201436000045

序号	企业名称	证书编号
41	九江嘉远科技有限公司	GR201436000046
42	江西合纵锂业科技有限公司	GR201436000047
43	江西泰明光伏有限公司	GR201436000048
44	江西省左氏实业有限公司	GR201436000049
45	江西泰开成套电器有限公司	GR201436000050
46	宜春市雷恒科技有限公司	GR201436000051
47	江西固康新材料有限公司	GR201436000052
48	江西省威尔国际矿业装备有限公司	GR201436000053
49	江西中景集团有限公司	GR201436000054
50	鸿圣（江西）彩印包装实业有限公司	GR201436000055
51	江联重工股份有限公司	GR201436000056
52	江西大北农科技有限责任公司	GR201436000057
53	江西金源纺织有限公司	GR201436000058
54	赣州市芯隆新能源材料有限公司	GR201436000059

注：本批次认定的高新技术企业资格有效期为 3 年（自 2014 年 4 月 9 日至 2017 年 4 月 8 日）。

表 4－10　江西省 2014 年第二批高新技术企业名单

（发证日期：2014 年 10 月 8 日）

序号	企业名称	证书编号
1	龙南县雪弗特新材料科技有限公司	GR201436000061
2	双飞人制药（中国）有限公司	GR201436000062
3	江西江联国际工程有限公司	GR201436000063
4	赣州龙源环保产业经营管理有限公司	GR201436000064
5	江西新天地药业有限公司	GR201436000065
6	江西天人生态股份有限公司	GR201436000066
7	江西晨明实业有限公司	GR201436000067
8	德安县塑丽龙纺织有限公司	GR201436000068
9	江西奥其斯科技有限公司	GR201436000069
10	九江世明玻璃有限公司	GR201436000070
11	泰豪科技股份有限公司	GR201436000071
12	赣州网联科技有限公司	GR201436000072
13	江西蓝微电子科技有限公司	GR201436000074
14	江西铭信科技有限公司	GR201436000075
15	南昌辉门密封件系统有限公司	GR201436000076
16	江西大有科技有限公司	GR201436000077
17	江西维东山设备有限公司	GR201436000078
18	南昌正元智慧科技有限公司	GR201436000079

序号	企业名称	证书编号
19	江西亚中橡塑有限公司	GR201436000080
20	中兴软件技术（南昌）有限公司	GR201436000081
21	江西省嘉和工程咨询监理有限公司	GR201436000082
22	江西英龙橡胶科技股份有限公司	GR201436000083
23	江西宏达保安器材有限公司	GR201436000084
24	捷德（中国）信息科技有限公司	GR201436000085
25	江西连胜科技有限公司	GR201436000086
26	莲花县森美农林开发有限公司	GR201436000087
27	江西润泽药业有限公司	GR201436000088
28	江西长江化工有限责任公司	GR201436000089
29	南昌维网数字传媒有限公司	GR201436000090
30	江西威沃节能科技有限公司	GR201436000091
31	江西尚通科技发展有限公司	GR201436000092
32	江西省奥特多电器股份有限公司	GR201436000094
33	井冈山市玉捷消防科技有限公司	GR201436000095
34	江西盛祥电子材料有限公司	GR201436000096
35	江西壹讯通微电子有限公司	GR201436000097
36	江西名派光电科技有限公司	GR201436000098
37	江西清华泰豪三波电机有限公司	GR201436000100
38	九江天盛塑料助剂有限公司	GR201436000101
39	中康建设管理股份有限公司	GR201436000102
40	江西腾王科技有限公司	GR201436000103
41	江西西林科股份有限公司	GR201436000104
42	江西航盛电子科技有限公司	GR201436000105
43	江西省乐富工业有限公司	GR201436000106
44	江西众和化工有限公司	GR201436000107
45	江西省安创科技有限公司	GR201436000108
46	江西贝融新型建材股份有限公司	GR201436000109
47	赣州天绿生化科技有限公司	GR201436000110
48	江西药都仁和制药有限公司	GR201436000111
49	赣州铝业股份有限公司	GR201436000112
50	江西华太药业有限公司	GR201436000113
51	江西金凤凰纳米微晶有限公司	GR201436000115
52	南昌杏林药用包装有限公司	GR201436000116
53	江西森源电力股份有限公司	GR201436000117
54	吉安英佳电子科技有限公司	GR201436000118
55	江西金达莱环保股份有限公司	GR201436000119

续表

序号	企业名称	证书编号
56	江西齐云山食品有限公司	GR201436000120
57	江西方舟流体科技有限公司	GR201436000121
58	江西省金锂科技有限公司	GR201436000122
59	江西国穗种业有限公司	GR201436000123
60	江西樟树市福铃内燃机配件有限公司	GR201436000124
61	瑞昌市渝瑞实业有限公司	GR201436000125
62	江西双源电力高新技术有限责任公司	GR201436000126
63	江西省贵竹发展有限公司	GR201436000127
64	江西硕博科技有限公司	GR201436000128
65	江西连胜实验装备有限公司	GR201436000129
66	江西飞信光纤传感器件有限公司	GR201436000130
67	江西省天翌光电有限公司	GR201436000131
68	赣州齐飞新材料有限公司	GR201436000132
69	江西巴菲特化工有限公司	GR201436000133
70	江西圆融光电科技有限公司	GR201436000135
71	江西先材纳米纤维科技有限公司	GR201436000136
72	江西特种电机股份有限公司	GR201436000137
73	江西永丰县博源实业有限公司	GR201436000138
74	贵溪博远金属有限公司	GR201436000139
75	江西康替龙竹业有限公司	GR201436000140
76	赣州市亿源机械设备有限公司	GR201436000141
77	鹰潭市众鑫成铜业有限公司	GR201436000142
78	江西恩泉油脂有限公司	GR201436000143
79	江西肯特化学有限公司	GR201436000144
80	江西志博信科技有限公司	GR201436000145
81	赣州市豪鹏科技有限公司	GR201436000146
82	南昌书海信息技术有限公司	GR201436000147
83	江西鑫隆泰建材工业有限公司	GR201436000148
84	南昌欧菲光显示技术有限公司	GR201436000149
85	先歌音响（吉安）有限公司	GR201436000151
86	江西川奇药业有限公司	GR201436000152
87	江西珍视明药业有限公司	GR201436000153
88	南昌市正星光电技术有限公司	GR201436000154
89	江西德创诚科技发展有限公司	GR201436000155
90	吉安同创欣科技有限公司	GR201436000156

续表

序号	企业名称	证书编号
91	江西众加利高科技有限公司	GR201436000157
92	赣州市深联电路有限公司	GR201436000158
93	江西天沅高新科技有限公司	GR201436000160
94	九江明阳电路科技有限公司	GR201436000161
95	江西联创光电科技股份有限公司	GR201436000163
96	南昌百特生物高新技术股份有限公司	GR201436000164
97	江西新胜新材料有限公司	GR201436000165
98	南昌市明宇实业有限公司	GR201436000166
99	江西金龙化工有限公司	GR201436000168
100	赣州德业电子科技有限公司	GR201436000169
101	江西钟山药业有限责任公司	GR201436000170
102	江西康安实业有限公司	GR201436000171
103	江西博君生态农业开发有限公司	GR201436000172
104	高安市璐克斯机械有限公司	GR201436000174
105	江西超维新能源科技股份有限公司	GR201436000175
106	江西千磁电线电缆有限公司	GR201436000176
107	赣州诚正有色金属有限公司	GR201436000177
108	江西省天玉油脂有限公司	GR201436000178
109	江西博能上饶客车有限公司	GR201436000179
110	江西德顺节能科技有限公司	GR201436000180
111	景德镇晶达新材料有限公司	GR201436000181
112	婺源县聚芳永茶业有限公司	GR201436000182
113	南昌宇之源太阳能光电有限公司	GR201436000183
114	赣州富尔特电子股份有限公司	GR201436000184
115	江西晟腾软件技术服务有限公司	GR201436000185
116	江西清华泰豪微电机有限公司	GR201436000186
117	江西九峰纳米钙有限公司	GR201436000187
118	江西英博科技实业有限公司	GR201436000189
119	江西吉安电机制造有限责任公司	GR201436000190
120	江西科宇机电有限公司	GR201436000191
121	北方联创通信有限公司	GR201436000192
122	九江市旭阳光电科技有限公司	GR201436000193
123	江西红星药业有限公司	GR201436000194
124	江西联创精密机电有限公司	GR201436000195
125	江西兴邦光电有限公司	GR201436000196

序号	企业名称	证书编号
126	江西天施康中药股份有限公司	GR201436000197
127	江西三川水表股份有限公司	GR201436000198
128	江西远成汽车配件有限公司	GR201436000199
129	江西增鑫牧业科技有限责任公司	GR201436000200
130	崇义章源钨业股份有限公司	GR201436000201
131	江西艾克实业有限公司	GR201436000202
132	江西自立环保科技有限公司	GR201436000203
133	江西申安节能照明科技有限公司	GR201436000204
134	江西大族能源科技股份有限公司	GR201436000206
135	亚洲富士长林电梯（新余）有限公司	GR201436000207
136	江西变压器科技股份有限公司	GR201436000208
137	江西金格科技股份有限公司	GR201436000209
138	江西泰豪游戏软件有限公司	GR201436000210
139	盛雷城精密电阻（江西）有限公司	GR201436000211
140	江西省国荣医疗信息股份有限公司	GR201436000212
141	江西恒天实业有限公司	GR201436000213
142	江西世恒信息产业有限公司	GR201436000214
143	江西博大化工有限公司	GR201436000215
144	江西中天医药生物有限公司	GR201436000216
145	江西中煤奥格信息产业有限公司	GR201436000217
146	九江迅通新能源科技有限公司	GR201436000218
147	方圆（德安）矿业投资有限公司	GR201436000219
148	九江市庐山新华电子有限公司	GR201436000220
149	江西弘耀光学水晶有限公司	GR201436000221
150	南丰县华夏五千年生态酒庄有限公司	GR201436000222
151	联基实业（江西）有限公司	GR201436000223
152	江西省添美食品有限公司	GR201436000224
153	江西吉翔医药化工有限公司	GR201436000225
154	九江中煜程塑业有限公司	GR201436000226
155	江西省骏腾汽车零部件股份有限公司	GR201436000227
156	江西金钱豹保险设备集团有限公司	GR201436000228
157	江西宏大化工有限公司	GR201436000229
158	江西省绿滋肴实业有限公司	GR201436000230
159	江西省鸽鸽食品有限公司	GR201436000231
160	江西紫荆颜料化工有限公司	GR201436000232
161	江西汇仁药业有限公司	GR201436000234
162	江西极信邦光电科技有限公司	GR201436000235

序号	企业名称	证书编号
163	先锋信息技术股份有限公司	GR201436000236
164	江西省中业景观工程安装有限公司	GR201436000237
165	海利贵溪化工农药有限公司	GR201436000238
166	赣州三进特种漆包线有限公司	GR201436000239
167	江西分宜珠江矿业有限公司	GR201436000240
168	九江中船消防设备有限公司	GR201436000241
169	江西佳时特数控技术有限公司	GR201436000242
170	赣州澳克泰工具技术有限公司	GR201436000243
171	南昌路通高新技术有限责任公司	GR201436000244
172	萍乡互通信息有限责任公司	GR201436000245
173	江西海尔思药业有限公司	GR201436000246
174	先锋软件股份有限公司	GR201436000247
175	江西省铜鼓县二源化工有限责任公司	GR201436000248
176	江西奥科特照明科技有限公司	GR201436000249
177	江西泰豪信息技术有限公司	GR201436000250
178	江西恒大高新技术股份有限公司	GR201436000251
179	江西倍康信息技术有限公司	GR201436000252
180	思创数码科技股份有限公司	GR201436000253
181	江西特种汽车有限责任公司	GR201436000254
182	江西鑫田车业有限公司	GR201436000255
183	赣州海盛钨钼集团有限公司	GR201436000256
184	江西兴宇汽车零部件有限公司	GR201436000257
185	华迪计算机集团（江西）有限公司	GR201436000258
186	江西客家彩印包装有限责任公司	GR201436000259
187	抚州三和医药化工有限公司	GR201436000260
188	江西闪亮制药有限公司	GR201436000261
189	江西三星阿兰德电器股份有限公司	GR201436000262
190	九江恒生化纤股份有限公司	GR201436000264
191	江西省中海科技有限公司	GR201436000265
192	瑞昌市森奥达科技有限公司	GR201436000266
193	江西联创电声有限公司	GR201436000267
194	赣州市德普特科技有限公司	GR201436000268
195	南昌梦想软件有限公司	GR201436000269
196	南昌欧菲光电技术有限公司	GR201436000270
197	淀洋科技（定南）有限公司	GR201436000271
198	江西博微新技术有限公司	GR201436000272
199	江西美庐乳业集团有限公司	GR201436000273

序号	企业名称	证书编号
200	江西金利隆橡胶履带有限公司	GR201436000274
201	江西中阳电器有限公司	GR201436000276
202	九江海神摩托艇制造有限公司	GR201436000277
203	江西江特锂电池材料有限公司	GR201436000278
204	江西国化实业有限公司	GR201436000279
205	泰豪软件股份有限公司	GR201436000280
206	江西绿萌分选设备有限公司	GR201436000281
207	赣州逸豪实业有限公司	GR201436000282
208	九江中科鑫星新材料有限公司	GR201436000284
209	江西赛瓷材料有限公司	GR201436000285
210	江西省创欣药业集团有限公司	GR201436000286
211	江西洪达自润滑轴承有限公司	GR201436000287
212	南昌协达科技发展有限公司	GR201436000288
213	九江九整整流器有限公司	GR201436000290
214	江西仰山园油茶开发有限公司	GR201436000291
215	江西贝斯特节能环保服务有限公司	GR201436000292
216	吉安井岗水电设备成套制造有限公司	GR201436000293
217	江西软云科技有限公司	GR201436000294
218	江西特康科技有限公司	GR201436000295
219	江西东邦药业有限公司	GR201436000296
220	宜春市航宇时代实业有限公司	GR201436000297
221	南昌和硕科技有限公司	GR201436000298
222	龙工（江西）机械有限公司	GR201436000299
223	江西赣江水工泵业有限公司	GR201436000300
224	南昌众一实业有限公司	GR201436000301

注：本批次认定的高新技术企业资格有效期为 3 年（自 2014 年 10 月 8 日至 2017 年 10 月 7 日）。

三、国家级科技创新平台及其成就

2014 年，江西民营企业在获批"国字号"科技创新平台方面，取得了一些突破，新增 1 家国家级企业技术中心：江西正邦科技股份有限公司技术中心，新增 3 家国家地方联合工程研究中心，分别是依托江西百神药业股份有限公司的药用真菌技术国家地方联合工程研究中心、依托江西省新龙生物科技有限公司的昆虫病毒生物农药开发国家地方联合工程研究中心、依托江西施美制药有限公司的手性化学药物制造技术国家工程研究中心。

(一) 江西正邦科技股份有限公司技术中心

正邦科技股份有限公司是江西首家民营企业 IPO 公司，其股票"正邦科技"（002157）于 2007 年 8 月 17 日在深圳证券交易所成功发行上市。母公司正邦集团成立于 1996 年，集团下有农牧、种植、金融、物流四大产业集团，以种猪育种、商品猪养殖、种鸭繁育、农作物优良新品种选育、肉食品加工、饲料、兽药、生物农药、芳樟种植及芳樟产品加工、油茶种植及油茶产品加工、大米加工、相关产品的销售与技术服务以及基于农业产业链的贷款、担保、融资租赁、资产管理为主营业务，是农业产业化国家重点龙头企业。

通过不断地技术创新，正邦公司在行业内形成了明显的技术和品牌等竞争优势。现拥有"双肌臀"、"仔猪代乳饲料"、"仔猪预混合饲料"等五个高新技术产品，通过"高新技术企业"、"中国饲料工业五十强"、"中国名牌产品"、"江西省名牌产品"和"江西省著名商标"等获得的一系列荣誉，不断赢得客户的信赖。通过强化加美种猪品牌，公司已获得"中国肉类食品行业强势企业"、"国家生猪核心育种场"、"第一届全国养猪行业百强优秀企业"等荣誉。

2014 年，正邦科技公司技术中心被认定为国家级企业技术中心，这既是对其技术创新能力及研发能力的肯定，也对其发展产生积极作用。国家级企业技术中心被认定后，该公司将继续加强科研资金投入，强化在饲料、育种和兽药、农药研发力量，科研实力明显增强，成果显著。至此，正邦公司拥有专利 21 项，其中发明专利 13 项，实用新型专利 5 项，外观设计专利 3 项，这些极大地提高了其产品的安全性、高效性。

2014 年正邦公司进一步强化种猪繁育体系，与国内科研机构及育种公司进行密切合作，其中和江西农业大学育种团队进行合作研发的抗腹泻基因配套系种猪获得国家科技发明二等奖。除此以外，公司积极寻求国际合作，目前与加拿大 CCSI、美国 NSR 等组织进行联合同步育种，实现资源和数据共享。同时，公司核心育种场积极推进同质选配，通过近 6 年的选育和更新，其核心育种群在产仔数、生长速度和瘦肉率等方面已达到国际先进水平。

2014 年，正邦科技从参选的 105 个企业中脱颖而出，获得中国好猪料"饲料技术创新品牌全国 30 强"，这正是正邦科技专注饲料技术创新的完美体现。主要缘于：①科研投入的加大。正邦科技不断加强饲料研发投入，确立了以健康、安全的猪饲料研发目标，并投入了大量资金及人员进行新一代猪饲料研发。正邦将拥有 1000 头母猪的猪场作为研发专用场，配备 4 名动物营养专家长年进行猪饲料研究及试验，并建立了拥有近红外分析仪、高效液相色谱仪、原子吸收光谱仪等精密检测仪器的中心实验室。在研发为先导的指引下，正邦饲料近年已打造出一系列健康安全的饲料产品。②对常规饲料原料进行创新性地深加工。正邦设立了发酵豆粕工厂及膨化大豆工厂，分别对豆粕及大豆进行生物发酵及膨化工艺的深加工，大大提高了这两种饲料原料的使用性能及效果。发酵豆粕含有高比例的小肽及有机酸，膨化大豆含有大豆磷脂及大豆异黄酮，都能明显提高动物的非特异性免疫功能，并降低鱼粉、血浆蛋白粉、肉骨粉等动物性原料的使用量，能有效地保护资源及降低同源蛋白对生猪健康及猪肉安全的不良影响。③饲料添加剂新模式的创立。在对饲料添加剂的使用上，正邦创立了一种新的模式，即通过添加剂的微营养调控来提高动物的免疫力及打造安全猪肉产品。一方面，通过使用 OVN 最佳维生素需求标准，高于美国 NRC 标准 3~8 倍的含量，可让饲料满足猪最大的需求；另一方面，拥有国家专利的矿物元素有机化和低铜低磷配制技术，有效避免了硫酸盐矿物元素、铜、磷等对环境的污染。除此之外，正邦还和高校、科研院所合作加快产品研发，不但要解决动物快速生长、饲料有效利用的问题，还要解决动物健康及食品安全等问题。例如，与南昌大学研究院建立了稳固、长期的合作关系，并联合致力于生物技术在饲料养殖行业中的应用研究，合作承担江西省科技厅支撑项目"微生物发酵豆粕的研究"，合作开展"种母猪饲养自动化与信息化研究"等课题；与广西农科院共同研究开发香蕉茎叶青贮饲料加工技术等。

经过持续不断的科研投入，换来了丰硕的成果。2014 年度，公司实现营业总收入1676769.35 万元，比 2013 年增长 7.61%；营业利润 4318.92 万元、利润总额 5749.65 万元、净利润 3958.49 万元，分别比 2013 年增加 8567.57 万元、6748.70 万元、6952.41 万元，实现扭亏为盈。荣列中国企业 500 强（第 311 位）、中国民营企业 500 强（第 79 位）、中国制造业 500 强（第 159 位）。

（二）江西百神药业股份有限公司"药用真菌技术国家地方联合工程研究中心"

江西百神药业股份有限公司是一家药品生产民营高科技制药企业，主营业务为中成药的生产，全资控股江西百神医药有限公司、江西百神昌诺药业有限公司。公司注册资本 5625万元，固定资产达 3.3 亿元。公司先后被省、市政府有关部门和国家有关行业部门评为"高新技术企业"、"省级民营科技企业"、"中成药制造行业龙头企业"等荣誉称号。2014年医药企业主营收入前 500 排名（第 163 位）。

百神药业现有胶囊剂、糖浆剂、颗粒剂、丸剂、片剂、口服液、散剂、中药饮片、锭剂、生物原料等药品剂型和保健食品，涵盖骨伤、健胃、感冒、妇科、儿科、补益等八大系列近 100 个品种，并拥有 13 个国家基本药物品种、2 个全国独家和国家专利产品、25 个国家医保品种、3 个国家中药保护品种等。

2014 年，该公司科研中心获批"药用真菌技术国家地方联合工程研究中心"。药用真菌技术国家地方联合工程研究中心依托江西百神药业股份有限公司，同时联合江西省国家级工程研究中心"中药固体制剂制造技术国家工程研究中心"作为战略伙伴，长期提供技术支持，平台总投资 5400 万元，总建设面积约 6550 平方米。该平台针对药用真菌生物技术产品质量标准、活性成分、提纯分离技术等共性关键技术，建立中药提取研究室、分析测试室、菌种培育室等 10 个实验室平台，为工程研究中心的人才建设、技术研究、合作交流、行业服务提供可靠的基础保障。

"面对着激烈的市场竞争，只有走自主创新的道路，企业才能生存和发展下去。"毕业于法国普瓦埃提大学的"80 后"公司总经理付诚，深谙创新是医药行业发展的原动力，也是科技型企业赖以生存的法宝。近年来，百神药业在研发投入上出手阔绰，逐年加大投入比重用于新药研发，在目前已经成功上市的药品中，有很大部分是公司自主研发的。其中，该公司研制出的灵芝浸膏片属全国独家品种、自主创新产品；降糖型夏桑菊颗粒获批"江西省优秀新产品"、"江西省科技创新产品"；双黄消炎胶囊为江西省重点新产品。

该公司一直致力于科技创新，拥有雄厚的技术力量，创建了国家级的科研平台，并与中国药科大学、北京医学院、中山大学、江西药物研究院等单位保持长期密切合作关系，使产品研发创新紧跟技术的发展。如今，产品已畅销全国各地，深受客户青睐。

（三）江西省新龙生物科技有限公司"昆虫病毒生物农药开发国家地方联合工程研究中心"

江西省新龙生物科技有限公司董事长胡秀筠原在宜春农技推广站工作，辞去公职后，于2001年11月成立宜春新龙化工有限公司，专业从事农用化学品的生产和销售。然而，胡秀筠十分明白化学农药的大量使用，不仅造成较大的环境污染，而且对农产品质量安全带来隐患。她认为，新龙公司是为农业服务的科技型企业，开发新型生物农药的重任便必然地落在自己的肩上。

胡秀筠在国家的支持下，企业投巨资已成功研制出无公害的新型病毒杀虫剂——甘蓝夜蛾核型多角体病毒悬浮剂，并取得了该产品农药登记证及农药生产批准证书，属国内首家登记。这是一种生物农药，是环境友好、使用安全的农药产品。它不损耗资源，不破坏生态环境，同时对人、畜、鸟、益虫、鱼等均非常安全，不造成污染、无农药残留。长期使用，害虫也不会产生抗性，是理想的绿色无公害农用生物产品，可广泛使用于蔬菜、瓜果、茶叶、绿色大米等农业生产上，起到替代化学农药的作用，对确保农产品质量安全具有重大的现实意义。

2011年，胡秀筠与中国科学院武汉病毒研究所共同组建江西新龙生物科技股份有限公司，经过3年的生产研发、许可、审核、试验等环节，2014年成功获得了登记证并开始产品销售，现已成为一家包括生物农药、生物有机肥、生物物理防治技术、绿色防控一体化设施等多项产品技术的研发、生产、销售及推广和服务于一体的国家级高新技术企业，产品水平全国领先、比肩国外同行。该公司具有全球独特的广谱昆虫病毒毒株和世界最先进的昆虫病毒生产技术，目前是世界上最具规模的昆虫病毒生产基地。新龙股份甘蓝夜蛾核型多角体杀虫剂是具有自主知识产权的专利产品，获得欧盟标准有机认证，被农业部列为重点推广产品、被确认为工业与信息化部原药定点企业。新龙康邦品牌连续获得"我信赖的绿色防控品牌产品"称号。农用机器人喷施生物农药技术在国内具有领先地位。

2014年，昆虫病毒生物农药开发国家地方联合工程研究中心依托江西省新龙生物科技有限公司，并联合江西省另一家国家地方工程研究中心"真菌源生物农药国家地方工程研究中心"作为合作伙伴，平台总投资3050万元，总建设面积约53333平方米。该平台针对昆虫病毒生物农药领域开展深入研究、建设昆虫病毒毒株保存中心、小试和中试实验室、技术应用研究室、产业化设备研制、生物农药剂型加工等多个实验室，以及果蠹蛾颗粒体病毒生物农药中试生产线，昆虫病毒生物农药检验测试中心，努力在3～5年，开发一批新产品、新工艺，形成一系列成果。

新龙公司董事长胡秀筠在分析这些成绩如何取得时，认为这是"坚持科技创新立企"的结果。创新是企业发展的核心。该公司坚持高起点，引进和使用国家最新科研成果，生产国内最前沿生物农药。积极与科研院所合作建立研发平台。如与中科院联合建立了昆虫病毒实验室；与华中农业大学联合建立了地下线虫实验室；中科院邓子新院士主持的院士工作站也落户公司。同时，及时将研究成果转化为技术和产品，成熟一项申报一项。该公司有授权发明专利1项，实用新型8项，还有21项专利已被受理，还将加入国家重点研发计划试点专项"长江中下游水稻化肥农药减施增效技术集成研究与示范"项目。

（四）江西施美制药有限公司"手性化学药物制造技术国家工程研究中心"

江西施美制药有限公司的前身是成立于 2002 年 11 月的江西文藻药业有限公司，是一家专业从事片剂、胶囊剂、颗粒剂、凝胶剂、干混悬剂及化学原料药的研发、生产及销售的现代化高科技创新型制药企业。2006 年 2 月广东施美药业有限公司整体收购了江西文藻药业有限公司，变更为江西施美制药有限公司。公司地处江西省东乡县大富工业园区，占地面积 80 余亩。经营范围有凝胶剂、片剂、硬胶囊剂、颗粒剂药品生产及销售。现有一个固体制剂车间 4 条生产线，全部通过 GMP 认证。形成年产片剂 4 亿粒，胶囊剂 4 亿粒，颗粒剂 4000 万包，凝胶剂 4000 万盒的生产能力。改制后的江西施美制药有限公司一期投资将达 5000 万元，公司在现有 4 条固体制剂生产线的基础上，将进一步加大新药投入，调整产品结构，迅速朝着良性循环的轨道前行。

江西施美制药有限公司被认定为国家高新技术企业，拥有江西省手性药物工程研究中心及江西省省级企业技术中心，公司相继荣获江西省优秀非公有制企业、江西省创新型试点企业、江西省知识产权试点企业、江西省清洁生产认证企业、江西省劳动关系和谐企业、江西省劳动保障诚信 A 级单位、A 级纳税企业、抚州市优秀企业、抚州市专利示范企业等多项荣誉。

江西施美制药有限公司致力于手性药物尤其是心脑血管药物等新药研发和技术创新，在公司内部设立了手性药物工程研究中心和专门从事药物研发工作的子公司，成为一家研发型高科技制药企业，具有较强自主创新能力，较好的盈利能力和较高的成长性。公司手性药物工程研究中心先后被国家发改委认定为手性药物制造技术国家地方联合工程研究中心、江西省发改委认定为江西省手性药物工程研究中心、江西省科技厅认定为江西省手性药物工程技术研究中心和江西省工信委认定为江西省省级企业技术中心。

2014 年，手性化学药物制造技术国家工程研究中心依托江西施美制药有限公司，同时与"中药固体制剂制造技术国家工程研究中心"建立了战略伙伴关系，平台总投资 5222 万元，总建设面积约 5200 平方米。该平台专注于手性化学药物，尤其是新型降压、降脂、降糖等心脑血管药物的开发和应用，通过"一个中心，五个平台"的建设，把工程研究中心建设成为行业领先、国内一流、世界先进的集技术创新、研究开发和工程化一体的创新平台。公司在与 5 个研发平台中进行研发的基础上，现拥有 1 项新药证书、15 项药品注册生产批件、57 项已申报临床或生产在研药物和 30 项临床前研究药物，已获得发明专利 7 项（其中 1 项正在办理专利转让手续）和 4 项发明专利申请权。报告期内，公司每期申报的新药数量均在 10 个以上，根据 CDE 的统计，新药注册申报数量在国内排名第 24 位。此外，公司还承担了国家"重大新药创制"科技重大专项"十二五"课题、国家科技部科技型中小企业创新基金项目、国家重点新产品计划等多项国家级项目。

该公司有着独特的"研发模式"。该公司秉承"以仿促创、以仿养创、仿中有创、仿创结合"的研发宗旨，坚持"自主研发为主，合作研发为辅，产学研相结合"的研发模式，立足于"大品种、大病种、大市场"特性的药物研发方向，下设手性药物工程研究中心及独立的研发子公司进行自主研发，与各大高校、医药科研院所及医药研发企业开展多种形式的合作/委托研发，奠定了公司较高的药物研发技术成果转化为服务能力的基础。

"以仿促创、以仿养创。"公司首个仿制手性药物苯磺酸左旋氨氯地平片上市后，取得了较好的市场表现，逐渐成为公司的主打产品，每年为公司带来可观的资本积累。公司将大量由仿制药获得的资本积累用于进一步技术研发，促进公司技术创新，实现以仿促创。此外，公司对技术研发项目持续地投入大量资金，实现以仿养创。

"仿中有创，仿创结合。"公司依托现有成熟的药品仿制体系和技术优势，重点开发欧美日等规范市场高难度仿制药，积极寻找专利已过期或即将过期、工艺及质量等方面具有较高的技术壁垒、仿制难度较高且具有较大市场潜力的药品，对相关技术环节进行改进，加大创新，从而由仿制走向创新，实现"仿中有创，仿创结合"。与此同时，公司通过加大对高新技术的引进，加强对具有自主知识产权新药的研发与现有品种的二次开发，实现二次创新。

公司根据自身的硬件条件和已有技术积累，采用以下两种研发模式。①自主创新模式。公司新药研发以自主创新为主，建立了以子公司广州施美为中心、母公司为研发基地的自主研发平台，利用沿海城市的人才信息等优势，大力引进国内外医药人才，加强自主创新能力建设。广州施美主要专注高端前沿药物开发，主要研发品种为1类新药，施美药业则侧重3类新药及6类药。此外，公司注重抢仿药的研发以实现替代进口药物，使各项药效指标达到或者超过国外原研药的水平，同时减轻国内患者的经济压力。②联合/委托研发模式。公司在坚持自主创新的同时，积极与各大高校、医药科研院所及医药研发企业开展横向研发合作，实现院所和企业之间优势互补、资源共享、转化成果、共求发展，达到产学研一体化发展，使科研成果转化成现实生产力。公司先后与南京工业大学签署了《"南工大—施美手性药物联合研发实验室"合作协议书》；与南方医科大学签署了《"南医大—施美创新药物联合研发中心"合作协议书》；与江西中医药大学签署了《合作共建手性药物工程研究中心协议书》；与凯瑞德签署了《新型降糖药物创新技术及产业化战略联盟协议书》；与江苏药物所签署了《系列复方降脂降压新药开发协议书》，双方建立了长期、紧密、持续、全方位的战略合作伙伴关系，计划开发一揽子手性药物。此外，公司与南京华威、南京恒通、凯瑞德、山东创新、上海迈柏医药科技有限公司、上海强圣医药科技有限公司、北京沃邦医药科技有限公司、北京世纪诚创医药科技发展有限公司等10余家新药研发机构签署了新药开发协议或技术转让协议，合作研发多达30个新药开发项目，主打手性降"三高"药物的合作研发。

第五章 商会组织发展

一、概述

商会是指从事相同性质经济活动的经济组织，为维护共同的合法经济利益而自愿组织的非营利性社会团体。在发展社会主义市场经济中，行业协会、商会具有不可替代的重要作用。市场经济的发展，要求政府把握宏观调控，企业作为主体进行自主经营，商会则是企业与政府、企业与企业之间的桥梁。市场经济越发展，商会的作用和地位越重要。

江西省总商会是1994年经省委批准正式挂牌成立的。2012年7月17～19日召开第十次会员代表大会，顺利完成换届，现有省工商联主席（省总商会会长）1人，党组书记1人，专职副主席3人，省工商联兼职副主席22人，省总商会兼职副会长19人，省工商联（省总商会）秘书长1人。省工商联第十届执委会常委99人，执委150人。

近年来，全省各级工商联组织坚持代表性和广泛性相结合的原则，加大会员发展力度，优化会员发展结构。截至2014年底，共有会员60724名，其中，企业会员31469名，个人会员27103名。企业会员比重上升，结构更趋合理，与江西省非公有制经济迅速发展相协调。

稳步推进各类行业组织、乡镇商会、市场商会、异地商会的建立，扩大工商联基层组织覆盖面。截至2014年底，共有基层商会组织1800个，其中乡镇商会667个，街道商会86个，各类行业组织663个，异地商会114个，市场商会36个，开发区及其他商会76个。

二、商会组织作用

伴随着市场经济的产生而产生、发展而发展的商会，是市场竞争的必然产物，也是维护正当市场竞争和有序市场秩序的社会组织形式，是整个市场经济运行系统中不可或缺的中间环节。它比政府更加接近企业特别是中小企业，更熟悉企业界出现的问题和困难，能够在政府的利益与企业的要求之间做出平衡；它不是一个行政管理或执法机构，因此能更加灵活地做出决策，对中小企业提供及时的帮助或援助。市场经济越成熟越发达，市场经济体制越健全越完善，就越需要商会组织发挥中介作用。具体来说，商会组织的作用主要表现在以下方面。

（一）加强和改进非公有制经济人士思想政治工作

引导非公有制经济人士践行社会主义核心价值体系，树立中国特色社会主义的共同理想，树立义利兼顾、以义为先的理念，学习、贯彻党和国家的方针政策，发扬自我教育的优良传统，自觉地把自身企业的发展与国家的发展结合起来，把个人富裕与全体人民的共同富裕结合起来，把遵循市场法则与发扬社会主义道德结合起来，爱国、敬业、诚信、守法、贡献，做合格的中国特色社会主义事业建设者。宣传表彰他们中的先进典型。

引导非公有制经济人士弘扬中华传统美德，弘扬时代新风，致富思源、富而思进，积极承担社会责任，热心公益事业，投身光彩事业，加强企业文化建设，支持企业党建工作，为基层党组织开展活动、发挥作用提供必要条件。

（二）参与政治协商，发挥民主监督作用，积极参政议政

密切同非公有制经济人士的联系，深入了解他们的意愿和要求，向党和政府提出相关意见和建议。

围绕贯彻落实党的路线方针政策，参与国家有关政策、法律法规的制定和贯彻执行，促进非公有制经济市场环境、政策环境、法治环境、社会环境的改善。

帮助非公有制经济代表人士提高参政议政能力和水平，积极反映社情民意，有序参与政治生活和社会事务。

做好非公有制经济代表人士的发现、培养、推荐和管理工作。

（三）协助政府管理和服务非公有制经济

为非公有制企业提供政策、信息、法律、融资、技术、人才等方面服务，引导非公有制企业按照科学发展观要求，加快经济发展方式转变和产业优化升级，推进结构调整和自主创新，不断增强市场竞争能力、抵御风险能力和可持续发展能力。

承办政府和有关部门委托事项。组织非公有制企业参与实施国家区域发展战略，为地方经济建设服务，促进城乡、区域统筹协调发展。

（四）参与协调劳动关系，协同社会管理，促进社会和谐稳定

参与协调劳动关系三方会议，同政府部门、工会组织和其他有关企业方代表一道，共同推动劳动关系立法、健全劳动标准体系和劳动关系协调机制，共同研究解决劳动关系中的重大问题，参与劳动争议的调解、仲裁。

引导非公有制企业依法与工会就职工工资、生活福利、社会保险等涉及职工切身利益问题进行平等协商，签订集体合同。

协调处理投资者利益和劳动者权益的关系，引导非公有制企业构建和谐劳动关系，积极创造就业岗位，严格遵守国家相关法律法规和政策措施，尊重和维护员工合法权益，协助指导非公有制企业党建工作，推动其建立工会等群团组织，积极开展活动。

（五）反映非公有制企业和非公有制经济人士利益诉求，维护其合法权益，引导会员企业加强行业自律，参与经济纠纷的调解、仲裁

向政府反映会员、企业的意见和要求，沟通政府及有关部门与企业的联系，维护会员企

业的利益和本行业的利益。

在我国经济日益发展和繁荣，新的行业不断形成的多种经济成分平等竞争的非垄断性经济领域，加强行业自律，消除恶性竞争。

（六）为会员企业提供信息、法律等方面的服务，帮助会员企业开拓市场

提供经济技术、法律、信息、管理等方面的咨询，开展各种培训，提高企业综合素质。

拓展国际国内两个市场，组织企业经贸考察，加强民间对外交往，提供商业机会。

组织展览会、展示会、招商会、论坛会、产品推广会、研讨会等；为会员和企业提供多种服务，帮助企业促销产品做一些工作。

（七）承担企业标准和经营市场资质的制定和修改，负责企业统计和市场信息的收集、分析、发布，组建行业信息网络，开展行业检查、行业评比活动

近年来，江西省工商联积极引导各级各类商会组织在宣传政策、提供服务、反映诉求、维护权益等方面发挥了巨大作用。

在搭建经贸交流平台，促进区域经济发展方面。全省各级各类商会主动参与区域性、行业性的经贸交流活动，协助政府招商引资，为促进江西对外经济技术合作发挥了窗口和桥梁作用。特别是在近几年省政府举办的香港招商周、赣台经贸文化合作交流会等活动中，各类商会主动帮助推介项目、宣传环境，成为招商引资和承接产业转移的主体。据不完全统计，近年来江西省浙江总商会协助各级政府部门共引进浙江资金1586亿元；江苏商会通过以商招商等形式，引进江苏籍企业家在赣投资220多亿元；修水县在义乌、广州、温州等地的外埠商会组织会员返乡投资创办多个"创业园"，投资总额达28亿元，为区域经济发展做出了贡献。

在搭建融资和培训服务平台，帮助会员排忧解难方面。全省县级以上商会积极与商业银行建立合作关系，60%以上的商会采用互保、联保和成立互助基金的融资模式，较好地缓解了会员企业贷款难问题。与此同时，依托全省各级商会建立健全长效培训机制，通过与高等院校、科研院所合作，年均组织1万以上人次参加培训，缓解了各级企业用工难。

在搭建政企沟通平台，反映企业利益诉求方面。通过搭建新型、畅顺的政企沟通互动平台，畅通商会、企业与政府有关部门的沟通协调渠道，进一步营造良好的外部环境。全省各级商会积极承接省纪委、省效能办推荐批准的1000个"优化发展环境监测点"工作，把效能监察与维权服务结合起来，受到广大会员的赞誉。

此外，各类商会还通过引导企业整合优势资源，在投资、生产、研发、营销等方面抱团发展，提高行业集中度和企业竞争力。

三、商会组织建设

2014年是江西基层商会组织大发展的一年。各级工商联组织积极稳步推进各类行业组织、乡镇商会、市场商会、异地商会的建立，努力扩大工商联基层组织覆盖面。

（一）新余市万商红福州商会和赣南商会成立

1 月 7 日，新余市万商红福州商会和赣南商会分别举行成立大会，新余市工商联有关负责人、各异地商会代表及有关部门领导到会祝贺。随着新余民营经济的不断发展，越来越多的赣南籍客商来到新余投资创业，为新余社会经济发展做出了重要贡献。新余市赣南商会的成立，对凝聚广大赣南籍客商的强大力量搭建联乡情、交流学习、抱团发展的平台，为赣南地区和新余经济社会发展做出了更大的贡献。

（二）江西省四川商会成立

3 月 29 日，江西省四川商会成立大会在南昌召开，省工商联副主席谭文英出席会议并讲话。四川省相关部门领导、全国各省市四川商会代表、省内异地商会代表等共 300 余人参加会议。谭文英在讲话中指出，川赣两省人民有着骨肉同胞之情，交流密切，经济联系紧密，众多川籍企业家为江西经济发展和社会进步做出了积极贡献。江西省四川商会的成立，标志着在赣发展的川籍人士有了一个共同的娘家，为江西、四川两地更好的交流合作搭建了一个更加广阔的平台。希望商会始终秉持"服务立会、服务兴会"的宗旨，积极搭建政企服务平台、投融资和抱团发展平台、教育培训平台、信息服务平台和法律维权平台，为所有在赣发展的川籍人士提供全面、高效、优质、贴心的服务，为促进川赣两地经贸交流与合作做出更大贡献。

（三）遂川县福建商会成立

4 月 16 日，遂川县福建商会成立大会召开。吉安市委常委、军分区司令员姜长超，吉安市委统战部副部长、市工商联党组书记郁丹清，市工商联专职副主席、调研员徐年春，遂川县政府县长肖凌秋，县委副书记曾亮，县委常委朱唯雅、吴毓华、彭世富，县领导兰九香、古秋云、廖晓媛、乔光奎，省福建商会、市福建商会相关领导出席。姜长超对商会的成立表示祝贺，并与肖凌秋共同为遂川县福建商会揭牌。执行会长陈世坚介绍了筹建情况。会议宣读了新当选的理事会成员名单并授牌。江西省福建商会常务副会长、吉安市福建商会会长李建新向大会致贺词。吴东派理事宣读贺电。吉安市福建商会副会长、县工商联（总商会）副会长、遂川县福建商会会长林跃进讲话。

（四）樟树市临江商会成立

4 月 20 日，樟树市临江商会召开第一届会员代表大会。宜春市工商联党组书记刘锋，樟树市政协副主席、统战部长聂永良，樟树市委统战部副部长、工商联党组书记黄仕民，临江镇党委书记徐国斌出席会议。大会审议通过了商会章程和会费收缴管理办法，选举产生了会长 1 人、副会长 14 人、秘书长 1 人、常务理事 26 人，樟树市七星实业有限责任公司董事长朱琳当选为首任会长。刘锋在新当选商会会长、副会长见面会上讲话。

（五）高安市民间资本商会成立

4 月 29 号，高安市民间资本商会第一次会员大会暨成立大会在高安市隆重举行。高安市政协副主席、统战部部长涂洋苟出席会议并讲话，市工商联、民政局相关同志出席会议，民间资本商会会员近 40 人参加会议。会议审议通过了高安民间资本商会筹备工作报告、商会章程、财务管理制度及选举办法等，选举产生了第一届理事会会长、副会长、秘书长、理事。江西鑫智达投资管理有限公司董事长张辉当选会长并作就职讲话。

（六）江西省安徽商会赣州分会成立

5月29日，江西省安徽商会赣州分会（赣州市安徽商会）正式成立，安徽省人大常委会原副主任、安徽国际徽商交流协会名誉会长吴昌期，赣州人大常委会副主任、市工商联主席唐玉英，市工商联党组书记谢来福，江西省安徽商会会长孙仁凌等领导到会并讲话。安徽省合作交流办公室、江西省工商联、江苏省安徽商会、湖北省安徽商会等给大会发来了贺信。大会选举产生了商会第一届理事会，通过了大会决议，王永幸当选为江西省安徽商会赣州分会（赣州市安徽商会）第一届理事会会长、俞斌当选为江西省安徽商会赣州分会（赣州市安徽商会）第一届理事会秘书长。江西省安徽商会赣州分会是继抚州、宜春、景德镇分会成立后，安徽商会在赣成立的第4家地级市商会。它的成立，将凝聚安徽籍商界力量，本着为广大会员搭建一个"博采信息、广交朋友、拓展商机、资源共享、优势互补、把握成功"的宗旨，搭建合作平台，实现互助共享、协同发展。

（七）湘潭市江西商会成立

5月30日，湘潭市江西商会举行成立大会。江西省工商联副主席谭文英，湘潭市人大常委会副主任、市工商联主席颜集成等领导出席大会并讲话。成立大会上，聚宝金昊农业高科有限公司董事长朱伟当选为湘潭市江西商会第一届会长。会议还举行了湘潭市江西商会与湘潭农商行签署战略合作协议，并向市慈善总会捐赠善款等仪式。湘潭市江西商会是由在湘潭投资兴业的赣商企业自愿自发组成的社会团体，商会秉承"服务会员、紧密联系、抱团发展、合作共赢"的宗旨，团结在潭发展创业的赣商企业和工商业主，通过广泛开展交流与合作，举办各项活动，积极服务会员，努力促进江西省与湘潭经济发展和社会进步。

（八）黎川县总商会日峰分会成立

5月31日，黎川县总商会日峰分会召开第一次会员代表大会。黎川县政协副主席、县工商联主席吴胜兰到会祝贺并讲话。大会审议通过了黎川县总商会日峰分会章程、会费缴纳及管理办法和选举办法，选举产生了商会会长、执行会长、常务副会长、副会长、秘书长。万方文具有限公司总经理万源泉当选黎川县总商会日峰分会首届会长。吴胜兰代表黎川县工商联对商会的成立表示热烈的祝贺。

（九）金溪县电子商务协会成立

6月6日，金溪县电子商务协会第一次会员大会在金溪县召开。金溪县人大常委会主任肖奇，县政协主席黄祖光，县委常委、县园区党工委书记刘文波，县委调研员、县统战部部长张文勤，县政协副主席、县工商联主席赖文英等出席了会议。大会审议通过了金溪县电子商务协会章程和会费缴纳管理办法，选举产生了金溪县电子商务协会第一届理事会。拓普克林（金溪）香精香料有限公司董事长吴思进当选首任会长。会上，刘文波代表金溪县委、县政府对协会成立表示热烈的祝贺。

（十）无锡市江西商会成立

6月22日，无锡市江西商会成立大会在江苏省无锡市举行。江西、无锡两地有关部门领导，兄弟商会负责人和企业家代表300多人参加会议。江苏爱康集团董事长邹承慧当选为商会会长。江西省工商联副主席谭文英对商会的成立表示热烈的祝贺，向在无锡发展的赣籍企业家致以诚挚的问候，希望商会成立后大力弘扬"江右商帮"精神，树立赣商良好形象，履行管理服务职能，打造一流赣商品牌，为赣锡两地之间沟通、交流、合作搭建桥梁和通道，为两地经济社会又好又快发展做出积极贡献。

（十一）鄂尔多斯市江西商会成立

6月28日，鄂尔多斯市江西商会成立大会在内蒙古鄂尔多斯市举行，全国政协常委、原江西省政协副主席陈清华，江西省工商联副主席谭文英，内蒙古自治区工商联党组成员、秘书长郭贵元，鄂尔多斯市政协副主席阿木，及当地有关部门领导、兄弟商会负责人和企业家代表200多人出席成立大会。陈清华、谭文英、郭贵元、阿木先后作了讲话，对商会成立表示热烈祝贺，对商会发展提出希望。鄂尔多斯市佳达酒店用品有限公司董事长黄良根当选首届会长。

（十二）景德镇（上海）商会成立

6月28日下午，景德镇（上海）商会成立暨第一届会员代表大会在上海自贸区召开。上海警备区原司令员彭水根，景德镇市市长颜赣辉，市政协主席梁高潮，江西省政府驻沪办主任漆根顺，市委常委、市委宣传部部长汪立耕，景德镇市工商联主席史晓莲，中国工艺美术大师秦锡麟和上海自贸区国际艺术品交易中心总经理胡环中等出席会议。在沪的景德镇籍企业家以及上海政商各界代表300余人参加了成立大会。景德镇市工商联副主席宁恒征宣读批准成立景德镇（上海）商会的批复，筹备组宣读景德镇（上海）商会筹备工作报告，随后讨论并通过了商会章程、财务管理制度，选举了第一届第一次商会理事会成员，选举出常务理事、副会长和会长，上海齐志建材有限公司董事长骆志平当选会长。新当选的骆志平会长作了发言。史晓莲代表市工商联向景德镇（上海）商会成立以及新当选商会领导班子成员表示热烈祝贺。

（十三）江西省湖北商会成立

6月29日，为推动赣鄂两省经贸交流，提高在赣湖北籍企业互助交流、抱团发展，江西省湖北商会在南昌成立。湖北省政协副主席肖旭明、江西省政协副主席钟利贵出席成立仪式并讲话。近3000家在赣投资湖北籍企业和社会各界商会和人士参加。南昌龙贝莱贸易有限公司董事长冯兵当选首届会长。

（十四）南昌市吉安商会成立

8月16日，南昌市吉安商会成立大会暨第一次会员代表大会在南昌召开。吉安市委常委、统战部部长喻志勇出席。近年来吉安在外商会在提升吉安对外知名度、推动吉安招商引资、促进项目生成落户等方面，发挥着越来越大的作用，但并没有一个统一的机构将在南昌发展的吉安企业家联系在一起。为此，在吉安市工商联和南昌市工商联的大力支持下，部分骨干企业联合发起了南昌市吉安商会的筹备工作，经过9个多月的准备，南昌市吉安商会正式成立。商会以发展为己任，促进两地经济繁荣，以服务为宗旨，促进企业做大做强，以管理为抓手，树立商会良好形象。会上选举了该商会第一届理事会领导班子，并聘请了高级顾问、名誉会长等。

（十五）宁波市抚州商会成立

8月19日，宁波市抚州商会成立庆典大会在宁波市举行。抚州市人大常委会主任王晓媛，市政协主席谢发明，市委常委、统战部部长朱章明，市委常委、常务副市长于秀明，市委常委、副市长赵世斌，副市长韦萍，市政协副主席、工商联主席蔡青等出席；宁波市政协副主席、工商联主席崔秀玲到会祝贺。会议通报了宁波市抚州商会概况及第一次会员代表大会选举情况，会议增补部分执行会长、常务副会长、副会长，王晓媛、谢发明等抚州市领导与宁波市领导一同为商会成立揭牌，并向商会会长、副会长授牌，蔡青宣读返乡创业倡议书。受抚州市委书记龚建华，市委副书记、市长张和平委托，于秀明代表抚州市委、市政府，向宁波市抚州商会的成立及当选的会长、副会长、秘书长表示热烈祝贺。

（十六）广东省江西临川商会成立

8月30日下午，抚州市临川区首个外埠商会筹备大会在广州市召开。临川区政府副区长段院龙、区工商联主席邹丽梅及在粤临川籍企业家共120余人出席会议。会议审议通过了《广东省江西临川商会第一届理事会会长、执行会长、常务副会长、副会长候选人员名单》的情况说明，选举产生了以广州配尚贸易有限公司董事长黎华山为会长、广州晨安医疗器械有限公司董事长孙小林为执行会长的广东省江西临川商会第一届理事会。

（十七）宜春市装饰业商会成立

9月30日，宜春市装饰业商会第一次会员大会暨成立大会召开。宜春市工商联党组成员、副主席任红生，市民政局副调研员李隆琪出席会议并讲话。会议审议通过了商会章程，选举产生了第一届理事会成员，包括会长1名、副会长13名、秘书长1名、副秘书长1名、理事16名。江西创威九鼎装饰工程有限公司总经理晏梅艳当选为首任会长，民生银行宜春贸易广场城市商业合作社社长袁圣财被聘为名誉会长。

（十八）袁州区三阳商会成立

9月29日上午，袁州区三阳商会第一次会员大会暨商会成立大会召开。宜春市工商联党组成员、副主席任红生，袁州区委常委、统战部部长魏松林出席会议并讲话；袁州区工商联主席易清松，袁州区委统战部副部长、工商联党组书记周素英及三阳镇主要领导等出席会议。会议选举产生了第一届执行委员会委员27名，会长1名，副会长8名，秘书长1名，副秘书长1名，并举行了授牌仪式。

（十九）樟树市生猪商会成立

10月7日上午，樟树市生猪商会成立大会举行。樟树市政协副主席、统战部部长聂永良出席会议并讲话，樟树市政府党组成员傅荷英，樟树市工业园区管委会书记何林仔出席会议并为商会揭牌。市生猪商会会员代表及各界嘉宾100余人参加了会议。会议选举康宏集团董事长谢志亮为会长，王春新、张敏、刘瑜、邹文华、廖中保、刘春芽、严冬涛 7 人为副会长，严冬涛兼任秘书长。目前，樟树市共有 200 多家从事生猪养殖、流通、加工、服务的企业入会。

（二十）广东省江西都昌商会成立

10 月 12 日下午，广东省江西都昌商会成立庆典暨都昌（广州）招商推介会举行。都昌县县委副书记、县长陈云滚，广东省江西商会会长李平等出席了典礼。来自鞋业、造船、光电、天然气、市政、物流、化工、五金、塑料等几十个行业，400 余名会员出席了活动。广东省江西都昌商会是经都昌县人民政府同意，广东省民政厅登记具有法人资格的异地商会。主要是由江西省都昌籍在粤经商办实体的投资者及有关人士自愿组成的在广东省区域内从事行业自律、协作交流、咨询服务、招商引资等非营利性社团组织。商会接受社团管理登记机关广东省民政厅的业务指导和监督管理。

（二十一）南康区吉水商会成立

10 月 19 日，南康区吉水商会成立大会举行。吉水县政协副主席江路庚、县工商联主席李静、商务局局长聂刚、工信委主任欧阳昌清、县委统战部副部长李远辑到会祝贺。会上，南康区民政局领导宣读了《关于成立南康区吉水商会的批复》，会议筹备组向大会作了《南康区吉水商会筹备工作报告》，会议表决通过了《南康区吉水商会章程》和《南康区吉水商会会费监督管理办法》，会议选举产生了南康区吉水商会第一届会长、常务副会长和副会长，大会还为商会顾问、名誉会长和荣誉会长颁发了荣誉证书。

（二十二）高安市浙江商会成立

10 月 12 日，高安市浙江商会第一次会员大会暨成立大会举行。高安市委书记聂智胜出席会议并为商会揭牌，高安市委常委、副市长付命侯讲话，高安市工商联主席艾双凤，高安市委统战部副部长、工商联党组书记肖光华，高安市民政局局长宋绍光，高安市广电局局长邓余良，江西省浙江总商会秘书长单尚焱，宜春市台州商会、樟树市浙江商会负责人应邀出席会议，商会会员代表共 89 人参加会议。大会由高安市政协副主席、市委统战部部长涂洋苟主持。

（二十三）永修（南昌）商会成立

10 月 25 日，省工商联主席雷元江，县委书记邹绍辉分别为商会和商会党支部揭牌授牌。原省新闻出版局巡视员程利民，原省环保厅巡视员罗来发，市工商联主席梅武林，县领导：李鹏云、张礼铨、欧阳洁、杨泽旗、赵军、杨轲林等出席商会成立大会。会议由县政协副主席、县工商联主席曹根蓉主持。会上，县委书记邹绍辉代表县四套班子，向商会的成立，新当选的商会领导班子表示祝贺，向参加大会的领导、企业老总表示诚挚的敬意，并简要介绍了永修县 3 年来的发展情况和当前的发展机遇和形势。

（二十四）南昌市民营企业家商会商学院成立

10 月 26 日，南昌市民营企业家商会在南昌百瑞实业有限公司隆重举行商会商学院成立典礼。市政协副主席、市工商联主席陈斌及商会会长、副会长出席典礼。南昌市民营企业家商会商学院第一期会员培训班的 130 多名学员参加了典礼。创办商会商学院是商会为会员企业提供良好服务的一项重要内容。通过商学院的专业平台，可以整合各会员企业的教育培训资源，为企业培养高素质的管理人才，提高企业中层人员的整体素质和水平，打造企业核心团队，提高企业的人才竞争力，从而推动企业的核心竞争力，保持企业的整体形象与竞争优势。

（二十五）北京南丰商会成立

11 月 14 号，北京南丰商会第一次会员大会暨成立庆典大会在北京市举行。南丰县委书记祝宏根出席大会并讲话，南丰县人大常委会主任邓春水，县委常委、县委政法委书记余志民，副县长张卫平，县政协副主席李明亮等 160 多人出席成立大会。大会由南丰县政协主席李履才主持。会议审议通过了北京南丰商会章程、会费缴纳及管理办法，选举产生了第一届理事会会长、监事长、常务副会长、副会长、秘书长、常务理事、理事和监事，聘请了名誉会长和顾问。北京泰纳国际集团有限公司董事局主席兼总裁陈泉龙当选首任会长。

（二十六）东乡县浙江商会成立

11 月 18 日，东乡县浙江商会成立大会在东乡县隆重举行。市政协副主席、工商联主席蔡青，市委统战部副部长、工商联党组书记吴荼香，东乡县委副书记乐启文等领导到会祝贺。会上审议通过了东乡县浙江商会筹备工作报告、商会章程和商会选举办法、商会会费管理制度，选举产生了以东乡县远成实业有限公司董事长朱绍明为会长的商会领导班子。蔡青、乐启文等领导为东乡县浙江商会揭牌，并向商会会长、常务副会长、副会长授牌。吴荼香代表市委统战部、市工商联对商会的成立表示热烈的祝贺。

（二十七）温州万年商会成立

12 月 6 日，温州万年商会第一届会员大会暨成立大会在浙江温州举行。来自各地的嘉宾及温州万年商会会员近 200 人参加了大会。大会听取了温州万年商会筹备工作报告，审议通过了《温州万年商会章程》，选举产生了温州万年商会第一届理事会成员以及秘书长、副会长、常务副会长、执行会长、会长，并成立了监事会。会议期间，还举行了商会签约仪式。温州万年商会的成立受到了万年和温州两地党委、政府的高度重视。万年县人民政府副县长邱冬春亲临大会现场，与温州万年商会班子成员座谈。会议由县工商联主席姚忠平主持，县部分乡镇党委书记、县直单位负责人参加。

（二十八）万年电子商务协会成立

12 月 8 日，万年县首届电子商务协会选举成立大会举行。万年县政府副县长周更生出席会议并讲话。县工商联主席姚忠平和县商务局局长、县招商局、民政局、县商务局等相关部门负责同志出席成立大会。成立大会上宣读了民政部门《关于同意万年电子商务协会成立登记的批复》；作了万年电子商务《协会筹备工作报告》、宣读了万年电子商务协会《章程》和《财务管理制度》；选举产生了万年县协会会第一届理事、会长、副会长；聘请了名誉会长。国兴隆（香港）控股集团有限公司董事长饶玉国当选为会长，周更生被聘为名誉会长。

（二十九）吉安市家居建材联合商会成立

12 月 20 日，吉安市家居建材联合商会成立大会暨第一届理事（会员）会召开。副市长贺喜灿为商会揭牌并讲话。贺喜灿代表市委、市政府对市家居建材联合商会的成立和当选的第一届理事会领导班子表示祝贺。并就吉安市家居建材联合商会下一步工作提出希望，希望其强化协调，充分发挥商会的桥梁纽带作用；强化服务，积极为会员排忧解难；强化管理，大力加强商会自身建设。

（三十）修水县工商联（总商会）北京商会成立

12 月 27 日，江西省修水县工商联（总商会）北京商会成立大会在北京举行。全国工商联会员部副部长李树林，北京江西企业商会秘书长谢忠宝，九江市政府副秘书长、驻京办主任吴泽浔，九江市工商联党组成员、副调研员、秘书长欧阳克，修水县委常委、副县长柯景坤等领导嘉宾及修水籍在京政界、商界、文化界等领域的 200 多位嘉宾出席会议。会议审议并通过了北京修水商会章程，选举产生了北京修水商会第一届理事会成员以及秘书长、副会长、常务副会长、会长。欧阳克秘书长为北京修水商会揭牌，修水县委常委、副县长柯景坤为北京修水商会流动党支部揭牌。

四、江西省工商联直属商会名录

（一）行业商会（29 家）

商会名称/电话	负责人姓名	职务
省民营企业家协会	熊衍贵	江西普天通控股集团董事长
	余敏	秘书长
省民营企业投资商会	郭坚华	江西省统联置业有限公司董事长
	胡显煜	秘书长
省家居建材业商会	龚著钢	江西双德实业集团有限公司董事长
	邵淑梅	秘书长
省地产协会	章新明	博泰投资集团有限公司董事长
	龚振	秘书长
省女企业家商会	胡恩雪	江西恒大高新技术股份有限公司总经理
	邹虹	秘书长
省轴承商会	梁九彪	玉山天长集团董事长
	杨均森	秘书长
省电瓷商会	许康文	萍乡市华鹏电瓷公司董事长
	刘小兴	秘书长

续表

商会名称/电话	负责人姓名	职务
省眼镜商会	朱新财	南京吴良财眼镜董事长
	彭才元	秘书长
省五金机电商会	章新明	博泰投资集团董事长
	李省文	常务副会长兼秘书长
省电子商会	熊衍贵	江西普天通控股集团董事长
	刘凯	秘书长
省中小企业工贸协会	施玉清	江西百德润福投资公司董事长
	杨晓忠	秘书长
省零售服务产业商会	梁永强	江西开心人控股股份有限公司董事长
	周幸福	秘书长
省汽车服务业商会	涂继葵	南昌振扬汽车用品有限公司董事长
	涂金海	秘书长
省汽摩配商会	陶玖根	南昌地元实业有限公司董事长
	魏裕生	秘书长
省古玩艺术品商会	褚建庚	煌上煌集团总裁
	郑晓东	秘书长
省面包商会	钟启文	绍兴市资溪面包食品有限公司总经理
	杨晓文	秘书长
省庆典行业协会	汪海泳	江西丰硕文化产业发展有限公司董事长
	范善田	秘书长
省汽车流通行业协会	黄志纯	江西省进口汽车配件有限公司董事长
	章新挺	秘书长
省旅游业商会	崔峰	庐山旅游发展股份有限公司董事长
	吴成华	秘书长
省裤业协会	陈小兵	南昌圣菲翔实业有限公司总经理
省赣商文化企业联合会	杨仲荣	中国联通江西省分公司原副总经理
	袁海	秘书长
省旅游运管协会	吴和平	景德镇市江南旅游汽车服务有限公司董事长
	李兴辉	副秘书长
省电线电缆行业协会	李光荣	江西省开开电缆有限公司董事长
	王新梅	副秘书长
省物流行业协会	张新辉	江西江南物流发展有限责任公司董事长
	陈武良	秘书长
南昌大学 EMBA 企业家联合会	朱金国	江西大筑集团董事长
	吴谨言	副秘书长

商会名称/电话	负责人姓名	职务
江西赣商联合总会	郑跃文	科瑞集团有限公司董事局主席
	严长生	副秘书长
省果品流通行业协会	樊保明	江西绿恒实业发展有限公司董事长
	周幸福	秘书长
江西现代农业产业协会	王志军	万茂科技有限公司董事长
	董浩明	秘书长
江西省新生代企业家商会	肖志峰	绿滋肴有限公司董事长（小蓝开发区 518）
	罗卫东	秘书长

（二）异地商会（16 家）

	负责人姓名	职务
省浙江总商会	陈志胜	华东交大理工学院董事长兼党委书记
	单尚焱	秘书长
省福建总商会	韩世忠	东方宏利集团董事长
	董碧茹	执行副秘书长
省江苏商会	徐申	江西双德实业集团有限公司董事长
	于龙江	秘书长
省安徽商会	李井海	江西省徽商资产管理集团有限公司董事长
	叶文榜	秘书长
省湖南商会	邱文奎	江西众一（矿业）集团有限公司董事长
	杜志刚	秘书长
省广东商会	黄树辉	江西省中资源投资担保有限公司董事长
	黄建明	秘书长
省河南商会	叶天明	江西九岭酒业有限公司董事长
	丁进忠	秘书长
省上海商会	孙志文、任虎	绿地集团南昌房地产事业部部长
	方斌	秘书长
省山东商会	董奇	江西翠林房地产开发有限公司董事长
	王传永	秘书长
省泉州商会	刘建泉	江西海西投资有限公司董事长
	陈达理	秘书长
省贵州商会	陈建中	江西高能投资集团有限公司董事长
	张洪卫	常务副会长兼秘书长
省四川商会	汪伦	直方数控动力有限公司董事长
	兰敏	秘书长
省湖北商会	冯兵	南昌龙贝莱贸易有限公司总经理
	钟国军	秘书长

商会名称/电话	负责人姓名	职务
省温州商会	方永棣	温州（江西）投资发展有限公司董事长
	胡方德	秘书长
省杭州商会	宋剑春	宋氏葛业有限公司总经理
	吴甘来	常务副会长兼秘书长
省山西商会	董亚威	常务副会长兼秘书长

（三）外埠商会（10 家）

江苏省江西商会	张国良	连云港鹰游集团董事长
	刘火生	秘书长
上海市江西商会	邓凯元	赣商联合股份有限公司董事长
	张渭太	秘书长
山西省江西商会	张小龙	山西金鼎力工工程机械有限公司总经理
	周会平	秘书长
湖北省江西商会	徐良喜	武汉欧亚达家居集团有限公司董事长
	万晓明	秘书长
海南省江西商会	周赣余	中色海南有色金属工业公司副总经理
	董永光	秘书长
云南省江西商会	李剑豪	云南爱因森教育投资集团董事长
	冉辉	秘书长
贵州省江西商会	徐华健	贵州高赛矿业有限公司董事长
	喻栋柱	秘书长
重庆省江西商会	罗来安	重庆中瑞鑫安实业有限公司董事长
	卢宝亮	秘书长
厦门省江西商会	熊贻德	厦门庐山实业发展有限公司董事长
	廖三兴	秘书长
长三角赣州商会	邹承慧	江苏爱康集团董事长
	钟家伟	秘书长

第六章 县市民营经济发展

一、概述

江西省共有县（市）80 个，其中 70 个县、10 个县级市。县域土地面积为 15.55 万平方千米，占全省总面积的 93.2%，占全省总人口的 82.7%。80 个县市创造了全省六成以上的生产总值、近半的财政总收入；全省 94 个工业园区的绝大部分及约六成中小创新企业都集中于县域。

"郡县治，天下安"。发展县域经济是实现全面小康社会的重要举措。2014 年江西省县域财力显著增强，所有县（市、区）财政总收入都超过 6 亿元，财政总收入超 10 亿元的县（市、区）有 77 个，超 30 亿元的有 15 个，超 50 亿元的有 3 个。其中，南昌县突破 80 亿元，达 87.3 亿元。① 同时，南昌县、丰城市、贵溪市入围第 15 届全国县域经济与县域基本竞争力百强县。其中，南昌县跃居至第 41 位，首次进入 50 强；丰城市上升至第 78 名；贵溪市也进入百强，列第 97 位。

经济的可持续健康发展离不开非公经济的积极贡献，民营经济是非公有制经济的主要表现形式，是经济结构中最活跃的经济成分。以民营企业为代表的非公经济已成为带动江西经济发展的主动力。2014 年，非公经济对江西省经济增长贡献近六成，为 59.4%，拉动 GDP增长 6.1 个百分点，是经济发展的主动力。2014 年，江西全省非公经济增加值突破 9000 亿元，达 9129.3 亿元，比上年增加了 857.9 亿元，增长 10.3%，比 GDP 增速快 0.6 个百分点，占 GDP 的比重为 58.1%，比上年提高 0.7 个百分点。其中，第一产业增加值达到540.5 亿元，增加 24.2 亿元；第二产业达到 5709.6 亿元，增加 535.7 亿元；第三产业达到2879.2 亿元，增加 298.0 亿元。同时，非公第一产业增长 4.6%，非公第二产业和非公第三产业分别增长 11.6% 和 9.0%，非公经济第二、第三产业分别比第二、第三产业高 0.5 个和0.2 个百分点。②

2014 年，全省工商登记非公企业达到 187.1 万户，占企业总数的 94.2%，总户数比上年增长 14.4%。其中，个体经营户达到 154.25 万户，比上年增加 16.9 万户，增长 12.3%；私营企业 32.9 万户，增加 6.6 万户，增长 25.1%。全省非公企业注册资金大幅增长。2014

---

① 鹿心社. 江西省 2015 年政府工作报告 [EB/OL]. http://jx.people.com.cn/n/2015/0206/c355198-23817805.html.

② 江西省统计局国民经济核算处. 非公经济成为江西经济发展主动力 [EB/OL]. http://www.jxstj.gov.cn/zh-cn/News.shtml? p5 = 7224555.

年，全省非公企业和个体户注册资金规模首次突破万亿元，达到 13052 亿元，比上年增长 45.9%。其中个体经营户注册资本达 1347.5 亿元，增长 30.2%；私营企业注册资本达 11704.6 亿元，增长 48.0%。[①]

民营经济对县域经济的发展也举足轻重。江西省大多数县市远离大城市，处于资本、技术、人才辐射的末梢。创造县域经济综合优势的现实途径是挖掘民力、启动民资、发展民本经济。综观江西省各个县（市）的经济发展，不难发现，凡是民营经济发展快的地方，县域经济实力就强；凡是民营经济发展慢的地方，县域经济实力就弱。根据江西省工商联对 397 家上规模民营企业 2014 年主要指标数据的调研分析，所产生的民营企业 100 强主要分布在南昌县、丰城市、樟树市、高安市等经济较发达的县市。

（一）发展类型

但全省不同县市，经济发展的路子各有特色，大多主要是通过发展某个方面从而带动县域经济社会全面进步。归纳起来有 7 种：

1. 工业主导突破型

工业主导突破型是通过抓好县属工业的发展从而带动县（市）域经济社会全面发展进步的县域发展模式。例如：

南昌县：汽车及零部件为龙头，食品饮料和医药医器为支柱，电机电器和轻纺服装为两翼的五大优势产业。有全省最大的医药企业——汇仁；最大的食品企业——煌上煌。

分宜县：通过改制，做大做强企业。有江锂新材料公司、发电厂、水泥厂，连续六年荣获"全省工业崛起年度贡献奖"。

广丰县：新培育了三大支柱产业，即以黑滑石矿深加工为主的非金属矿产业，以锂电池、光伏产业为主的新能源产业，再生资源拆解回收加工产业。实现了从"一支烟"到"多元化"的转变。

2. 项目投资拉动型

项目投资拉动型是依托地域，发展优势项目进而带动县（市）经济社会全面进步的县域发展模式。例如：

湖口县：依托沿江优势，形成钢铁、有色、化工、造船四大产业板块。

乐平市：培育了现代医药、机械制造、矿产资源、蔬菜和食品加工等支柱产业。

共青城市：依托金字招牌，招商引资。有世界一流的地源热泵空调项目、生产移动空调的金淞电器项目等。

3. 资源集约开发型

资源集约开发型是通过开发当地矿产资源而带动县域经济社会全面进步的县域发展模式。例如：

贵溪市：铜块状经济，成为顶梁柱。

德兴市：延长矿山产业链，形成了完整的有色金属产业链条。

会昌县：依托资源优势，狠抓特色矿产品的精深加工，提高科技含量和产品附加值，延伸优势产业链条，打造产业集群，将资源优势转化为产业优势。

---

①　江西省统计局国民经济核算处．非公经济成为江西经济发展主动力［EB/OL］．http：//www．jxstj．gov．cn/zh_cn/News．shtml？p5＝7224555．

4. 特色产业聚集型

特色产业聚集型是通过打造具有当地历史传统的专业市场从而带动县（市）域经济社会全面进步的县域发展模式。例如：

安义县：大打铝合金牌。

余江县：眼镜、雕刻、废旧品回收成为特色。

南丰县：发展蜜橘产业，筑牢强县之基。

玉山县：开发文化旅游资源，构建特色旅游产业。

5. 农业产业化经营型

农业产业化经营型是通过狠抓农业产业化经营从而带动县域经济社会全面进步的县域发展模式。例如：

赣县：建立工业化农业生产组织体系，加快农业产业化发展。

永丰县：培育了绿海油脂、蔬菜等一批农产品加工业。

6. 城镇化建设推动型

城镇化建设推动型是依托国家战略发展思路，通过大力发展城镇化建设而为县域经济社会全面进步提供新契机的县域发展模式。例如：

新干县：围绕"一江两岸"滨江花园城市的构想，重点实施"城市南扩、沿江开发、跨江发展"三大工程，初步形成了南北响应、东西拓展、齐头并进的发展格局。

7. 生态循环经济型

生态循环经济型是通过加快产业结构转型带动县（市）域经济社会全面发展进步的县域发展模式。例如：

丰城市：昔日"煤海粮仓"，今日"生态硒谷"。

横峰县：按照"工业兴县、生态立县"的理念，淘汰效益低、产能落后、环保不达标的企业，引进高科技、高效益、低能耗企业，助推产业升级，实现经济与生态的良性互动。

（二）发展特征

不同的经济发展模式为各县（市）民营经济的发展提供了广阔的发展空间和机遇。民营经济挑起了县域经济发展的大梁，优化县域经济产业结构，缓解城乡就业压力。2014 年，各县（市）民营经济的发展主要呈现出以下特征：

1. 民营经济仍主要集中于第二产业，与全国分布情况大致相同

2014 年江西省上规模民营企业属于第二产业的有 324 家，占比 85.49%；实现营业收入 3657.2 亿元，营收总额占上规模民营企业的 80.5%；拥有资产总额 2576.9 亿元，资产总额占上规模民营企业的 84.0%。属于第一产业的有 14 家，占企业总数的 3.69%；属于第三产业的有 41 家，占比 10.82%。[1]

2. 民营经济的发展继续向重工业领域延伸，建筑业和医药制造业表现突出

随着全省工业化进程加快，重工业化成为县域经济不可避免的发展阶段。冶金、化工、太阳能等行业的民营企业规模逐渐壮大，发展较快，重工业化特征明显。建筑业和医药制造业作为我省支柱产业，发展迅速，表现更为突出。[2]

---

①② 江西省工商联.2015 年度上规模民营企业调研报告 ［R］.2016.

3. 全省民营经济在新常态下平稳运行，上规模民营企业投资热情较高，但更谨慎

据省工商联对 397 家上规模民营企业的调研数据，68.7% 的企业（258 家）有新增投资，总额达 247.22 亿元，户均新增投资 0.65 亿元，投资额较 2013 年（262.16 亿元）有所降低，企业数量比重较 2013 年基本持平（66.8%），显示出上规模民营企业在投资行为上的谨慎态度。[①]

4. 民营经济积极进入战略性新兴产业发展

调研数据显示，2014 年上规模民营企业共有 245 家企业投资战略性新兴产业，占上规模民营企业总数的 64.64%，其中以节能环保产业（121 家）居多，上规模民营企业进入较多的产业有节能环保产业、新材料产业、生物医药产业、新能源产业、新一代信息技术产业、物联网产业和高端装备制造产业等。[②]

5. 各县（市）民营经济发展仍然不平衡

江西省各县市经济发展差距一直较大。2014 年，南昌县地区生产总值达到 559.4 亿元，而资溪县地区生产总值 29.35 亿元，差距近 20 倍。与此相应，民营企业 100 强中，南昌县占据 4 席，而石城县、资溪县等县（市）没有一家，即使上规模民营企业数量也较少。

总之，民营经济是县域经济发展的潜力和希望，是未来县域经济的主体。未来县域经济的竞争，将主要体现在民营经济的竞争上。因此，只有把民营经济作为县域经济增长的内动力和生长点，才能从根本上解决县域经济发展中面临的突出矛盾和问题，打开县域经济发展的崭新局面。

本章重点县市的选取主要以"2014 年江西民营企业 100 强"（见后文表 10-4）排名中各县市民营企业数所占比重为参照。2014 年江西民营企业 100 强分布在全省 11 个设区市，其中南昌有 31 家，宜春、九江、上饶均超过 10 家，萍乡市百强企业最少，仅 1 家。在此基础上，又进一步按照入围企业所在的具体县（市）选取了南昌县、进贤县、九江县、樟树市、高安市、丰城市、贵溪市、乐平市等县市进行重点介绍，基本涵盖了民营企业发展较有代表性的地区。

二、南昌县

（一）民营经济发展概述

1. 县（市）情概况

南昌县地处省会南昌市南大门，素有江西"首府首县"之称，三面环绕省会南昌，与南昌市城区无缝对接，距东南沿海地区主要城市上海、杭州、宁波、厦门、深圳、广州只需 6~8 小时，处于"中部崛起"的核心位置。

南昌县承东启西，贯通南北，是全省重要的物流集散地和商贸中转枢纽。305、316、320 三条国道和京九、浙赣、浙皖铁路穿越县境；境内有全国第二、江南第一的向塘铁路货运编组站；县城距南昌市中心 15 千米，距昌北国际机场 30 千米；赣江水道直达长江；赣粤、浙赣、京福三条高速公路穿境而过，以 6 小时行程对接长珠闽，为泛珠江三角洲、长江

①② 江西省工商联. 2015 年度上规模民营企业调研报告［R］. 2016.

三角洲、闽东南三角区经济辐射的最佳结合点。

2014 年第十四届全国县域经济基本竞争力百强县排名中，南昌县前移 15 位，跃居第 52 位，跨越幅度创历年之最；三年累计前进 30 位，晋位速度居全国百强县第一。① 2014 年，全县实现全年规模以上工业主营业务收入 849.2 亿元，增长 19.7%；利税 77.2 亿元，增长 27.7%；实现利润 52.1 亿元，增长 30.4%；产品产销率 99.28%；规模以上工业企业户数 266 家，新增 44 家。全员劳动生产率 31.15 万元/人，同比增长 8.61%；反映工业经济效益整体水平的综合指数 335.19%，比上年提高 18 个百分点。年末小蓝经开区落户企业 695 家，其中投产 480 家，在建 92 家。全年实现工业总产值 818.8 亿元，增长 24.4%；实现主营业务收入 781.8 亿元，增长 18.3%；实现利润 64.3 亿元，增长 49.6%。全年建筑业实现增加值 90.3 亿元，增长 17.7%。全县具有资质等级的总承包和专业承包建筑业企业 87 家，实现总产值 583.2 亿元，增长 21.7%。②

2014 年，全县继续放宽民营经济市场准入条件，鼓励支持民营经济做大做强，为迈出"跻身全国五十强县市、建设现代化综合新城"新步伐做出更大贡献。

2. 工业园区简介

南昌小蓝经济技术开发区 2002 年 3 月成立，2006 年 3 月成为省级开发区，2012 年 7 月升级为国家级经济技术开发区。是江西省汽车零部件产业基地、江西省食品产业基地、江西省生物医药产业基地、江西省首批生态工业园。

小蓝经开区坚持以科学发展观统领全局，走新型工业化与城市化相结合的发展道路。2014 年完成主营业务收入 781.8 亿元，排全省开发区第 4 位，较上年前移 4 位；工业总产值 818 亿元；工业增加值 197.4 亿元；固定资产投资 259 亿元，其中工业投资 243 亿元，占 95%；税收 36 亿元，较上年净增 10 亿元。

小蓝经开区秉承"与入园企业共成长"的立园理念，树立"只为成功找方法，不为失败找理由"的工作准则，坚持"高标准规划，高起点建设"，注重"招大引强"，构建了"以汽车及零部件为龙头、食品和医药医器为支柱、集成电路等战略性新兴产业为突破"的产业发展格局。目前，投产企业 482 家，其中规模以上企业 184 家。美国福特、李尔内饰、韦世通、江森自控、天纳克、佛吉亚、五十铃、上海宝钢、可口可乐、百事可乐、中粮集团、百威英博、长安等 14 家世界 500 强企业，煌上煌、泰豪股份、尚荣医疗、三鑫医疗等 24 家上市公司及福建达利、汇仁集团、济民可信等一批知名企业、行业领军企业在此投资落户，尤其是以江铃集团为龙头的汽车企业的落户，形成了"江西汽车在南昌，南昌汽车看小蓝"的局面。

3. 明星企业

（1）城开建设集团有限公司。创始于 1984 年，系经国家工商总局和住建部核准的一级建筑施工总承包企业。企业总部位于南昌市，旗下产业有酒店、地产、林业。集团员工 2200 余人，注册资金 1.06 亿元。近年以来连续多年入选"江西百强民营企业"名列。集团以建筑业为核心产业。每 5 年平均产值超过 40 亿元、经营收入平均额超过 20 亿元。集团持续以 95% 的覆盖率在全国各地设立了分支机构，并在海外设立了业务合作联系点，建筑业

---

① 2015 年南昌县政府工作报告［EB/OL］．http：//www.ncx.gov.cn/articles/2015/02/13/167761.shtml．

② 南昌县 2014 年国民经济和社会发展统计公报［EB/OL］．http：//www.ncx.gov.cn/articles/2015/04/10/199454.shtml．

务以"无区域、广覆盖"为特点遍布全国各地并涉足境外，类别涵盖房建、市政、装修、消防等，并已涉足"现代化节能型整体装配式建筑"技术的研究与应用，同时以派驻、巡视、远程监控等方式全面落实执行安全规程。2014年荣获南昌市优秀企业荣誉称号。

（2）江西煌上煌集团食品股份有限公司。始创于1993年，由南昌市煌上煌烤禽社、南昌市煌上煌烤禽总社、江西煌上煌烤卤有限公司、江西煌上煌集团食品有限公司沿革发展而来。公司是一家以畜禽肉制品加工为主的食品加工企业，2012年9月5日成功在深交所挂牌上市，成为酱卤肉制品行业第一股，企业从"小产品"做到了"大品牌"，迈入了快速发展的轨道。2014年入选江西省民营企业100强，位列第27名。

（3）江西省绿滋肴实业有限公司。创建于2002年1月18日，"绿滋肴，专业做特产"，充分挖掘各地特产资源，开拓出一个绿滋肴特产世界。公司始终根植于"专业做特产"的品牌理念，成为全国特产连锁领域第一品牌。以江西省为发展布局的主线，向周边省市拓展布网，在江西、湖南、浙江、安徽等长江经济带11省市设立直营特产连锁超市，形成了辐射全国最强大销售网络。2014年起，公司从单一产业向多元化转变，初步形成了金融、实业、投资多元化的集团格局。为国家级农业产业化重点龙头企业、江西民营企业百强等。2014年荣获品牌中国最佳营销大奖。

（4）人之初集团。人之初集团地处南昌市国家级小蓝经济技术开发区。旗下有人之初营养科技股份有限公司、江西人之初乳品营养有限公司等8家所属公司，形成了以乳制品婴幼儿营养食品的研发、生产、销售为一体的主产业群；产业涵盖国内贸易、投资、婴童连锁机构、农业种植加工等多领域的综合性大型高科技型企业集团。人之初集团以制药的标准生产婴幼儿营养食品，获得"高新技术"认定企业、中国驰名商标、全国食品工业优秀龙头企业、中国母婴行业十大影响力品牌、中国奶粉十大品牌、国家级首批食品安全示范单位、中国十大杰出赣商企业、江西省食品协会会长单位、农业产业化省级龙头企业等。入选2014年江西民营企业100强。

（二）发展民营经济的措施

1. 发展民营经济的主要措施

（1）加强政策宣传，营造良好发展氛围。采取灵活多样的形式，做到政策宣传常态化、普及化。一是采用会议形式宣传省市促进非公经济发展政策。3月11日召开"大力促进非公有制经济更好更快发展"宣讲电视电话会议。县领导刘光荣出席，县个私民营经济领导小组成员单位、各乡镇和企业代表共160人收看。在其他相关会议中，也把促进非公经济相关政策宣传作为内容之一，实现宣传的常态化。二是积极深入企业开展宣传。深入多家中小企业开展政策宣传活动，把各类政策送到企业。

（2）积极调研走访，为企业发展把脉问诊。通过组织走访赛宝实业、鹏飞纺织、国鸿集团等30多家企业，深入了解企业生产经营情况和发展中遇到的问题，根据企业实际，与企业相关负责人共同探讨解决之道。并针对调研中了解到的情况，采取一系列措施。针对部分中小企业的融资难问题，牵头组织驻县金融机构与企业对接，取得良好的效果。

（3）强化业务指导，引导企业用活政策。为帮助和引导企业用活用好各级扶持政策，提高企业发展水平，在日常工作中创新服务方式，采取上门指导等方式，强化对企业的具体业务指导。2014年上半年指导了35家企业申报2013年度工业发展奖励，包括商标奖励、内陆运费补贴、新产品奖励和全民创业专项资金扶持。通过帮助企业了解政策细节，指导企业实际操作，为企业争取各级政策提供"细致入微"的服务。

（4）做好公共服务，畅通沟通交流平台。积极支持南昌县中小企业协会发展壮大，为本县中小企业提供优质的公共服务。一方面，县协会自成立以来，已发展会员85家；另一方面，搭建县协会的网站平台，集政策宣传、信息发布、沟通交流为一体，作为县协会对外工作的重要手段。

（5）实施专项行动，推进小微企业健康发展。为进一步促进全县小微企业加快转变发展方式，实现持续健康发展，务实有效推动全县扶助小微企业专项行动开展，县工信委个私办牵头制定了《南昌县2014年扶助小微企业专项行动工作方案》，在落实相关政策、改善融资服务、加强服务体系建设、减轻企业负担等方面开展活动，为小微企业发展营造良好氛围。

（6）加强人才建设，提升企业才智水平。认真做好宣传发动工作，严把生源质量关，已推荐5位专家进入南昌市高级专家库，两位企业高管报名参加全省现代服务业工商管理高级研修班，进一步提升了企业专业技术和经营管理水平。

（7）简化规范办事程序，加强工作对接，建立多方联系机制。加强县各相关部门的对接和沟通，密切业务往来和联系，扎实有力的推进业务工作，开创工作新局面。

2. 发展民营经济大事记

（1）2014年5月27日至11月28日，南昌县积极参加省企业创新能力提升示范活动。企业创新能力提升活动由江西省工信委主办，通过和深圳市知行信企业管理顾问有限公司合作，免费帮助南昌、九江两地的中小企业提升创新能力，培养项目经理、流程经理等，更好地提升企业的软实力，帮助企业实现管理现代化、高效化。在为期半年的时间里，通过开展集中宣贯、创新大讲堂、集中训练营、五次的集中培训以及深入企业一对一现场辅导等一系列活动，帮助企业构建了一个较为完善的研发与产品创新管理系统，打造了一支由创新领导者、产品经理、项目经理和流程经理组成的跨部门职能团队。

（2）11月6日，南昌县工信委组织民营企业参加"汇优贷"宣讲活动。11月6日下午，由市工信委、市工商联联合举办的"南昌市重点民营企业汇优贷"宣讲活动在南昌国际展览中心举办，本次宣讲活动邀请省社科院蒋小钰教授，为大家讲解南昌市"汇优贷"融资贷款政策，同时向在场的企业了解情况，征求意见，以便今后更好地为企业提供融资贷款的服务以及出台相关政策。南昌县工信委及时通过电话、短信等方式组织企业参加，共组织绿滋肴等公司27名中小企业高层管理人员参加活动。

三、进贤县

（一）民营经济发展概述

1. 县（市）情概况

进贤县位于江西省中部、鄱阳湖南岸，是省会英雄城市南昌的东大门，为南昌市管辖，面积1971平方千米，人口84万人，辖21个乡镇，具有文化底蕴深厚、区位交通优越、资源生态一流、特色产业蓬勃的鲜明特点。

进贤自古称"东南之藩蔽，闽浙之门户"，是长江三角洲、闽东南三角洲进入南昌的必经之路，区位优势凸显。现已纳入昌九工业走廊、昌九景工业金三角、环鄱阳湖经济圈、环南昌半小时经济圈，是四个经济区块的交会重合带。沪昆、福银、德昌三条高速，316、320两条国道穿境而过，使进贤到南昌只要半小时，至上海、杭州、广州等经济中心城市只需6小时。京九、浙赣等铁路线交会于进贤，至全国主要大城市的铁路交通都可以朝发夕至，建设中的杭南长高铁在该县设立市级站台。距昌北国际机场仅40分钟车程，昌北国际机场已开辟通往香港、澳门地区等国内各主要城市和韩国、新加坡等国际专线40多条。

进贤县始终把发展民营经济作为壮大县域经济的突破口，民营经济已成为进贤县经济发展的主体和支柱。到目前为止，进贤县的私营企业已发展到2941家，个体工商户10722家。

该县按照"发展特色经济、壮大特色产业、打造特色板块"的发展思路，大力推进民营经济发展，致力于放大特色效应和集聚效应，铸就了医疗器械、文化用品、钢构网架、汽车配件、食品加工、烟花鞭炮、新能源新材料、生物医药、纺织服装、电子信息十大独具特色的支柱产业。李渡酒、文港笔等六大传统产业蓬勃发展，品牌飞扬；隆莱制药、汇得能生物发电、香港兆展风力发电和大唐国际风力发电等新兴产业代表，异军突起，做大做强，赢得了"特色看进贤"之美誉。

同时做好民营企业加快向园区聚集、加快改造提升传统产业、加快培育壮大工业主导产业。2014年完成工业总产值532.1亿元，同比增长11.2%；完成主营业务收入281亿元，同比增长10.9%；工业投资完成59亿元，同比增长30.7%；完成工业增加值133.02亿元，同比增长11%；其中规模以上工业增加值完成70.2亿元，同比增长11.5%。全年新增规模以上工业企业16家，总数达118家。产业集群发展提速。医疗器械、烟花鞭炮、文化用品、钢构网架、食品加工、服装加工六大重点产业发展迅猛，支撑和带动了全县工业、园区跨越发展；医疗器械产业列入全省20个工业示范产业集群；钢构网架产业列入全省重点推进的60个产业集群。

2. 工业园区简介

进贤县高新产业园创建于2002年，2005年8月被南昌市政府批准为中小企业创业基地。2012年11月又被江西省政府批准为首批省级工业园区筹建。园区总体规划面积约28平方千米，其中首期控制性详细规划面积6平方千米。目前园区基本完成首期规划，正在进行二期规划的设计与开发。自成立以来，园区始终认真贯彻落实县委、县政府的决策部署和总体安排，紧紧咬住"超常发展、进位赶超、特色崛起"这个总体目标，大力推进大开放主战略和新型工业化核心战略。

开发区以45米宽的青岚大道和青阳大道为轴心，形成了三纵四横的发展格局。区内水、电、路、讯等一应俱全，拥有10万吨/日的供水能力，园区内已建成110千伏变电站1座（正在新建的110千伏变电站1座）基础设施完善。区内政策优惠、灵活，环境宽松，服务高效，为入驻企业实行园区代办制。标准厂房高起点、高规划兴建，让小微型企业拎包入驻生产。开发区已落户雄宇钢构、申安集团、高正集团、隆莱生物制药等知名企业。入园企业达120余家，全园实现工业总产值35亿元，安置就业人员7000余人。开发区已初步形成了钢网结构、生物医药、电子信息、汽车配件四大产业群，园内企业已成为该县县域经济的主要增长点。

3. 明星企业

（1）江西雄宇（集团）有限公司。位于进贤县高新产业园区，公司厂区面积260亩，厂房面积8万平方米，现有职工1600余人，其中工程技术人员占38%，具有高级职称技术人员 15 人，建造师 80 余人，其中一级建造师 19 人。注册资金 1.2 亿元，下设雄宇钢结构、房屋建筑等 7 个子公司和 5 个分公司。公司的产品及工程已覆盖全国 20 多个省（市、自治区），钢结构及大型储罐工程已进入赞比亚、印度、印度尼西亚、孟加拉等国。公司是中国石油和化学工业协会团体会员单位、中国建筑金属结构协会会员单位、南昌市建筑业协会副会长单位、江西省建设工程勘察设计协会理事单位、江西省一级诚信企业、江西省建筑安装业十强企业、南昌市重点民营企业、江西省先进民营企业。2014 年集团营业收入达 88010 万元，进入江西省民营企业 100 强和制造业 100 强榜单。

（2）江西益康医疗器械集团有限公司。创建于 1989 年，是经国家食品药品监督管理局审核批准，专业生产一次性使用无菌医疗器具系列产品的大型企业。公司位于进贤县李渡镇。"益康"牌产品销往全国 30 多个省、市、自治区，曾荣获"中国质量万里行五年回顾荣誉企业"、全国首批"放心产品贴标企业"、"全国乡镇企业创名牌产品重点企业"、"江西省名牌产品"、"江西省著名商标"等荣誉称号。2014 年，营业收入达 138981 万元，位列民营企业百强第 58 名。

（二）发展民营经济的措施

1. 发展民营经济的主要措施

（1）审批制度改革扎实推进。完成了第 8 轮行政审批制度改革，启动了第 9 轮行政审批制度改革，精简行政许可事项 27 项，"一审一核"268 项；推进了企业注册登记制度改革，新注册登记企业 753 户，增长 74.7%。

（2）政策扶持力度加大，营造企业成长环境。为促进县域工业经济发展，出台了《进贤县关于加快县域经济发展的若干意见》。工信委负责起草的产业"1 + 3"文件，扶持进贤县医疗器械产业和钢结构产业集群发展。即《进贤县产业发展指导意见》、《进贤县促进医疗器械产业集群发展若干政策措施》、《进贤县鼓励工业企业增产增效扶持政策》、《进贤县扶持工业企业上规模政策措施》。措施的集中出台为全县工业经济逆市上扬提供了有力保障。

（3）强化金融支持、用地支持、上市支持，优化中小企业融资，申报工业用地和上市等配套服务。2014 年由政府制定对驻县金融部门的激励措施，出台扶助中小企业融资的政策性文件和奖励办法。积极为中小企业融资搭建服务平台，解决中小企业融资瓶颈，充分调动金融部门为地方经济发展服务的积极性。由县政府指导，为企业提供信息咨询和相关配套服务，鼓励本县企业上市。

（4）认真抓规模企业培育。加快培育规模企业，对于壮大县域经济具有不可替代的作用。进贤县大力实施企业成长工程，积极组织全县发展势头好，后劲强、纳税增长快的工业企业，向上积极争取各类政策支持和专项资金扶持；为成长型小企业提供资金支持和技术指导服务。

（5）推进产业集群发展，促进民营企业升级。围绕打造医疗器械、钢结构两个百亿产业，提升工业发展水平，进贤县不断加快产业结构调整，推动产业集聚发展，促进企业发展壮大和转型升级。医疗器械产业被省认定为工业示范产业集群，并获省 200 万元医疗器械产业服务平台建设扶持基金；钢结构产业被省认定为全省重点推进的 60 个产业集群之一。

（6）大力开展教育培训服务，力争打造一支有文化、懂管理、会经营、善运作的民营企业家队伍，提升本县民营企业发展水平。积极组织企业老总或高级管理人员到清华大学、浙江大学、南昌创业大学等高等院校参加工商管理总裁研修班培训；积极为非国有企业技术人员申报初、中级职称；组织和动员民营企业加入南昌市企业家协会和企业家联合会。

2. 发展民营经济大事记

（1）2014年，县工信委牵头制定多部民营经济发展规划。根据该县工业经济发展的新情况，制定了《进贤县医疗器械产业发展规划》、《进贤县文化用品产业发展规划》、《进贤县食品加工产业发展规划》、《进贤县钢构网架产业发展规划》、《进贤县汽车零部件产业发展规划》。

（2）2014年全年为81家中小企业解决融资问题。县工信委同经济开发区为南昌宏达铸锻、群力钢构等81家中小企业办理了"财园信贷通"申请材料，已有68家企业获批贷款，贷款金额达2.731亿元。

（3）2014年，县工信委帮助企业争取各类政策支持和专项资金扶持。2014年，县工信委组织企业申报节能项目3个，南昌市初创型小企业创业专项扶持项目10个，南昌市中小企业发展专项资金项目6个，市制造业固定资产投资贷款贴息项目6个，申报省工业企业增产增效奖励企业两家。

四、九江县

（一）民营经济发展概述

1. 县（市）情概况

九江县位于江西省北部，长江中游南岸。东倚庐山，南邻星子、德安，西接瑞昌，北与湖北黄梅、安徽宿松隔江相望，中插九江市区，使县境分成东西两部。地理坐标为东经 $115°37' \sim 116°15'$，北纬 $29°21' \sim 29°51'$，全境东西长62千米，南北宽57千米，总面积873平方千米，其中陆地面积占81.5%。有耕地16063公顷。

九江县是江西的北大门。县境独得近城、近江之利，构成水、陆、空立体交通网。长江黄金水道在境内长达48千米，占全省境内长江里程143千米的33.6%，水运上达汉渝，下抵宁沪，内通五河，外轮直驶港澳、日本和东南亚。京九与武九铁路在县城南端庐山站交会，大型列车编组站建在北郊。105国道和南九高等级汽车专用公路纵贯南北，九瑞、双瑞干道横跨东西，境内公路总长629千米。位于县城以南20千米的庐山机场，可起降波音737等大型客机，已开通国内客、货运航线。境内已建成纵横连贯的公路网，实现乡乡通油路、村村通汽车。全县邮电通信设施覆盖面广，通信便捷，各种程控、移动电话和公用计算机网络均接入国际互联网。

九江县依托优越的区位优势，采用政策扶持、科技创新等举措，为民营经济增添"活力源泉"，推动民营经济实现"裂变"效应，民营经济发展"活力四射"。2014年，全县实现生产总值（GDP）910434万元，按可比价格计算，比上年增长10.4%。其中第一产业增加值120455万元，比上年增长5%；第二产业增加值542108万元，比上年增长11.2%；第三产业增加值247871万元，比上年增长11.5%。人均生产总值30562元，比上年增加3263元，比上年增长12%。产业结构不断优化，三产比由上年的14.1∶60.8∶25.1调整为13.2∶59.5∶27.3。第二产业仍占主导地位，第三产业比重逐步上升。工业增加值468844万元，占 GDP 的比重达 51.5%，比上年下降 1.2 个百分点，第三产业占 GDP 比重比上年提高了 2.2 个百分点。①

非公经济实力大幅提升，新增个体工商户 946 户、中小企业 388 家，实现民营企业销售收入 217 亿元；经济城新引进入城企业 31 家，完成税收 2050 万元。②

2. 工业园区简介

2014 年，九江县沙城、赤湖工业园紧扣"两区互动、强工兴城"发展战略，围绕"对接主城区、融入大九江、决战新工业、做美沙河城"发展思路，策应鄱阳湖生态经济发展战略，以服务项目为中心，以基础设施建设为重点，创新服务，全年签约合同资金 123.8 亿元，完成内资实际进资 37 亿元，增长 19.4%。工业园区企业完成主营收入 143.28 亿元，增长 17%。全年实际利用外资 7995 万美元，增长 9.5%。实现出口总值 20190 万美元，增长 18.2%。

沙城工业园。2014 年，沙城工业园引进新华物流、新华印刷、恒瑞工量具等优质项目；博莱、仙客来等规模以上企业健康成长，强力支撑县域经济发展；获"江西省和谐园区"称号，被市委、市政府评为"优秀工业园区"。园区当年新增规模以上企业 3 家，全年完成主营业务收入 100 亿元，同比增长 11.11%，其中华林特钢首次工业主营收入突破 10 亿元大关；实现规模以上工业增加值 20 亿元；完成税收 5800 万元，安置就业 6000 余人。全面启动并完成东区东扩 38.5 公顷征地工作，完成 5000 余座坟穴迁移及征收范围内野生保护树木报批、移植等。清理园区闲置土地，盘活园区低效用地 13.3 公顷。完成 1100 平方米毛家垅自然村及 2400 平方米李家山自然村便民道路工程；对东扩征地范围内 13.3 公顷复耕进行复绿。

赤湖工业园。2014 年，赤湖工业园园区有企业 49 家。其中，投产企业 22 家，在建企业 17 家，签约企业 10 家。亿元以上项目 21 个，5 亿元企业 9 家，10 亿元企业 3 家，20 亿元企业 3 家。全年实现主营业务收入 39.41 亿元，实现利税 2.63 亿元，园区就业人数达到 3000 人。全年新增投资 39554 万元，完成赤湖工业园 45 平方千米总规编制和 22.5 平方千米核心区及 2 平方千米生活配套区控规编制。全年在建重大项目有九江赤湖国际皮革工业城、华奥电梯、长兴塑业投资、轻化产业园、汇泉生物二期、晟电子投资、布斯特投资、星威实业等。投产项目有富美家装饰材料、宝利粮油、赛湖机车、丰鼎建材等。获省林业局、省绿化委员会授予"全省绿色园区"称号；被市委、市政府评为"全市科学发展综合考评沿江开放开发第二名"。

3. 明星企业

(1) 江西博莱大药厂。致力于畜牧业产业一体化发展的高科技民营企业，主要产业分兽药、饲料、生物制品、养殖四大板块。现拥有江西博莱大药厂、九江博莱农业生态园有限公司等多家子公司。集团总部设于庐山脚下沙城工业园，现有员工近千名，其中大专以上学历的超过 55%，建有北京、九江共三处 GMP 生产基地，2006 年实现年产值过亿元，是一家集农牧产品的科研开发、生产、经营于一体的省级行业龙头企业。博莱集团被评为"江西省诚信企业"、"九江市诚信经营企业"、"九江县十佳诚信企业"、"省级龙头企业"。

(2) 江西仙客来生物科技有限公司。专业从事食、药用菌良种培育、新技术推广、原

① 九江县 2014 年国民经济和社会发展统计公报 [EB/OL]. http：//www.jjx.gov.cn/html/aa/aa3/42713.html.
② 九江县 2015 年政府工作报告 [EB/OL]. http：//www.jjx.gov.cn/html/cc/cc1/cc1_2/41496.html.

材料供应、菌类产品研发、加工、销售一体化的科技型民营企业，前身是创办于 1982 年的庐山真菌研究所。公司是以农产品精深加工为方向的农业产业化经营省级龙头企业、食用菌行业标杆企业。是全省优秀农业龙头企业、全省质量管理先进企业、江西省一级诚信企业、江西省守合同重信用 AAA 企业、全国食用菌行业十大龙头企业、全国食品工业优秀龙头企业、国家星火计划龙头企业技术创新中心、国家食用菌加工技术研发分中心，获得江西省科技进步奖，为江西省著名商标、江西名牌产品，通过 ISO 质量管理体系认证和 HACCP 食品安全管理体系认证。

（二）发展民营经济的措施

1. 发展民营经济的主要措施

（1）扎实推进重点领域改革。出台了政府职能转变和机构改革方案，加大简政放权力度，核查行政事项 967 项，推行项目代办制、联审联批制，最大限度减少审批环节，优化审批流程，缩短办事程序，提高办事效率。

（2）不断健全保障机制。建立县领导定点帮扶制度，县四套班子领导成员挂点帮扶重点产业、重点项目、重点企业，与重大产业集群项目一对一对接，及时帮助解决发展中存在的问题，做好协调服务工作。

（3）加大企业融资支持。加强政企、银企合作，创新融资模式，加大融资支持，引导银行、金融机构加大对企业的信贷投放；成立中小企业担保公司，创新"财企惠贷通"、"财园信贷通"、"助保贷"等多种融资方式，为企业发放贷款近 2 亿元，有效缓解中小企业融资难、融资贵的问题。

（4）在打造园区特色上下功夫。按照"优势立园、特色立园"的理念，结合九江沿江开放开发总体布局，着力培植园区特色产业，促进产业优化升级，形成园区产业优势。

（5）积极引导企业开展自主创新，加大技术改造，提高企业竞争力和经济效益，积极扶持企业做大做强，一大批企业不断发展壮大。博莱肉食、仙客来科技、雄基建设、宇洋化工、创基管桩、鑫山水泥等企业主营业务收入均达 5 亿元以上，分别发展成为行业的领军企业。

（6）加大招商引资力度，落实"六个一"服务机制，强化项目调度督查，提升项目建设成效，形成项目加速集聚效应。

2. 发展民营经济大事记

（1）2014 年 5 月，全县重点工业项目县长办公会召开。会上县工信委、沙城局、赤湖局分别汇报了全县 26 个续建、新建的重点工业项目基本情况和项目在建设推进过程中遇到的问题和困难。对企业提出的问题和遇到的困难，进行现场办公，落实具体服务部门和责任人跟踪负责。陶晔指出，工业项目是未来经济的引爆点，各有关部门要全力做好项目服务，做到"快"字当头、保障到位、规范操作、合作联动，力促项目建设快速推进。陶晔同时要求企业家要诚实守法，真心兴办实业，同时也要树立社会责任，珍惜好土地资源。

（2）2014 年 5 月，县工信委践行群众路线教育，真情服务该县企业。5 月 7 日上午，县工信委邀请省工信委领导和知信行咨询公司专家来该县讲解企业创新能力提升示范活动，这是工信委为进一步贯彻落实群众路线教育的一项具体活动。在仙客来会议室，仙客来、博莱集团等 10 余家公司总经理参加了培训，通过专家授课和现场交流，与会企业家纷纷表示这项活动能帮助企业完善一套创新机制，并就如何把这件好事做好提出了各自的意见和看法。

（3）2014年5月，举办民营企业招聘周。为做好民营企业周招聘工作，便于广大农村高校毕业生、返乡技能人才、农村富余劳动力等群体就近找工作，县劳动就业部门将招聘会办到乡镇。活动期间依次在港口、岷山、新合、新塘等乡（镇、场、区）举办招聘会。江西创银科技有限公司、九江历源整流设备有限公司、九江博莱农业集团、江西仙客来生物科技有限公司、九江县宏成制衣厂等20余家县内知名企业积极参与本次招聘周活动。

（4）2014年，九江县"放手"培训助企业成长。2014年下半年，该县根据《关于进一步规范全省就业创业培训管理工作有关问题的通知》（赣人社发〔2014〕32号）文件精神，对园区内九江银帆纺织有限公司、富美佳装饰材料有限公司、江西创银科技有限公司、九江达佳棉纺织有限公司、九江利胜服装制造有限公司等20多家大中型企业下放培训自主权，让企业担当培训主体，自行安排培训。企业需按规定提供开班申请报告、课程安排表、企业营业执照复印件、培训学员花名册、学员身份证复印件、劳动合同复印件、工资发放表、培训工程影像资料等。县培训中心则对企业培训资质、学员资格、培训过程、培训效果进行监管验收，对验收合格的企业全额发放培训补助。

五、樟树市

（一）民营经济发展概述

1. 县（市）情概况

樟树市地处赣中，跨赣江中游两岸，境内以平原低丘为主，全市总面积1291平方千米，总人口60万人，其中城区常住人口23.9万人，辖19个乡镇（街道）。樟树因树而得名，因酒而立市，因药而扬名，因盐而闻世，具有悠久的历史、灿烂的文化、优越的区位和较强的经济实力，历史上是与景德镇齐名的江西四大名镇之一。

樟树市先后获得"中国产业发展能力百强县市"、"中国县域产业集群竞争力百强县市"、"中国县域商标发展百强县"、"中国最具特色金融生态示范城市"、"中国金属家具产业基地"、"中国药都"、"中国盐化工循环产业基地"、"中国城市创新能力百强县级城市"、"国家知识产权试点城市"等荣誉称号。

樟树市依托科技创新，引导支持医药、酿酒、机械、保险设备等传统产业突破核心技术，提升装备水平，优化工艺流程，促进现有民营企业扩规、提质、增效，实现了企业和产业从加工型向科技型的转变，提升民营经济的发展水平。2014年樟树市实现生产总值300亿元，增长10.2%；完成财政收入42.05亿元，增长15.2%，列全省第6位，较上年前移1位，其中公共财政预算收入28.29亿元，增长19.7%；规模以上工业实现增加值120.1亿元，增长12.5%；完成500万元以上固定资产投资211.7亿元，增长19.7%；引进国内市外资金53.9亿元，增长13.8%；外贸出口1.62亿美元，增长20%。

全年全部工业增加值153.57亿元，增长11.2%，占生产总值比重达52.5%，比上年下降1.2个百分点。其中，规模以上工业增加值120.11亿元，增长12.5%，同比下降0.6个百分点，分别比全国、全省、宜春市高出4.2、0.7和0.1个百分点。支柱产业仍然保持稳定增长。全年完成规模以上工业总产值 483.32 亿元，同比增长 17.1%。[①]

2. 工业园区简介

樟树市工业开发区于 2001 年 10 月动工兴建，坐落在樟树市城北街道，交通四通八达，浙赣、京九铁路、105 国道、千里黄金水道赣江以及赣粤、沪瑞高速公路六大动脉和樟宜、樟高、樟抚 3 条省道交织成了工业开发区内外连接的交通网，张家山火车站、樟树赣江北码头在开发区东面，开发区距省城昌北机场只需 1 小时车程，在省会南昌 1 小时经济圈内。

樟树市工业开发区紧紧围绕建设体制创新实验区、工业企业聚集区、城市发展新区和樟树市经济重要增长极的目标，千方百计加快园区招商引资步伐，做大做强园区经济，注重入园企业的数量和质量，突出重点，着力打造"三大板块"，初步构建了樟树市"一江两岸"的城市发展格局。

一是壮大药业板块。已有宏洁、康宝、泰欣、欣美健源等 18 家医药企业落户开发区，涉及药品、保健品、医疗器械、医药包装四大系列。城北药业板块形成生产规模后，年工业总产值可达 8 亿元，销售收入 7.5 亿元，利税 0.85 亿元。

二是构建化工板块。已有投资 8000 万元的赣中氯碱、投资 3500 万元的科海化工、投资 5000 万港元的宏铂化工、投资 3500 万元的丰源焦化、赣江化工、鼎鑫化工 6 家化工企业都已竣工投产，共占地面积 248.2 亩，化工板块形成集中的产业链条。2005 年化工板块实现销售收入 13500 万元，工业增加值 3500 万元，上缴税金 600 万元。预计 2006 年上缴税金可达 1000 万元。

三是培植服装板块。现已有圣罗兰服饰、宇圣服饰、森仕服饰、天马服饰 4 家服装企业落户工业园区，总占地面积 219.04 亩，计划固定资产总投资 1.3 亿元，形成生产规模后，年工业产值可达 1.5 亿元，销售收入 1.4 亿元，利税 3000 万元，安排就业 2200 人。

3. 明星企业

（1）仁和集团。仁和（集团）发展有限公司组建于 2001 年，是一家集药品、保健品生产销售于一体的现代医药企业集团。集团旗下拥有 1 家上市公司，3 家医药科研机构，13 家药品、保健品生产企业，5 家销售物流企业，员工 1.8 万余人。2014 年，仁和集团以"做一个掌握传统资源的互联网企业"为目标，加速向互联网转型，构建"M2F + B2B + B2C + O2O"叮当大健康生态圈，开启了向互联网医药公司的创新转型。仁和集团现已形成由仁和企业品牌和主导产品品牌组成的品牌集群，公司拥有的仁和、妇炎洁、优卡丹、闪亮等商标是中国驰名商标。"2014 江西民营企业 100 强"榜单中，仁和集团居第 16 位，先后获得国家授予的"全国就业与社会保障先进民营企业"、"全国模范劳动关系和谐企业"和"全国就业先进企业"等荣誉称号。

（2）四特酒有限责任公司。公司坐落于江西省樟树市，正式创建于 1952 年，前身为国营樟树酒厂，1983 年更名为江西樟树四特酒厂，2005 年改制为四特酒有限责任公司，是集科研、生产、销售于一体的全国知名酿酒企业。公司现占地面积 2000 多亩，拥有员工 4000余人。四特酒公司注册商标"四特"荣获为"江西老字号"。四特酒公司是"全国质量和服务诚信优秀企业"、"全国质量诚信优秀典型企业"，为首批"江西省知识产权优势企业"创新平台。2014 年，四特酒公司省级科技支撑计划项目"特型大曲微生物及其酶系对特型酒

① 樟树市 2014 年国民经济和社会发展统计公报［EB/OL］. http：// www. zhangshu. gov. cn/zwgk/tjgb/201504/ t20150430_ 297334. html.

风格风味的影响"获得省科技进步三等奖。四特公司荣获"江西民营企业 100 强"第 26 位。

（3）江西九州医药有限公司。创建于 2004 年 10 月，是一家首批获得国家 GSP 资证的民营股份制医药物流配送企业。公司总部坐落于樟树市福城医药园区，占地面积达 50 余亩。公司以药品批发、物流配送为核心业务，经营品种超过 10000 余种，销售网点小至农村诊所，大到三甲医院。公司资产总值达 10 亿元，员工总人数 1000 余人，是"江西省百强企业"、"宜春市百强企业"、"樟树市十强企业"，公司业绩以年均增长率 30% 的速度位列于江西省物流行业前三甲。

（二）发展民营经济的措施

1. 发展民营经济的主要措施

2014 年，樟树市把发展民营经济作为推动创业就业的重要抓手，采取多项措施扶持有创业愿望的劳动者创办各类个体、私营企业，有效地拉动了创业就业。

（1）完善扶持政策，优化发展环境。制定和完善了创业带动就业的相关配套政策，放宽企业经营范围限制、名称登记条件、注册资本（金）条件、非货币财产出资方式和比例、经营场所登记条件，取消个人经营出资限制。

（2）强化创业服务，提升服务质量。开展针对个体、私营企业主的"一对一"帮扶活动，"点对点"靠上服务，建立帮扶台账和帮助联系卡，结成帮扶对子，增强了企业的经营管理和市场竞争能力，提高了创业稳定率。

（3）简化办事程序，开辟"绿色通道"。积极探索创业注册登记的联合审批、限时办结和承诺服务，开通创业"绿色通道"提供开业指导、小额贷款、税费减免、法律援助和后续扶持相结合的创业"一站式"服务。大力开办民间创业服务组织，深入挖掘农村内部的自我服务潜力。组织多家企业和农村经济协会，推广应用新技术，提供生产信息，邀请致富能手和农业专家组织农村实用技术培训和科技推广。

（4）挖掘市场潜力，扩大发展空间。引导有实力的中小企业创办"前店后厂"，支持其加大投入，扩大生产经营规模，增加吸纳就业容量；支持一批上规模的优势企业，通过重组、兼并、联合、收购等途径向规模化、集团化发展；积极拓宽社区服务领域，鼓励设立各种便民利民服务网点，组建各种灵活机动的服务队伍，切实增加多元化的就业岗位。

（5）推进载体建设，培育创业平台。着力推动重点项目建设，大力实施项目引进，着重发展药业、酿酒、盐化工、现代物流、住宿餐饮等就业岗位多的项目。创建创业园区和孵化基地。引导民间资本、民营企业向园区集中，促进产业集约，形成产业集群。

（6）大力推进企业诚信建设，营造公平竞争的市场环境。樟树市已涌现诚信企业 73 家，诚信企业数量占全市规模以上工业企业的 59.3%。同时，该市 123 家规模以上工业企业均建立健全了诚信管理体系。

（7）依托科技创新，引导支持医药、酿酒、机械、保险设备等传统产业突破核心技术，提升装备水平，优化工艺流程，促进现有企业扩规、提质、增效，实现企业和产业从加工型向科技型的转变，提升民营企业的产品质量和发展水平。

（8）以创新制造产品，以诚信塑造品牌，不断提升民营企业整体质量水平。如今，该市拥有中国驰名商标 12 件、中国名牌产品 3 个、省著名商标 97 件、省名牌产品 50 个，品牌总量列全省第一、全国 40 强，被评为"中国县域商标发展百强县"。

（9）抓政策落实，为民营企业和求职者解决实际问题。一方面，为求职者营造公平的就业环境。另一方面，真心诚意为民营企业做好招前、招中和招后服务。有针对性地解决民营企业对技能型人才的急需，帮助和指导用工短缺、就业条件优良的民营企业直接从公共就业服务系统数据库中挑选人才。指导民营企业享受各项扶持政策，引导吸纳 40 后、50 后等就业困难群体通过享受政策实现就业。

2. 发展民营经济大事记

（1）2014 年 5 月，樟树创优金融生态环境助力实体经济发展。近年来，樟树市不断优化金融生态环境，积极探索改善金融生态环境的新途径、新方法，努力搭建政府部门、金融机构与企业信息沟通和交流的平台，增进银企互信，提升地方金融产业"造血"功能，突破中小企业融资难瓶颈，为樟树的民营实体经济源源不断地输送着"资金血液"，实现了实体经济与金融的协调发展。

（2）2014 年 8 月，南昌樟树商会在樟树召开会员座谈会暨招商推介会。8 月 5 日，商会在家乡樟树召开会员座谈会暨招商推介会，访问在樟会员、向他们通报商会工作及有关情况，对新形势下民营企业的发展和文化产业的发展开展研讨，听取他们对商会工作的意见，并进行招商推介活动。

（3）2014 年 12 月，樟树市积极创建"五好工商联"。位于赣中的江西省樟树市是闻名全国的药都，区域经济和民营经济发展一直领跑江西。近年来，樟树市工商联在市委、市政府的直接领导下，在江西省工商联、宜春市工商联的悉心指导下，以创建"五好工商联"为目标，以规范化建设、系统化推进、制度化保障为抓手，打牢工作基础，彰显组织活力，激发工作动力，工商联工作得到了全面发展，服务非公经济的能力在不断提升。

六、高安市

（一）民营经济发展概述

1. 县（市）情概况

高安市，位于江西省会南昌西部，距南昌 35 千米，面积 2439.33 平方千米，人口 100万人，1993 年撤县设市，下辖 20 个乡镇、2 个街道办事处、1 个风景名胜区管委会，是全国粮食生产先进县市、全国生猪调出大县、全国无公害蔬菜生产基地、全国汽运大市、中国建筑陶瓷产业基地、中国书法之乡，境内华林山—上游湖风景区被评为国家 AAA 级景区。

全市已初步形成以建陶水泥、汽运物流、机械光电、生物医药、现代农业和绿色食品、化工矿业、服装纺织、文化创意等为主导产业。随着沪昆高铁和南昌轻轨的建成，高安面临难得的发展机遇，高安与南昌"同城化"效应日趋明显。

2014 年，高安市以结构调整为主线，强化发展支撑和产业转型升级，优化民营企业服务，不断拓宽金融融资渠道，全力开创民营经济快速、持续、健康发展的新格局。市委、市政府按照"加速产业集群，助推产业升级"的总体部署和要求，不断完善各大园区的配套功能，引导产业提档升级。建陶基地按照"环保优先，品牌引领，转型升级，科学发展"的思路，全力助推民营产业转型升级，紧紧抓住"高铁时代"、"高速时代"带来的重要发展机遇期，全力激发民营经济发展活力，争取全市民营经济的发展取得实质性突破。2014

年 12 月，新注册私营企业 1000 家，同比增长 60%；全市民营经济完成增加值 195.7 亿元，同比增长 20%，占计划的 100.3%；实现营业收入 661.3 亿元，同比增长 20%，占计划的 100%；全市民营经济实现税金 21.9 亿元，同比增长 20.3%，占计划的 100%，增幅在全宜春市 10 个县（市、区）中排名第二。[①]

2. 工业园区简介

（1）高安工业园始建于 2001 年，是全省 20 家重点工业园区之一，位于高安市区东郊，320 国道穿园而过，距省会南昌 45 千米，距九江港 170 千米，沪昆高铁紧邻园区并在园区北侧设站，与"昌九"、"沪瑞""昌栗"等高速公路以及"京九"铁路相接，与锦江毗邻，有着十分突出的区位优势和便捷的交通条件。

园区总规划面积 30 平方千米，已开发近 10 平方千米。引进企业 139 家，投产企业 96 家，形成机械机电、建筑陶瓷、医药化工、纺织服装、LED 光电五大主导产业。高安工业园区连续 8 年获评全省工业崛起奖六大指标综合先进，2006 年 3 月被江西省科技厅命名为"省级民营科技园"，2008 年 10 月被评为"江浙企业家投资首选开发区"。

（2）高安素有建筑陶瓷生产基地的美誉。江西省建筑陶瓷产业基地位于高安市东南部素有高安"金三角"之称的八景、新街、独城三镇交界处，是省发改委、省经贸委批准的全省唯一的建筑陶瓷产业专业基地，分生产区、展贸区、物流区、培训区等相关链区。区位优势明显，距赣粤、沪昆高速公路胡家坊大型互通出入口仅 10 千米，高胡一级公路穿境而过，现有 220 千伏金子山变电站和肖江变电站、110 千伏蔡家变电站、新明珠变电站以及陶城变电站 5 个变电站为基地企业供电。全市有 218 条陶瓷生产线投产（含腰线），主营业收入突破 230 亿元，年生产能力达 8 亿平方米，其中基地内有 119 条生产线投产（含腰线），完成固定资产投资 200 亿元，年生产能力达 6.5 亿平方米，2013 年完成税收 2.4 亿元。

2014 年 3 月与国企中节能公司正式签约投资 30 亿元，建设基地集中供气项目，目前进入建设阶段，一期工程已于 2015 年底投入使用；投资 3800 万元的中国建筑陶瓷实训中心已经投入使用，年培训能力达 3000 人。

3. 明星企业

（1）高安红狮水泥有限公司。高安红狮水泥有限公司是一家专业生产高标号水泥的大型企业，位于高安市八景镇，是红狮控股集团成立的第一个省外子公司。公司先后被授予江西省"'十五'技术改造优秀项目"、江西省"四率"先进企业、江西省优秀企业、江西省质量信用"AAA"级企业、江西省纳税信用"A"级企业（最高级）、宜春市"工业十强企业"、高安市超千万企业"特别奖"等称号。公司关键设备有引进丹麦、德国、荷兰、美国等国的原料立磨、DCS 控制系统、斗式提升机、机械加煤机等。通过 ISO9001 质量管理体系认证、ISO14001 环境管理体系认证和产品质量认证。

（2）江西太阳陶瓷有限公司。创建于 1994 年，总部坐落在高安新世纪工业城，公司占地面积 2200 余亩，固定资产 5.8 亿元，拥有高安公司、高新公司、神州陶瓷、新瑞景公司、瑞新公司五大生产基地和佛山运营中心。产品销往全国 20 多个省（市、自治区），出口美国、欧洲、希腊、中东、东南亚、中亚等发达国家和地区。公司为"江西省诚信企业"、"江西省先进非公有制企业"、"中国建筑陶瓷最具发展潜力企业"等。2014 年，公司以

---

① 高安市民营企业局. 2014 年全市民营经济发展的主要成效 ［EB/OL］. http://xxgk.gaoan.gov.cn/gasmyqyj/zfxxgk_18530/gzdt_ 18533/tjsj_ 18537/201412/t20141201_ 282437.html.

194103 万元的营业收入列省民营企业 100 强第 44 位。

（3）江西省金三角陶瓷有限公司。位居国际陶瓷中心华夏陶瓷博览城，生产基地安居高安。是一家专业从事仿古砖、艺术陶瓷研发、生产、销售、服务为一体的新型陶瓷企业。公司占地面积 460 亩，分三期建成六条大型的现代化建筑陶瓷生产线，项目总投资 4.5 亿元。公司主要生产瓷质仿古砖，公司运用行业领先的制造工艺，科学规范的精细管理，创新的新品研发，专注于打造建筑行业的仿古精品。公司产品曾荣获 2011 年度中国十大城乡品牌奖、陶瓷行业新锐品牌奖以及最具价值品牌奖、中国著名品牌重点推广单位、2014 年江西省民营企业 100 强等。

（二）发展民营经济的措施

1. 发展民营经济的主要措施

高安市通过创优环境促发展，加强协调服务，强化跟踪落实，采取点对点、面对面、心贴心的方式，当好企业发展"保姆"，逐步培育适合民营经济持续发展的沃土。

（1）严格落实"一站式"审批，积极营造政府支持、社会尊重、部门服务、法制保障的民营经济发展环境。行政许可项目、非行政许可项目、公共服务一律进驻行政服务中心窗口，并纳入网上审批和电子监察系统办理，做到项目、环节、收费应进必进；同时，该市不断规范执法行为，明确重点企业每月 1～25 日为"安静生产日"，在此期间，除安全检查、税收征管、环境保护和政法机关查处案件以外，各行政执法机关不得到企业执法，做到"零干扰"。

（2）摆正工作思路，建立企业服务队伍"问责"机制，全力推进民营经济发展。以开展党的群众路线教育实践活动为契机，内强素质，外树形象，对涉及的具体问题，进行专项整改，并完善制度建设，为全市民营经济加速发展提供一系列卓有成效的服务。

（3）多管齐下，积极创新融资模式，拓宽融资渠道，破解民营企业融资难题。一方面，高安市通过成立金融服务中心，免费为中小企业提供融资咨询服务，并依托服务中心开展银企合作，破解企业融资难题；另一方面，扶持中小企业担保公司发展，促进担保市场多样化，该市中小企业担保公司共有 3 家，始终坚持充分发挥桥梁和纽带作用，帮助企业排忧解难。截至 2014 年 11 月底，累计为 87 家中小微企业发放 102 笔担保贷款，累计达 4.1 亿元，在保余额达 4.3 亿元，担保经营规模在全省担保行业名列前茅。

（4）积极整合资源，搭建学习平台，采取"长训"与"短训"、"请进来"与"走出去"、"合作培训"与"企业内训"等方式相结合，加大企业人才和创业人才培训力度。高安市民营企业培训中心充分发挥自身职能，先后在瑞鹏陶瓷、雅星纺织等企业举办了 8 期一线员工培训，为本市中小微企业培训员工 500 人次；同时分别与市企业家联合会和市工商联合作，先后组织 600 多名骨干民营企业中高层管理人员参加金朝阳财富和电子商务与商业模式创新讲座。

（5）打造园区承载平台，优化民营经济发展环境。高安市按照"加速产业集群，助推产业升级"的总体部署和要求，不断完善各大园区的配套功能，引导产业提档升级。建陶基地按照"环保优先，品牌引领，转型升级，科学发展"的思路，全力助推产业转型升级，成效显著。

（6）创新帮扶企业闯出新路。2014 年高安市政府决定由市财政出资 6000 万元设立"中小企业续贷帮扶资金"，用于弥补企业还贷、续贷出现的临时性资金不足，防范企业因资金链断裂而引发系统风险。按照救短、救急、救频、微利的原则拟订续贷帮扶实施细则和业务操作流程，充分发挥高安市信用示范企业续贷帮扶资金管理中心的作用。

2. 发展民营经济大事记

（1）2014年，高安市建筑陶瓷产业成功跻身全省首批20个省级示范产业集群。在基础配套设施、创品牌步伐不断加快的同时，绿色环保步伐不断推进，该市陶瓷基地同时引进了投资30亿元的中节能集中供气项目，一个集聚度高、成长性好、创新能力强的特色产业集群正加速形成，建筑陶瓷产业成功跻身全省首批20个省级示范产业集群。

（2）2014年5月，高安光电产业集群效应初显。该市重点推进光电平台建设，光电产业已成功列入全省重点培育的70个产业集群之一，共引进光电企业29家，合同投资额70多亿元，已投产企业14家。其中，奥其斯作为高安光电产业的龙头企业，创造了"当年签约、当年动工、当年投产"的"奥其斯速度"。

（3）2014年，高安市民营企业局得到省、市的充分肯定和嘉奖，先后获得多项殊荣。一是2014年4月获宜春市人民政府表彰的2013年度民营经济发展先进县（市、区）第一名，获宜春市政府奖励奖金6万元，该奖金已于2014年5月拨至高安市财政局；二是2014年5月获宜春市民营企业局表彰的2013年度工作目标考核综合先进；三是2014年11月高安市中小企业担保有限责任公司被省财政厅、省中小企业局评为省级绩效优秀信用担保机构；四是2014年4月高安市中小企业担保有限责任公司获宜春市政府表彰的融资性担保机构发展优胜奖。

（4）2014年，高安市跑项争资取得显著收获。高安市中小企业担保有限责任公司成功获得担保补助资金115万元、高安市陶瓷工程中心成功获得公共技术服务平台能力建设项目补助资金185万元。同时，江西陆骏挂车有限公司、江西亚中电子有限公司、江西绿岛科技有限公司、江西宏盛防爆电器有限公司、大观楼食品有限公司、江西太阳陶瓷有限公司和高安市璐克斯机械有限公司7家企业成功入围江西省首批"专、精、特、新"中小企业。

七、丰城市

（一）民营经济发展概述

1. 县（市）情概况

江西省县级市，江西省试点省直管市。丰城市是全国县域经济百强县市，丰城市为江西较具实力的县市之一，有中国长寿之乡的美誉。位于江西省中部，距南昌60千米、昌北机场70千米，下辖32个乡镇（街道），面积2845平方千米，户籍人口148万人。浙赣铁路、京九铁路、沪昆高速、赣粤高速、105国道、赣江黄金水道、南昌至宁都加密高速公路穿境而过，昌吉赣城际客专、东昌高速公路即将启动，丰厚一级公路直通南昌外环。这里是江西重要的能源城市，有国家大型统配煤矿丰城矿务局和江南最大的火力发电厂丰城发电厂。

以率先建成小康社会为目标，以"科学发展、跨越提升"为主题，以丰昌同城化发展为主线，以"高新技术产业园区、循环经济产业园区、总部经济基地、商贸物流城、中国生态硒谷、中国养生硒谷、中国生态花谷、龙津洲新区"八大园区（基地）为发展平台，促进现代制造业、现代服务业、现代农业协调发展，开创"担当领头羊、领先中西部、百强再进位"的新局面。

2014 年全年完成生产总值 370 亿元，增长 9%；财政总收入完成 56.57 亿元，增长 13.1%，继续保持全省县市区总量排名第二的位置。县域经济基本竞争力列全国第 83 位，比上年前移 6 位。2014 年，该市人均 GDP 达到 27495 元，比上年提高 8.4%。全市规模以上工业全年主营业务收入 614.10 亿元，比上年增长 3.8%，工业产品销售率为 97.50%，比上年下降 0.05 个百分点。实现利润 57.04 亿元，比上年增长 18.9%，应缴增值税 28.08 亿元，增长 9.0%。企业资产合计 344.42 亿元，增长 10.8%；负债合计 237.89 亿元，增长 6.4%。规模以上固定资产投资完成 301.5 亿元，增长 20%；规模以上工业增加值完成 160 亿元，增长 12%。[①]

民营经济运行稳步发展。截至 2014 年 9 月底，该市民营企业完成增加值 293.6 亿元，占目标的 94.7%，营业收入完成 776.1 亿元，占目标的 89.2%；税收完成 31.19 亿元，占目标的 86.4%；企业个数 21112 家，从业人员 459016 个；全年增加值完成 346 亿元，营业收入完成 960 亿元，税收完成 40 亿元，分别占目标的 111.6%、110%、110.8%。[②]

2. 工业园区简介

江西丰城高新技术产业园区地处江西省中部，距省会南昌 60 千米、昌北机场 70 千米。丰厚一级公路、京九铁路、105 国道、昌吉赣城际客专纵贯南北，浙赣铁路、沪昆高速、昌宁和东昌加密高速横跨东西；张塘地方货运铁路专线将园区与浙赣铁路紧紧相连；境内赣江黄金水道为三级航道，园区内设有曲江货运码头，有 10 个 1000 吨位的专用泊位，年货运量达 500 万吨，3000 吨货轮可直达长江。园区已经构建起水运、铁路、公路三位一体的物流运输网络。江西丰城高新技术产业园区隶属省直管县丰城市辖区，前身为江西丰城工业园区，始建于 2001 年，2006 年 3 月经省政府批准为省级开发区，2011 年 12 月经省政府批复更名为江西丰城高新技术产业园区，成为全省县级市中唯一一个省级高新技术产业园区，2014 年被评为全省首批专利过千园区，全省知识产权试点示范园区。园区坚持以项目为核心推动特色产业集群建设，经济总量多年来在全省县（市）工业园中排名第一。2014 年园区主营业务收入达 506.53 亿元，同比增长 6.16%；工业增加值 129 亿元，同比增长 9.43%；税金收入 23.81 亿元，同比增长 4.79%。

随着园区正式启动申报国家级高新技术产业开发区，园区将站在新的高度奋力谱写跨越发展的新篇章。园区已经形成以企业科技创新平台为核心的科技创新服务体系。拥有国家高新技术企业 42 家，院士工作站 1 个，省级工程技术研究中心 4 家；省级科技孵化器和省级高新技术产业化基地各 1 家。园区充分发挥创新驱动，科技引领作用，致力放大产业集聚效应，重点发展生物食品、机械电子、精品陶瓷、工业材料循环利用等高新技术产业，聚集了一大批有自主创新能力、有核心产品的高新技术企业。2014 年四大支柱产业主营业务收入突破 400 亿元，占主营业务收入比重高达 83.54%；高新技术企业贡献达 333.51 亿元，占主营收入的 65.84%；园区呈现出高新技术产业风生水起，传统产业优化升级的喜人局面。

3. 明星企业

（1）江西恒天实业有限公司。江西恒天实业有限公司是大型制糖民营企业，公司于

---

① 丰城市 2014 年国民经济和社会发展统计公报 [EB/OL]. http://www.jxfc.gov.cn/n5/n25/c544621/content.html.

② 丰城市民营企业局. 2014 年工作总结及 2015 年工作思路 [EB/OL]. http://xxgk.jxfc.gov.cn/cms/www2/www.zfxxgk.gov.cn/szfbmxxgk/fcsgzbm47/zfxxgkndbg/201504/17092436dazz.html.

2003 年从丹麦引进淀粉、麦芽糖生产技术和国内相关专业的技术人员 11 人，于 2004 年 3 月在丰城市工业园建成投产，总投资 7800 万元，占地面积 120 余亩，注册资金 1625 万元，设计能力为年产高麦芽糖浆 20 万吨，蛋白粉 2.2 万吨，拥有职工 360 人。公司已取得 ISO9001（2000）质量管理体系国际认证，科技含量具备国内同行技术、工艺领先水平，环保达到国内排入要求和标准。是省级农业产业化龙头企业。

（2）江西省天玉油脂有限公司。坐落于江西丰城高新技术产业园区，现有员工 300 多人，其中拥有中、高级技术职称的有 56 人。公司总资产 1.5 亿元，年产值达 6 亿元以上，年实现利税 5000 余万元。2012 年被江西省人民政府授予"就业先进企业"。天玉公司是一家集技术研发、油料种植、收购、加工、销售为一体的大型油脂企业，产品包括山茶油、稻米油以及植物油酸、脱脂米糠、茶粕粉等系列产品。被授予江西省农业产业化龙头企业等，好口福、天玉商标被评为江西省著名商标。

（二）发展民营经济的措施

1. 发展民营经济的主要措施

丰城市以发展提升为抓手，通过引导产业升级，优化发展环境等措施扶持民营经济又好又快发展。

（1）改善投资硬环境，打造发展平台。交通动脉就是经济动脉，就是产业动脉。丰城市委、市政府按照打通丰城与南昌、打通中心城区"一江两岸"、打通新老城区、打通城乡壁垒的战略部署，聚焦交通谋发展，借力交通求升级。投资 1.4 亿元的温泉大道顺利通车，将有力地拉动中国生态硒谷、中国生态花谷和中国养生硒谷统筹发展，对发展丰城的旅游休闲产业，促进民营经济生成新的发展亮点将产生巨大的拉动作用。

（2）实施一系列"组合拳"，着力破解要素制约，针对民营企业融资难等问题，拓宽融资渠道，为企业输入"资金血液"。一是依托财园贷，为企业融资注入活力。全年"财园信贷通"发放 75 家企业，发放贷款 2.9 亿元。二是面对新的发展机遇，及时成立丰城市小微企业财园服务有限责任公司，并承担了财园贷工作所有账目的对接管理。有 16 个乡镇 36 家企业获得贷款 13660 万元。其中工行 13 家，放贷 5300 万元；建行 9 家，放贷 4200 万元；农行 3 家，放贷 1100 万元；邮政银行 4 家，放贷 1060 万元；信用社 8 家，放贷 2300 万元。三是发挥财政资金"四两拨千斤"作用，充分利用"惠农信贷通"政策，为 48 家新型农业经营主体，发放贷款 2294 万元。

（3）加快培育成长型企业，为企业发展奠定基础。"专精特新"企业认定入库，是省中小企业局为着力推动中小企业走"专精特新"发展之路。丰城市着力推进品牌建设，全面组织符合条件企业申报，培育一批能够专注于某一行业领域，做精做强，建立起独具特色的品牌，做细分市场的领导者。

（4）营造浓厚发展氛围，市政府设立 100 万元人才奖励基金、100 万元创新基金、100 万元企业上市基金，鼓励企业引人才、引技术、引资本。挖掘和推介民营企业涌现出来的优秀典型、推动民营经济发展的积极性。一是丰城市职业学校培训中心、农机驾校培训中心申报国家中小企业发展专项资金；二是华英集团和天玉油脂申报省局农业产业化示范企业；三是恒衍禽业申报市科协的科技人才培训专项经费。

（5）大力开展教育培训服务，全面提升企业家综合素质，广开企业家视野。一是与市科协生态产业联盟卓友同盟联合举办了丰城市第一届企业家研讨会。会议立足服务，详细讲解了新三板上市的概念、条件、意义和发展趋势，分析了申报政府扶持资金的关键要素。二是组织中小企业参加省中小企业局农业产业化高管培训班。三是支持加入宜春创业大学的企业家学员继续深造学习。通过学习平台的搭建，大力促进民营经济发展。

（6）加强调研，实行重大项目服务专员机制。以服务升级推动发展升级，努力实现保姆式服务向慈母级服务提升、服务企业向服务产业提升、服务个别企业到服务园区提升。通过服务专员的机制创新，将服务力转化为生产力，将生产力提升为新动力，刺激项目落地和企业快速成长。

2. 发展民营经济大事记

（1）2014 年全国百强县市排行榜出炉，丰城市上榜。中国社会科学院 2014 年全国中小城市百强实力排行榜中，江西南昌县、丰城市入榜，其中南昌县排第 67 位，丰城市排第 89 名。2014 年中国百强县市排行是依据县域经济单位、县域经济基本竞争力等级、县域相对富裕程度、县域相对绿色指数等指数评比得出。

（2）2014 年 6 月，丰城市设立三个基金助推非公经济。为加快非公有制经济发展步伐，江西省丰城市委统战部日前协助市委、市政府出台扶持龙头非公企业和园区非公企业快速成长的激励政策，设立三个 100 万元专项扶持基金，鼓励企业引人才、引技术、引资本，助推产业转型升级。

（3）2014 年 12 月 12 日，有两家民营企业在上海股权托管交易中心挂牌上市，分别是江西省丰城荣丰活性炭有限公司、江西鑫植源技术实业有限公司。

八、贵溪市

（一）民营经济发展概述

1. 县（市）情概况

贵溪位于江西省东北部、信江中游。处龙虎山、圭峰、三清山、武夷山、五府山等"五山环绕地"。全市面积 2480 平方千米，61.2 万人口，辖 21 个乡（镇、街道），7 个林（垦殖、园艺）场。区位优越，交通便利。浙赣、皖赣、鹰厦 3 条铁路横穿东西，纵贯南北，15 个火车站连珠成串，境内营运里程达 156.3 千米。公路四通八达，320、206 国道纵横境内，上海至瑞丽高速公路穿境而过，高速一期工程已建成通车，乘车从贵溪至南昌 1.5 小时，达上海 5.5 小时，到杭州 4 小时，市、乡、村公路网络相通。全市水运通畅，千里信江直通鄱阳湖。

贵溪市是"全国双拥模范城"、"全国文化先进市"、"全国科技进步先进市"、"全国'两基'教育先进市"、"全国造林绿化工作先进市"、"全国金融生态市"、"全国经济百强县"、"中国最具投资潜力和最具区域带动力中小城市双百强县（市）"、"全省工业发展十强县（市）"和"江西省'十佳魅力新城'"。

贵溪市积极营造和改善民营企业发展环境，加大民营企业的扶持力度，推进民营企业专业化协作和产业集群发展，精心培育民营经济发展的沃土，使民营经济成为该市国民经济的重要组成部分。2014 年全市实现生产总值 328.2 亿元，增长 8.2%；固定资产投资 280 亿元，增长 11.8%；全市规模以上工业增加值 219 亿元，增长 7.6%，其中市属 64 亿元，增长 26%。全市规模以上工业主营业务收入 2660 亿元，同比增长 10%，是全省工业主营业务收入唯一突破 2000 亿的县（市、区）。新增技术改造项目 12 个，上报技术改造类固定资产投资工业项目 17 个，完成技术改造类项目固定产投资 25.5 亿元，同比增长 21.4%。[①]

2. 工业园区简介

江西省贵溪市工业园区是在原罗河工业区和柏里工业区的基础上组建的，规划总面积 12 平方千米，于 2002 年 9 月正式成立工业园区位于贵溪市城西南 320 国道两侧，距市中心 3 千米，距浙赣铁路线贵溪站 4.5 千米（距规划中的浙赣铁路线货运站零千米），距皖赣铁路线贵溪站 4.5 千米，距鹰厦铁路线鹰潭站 10 千米，距沪瑞高速公路贵溪出口处 6 千米，距 206 国道 10 千米，距省会南昌（昌北机场）200 千米。区内设有省级民营科技园。工业园区分南园和北园，其中南园规划总面积 10 平方千米，已做控制性规划 4 平方千米；北园规划总面积 2 平方千米。目前工业园区已落户企业 30 家，其中工业企业 20 家，初步形成了制药、化工、建材、铜加工为龙头，食品、家具、五金、轻纺齐头并进的发展格局。

3. 明星企业

（1）红旗集团江西铜业有限公司。创建于 2008 年 5 月 8 日，坐落在江西鹰潭贵溪工业园区。创建 6 年来，公司先后被评为"2011 年度浙商全国 500 强企业"、"2012 浙商实业榜样十大营收增长王"等。公司近年来取得各种专利 12 项，省级新产品 2 项，2013 年被认定为"鹰潭市电线电缆工程技术中心"，2014 年被认定为"江西省省级企业技术中心"。

（2）贵溪大三元实业（集团）股份有限公司。始建于 2000 年 11 月（原名称：贵溪市三元冶炼化工有限责任公司），是集有色金属的生产、加工、贸易为一体的综合性中型企业集团，公司地处贵溪市工业园区，总占地面积 300 亩，总注册资金 1.6 亿元，总资产 4 亿元，下属分公司有贵溪市三元冶炼化工有限责任公司等。公司主要产品有：精铋、精碲、冰铜、氧化铋、电铅、锡锭等。2014 年，贵溪大三元集团销售额达 32 亿元，利税突破 2 亿元，外贸出口创汇 8000 万美元。入选 2014 年江西民营企业 100 强。

（二）发展民营经济的措施

1. 发展民营经济的主要措施

（1）加快行政审批制度改革，提升为企业服务水平。全面推行行政审批改革，承接国务院、省政府、鹰潭市政府行政审批项目 82 项，精减 41 项，其中取消 28 项；改革工商登记制度，新增私营企业 672 户，个体工商户 2175 户，注册资本同比增长 40.9%。

（2）多管齐下、破除瓶颈，加大支持解决企业资金困难。一是积极搭建企业融资平台。通过召开银企联谊会，协调担保机构与中小企业的关系等，帮助中小企业解决融资难的问题。2014 年贵溪市三家融资担保机构江西华任担保有限公司、贵溪市和兴信用担保有限公司、贵溪鑫海担保有限公司共为中小企业融资担保约 21975 万元，担保总户数 88 家。二是帮助企业争取奖励资金。针对江西省工信委下发的《关于做好鼓励工业企业增产增效奖励申报工作的通知》，积极帮助有可能得到奖励资金的企业争取奖励。2014 年，华晋铜业有限公司等 3 家企业获得奖励资金 8.22 万元。三是积极争取项目资金。申报江西省中小企业发展基金项目 1 个，争取资金 40 万元；申报中小企业发展专项资金服务体系和融资环境项目 1 个，争取资金 250 万元。

---

① 贵溪市 2014 年政府工作报告 [EB/OL]. http：//www. guixi. gov. cn/Item/24818. aspx.

（3）搭建沟通平台和活动平台，积极推动民营企业同行业的横向联合，引导民营企业抱团发展。探讨行业发展动态，形成产品优势分补，避免重复投资，推动不同产业链的纵向联合，发挥集聚效应。

2. 发展民营经济大事记

（1）2014年，贵溪市首次入榜全国县域经济与县域基本竞争力百强县名单。贵溪因铜设市、因铜兴市，享有"中国新兴铜都"之美誉，是"中国再生资源循环利用基地"。2014年，贵溪市完成国内生产总值337亿元，财政总收入43.22亿元。

（2）2014年11月，贵溪市23个重点非公经济工业项目陆续开工。贵溪市把项目建设作为助推非公经济发展的重要抓手，精心挑选了23个重点非公经济工业项目陆续开工，项目总投资额达69.5亿元，项目全部建成投产后，每年可实现主营业务收入366亿元，利税24亿元。

九、乐平市

（一）民营经济发展概述

1. 县（市）情概况

乐平区位优越，交通便利。这里地处南昌—九江—景德镇金三角区域，人口众多，市场发达，商贸繁荣，物流便捷，皖赣铁路穿境而过，境内现有206国道和乐上、乐弋、田乐线3条省道与外界相连，南与鹰潭相距只有几十千米，北离景德镇机场只有40千米，景鹰高速途经该市并开设互通立交。乐平资源丰赡，物产富饶，是全国四大产锰基地和江西省三大煤炭基地之一、亚洲最大的膨润土储藏地、江西省唯一的海泡石产地，还是全国商品粮基地、江西重点产棉区、全国优良猪种繁育基地、江西最大的无公害蔬菜生产基地和全国有名的"江南菜乡"，素有赣东北"聚宝盆"之美称。

乐平市综合经济实力长期保持在全省十强行列。2009年财政总收入迈上10亿元台阶，2011年和2013年又分别突破20亿元和30亿元大关。2013年获省委省政府科学发展综合考评先进县市，先后被评为江西省县域经济十大活力县市、江西省十佳宜商城市和江西省最具吸引力投资目的地。

乐平市委、市政府把促进民营经济健康有序发展作为本市长期坚持的重大战略。牢固树立国企民企平等竞争，大企小企同等对待的理念，采取政策支持、财税金融土地扶助、发展人才队伍、优化政务环境等有力措施，"四轮齐驱"服务民营经济，全力推进民营经济跨越大发展。2014年，非公有制经济快速发展，实现增加值166.57亿元，按可比价计算比上年增长10%，占GDP的比重达64.8%，比上年提高0.5个百分点。

2014年全部工业完成增加值129.4亿元，按可比价计算，同比增长10.8%，占生产总值比重达50.32%，较上年提高0.03个百分点。其中，规模以上工业增加值94.75亿元，按可比价计算，同比增长12.6%。规模以上工业完成工业总产值369.99亿元，增长13.14%。分轻重工业看，轻工业115.27亿元，占总产值比重31.15%；重工业254.72亿元，占总产值比重68.85%。分企业类型看，国有企业7.0亿元，集体企业1.7亿元，有限责任公司101.34亿元，私营企业233.73亿元，外商港澳台投资企业26.23亿元。2014年规模以上工业完成主营业务收入 346.78 亿元，增长 9.89%；利税总额 37.28 亿元，增长 7.97%；税金总额 13.6 亿元，增长 24.13%；工业经济效益综合指数 429.88%，同比提高 7.93 个百分点。①

2. 工业园区简介

江西乐平工业园区是经江西省人民政府批准设立的省级经济开发区，2007 年 9 月被省工信委授予省级精细化工产业基地称号，属全省 18 家省级重点工业园区和江西省省级民营科技园，及江西省生态工业园区创建试点单位之一，2014 年 7 月获得"江西省工业示范产业集群"荣誉称号，12 月被国家科技部批准为国家精细化工高新技术产业化基地。

园区地处乐平市区东南郊，总规划面积 10 平方千米。园区始终坚持科技兴园、生态立园、产业活园，大力发展循环经济，着力打造精细化工、生物医药产业链，自建设以来，园区经济取得了较好成效，特别是精细化工特色明显，具备化工产品产学研一体化的条件，已形成了庞大的化工产业集群。一是天新药业，维生素 B6 占全球份额的 70%，维生素 B1 占全球份额的 30%；二是金龙化工，草甘膦占全国份额的 60%；三是电化园区离子膜烧碱产品的氯化工集群；四是宏铂化学，专业生产各种硅烷偶联剂及其橡胶加工助剂，硅烷偶联剂现已占据世界市场主导地位，具备产学研一体化的优势；五是东风药业，建设 50 亿粒阿莫西林胶囊及 2 亿片可利霉素片剂一类原料药。

园区目前有省级高新科技企业 4 家，有 5 家企业建立了科技创新中心和产品研发中心，国家级新产品 1 项，省级新产品 35 项，荣获省级优秀产品 18 项，获国家专利产品 4 项，有世界 500 强企业 1 家，国内 500 强企业 4 家落户园区。

2014 年，工业园区开发面积 5.59 平方千米，落户园区的工业企业 67 家，安置就业人数 17111 人。全年园区完成工业总产值 297.4 亿元，增长 19.2%；税金总额 11.67 亿元，增长 27.03%；完成工业增加值 75.22 亿元，按可比价计算，同比增长 10.43%。②

3. 明星企业

（1）江西世龙实业股份有限公司。成立于 2003 年 12 月，位于景德镇。由世界 500 强企业新世界集团 New World Finechem Investment Limited（新世界精细化工投资有限公司）、江西大龙实业有限公司等股东共同投资，是国家商务部批准的中外合资股份制企业，拥有自营进出口权。公司主要从事氯碱、氯化亚砜、AC 发泡剂、十水碳酸钠等化工产品的生产、销售、研究和开发，形成以氯碱为基础，氯化亚砜、AC 发泡剂等精细化工产品为主线的产业链。公司产品广泛应用于食品、医药、农药、染料、合成树脂、橡胶等领域。2009 年 9 月被评为"中国化工行业技术创新示范企业"，入选 2014 年江西民营企业 100 强。

（2）江西天新药业有限公司。成立 2004 年 10 月，公司总占地约 420 亩，现有员工 800 多人，累计总投资达 4.6 亿元。主要产品有维生素 B1 和维生素 B6，用于原料药、食品添加剂、饲料添加剂。产品在国内外市场占有绝对优势：其中维生素 B6 占全球份额的 70% 以上（含浙江天新），维生素 B1 约占全球份额的 30% 以上。先后被评为江西省"绿化园林单位"、景德镇市"环境保护先进单位"、"安全生产先进单位"、"优秀民营企业"、江西省"AAA 信用企业"、"守信用重合同单位"等。入选 2014 年江西民营企业 100 强。

（3）江西金龙化工有限公司。创建于 2008 年 3 月，是浙江奥鑫控股集团有限公司的全资子公司，位于江西乐平塔山工业园区。注册资本 1.2 亿元，占地面积为 400 多亩，员工 400 余人。公司主要从事草甘膦农药以及农药、医药中间体的开发、生产、销售。公司草甘

---

①② 乐平市 2014 年国民经济和社会发展统计公报［EB/OL］. http://www.lepingshi.gov.cn/Item/17454.aspx.

腾生产装置，已通过 ISO9001：2008、ISO14001：2004 质量环境管理体系认证。取得二级安全标准化合格企业证书。通过了清洁生产审核。2013 年获得江西省颁发的重合同、守信用 AAA 企业证书。入选 2014 年江西民营企业 100 强。

（二）发展民营经济的措施

1. 发展民营经济的主要措施

（1）落实政策支持，为民营经济发展提供强力支撑。一是放宽投资领域。鼓励民营企业平等进入未明令禁止的行业和领域，在资源配置和煤、电、油、运等生产要素协调供给上，对民营企业一视同仁；引入市场竞争机制，支持民营资本积极参与交通、能源、矿产资源开发、城市基础设施、教育、养老、文化娱乐、现代物流、旅游和金融服务等领域的投资、建设与运营。二是宽松对民营企业证照"束缚"。除国家法律法规明确规定在登记前须经批准的项目外，可不限经营范围。工商登记改为先照后证，企业只要向登记机关提交年度报告，无须进行年度检验；支持个人独资企业、合伙企业、商会组织作为股东或者发起人投资设立公司（不含一人有限责任公司）。支持以高新技术成果、知识产权、土地使用权、股权等作价出资兴办公司，支持农民以承包经营权入股发展农业产业化经营。鼓励承包经营权在公开市场上向专业大户、家庭农场、农民合作社、农业企业流转，发展多种形式规模经营。三是建强民营企业创业孵化基地。实施以创业扶持、创新发展、提高素质和增强竞争力为工作重点的"民营企业成长工程"。支持有条件的乡镇建设小微企业创业园或创业孵化基地。对吸纳符合条件的高校毕业生、退役军人、下岗失业人员、返乡农民工、留学归国人员等进入孵化基地创办实体的，优先落实促进就业和小额担保贷款扶持政策。鼓励大专院校、科研院所科技人员利用职务科技成果入股或创办科技企业，参与收益分配。

（2）强化财税金融土地扶助，为民营经济发展提供强大动力。一是财税"给力"民企促发展。设立民营经济发展专项资金，对投资 5000 万元以上，入驻 15 家以上小微工业企业、50 家以上小微商贸企业、30 家以上服务业小微创业基地、科技孵化器、商贸集聚区由受益财政给予 30 万元的补助；对年出口额 200 万美元（含）以下的小微企业，统一担保短期出口信用保险，并按当年实际缴纳保险的 50% 给予支持。对于"三废"利用率年增长 10% 以上的民营企业和获得省级以上资源综合利用先进企业称号的民营企业给予一定奖励。二是融资"输液"民企促转型。成立民营企业融资工作领导小组，制定相关政策，协调解决融资工作中的重大问题。建立民营企业融资信用信息库和企业融资目录。以民营骨干企业库为主体，建立"重点民营企业池"，池中企业按一定比例自愿交纳"互保金"，同时，市财政每年从民营经济发展专项资金中安排一定数额的专项资金，与"互保金"共同构建重点民营企业贷款信用平台和补偿机制。推荐符合国家产业政策、信誉良好、实力较强的民营企业发行企业债、公司债、集合债券、中期票据、短期融资券、中小企业私募债，鼓励民营企业以股权融资和项目融资等方式筹集资金。三是土地"倾斜"民企促壮大。支持民营企业在用地方面享受优惠政策。采取"腾笼换鸟"政策，盘活企业闲置土地，完善土地租赁、转让、抵押二级市场。符合规划和产业政策、符合节约集约用地要求的工业、现代服务业项目或省市重大项目用地，工业园区标准厂房建设免收市政配套费；推行民营企业租赁用地，允许企业根据发展需要确定租赁年期。在符合最高出让年限前提下推行按出让年限确定出让地价，企业可根据实际需要确定土地使用年期。

（3）培养人才智力队伍，为民营经济发展提供有力保障。坚持人才强市，加大措施培养人才、引进人才、使用人才，整合人才资源为我所用，为民营经济又好又快发展提供智力支撑。一是大力培养本土人才。把民营企业家队伍建设纳入全市人才发展中长期规划，通过组织出国研修、高校深造和到先进地区参观学习等形式进行系统培训。同时，实施校企校地合作，每年培养各类技能、创业人才5000多名。二是多方引进高端人才。加强与省内外高校和科研院所的联系，积极引导民营经济发展高端人才。三是关心激励人才。开展优秀民营企业家评选活动，在全市工业经济大会上对发展民营经济突出贡献者进行重奖，在全社会营造尊重民营企业家的良好氛围。建立以优秀企业家、管理专家为主体的"创业导师库"，通过管理咨询、企业诊断等手段对不同规模、不同层次的非公有制企业进行培训辅导，提高创业成功率。

（4）优化政务环境，为民营经济发展提供优质服务。一是完善领导协调机制。建立完善"企声通道"、"民营经济环境监测员"、"市四套班子领导挂点服务民企"制度，加强市政府领导与民营企业家的对话沟通，建立多渠道的政企对话沟通机制。市直有关部门将了解、掌握非公有制企业诉求作为常态化工作，完善网上政企对话渠道，对企业反映的重大问题及时提交市政府，通过现场办公会和专题协调会等形式协调解决。二是建立商会协同机制。成立行业商会协会，直接向民政部门依法申请登记。鼓励、支持和引导行业商会协会自愿加入工商联组织。充分发挥工商联在行业协会商会改革发展中的促进作用和总商会职能，鼓励扶持各类行业商会协会组织建设企业总部基地，增强服务民营经济发展的功能。三是建立政策信息公开对接机制。建立健全民营经济的政策信息公开对接制度，发改、工信、财税、国土、商务、金融等部门及时将相关政策信息发送给工商联，工商联将信息整理汇总后将信息公布在工商联网站，与民营企业共享。四是优化服务环境。实行科级领导干部联络重点民营企业、服务民企发展重大问题挂牌督办等制度，为企业发展出谋划策、排忧解难。对"一平台、四中心"（即政务大厅服务平台及行政审批中心、为民服务中心、公共资源交易中心、效能监察投诉中心），实施电子监控服务，督促工作人员提供一流的服务。

2. 发展民营经济大事记

（1）2014年2月，乐平工业园区被认定为江西省精细化工高新技术产业化基地。乐平工业园区现有规模以上精细化工企业50余家，拥有国家级高新技术企业3家、省级企业技术中心6个，承担国家火炬计划、科技创新基金、省级重点新产品等科研项目60余项。2月初，园区被认定为江西省精细化工高新技术产业化基地。

（2）4月21日，乐平市入选"江西十佳宜商县级城市"。在江西十佳宜商县级城市创优发展环境座谈会上，乐平市和丰城市、南昌县等11个县（市）被授予"江西十佳宜商县级城市"称号。

（3）12月8日下午，乐平市"财政惠农信贷通"融资试点工作第三次调度会在乐平农业银行会议室召开。会议由乐平市委常委、农工部部长刘圣卿主持。截至2014年11月底，该市"财政惠农信贷通"融资实际发放贷款987万元，超过全省同期实际发放贷款总额的10%。经过审定，该市确定2014年度第二批"财政惠农信贷通"融资试点授信主体为20家，授信规模1780万元。

第七章　重点产业民营企业

一、江西省重点产业概述

2014 年初，江西省政府出台了《江西省人民政府关于工业重点产业升级发展的指导意见》，提出，到 2015 年，全省主营业务收入过千亿元的企业达到 10 个，其中过 5000 亿元 1 个（铜产业）、过 3000 亿元 2 个（食品、石化）、过 2000 亿元 3 个（钢铁、纺织、建材）；到 2017 年，工业重点产业主营业务收入比 2012 年翻一番，医药、电子信息等优势产业主营业务收入占重点产业比重达到 40%，优强企业主营业务收入占比达到 40%，昌九一体化等优先区域占比达到 40%。《江西省人民政府关于工业重点产业升级发展的指导意见》同时确定了 14 个重点发展的产业，江西省将积极推进企业兼并重组和升级搬迁，加快淘汰落后产能；积极引导鼓励省重点工程建设单位在同等条件下优先使用省产钢铁、水泥等产品，支持帮助省产优质产品进入政府采购目录及省产药品进入基本药物增补品种遴选目录。

与此同时，江西省将优先保障重点产业项目用地、融资需求；选择支持一批市、县推进重点产业加快发展，形成"一县一主导"产业发展格局。此外，将重点产业发展情况纳入工业强省战略的重要内容进行考核；省工业产业发展专项资金每年重点支持 1~2 个重点产业，重点支持实施一批产业重大项目。

二、重点产业部分民营企业介绍

根据《江西省人民政府关于工业重点产业升级发展的指导意见》确定的 14 个重点发展产业，包括医药、电子信息、汽车、航空、光伏、食品 6 大优势产业，优铜、石化、钢铁、纺织、建材 5 大支柱产业，精钨、稀土、锂电 3 大特色产业。在这些领域中有一批民营企业发挥着主力或生力军作用。

（一）医药产业

中药形成宜春特色中药材种植、生产流通核心区和以南昌、赣州、抚州、鹰潭、吉安为重点的中药产业聚集区。化学药形成南昌化学制剂生产区域和景德镇特色原料药和制剂生产基地、抚州大输液特色生产基地。医疗器械以南昌为主、九江和宜春为辅，形成耗材类医疗器械产业聚集区。生物技术药以抚州为主、南昌和吉安为辅，形成生物技术药产业聚集区。在医药产业中比较有影响的重点民营企业主要有：

1. 仁和（集团）发展有限公司

仁和（集团）发展有限公司组建于 2001 年，在党和各级政府的亲切关怀及社会各界的热心帮助下，通过全体员工的艰苦奋斗，现已发展成为一家集药品、保健品生产销售于一体的现代医药企业集团。仁和集团旗下拥有 1 家上市公司，3 家医药科研机构，13 家药品、保健品生产企业，5 家销售物流企业，员工 1.8 万余人。自创业以来，仁和集团在销售收入、贡献税收等主要经济指标方面，实现了连续 6 年翻番增长，10 年增长 70 倍的优异业绩。

仁和集团拥有成都天地仁和药物研究有限公司、江西仁和药物研究院两家医药科研机构，形成了一支以博士、硕士为主体的核心科研团队，并与中国科学院生物物理研究所、上海药物研究所等国家科研单位合作建立了中国科学院生物物理研究所仁和百奥健康研究中心、新药开发联合实验室等科技研发中心。获批国家火炬计划项目、国家高技术产业化项目等多项国家级高新技术项目，先后研制、开发了 1000 多个医药、保健产品。目前，集团所属江西药都仁和制药有限公司、江西闪亮制药有限公司、江西药都樟树制药有限公司、江西制药有限责任公司等子公司被认定为高新技术企业。

仁和工业拥有药都仁和制药有限公司、闪亮制药有限公司、江西制药有限责任公司、康美医药保健品有限公司、药都樟树制药有限公司等 13 家药品、保健品、药用塑胶制品、日用化妆品生产企业和 1 个高科技工业园区，形成了占地总面积 100 余万平方米的现代化工业生产基地，已有 38 条药品生产线通过国家新版 GMP 认证。

仁和集团旗下拥有仁和药业有限公司、仁和中方医药股份有限公司、仁和药都药业有限公司、和力药业有限公司等 5 家销售物流企业和 1.8 万人的销售团队，营销网络遍布全国 30 个省、市、自治区。先进的市场营销和营销管理模式、大规模的广告支持、周到的售后服务和快速有力的物流保障，构成了争天时，取地利，倡仁和的经营特色，以显著的营销业绩受到业界的广泛关注与赞许。

通过成功的品牌运作，仁和集团现已形成由仁和企业品牌和主导产品品牌组成的品牌集群。其中，妇炎洁、优卡丹等产品分别为中国女性保健护卫市场和儿童感冒药市场的领袖品牌，销量均居全国同类产品第一。仁和牌可立克、清火胶囊、正胃胶囊，闪亮牌萘敏维滴眼液、复方门冬维甘滴眼液、复方虫草口服液等也都是国内同类市场的名牌产品。仁和集团拥有的仁和、妇炎洁、优卡丹、闪亮等商标是中国驰名商标。

2014 年，仁和集团以"做一个掌握传统资源的互联网企业"为目标，加速向互联网转型，构建"M2F + B2B + B2C + O2O"叮当大健康生态圈，开启了向互联网医药公司的创新转型。

仁和集团是江西省最早成立员工福利委员会的民营企业，制定并实施了《管理干部子女教育补贴办法》、《员工抚慰金制度》等多项制度化的员工福利措施，先后获得国家授予的全国就业与社会保障先进民营企业、全国模范劳动关系和谐企业和全国就业先进企业等荣誉称号。

2. 江西济民可信集团有限公司

江西济民可信集团 1992 年起源于北京，2000 年正式成立，是一家涉足医药产业、健康地产、新型健康产业的综合一休化大健康产业集团。集团现有员工 12000 余人，总资产逾 150 亿元，在江西、北京、江苏、浙江、中国香港，美国、澳大利亚等地设有 12 家全资子公司和 4 家参控股子公司，150 余家销售分公司遍布全国省市自治区，产品远销东南亚及欧美市场。

集团始终遵循"济世惠民、信待天下"的企业使命，秉承"做精、做透、做特、做新、做强、做大、做长、做乐"的经营理念，致力人类大健康事业发展，并长期保持快速稳健增长。集团连续8年名列江西省民营企业纳税前三甲，集团连续多年荣获"江西省先进私营企业"、"江西省优秀企业"、"中国优秀民营科技企业"、"江西省税利突出贡献企业"等荣誉称号。

集团创立10余年来，坚持内涵式成长、外延式扩张与整合式发展相结合的发展战略，先后于2004年、2006年斥巨资并购江西金水宝制药有限公司和无锡山禾药业股份有限公司，2012年与浙江康莱特集团有限公司、江西国药有限责任公司结盟成战略伙伴，促使济民可信医药产业实现了里程碑式的跨越发展；同时着力培育市场网络和拳头品种，拥有全国急救用药第一品牌"醒脑静注射液"，全国处方药补益类及肾科中成药市场份额第一的"金水宝胶囊"，国内唯一具有"双相广谱抗癌作用"的中药注射剂"康莱特"注射液以及悉能注射液、黄氏响声丸等一批国家一类新药和保密品种，形成了近500个品规的优秀产品群。

集团视产品质量与创新为企业生命，在宜春、无锡建有符合GMP认证的大型现代化生产基地；在北京、无锡、杭州建有3个研发中心和博士后流动站，在美国设有医药研究机构，近年新药研发投入累计达到集团销售额的5%，并研发了数个国际、国内首创的原研新药，为医药产业可持续发展奠定了坚实的基础。

在不断夯实与提升医药产业竞争力的同时，集团充分整合企业资源，打造企业发展的第二增长极——健康地产，积极探索"济民可信健康人居特色发展模式"，塑造区域知名特色品牌。此外，集团还持续开拓符合大健康的新型健康产业，以满足人们对高质量生活需求的健康服务。

长期以来，济民可信集团以实际行动践行着企业的社会责任，汶川地震、甬温线铁路交通事故、希望工程、少数民族穷困地区建设、江西省新农村建设等方面，都积极慷慨捐资，其中2008年四川地震捐款达1700余万元，为江西企业捐款额之首、全国医药企业捐款额前列。

展望未来，济民可信集团以产业报国、健康民生为己任，依据"一核两翼三导向四能力五平台"战略构想，整合内外资源，提升企业核心竞争力，构建产业联动价值生态圈。在夯实实业的基础上，借助资本的力量，促进实业与资本互动，实现实业经营所创造的价值在资本市场上二次增值，打造千亿大健康产业集团，为人类健康事业尽绵薄之力。

3. 江西青峰药业有限公司

青峰医药集团有限公司是一家跨地区、产学研、科工贸于一体的新型医药企业集团，在赣州、北京、上海、杭州、深圳和昆明等地拥有10家全资子公司、2家控股公司和1家参股公司，现有员工2000余名。公司先后荣获"高新技术企业"、"江西省医药行业十强企业"、"赣州市50强企业"、"突出贡献奖企业"、"赣州市最佳企业"、"江西省科技创新先进企业"、"专利投资奖企业"、"红十字人道金质奖章"等称号。

公司坚持以科技为先导的经营理念，确立了研发驱动、产品创新的发展战略，先后在赣州、北京、上海、杭州、昆明等地组建了青峰药物研究基地和临床研究基地，研发团队由教授、研究员、高工、博士、硕士为骨干的全方位多层次科技创新人才组成。在研新品种40余个，其中一类新药4个，化学三类新药30个，中药五类新药3个，中药六类3个，拥有数十项国家发明专利，先后承担了国家"十二五""重大新药创制"科技重大专项3个，国家"科技企业创新基金"项目3个，国家发改委、工信部"高技术产业化"项目3个。

公司本着质量第一的经营理念,着力建设具有国内一流的生产硬件设施和软件体系,拥有两个生产基地,形成了针剂 2 亿支、片剂 20 亿片、颗粒剂 1 亿袋、胶囊剂 1 亿粒、原料药 10 吨共 6 大系列 100 多个品规的生产能力,拥有国内、国际一流的生产设备和检测设备,所有剂型均通过了国家 GMP 认证。

公司秉承互利共赢的经营理念,建立和完善了遍布全国的销售网络系统。高品质的特色产品、高素质的销售队伍、专业化的市场推广能力、完善的销售服务体系,为企业赢得了良好的口碑。

4. 汇仁集团有限公司

成立于 1992 年,是集医药商业贸易、中西药生产和药材现代化种植(养殖)与饮片加工为一体的现代化大型医药集团。目前汇仁集团下属 7 家企业,员工约 5000 人,有一支由博士生导师、博士后、博士、硕士等高层次人员组成的研发、销售与管理队伍。集团是"中国民营企业竞争力 50 强"企业、江西省工业十强企业之一、江西省民营经济龙头企业。

汇仁集团坚持"致力振兴民族医药"和"科技是第一生产力"的发展理念,投巨资在中国药谷——上海张江高科技园区建设国家级研发中心,中心拥有向全国开放、国内规模最大的中试平台和一大批国际领先水平的仪器设施。先后引进了博士生导师、博士后、博士等 20 多位高层次医药科研人才并建立了博士后工作站。几年来,完成了数十项药品研究开发任务,承担了 10 多项国家"九五"、"十五"科技攻关项目及多项国家级科研课题,与国家科技部生命科学发展中心、中国中医研究院、中国医药研究开发中心、中国医学科学院药用植物研究所、北京大学、中国药科大学、上海中医药大学等国内著名研究机构和院校保持良好的研究开发合作关系并取得了一大批研究成果。2005 年,汇仁又在英国牛津科技园建立了欧洲研发中心。强大的研发能力保证了汇仁产品的高品质和源源不断地推出疗效确切、价格低廉深受消费者欢迎的新产品。现在,汇仁已形成补益类、妇科儿科类、抗生素类、消化系统类、循环系统类中成药和化学药等 10 多个系列,9 个剂型 100 多个规格的产品群。其中有 10 个产品拥有国家发明专利。

在全国,汇仁共有 46 个品种中药材 GAP 基地,总面积 15000 亩。按 GAP 要求建设的高标准、现代化的中药饮片厂可年产中药饮片 15000 吨。2001 年后,汇仁先后在江西、上海、郑州、深圳、哈尔滨等地收购和兴建了 6 家医药公司。位于江西南昌高新区的汇仁医药商业建有中部地区规模最大,配套设施最完备的医药仓储物流中心。短短的几年,汇仁医药商业已经雄踞江西医药商业首位,上海汇仁医药也已跻身上海医药商业前 10 名。

汇仁是一个伴随国家改革开放进程诞生发展起来的新兴企业,汇仁也是一个融合中国人文传统与现代医药科技内涵的民族品牌,将继续秉承"仁者爱人"的核心理念,深耕中华大地,阔步走向世界。

5. 江西洪达医疗器械集团有限公司

江西洪达医疗器械集团有限公司是取得国家食品药品监督管理局一次性使用无菌医疗器具系列产品注册证认可的企业。位于风景秀丽的庐山、井冈山、龙虎山、三清山的中心地带,紧靠鄱阳湖,距省城南昌 60 千米,紧靠京九铁路、浙赣铁路、沪梨温高速、京福高速和 320 国道等交通大动脉穿城而过、交通十分便利。

集团公司现拥有注册资金 2.2888 亿元,流动资金 3.2 亿元。厂房占地面积 600 亩,符合 GMP 要求的 10 万级净化车间达 42000 平方米,员工总数达 5000 多人,会集行业精英,与世界医疗产业互动。洪达已成为美洲、欧洲、非洲、中东、东南亚无菌医疗器械市场的主要供货商，是中国一次性行业最大的耗材生产、加工制造商之一，仅在中国就有近1/4的市场配额。

集团公司生产的"洪达"牌产品有九大类几十个品种：输液、输血器具类、注射器具类、穿刺器械类、检查或辅助器械类、麻醉器械类、导管类、医疗设备类、心血管介入类、血液净化制品类等。

集团公司始创于1987年，公司拥有20年的生产制造经验、高素质的管理队伍、先进的生产设备。其中高级职称人员29名，中级职称人员48名，专业技术人员198名，经国家和省级培训合格的专职检验员26名。公司实行了人性化管理，通过制定的各种规章、制度，充分调动和发挥员工的主动性和积极性，并提供各种机会对员工进行岗位培训，使员工能够不断地适应新的需求和接受新的挑战，实行公平、公正、客观的绩效考评制度，在人力资源方面，已形成了一套完善而具有凝聚力的管理体系。公司有注塑机168台，挤出成型机57台，20立方米自动化程控灭菌柜53台，注射针自动装配机12台，注射器自动装配机36台，自动包装机5台，自动滴斗成型机16台，自动断管机45台，输液针半自动组装生产线5条，高频热合机60台，吹塑制袋设备80台，组合式纯水设备3套，中央空调及冷水机组23套。注射器、注射针已基本完成自动化生产线，输液器、输液针已完成了流水组装生产线。

集团公司按照ISO9001、ISO13485标准建立了一套完善的质保体系，通过了ISO9001质量认证和欧盟的CE认证。产品在过程控制方面，推行"三检制"，运用三级质量管理网络；对产品从原材料进厂到产品的出厂，实行层层把关。洪达人始终以"为客户提供安全、优质的产品"为己任，追求产品的零缺陷。

6. 江西百神药业股份有限公司

公司坐落在江西宜春袁州医药工业园，位于宜春市北郊，紧临320国道和浙赣铁路复线，与沪瑞高速公路出口对接，距市中心2.5千米，赣江水系袁河的中上游，西距萍乡40千米，南距分宜20千米，北离万载30千米，东距铜鼓、宜丰50千米。公司现有办公面积4万多平方米，生产区占地面积约10万平方米，员工907名，其中高级工程师1人，工程师12人，助理工程师25人，执业药师12人，药学相关专业技术人员65人。

百神药业现有胶囊剂、糖浆剂、颗粒剂、丸剂、片剂、口服液、散剂、中药饮片、锭剂、生物原料等药品剂型和保健食品，涵盖骨伤、健胃、感冒、妇科、儿科、补益等八大系列近100个品种，并拥有13个国家基本药物品种、2个全国独家和国家专利产品、25个国家医保品种、3个国家中药保护品种等。

百神集团资产规模2.1亿元，拥有员工1000余人，其中高级工程师5人、工程师8人、执业药师12人、各类专业技术人员230人。集团唯才是举，从管理层干部到基层员工均实现了专业化、知识化、年轻化，建立了朝气蓬勃的学习型、智慧型、高效型、拼搏型团队。

百神集团严格按GMP要求，始终贯彻"质量一票否决"制，生产出高质量药品，同时致力于新药研发，为人民健康事业尽心尽力。集团致力于营销创新，建立了除香港、澳门、台湾外的全国营销网络，销售收入一直稳中有升，企业连续三年取得了良好的经济效益。

百神集团坚持以人为本、德规并重，以百折不挠的精神、百战百胜的气概、百分之百的诚信经营企业，秉承"百姓健康、百神努力"的经营理念，"敬业、团队、创新、奉献"的企业精神和"发展百神、富裕员工、回报社会"的企业宗旨，为了把企业做大做强，坚持走品牌战略和人才战略的发展道路，力争为振兴民族医药事业做出更大贡献。

7. 江西益康医疗器械集团有限公司

江西益康医疗器械集团有限公司创建于 1989 年，是经国家食品药品监督管理局审核批准，专业生产一次性使用无菌医疗器具系列产品的大型企业。公司位于中国最大的医疗器械集散地，历史悠久的千年古镇——李渡镇，遥望赣江，毗邻抚河，距省城南昌仅 60 千米，京九铁路、浙赣铁路、沪瑞高速、福银高速、320 国道、316 国道等交通大脉穿城而过，具有得天独厚的区位优势。

公司经过 22 年的持续发展，在镇办集体小企业的基础上，发展成拥有注册资金 3.18 亿元、在册员工 1700 多人、占地面积 400 亩、建筑面积 28 万平方米、符合 GMP 体系要求的十万级净化车间面积 3.8 万平方米的大型公司。公司生产的主要产品有一次性使用无菌注射器、一次性使用输液器、一次性使用滴定管式输液器、一次性使用分装袋式输液器、一次性使用输血器、一次性使用无菌注射针、一次性使用输液针、一次性使用真空采血器、一次性使用阴道扩张器、一次性使用无菌心脏二尖瓣球囊扩张导管、一次性使用麻醉穿刺包、卫生材料四大类 100 多个品种。

公司秉承"科技创新，以一流的产品，满意的服务，持续提升的质量水准，满足顾客及法规要求"的质量方针，建立并有效运行着一整套完善的质量管理体系，从原材料的采购到成品的最终投放市场的全过程执行有效的质量监控，确保了产品的安全有效。公司已获得 ISO9001 国际质量管理体系认证和欧盟 CE 产品质量认证。

"质量求发展，品牌赢市场"，为提升"益康"牌产品的档次和市场占有率，公司通过抓质量，拓市场，使"益康"品牌迈入了全国一次性医疗器械行业知名品牌之列。通过努力，"益康"牌产品源源不断地销往全国 30 多个省、市、自治区，以其可靠的质量、合理的价格和优质的服务赢得了社会各界和广大客户的充分肯定，历年来曾荣获"中国质量万里行五年回顾荣誉企业"、全国首批"放心产品贴标企业"、"全国乡镇企业创名牌产品重点企业"、"江西省名牌产品"、"江西省著名商标"等荣誉称号。公司连续多年被评为"南昌市重点企业"荣誉称号，被认定为"国家高新技术企业"。

公司除大力发展医疗器械主导产品外，还积极拓展经营范围，扩大企业规模，集团总部先后成立了进出口有限公司、销售有限公司、房地产开发有限公司、塑料制品有限公司、拉管有限公司、包装有限公司、科技发展有限公司 7 家独资子公司，为进一步提升科技创新能力，集团还筹资建成建筑面积 8000 平方米的集研发、检测、办公为一体的科研大楼。益康集团已发展成医疗器械生产、经营、研发、对外贸易、房地产开发等多元化的综合性大型集团公司，在全国同行业中位居前列，呈现出蓬勃发展前景。

8. 江西天新药业有限公司

江西天新药业有限公司成立于 2004 年 10 月，公司总占地约 420 亩，现有员工 800 多人，累计总投资达 4.6 亿元。产品有维生素 B1 和维生素 B6，用于原料药、食品添加剂、饲料添加剂。经过几年的发展，公司经济和社会效益稳步提升，迅速成长为全球领先的维生素生产商之一。产品在国内外市场占有绝对优势：其中维生素 B6 占全球份额的 70% 以上（含浙江天新），维生素 B1 约占全球份额的 30% 以上。

公司以"质量是企业的生命"为理念，严把质量关，悉心打造产品，用心关爱健康，目前已通过药品 GMP、ISO22000、HACCP、FAMI - QS、环境管理体系 ISO14001、职业健康安全管理体系 OHSAS18001 等多项认证。公司坚持以人为本，关注员工的健康成长，深入贯彻"安全第一，预防为主"的方针，开展宣传教育活动，提高员工安全意识，持续优化劳动保障；公司视环境保护为己任，每年投入大量资金，采用先进科技，综合回收，变废为宝，推行清洁生产，创造良性的循环经济，追求企业与社会的和谐发展，先后被评为江西省"绿化园林单位"、景德镇市"环境保护先进单位"、"安全生产先进单位"。公司坚持诚信守法经营理念，诚信经营、依法纳税，先后被评为"优秀民营企业"、江西省"AAA信用企业"、"守信用重合同单位"等光荣称号。一直以来，公司强调务实创新，人才兴企战略，走自主创新、科技兴企之路，十分重视人才的引进与培养，并与国内知名院校、科研机构有着长期的合作关系，被评为国家"高新技术企业"，荣获江西省"十强医药企业"、景德镇市"十大优强企业"、乐平市"工业崛起突出贡献奖"等光荣称号。

在自身发展的同时，公司不忘回报社会，积极履行社会责任，参与社会公益事业，每年资助10多名大学生喜圆大学梦；每年资助一个新农村示范点建设等。公司及总经理先后获得乐平市"捐资助学先进单位"、江西省"五一劳动奖章"、景德镇"优秀中国特色社会主义建设者"等荣誉称号。

（二）电子信息产业

电子信息产业重点在南昌、吉安、九江、赣州布局。南昌重点发展半导体照明、新型电子元器件、应用软件、数字视听、通信设备。吉安重点发展通信设备、计算机及其外部设备、数字视听、新型显示器件、半导体照明。九江重点发展通信设备、半导体照明、北斗导航终端、电子材料。赣州重点发展数字视听、新型电子元器件、LED应用及配套产品。电子信息产业中比较有影响力的民营企业主要有：

1. 泰豪集团有限公司

创立于1988年崛起于改革大潮中的泰豪集团，是在江西省政府和清华大学"省校合作"推动下发展起来的科技型企业。公司秉承"自强不息，厚德载物"的清华校训，坚持走"承担、探索、超越"的创业之路，并以"技术＋品牌"的发展模式，致力于信息技术的研发和应用，连年进入中国电子信息百强企业和中国民营制造企业500强。2002年7月3日，泰豪科技在上海证券交易所挂牌上市。

公司用将近8年时间走完了初创发展阶段，围绕信息技术应用开展计算机软件开发、系统集成服务，成为江西省最有竞争力和影响力的IT企业；1996～2003年，公司进入产业发展阶段，探索高新产业发展之路，积极引进战略投资，促进经营规模快速扩大，同时积极参与国有企业的改制重组，先后对江西三波电机总厂、湖南衡阳四机总厂等国有大中型企业进行整体重组，成为当地有影响的国企改制成功案例；自2004年始，公司开启品牌发展之路，积极参与国际化产业分工，通过与ABB等世界500强企业的合资合作加快开拓国际市场。公司品牌日具影响，成为国家工商总局首批命名的"重合同守信用"企业，被认定为中国驰名商标、中国名牌产品，中国最有价值商标500强，产品与解决方案应用于全球50多个国家和地区。

在"创导智能技术、产品和服务，以提高人类生活的品质"的企业使命引领下，公司业已形成以智慧城市、智能电网业务开展为主导，以军工装备和文化创意产业发展为两翼的发展格局。随着公司的不断发展，泰豪人持续进化，适应变化，建立了以"承担责任实现"为核心的企业文化体系，倡导"个人的成功在于承担责任的实现，人生的价值在于不断地承担责任"的职业价值观，并积极参与社会进步与改良。公司的快速发展受到了海内外和社会各界的关心支持，江泽民、胡锦涛、张德江、俞正声、汪洋、马凯等党和国家领导人曾莅临视察。

2. 南昌欧菲光科技有限公司

南昌欧菲光科技有限责任公司成立于 2011 年，公司总部在深圳，除南昌外，在江苏和韩国还有欧菲光的分公司，主要以生产手机、平板电脑触摸屏为主，员工规模已达到 600 余人。

南昌欧菲光科技有限公司，系深圳欧菲光科技股份有限公司的全资子公司，是一家以新型显示技术光电元器件研发及生产为主业的高科技公司，于 2010 年 10 月 29 日注册成立，落户于南昌经济技术开发区黄家湖路，注册资金 3 亿元，总投资 10 亿元，占地 301 亩。公司总部位于深圳市光明新区，同时在苏州和南昌设有工厂，公司于 2010 年 8 月在深圳证券交易所成功上市。

南昌欧菲光科技有限公司基于完全自主知识产权的精密真空光电薄膜技术、半导体洁净工艺生产技术两大核心技术平台，已迅速成功量产了国内领先、国际先进技术水平的系列纯平电容式触摸屏、微晶强化光学玻璃产品。产品广泛用于手机、平板电脑、电子书、GPS、游戏机和 DC/DV 等消费类电子产品领域以及医疗器械、监控系统、光通信等其他领域。

公司通过了 ISO9001：2008 质量认证体系，并已设立光电、光学元器件检测中心、产品技术研发中心以及高性能光电、光学薄膜技术暨设备研发中心，储备了近 30 项自主知识产权技术。同时，积极申报江西省级工程中心，已通过专家评审。公司装备有国际领先的精密新型光电元器件生产设备与检测设备，拥有经验丰富的研发团队及业内领先的持续研发实力，能为客户提供从膜系设计到工业化量产的一站式服务。同时，已经成功导入并大规模量产给三星、MOTO、联想等世界级的消费电子品牌。

南昌欧菲光科技有限公司自落户南昌以来，即得到了江西省、南昌市各级政府和领导的大力支持和帮助。公司董事会感于如此良好的企业经营氛围和环境，在原有投资 10 亿元的基础上计划进一步增加 16 亿余元的投资规模。

公司在国内首家试产柔性 ITO 薄膜，将努力把欧菲光南昌科技园建设成国内最大、世界级的精密光学、光电子薄膜元器件生产基地，为南昌市乃至江西省高新技术产业的发展贡献一分力量！

3. 江西联创电子有限公司

江西联创电子有限公司是江西省电子集团公司和台资企业合资设立的，注册资本 3 亿元。其中江西省电子集团公司占 33.33%，英孚国际投资有限公司占注册资本的 5.69%，江西联创光电科技股份有限公司占注册资本的 10%，金冠国际有限公司占注册资本的 28.9%，全力资产管理有限公司占注册资本的 22.08%。

2007 年 8 月 8 日联创声像科技园的开工，标志着为移动通信配套关键零部件制造基地的建设拉开帷幕。公司投资建设的"联创声像科技园"坐落于南昌国家高新技术产业开发区，位于赣江之滨富大有堤与京东大道交汇处，占地 327 亩，规划总投资 10 亿元，高起点建设电阻、电容式触摸屏生产线、光学及影像产业生产线、微型电声器件生产线，是一家专业从事研发、生产为手机及笔记本电脑配套关键"声、光、电"零部件的高科技企业。

2009 年公司投资 1.9 亿元，实施了摄像模组、光学元件产业化项目：引进新股东成熟的摄像模组、光学元件产品生产技术及关键技术、管理人才，购置摄像模组、光学元件生产设备、仪器（含工模夹具）建立摄像模组、光学元件生产线。项目建成后，形成年产摄像模组 1200 万只、光学元件 3600 万颗的能力，年新增销售收入 6.5 亿元，利税 8500 万元。

联创公司是一家符合国家产业政策的成长型、就业型、有效益、低污染、低能耗、产品附加值高、在移动通信配套关键零部件市场领域具有一定影响力的实力型企业。公司秉承"联合共赢、创新发展"的企业精神，注重技术创新和管理创新，不断增强自主创新能力，提升企业核心竞争力，扩大规模和效益，致力于打造中国一流的移动通信关键零部件制造基地。

4. 南昌市正星光电技术有限公司

正星光电技术有限公司是一家集科研、开发、生产、加工、贸易、技术咨询与技术服务为一体的国家级高新技术企业，宝安区自主创新型优势企业，成立于 2011 年 9 月，注册资金 6000 万元，深圳公司投资 1.5 亿元；南昌工业园占地 106 亩，投资 6 亿元。专业生产抗划伤高清晰 Lens_ Incell、Lens_ Oncell 触摸屏组件；抗划伤高清晰 Cover Lens；抗划伤高清手机玻璃钢化膜，抗划伤滤蓝光手机玻璃钢化膜等，在抗划伤高清晰 Cover Lens 方面，拥有多项技术发明专利。公司厂房面积 14000 多平方米，并拥有百级净化厂房 8000 多平方米，现有员工 600 余人，其中大学以上文化程度的专业技术人员 100 余人；南昌工业园位于南昌市国家高新技术开发区，于 2013 年上半年建成从玻璃原片切割、抛光、强化、镀膜、黄光蚀刻、CNC 到模组全贴合完整一体化产业链。

正星公司现已顺利通过 ISO9001、ISO14001 质量管理体系的认证，同时还采用国内外先进的管理模式来优化内部管理机制，全面提升管理水平，提高生产效率，使公司利益最大化。

正星光电获得德国肖特（SCHOTT）创新镀膜解决方案的技术授权许可，将为中国移动设备市场快速提供可靠产品。其两款突破性硬镀膜产品分别为"超硬"镀膜产品和"持久减反射"镀膜产品。Ⅰ类"超硬"镀膜产品与传统的铝硅防护玻璃相比，可减少划伤高达95% 以上，实现与蓝宝石相当的性能，这种镀膜产品可将玻璃表面反射降低 75%；Ⅱ类"持久减反射"镀膜产品与传统的铝硅防护玻璃相比，可将表面反射和划伤分别减少 85% 和90%，该镀膜的残余空气/玻璃反射率仅为 0.6%，使之成为目前智能手机可用的最佳减反射镀膜产品，令用户即便在直射的太阳光线下也可阅读信息。

5. 南昌菱光科技有限公司

南昌菱光科技有限公司占地 74012 平方米，厂房面积占 38620 平方米，进口设备投资额约 2415 万美元，开发与生产多种电子产品的大型生产企业，在电子制造行业中处于领先位置。公司主要产品有接触式彩色影像传感器（CIS）、微型摄像模块（CCM）、新型线性影像感测模块及其他光学模块产品等，是全球主要的接触式影像传感器（CIS）生产商。

南昌菱光科技有限公司为香港菱光科技有限公司（Creative Sensor Company Limited）100% 持股之全资子公司，注册资本为 2980 万美元。但南昌菱光科技有限公司的投资方实际上是台湾菱光科技有限公司，台湾菱光成立于 1998 年 6 月，由台湾机电第一大厂东元集团公司转投资，主要法人股东有东元集团、怡和创投、台湾工银等，为台湾第一家投入研发生产 CCD 组件的彩色影像传感器（Contact Image Sensor）厂商。公司与日本东芝（TOSHIBA）半导体技术合作，引进东芝光电关键组件在台量产，在影像传感器领域里，以独特的制程技术实现世界级的生产规模，制造出多样化的影像传感器。而南昌菱光为台湾菱光的主要生产基地，公司采用日本东芝（TOSHIBA）半导体技术，拥有尖端产品线，100% 进料加工生产，产品主要供应 TOSHIBA、HP、EPSON、SAMSUNG 等世界顶尖级公司。公司先后通过了 TOSHIBA、HP、EPSON、SAMSUNG 工厂认证，通过了 ISO9001、ISO4001 国际品质认证。

（三）汽车产业

汽车产业重点在南昌、景德镇、赣州布局。南昌加大轿车研发力度，重点发展轻型客车、轻型载货汽车、乘用车、新能源客车、发动机、汽车变速器以及汽车关键零部件。景德镇重点扩大微型汽车、高效节能发动机的生产规模，大力发展乘用车。赣州加快引进国内外整车企业设立分厂，着力发展乘用车和城市公交车等。在汽车产业中比较有影响的重点民营企业主要有：

1. 江西广匋汽车集团

江西广匋汽车集团成立于 1997 年，是一家以汽车销售、售后和汽车后市场服务为主的大型企业集团，旗下代理上海大众、进口大众、斯柯达、克莱斯勒和海马等品牌。业务范围涵盖品牌汽车销售、零配件供应、维修服务、保险理赔、汽车金融、汽车美容、二手车交易等。

广匋汽车前身是 1992 年成立的江西广电进口汽车修理厂，发展至今，集团成员不断壮大，先后设立了 20 多家标准 4S 店，业务网络遍及江西省各地市。最令业界赞叹的是，广匋汽车连续 15 年保持江西车市销量前三甲，其中，上海大众品牌连续 12 年蝉联中南汽车市场销售冠军。

广匋汽车是个有理想、有思想的企业。公司自成立以来，其下属公司先后被授予"全国汽车维修行业诚信企业"、"上海大众中南区唯一技术中心站"、"上海大众五星级特许经销商"、"斯柯达全国技术中心站"、"进口大众 J. D. Power 卓越经销商"、"海马汽车全国销售技能竞赛冠军"等荣誉称号。时至今日，广匋汽车已发展成为江西汽车销售与服务行业的旗舰性企业和中南最具影响力的汽车经销商之一。广匋成功的秘密，在于服务、在于创新，更在于团队。广匋以厚实的企业文化为底蕴，以明确的发展战略为引导，坚持诚信服务和创新营销，形成了具有自身特色的可持续发展的企业优势，树立了"广匋汽车"良好的品牌形象。

未来，广匋集团将以我国汽车服务行业迅速发展为契机，充分整合和利用各种资源，提升专业管理能力，不断探索新的发展模式，坚持做大，把广匋汽车建设成为本地区口碑最佳、最具成长性和市场竞争力的企业集团，以实际行动共建繁荣赣都，以更优异的成绩回报和谐社会！

2. 江西新裕隆汽车零部件有限公司

江西新裕隆汽车零部件有限公司是专业生产汽车轴承、轮毂单元等汽车零部件的制造型企业。公司创建于 2001 年 11 月，经过近 8 年的发展，现已初具规模。厂房占地面积 30 亩，建筑面积 10901 平方米，各类机械加工设备 62 台（套），现有员工 200 多人，其中中高级专业技术人员 20 多人，年生产能力达 120 万套。

公司主导产品为汽车轮毂轴承及单元系列，生产型号达 100 多种。产品覆盖中国车系（上海大众、一汽大众、广州本田、上海通用、海南马自达、神龙富康、风神蓝鸟、天津丰田、天津夏利、江苏悦达、奇瑞、长安等）；日本车系（丰田、尼桑、本田、三菱、马自达、富士、大发、铃木、五十铃等）；美国车系（通用、福特、克莱斯勒等）；欧洲车系（大众、雪铁龙、标致、菲亚特、雷诺、欧宝、富豪、阿尔法、路虎等）；韩国车系（现代、大宇、起亚、双龙等）以及各种微车及客车用的轮毂轴承及单元。

公司的产品不仅销往国内，还远销东南亚、欧美等 10 多个国家和地区，深得用户信赖。

3. 江环汽车制造有限公司

赣州江环汽车制造有限公司是国家发改委定点生产专用汽车的企业，主要生产经营随车起重运输车、水泥搅拌车、半挂运输车等专用汽车。其随车起重机厂是专业生产各式各样随车吊、汽车吊、直臂吊、折臂吊、吊车、吊机、扫障车等的生产厂家。拥有吊车价格优势，提供最新吊车图片。

企业拥有完善的生产工艺装备，具有先进的质量检测设备和技术手段，通过国家强制性"3C"认证。产品质量稳定，整车性能优良，品种齐全，外形新颖多样。

公司成立以来，投入大量的资金和人力进行产品开发和销售网络建设，现已通过国家目录公告的产品系列齐全。产品投放市场以来，以其质量稳定、外观新颖、配置合理、价格优惠、服务周到等特点在全国多个省市具有较大的市场影响力，呈现出强劲的发展势头！

江环汽车始终坚持以"技术先进，质量兴厂，服务用户，信誉第一"的经营理念，本着"诚信为人、务实做事、为客户创造商机和财富"的经营宗旨，竭诚为广大用户提供品质优良、服务周到的产品。

公司地处江西省赣南地区中心城市赣州市沙河工业园区 323 国道旁，毗邻福建省、广东省、浙江省、湖南省、湖北省周边地区。地理位置优越，交通便利，距离赣州火车站 2 千米，距离赣州机场 5 千米，高速公路纵横交错，四通八达。

4. 赣州恒玖电气有限公司

赣州恒玖电气有限公司坐落于赣州经济技术开发区内。主要从事电传动系统零部件（电机、控制器、电池 PACK、电传动平台，无线网络控制等）的集成及研发、制造和销售。公司现主打四大板块：电机及其驱动控制；电池 PACK；互联网＋新能源汽车（无线网络垃圾收集系统）；国家检疫检验电传动平台。恒玖公司与各大高校（北京航空航天大学，江西理工大学等）进行产学研深度合作，转化其电池 PACK 及电池管理系统（BMS）、整车控制器、无线充电、整车轻量化等科研成果，促进产业化，确保企业技术先进性的同时，大大提升市场竞争力，并引进北航为战略股东，其在这些领域共获得国家级科研专利 15 项，公司目标成为中国最专业的智能电传动平台集成商。恒玖公司利用当地资源优势，自主研发新能源汽车的核心部件——高效稀土永磁电机及其电控系统、高性能安全可靠的电池管理系统，集成为高效节能稀土永磁电传动系统应用于各类新能源汽车，大大提高车辆动力性能、能源效率以及可靠性。恒玖公司对于电传动零部件拥有自主研发及制造能力以及优越的原材料供应渠道，形成了国内的电动汽车零部件的全产业链优势。

（四）光伏产业

打造以新余为核心区，上饶、九江为集聚区的"一核两区"产业布局。新余重点发展硅料、硅片、电池及组件等核心产品，打造世界级光伏产业基地。上饶、九江重点发展中下游垂直一体化产品，形成以硅片、电池及组件为主的产业集群。在光伏产业中比较有影响的重点民营企业主要有：

1. 江西赛维 LDK 太阳能高科技有限公司

江西赛维 LDK 太阳能高科技有限公司由香港流星实业有限公司和苏州柳新实业有限公司共同出资设立的合资企业，工厂坐落于江西省新余市高新技术开发区，是集太阳能多晶体硅铸锭，多晶体硅片研发、生产、销售为一体的高新技术光伏企业。

公司注册资金 2900 万美元，一期总投资 7250 万美元。全套引进国际领先的光伏技术，生产及检测设备。2006 年 3 月投产 75 兆瓦生产能力，产值达 8 亿元。2007 年初形成产能200 兆瓦，产值达 36 亿元。2008 年形成产能 400 兆瓦，产值达 60 亿元。2010 年将形成1000 兆瓦，总产值达 150 亿元以上。至此我国光伏产业发展头小尾大的上游核心技术瓶颈和长期以来的高度对外依存将一去不复返。

世界各大主要投资基金对赛维公司高度关注，密切接触其高层。赛维公司致力于生产高质量太阳能多晶硅片并且有稳定原材料供应，立志成为世界级的光伏企业。

2007 年 6 月 1 日，赛维 LDK 成功在美国纽约证券交易所上市，成为中国企业历史上在美国单一发行最大的一次 IPO；赛维 LDK 也是江西省企业有史以来第一次在美国上市的企业，是中国新能源领域最大的一次 IPO。

江西塞维 IPO 融资额高达 4.69 亿美元，成为继无锡尚德之后中国太阳能产业的又一巨头。2007 年 8 月，赛维完成销售收入 4.8 亿美元，折合人民币 30 多亿元。同时，江西赛维于 2007 年 8 月向外界宣布将在未来两年中斥资 120 亿元上马 1.5 万吨多晶硅项目，项目建成后，其多晶硅年产能将达到 1600 兆瓦。公司发展迅速，拥有员工 7000 多人。

2. 金泰新能源有限公司

金泰新能源有限公司是全球领先的太阳能光伏系统解决方案供应商，自 2009 年成立以来，运用世界领先的科研技术，先进的生产设备，始终致力于为客户提供最具有成本竞争力的高品质太阳能电池片和太阳能组件；产品销往全球各地，广泛应用于住宅、商业和电站发电系统。公司为世界创造和持续提供安全、舒适和高效的清洁能源。

创建之初，金泰新能源有限公司就树立服务全球的理念，组建国际化管理团队；在科研方面，金泰与国内著名的科技院校建立全方位的战略合作关系，专注高转换效率的电池片的研发和太阳能组件完善。金泰新能源长期致力于保护环境，推动太阳能光伏产业发展，其在江西省级经济开发区鹰潭龙岗工业园区的生产基地，占地面积 30 万平方米，注册资本 1 亿元。秉承高效、优质、绿色的理念服务全球客户，为客户提供优质电池片及组件产品。

金泰新能源秉承以客户为中心的理念，不仅为客户提供卓越体验的绿色能源，更为客户提供完善的太阳能系统解决方案及 24 小时的售后技术服务，增进与客户间的长期伙伴关系。用金色阳光，创绿色能源。

3. 江西日普升太阳能光伏产业有限公司

作为全国首家磁悬浮风光互补发电系统生产商，江西日普升太阳能光伏产业有限公司是中国最早专注于风光互补发电系统的研发、生产和应用的企业之一。风光互补发电系统采用全球最领先的美国技术——尤尼索拉公司原装太阳能薄膜电池。公司注册资金 5000 万元，旗下安源热能设备制造有限公司拥有高级工程师 36 人，技术员 108 人。公司依托产能与技术人才的优势，不断开拓进取，并与全国多所高等院校科研机构进行技术联盟，同时以上市公司安源股份（股票代码：600397）雄厚的集团实力为平台，进一步提高了其太阳能产品的专业生产水平，把太阳能产品生产能力提高到一个新的高度，全面完成了太阳能产品的实用系统配置。公司秉承"绿色能源贴近生活"的宗旨，以"有阳光的地方就有日普昇"为市场理念，为振兴光伏应用事业做出更大的贡献。

4. 江西瑞晶太阳能科技有限公司

江西瑞晶太阳能科技有限公司成立于 2008 年 1 月，注册资金 3.5 亿元，是一家集研发、生产、销售为一体的高新技术光伏企业，主要从事晶体硅太阳能电池、组件、光伏系统工程、光伏应用产品的研发、制造、销售和售后服务。地处江西新余美丽的仙女湖畔，紧靠

320 国道和 105 国道，大广高速与沪昆高速出口，交通十分便利，占地 600 余亩，建筑面积 20 万平方米，拥有整齐洁净的生产厂区和功能齐备的办公大楼以及环境幽雅的员工宿舍与设施齐全的康乐中心。

瑞晶公司项目计划投资 100 亿元，规划产能达 3 吉瓦，是江西省和新余市重点扶持的高科技企业，已建成 700 兆瓦太阳能电池片生产线和 150 兆瓦光伏组件生产线。公司聚集了一批材料、高分子、半导体与电子电力技术专家和工程师及高级经营人才，以科研为核心，以人才为依托，以市场为导向，以管理促发展，将建设成为拥有强大生产力的综合性高新技术企业。

瑞晶公司已通过 ISO9001：2008 国际质量体系认证，TUV、CE、ISO14001：2004、OH-SAS18001：2007、UL 等国际认证工作已完成；公司严格按照质量管理体系和管理流程进行运作，使质量目标的控制覆盖每一个过程环节。

5. 江西晶科能源工程

江西晶科能源工程有限公司成立于 2011 年 7 月 28 日，注册资金 6 亿美元。总部位于江西省上饶市经济技术开发区旭日片区。

晶科公司经营范围包括太阳能光伏发电及其应用系统工程的设计、咨询、集成、制造、工程安装、调试；上述发电系统电子产品、太阳能建筑装饰材料、太阳能照明设备的设计、咨询、集成、制造、销售、安装及技术服务。

位于上饶经济开发区的晶科能源有限公司在美国纽约证券交易所成功上市，成为中国光伏企业第 10 家、江西省第 2 家、国际金融危机之后国内光伏企业第 1 家在美国上市的企业。

（五）航空产业

重点在南昌、景德镇布局。南昌重点开展大飞机、教练机研制，形成功能齐全、体系完整、特色鲜明的航空产业集群。景德镇重点发展直升机制造和通用航空产业，打造全国直升机研发生产基地。在此产业领域中比较有影响的重点民营企业主要有：

1. 江西天祥通用航空股份有限公司

江西天祥通用航空股份有限公司（天祥通航）是一家注册资金 1 亿元的民营甲类通航公司，2014 年在南昌成立，拥有 4 架贝尔直升机。天祥公司诞生于祥瑞福地——江西吉安，是中国农业第一飞，中国农业航空最知名品牌。

天祥通航依托母公司——江西天人生态股份有限公司在农林生物防治技术上的主导地位，已发展成为中国农业航空最知名品牌，有"中国农业第一飞"的美誉。天祥通航将以此为基础，全面进军通航业，计划用 2~3 年，把业务拓展至直升机外载荷飞行、医疗救护、电力巡线、航空探矿、空中游览、航空摄影、空中广告、科学实验、城市消防、空中巡查等业务，并全面覆盖直升机旅游开发、航空器制造、城市应急体系建设、通航机场建设、航空产业园、飞行培训、飞机销售与维护、飞机托管、机场与 FBO 运营、航材供应及飞机总装等领域，力争成为中国通航旗舰。

2. 九江红鹰飞机制造有限公司

九江红鹰飞机制造有限公司是一家集直升机和固定翼飞机的总装、定制以及技术支持和服务为一体的专业航空器制造商。其合资方为九江红鹰科技发展有限公司、波兰 PZL - Swidnik 公司、阿亚德国际有限公司、欧盟可持续发展项目小组、香港龙天亚太投资有限公司及阿萨斯国际有限公司，其中中方控股 51%，外方控股 49%。公司前期投资 6000 万美元，用于筹建位于九江出口加工区近 10 万平方米高品质、高科技的总装生产厂区及庐山区姑塘镇近 60 万平方米国际一流的高标准试飞区，具备了批量总装生产多品种、多系列、多型号直升机及固定翼飞机的能力。

红鹰即将投产的各款固定翼飞机和直升机，引进了欧洲先进的飞机制造工艺和知识产权，不仅大大增强了公司在同类企业中的竞争力，同时也对中国民用飞机制造业起到了良好的补充，在某些方面甚至填补了国内相关领域的技术空白。在产品质量上，公司引进先进的全程质量控制体系，使公司质保体系与国际航空制造业全方位接轨，以满足越来越广泛的国际合作的需要。公司组建的高素质高效率的售后服务团队能为客户提供专业、优质、快捷的技术支持。

公司现主要产品有 PZL SW－4、PZL W－3A SOKOL 等直升机型，并拟在将来引进 PZL M28 "空中卡车"、PZL M18 "单峰骆驼" 等小型固定翼飞机的生产。这些都是被世界各地的用户群证实了的技术成熟、性能优越的机型，被广泛运用于农林作业、警用巡逻、航空运输、空中摄影、空中旅游、飞行员培训等众多领域。

红鹰坚持以创新为原动力，深化国内外经济技术合作与交流，本着严谨敬业的企业精神，着力加强公司的核心竞争力，力争成为国内飞机制造领域的一流企业。

（六）食品产业

坚持因地制宜，凸显特色，在全省形成 "八大产业带" 格局，即鄱阳湖平原、赣抚平原、吉泰盆地粮食精深加工产业带；环鄱阳湖区域生猪、家禽等畜禽加工产业带；赣中、赣东北等油料主产区域食用植物油加工产业带；赣中南地区特香型白酒酿造产业带；南昌等地饮料制造产业带；赣南等特色优势果蔬产区果蔬深加工产业带；环鄱阳湖和赣中南地区水产品加工产业带；赣东北、赣西北、赣中、赣南等优势产茶区茶叶及深加工产业带。在此产业领域中比较有影响的重点民营企业主要有：

1. 正邦集团

正邦集团成立于 1996 年，是农业产业化国家重点龙头企业，拥有博士后科研工作站，旗下正邦科技于 2007 年在深圳证券交易所上市。集团下有农牧、种植、金融、物流四大产业集团，以种猪育种、商品猪养殖、种鸭繁育、农作物优良新品种选育、肉食品加工、饲料、兽药、生物农药、芳樟种植及芳樟产品加工、油茶种植及油茶产品加工、大米加工、相关产品的销售与技术服务以及基于农业产业链的贷款、担保、融资租赁、资产管理为主营业务。

集团有 39000 多名员工，360 家分/子公司，遍布全国 27 个省市。2015 年集团总销售额突破 520 亿元，荣列中国企业 500 强（第 298 位）、中国民营企业 500 强（第 74 位）、中国制造业 500 强（第 143 位）。

正邦集团致力于做现代农业的投资者和组织者，做绿色安全食品的生产者与供应者，不断推动中国农业的规模化、产业化、生态化发展。正邦集团正在全力推进 "千亿工程"，力争在种鸭、种子、生物农药等产业打造 3~5 家上市公司，2017 年实现产值千亿目标，成为中国最优秀的农业企业之一。

2. 煌上煌集团有限公司

江西煌上煌集团食品有限公司创建于 1993 年，由南昌市煌上煌烤禽社、南昌市煌上煌烤禽总社、江西煌上煌烤卤有限公司、江西煌上煌集团食品有限公司沿革发展而来，是一家以畜禽肉制品加工为主的食品加工企业。是农业产业化国家重点龙头企业，2002 年通过 ISO9001 国际质量体系认证，是江西省唯一一家进入全国肉类食品行业强势企业的大型现代化企业。于 2012 年 9 月 5 日在深圳证券交易所 A 股挂牌上市。

煌上煌集团系列烤卤产品已形成 5 大系列（烧烤、卤制、凉拌、清蒸、炒炸）100 多个品种，"皇禽"酱鸭被中国食品协会誉为"全国第一家独特酱鸭产品"，获得了"国际博览会金奖"等 20 多项省级、国家级、国际级的大奖。"皇禽"商标被评为江西省著名商标。

近年来，集团先后组建了江西煌上煌食品有限公司、江西皇禽食品有限公司、江西天龙房地产有限公司、煌上煌合味原餐饮娱乐有限公司、煌上煌饼业公司等 7 家子公司和 6 个独立的现代化烤卤加工厂，多元化经营初具规模，公司实力不断壮大。

集团公司在省内外拥有 300 多家专卖店，销售网络遍布全国大中城市。几年来，煌上煌集团坚持技术创新、管理创新、营销创新，并成立了产品研发中心、质量检测中心、员工培训中心，产品的技术研发能力和生产能力在中式行业中遥遥领先。

致富思源，富而思进，煌上煌集团投入光彩事业，防洪救灾，抗击非典，资助失学儿童，兴办希望小学，捐款捐物共 800 万元，力争跻身全国肉类食品行业前 20 名，成为全省食品行业中最大的外向型、科技型、集团化的民营企业，向全国民营企业 500 强进军。

3. 四特酒有限责任公司

四特酒有限责任公司，创建于 1952 年。至今已发展成为集科研、生产、销售于一体的全国知名酿酒企业，公司占地面积 39 万平方米，拥有员工 4000 余人。公司先后被评为"中国食品工业百强企业"、"中国饮料制造业纳税百强企业"、"全国食品工业优秀龙头食品企业"等荣誉称号。进入 21 世纪以来，公司经济效益保持了快速稳健的增长步伐，各项指标位居全国白酒行业前列，居江西白酒行业之首。公司生产的"四特牌"酒，历史悠久，文化底蕴深厚。自建厂以来，四特酒沿袭千年古法酿造，以整粒大米为原料，大曲为糖化发酵剂，采用传统的续渣混蒸，"三进四出"操作，老窖固态发酵生产工艺，经贮存、勾兑等多道程序精工酿制而成，形成"浓头酱尾清中间"的"特香型"白酒。

江西四特酒有限责任公司坐落在中华酒文化的发祥地——江西省樟树市，这里依山傍水、山川秀丽，有着得天独厚的酿酒条件。著名的阁皂山被唐高宗御赐敕封为"天下第三十三福地"，而水质清澈、奔腾不息的赣江则孕育了以"稻文化"为核心的神秘的赣都文明。

四特酒的工艺一直引领着中华酒文明，唐时就有"四特土烧"工艺，明时江西的大科学家宋应星还将四特土烧的工艺写进《天工开物》。一篇《曲蘖》，影响了后来中国白酒的规范化酿造和规模化酿造。

四特公司已经发展成为一个融科研、生产、经营为一体的大型酿酒企业。主要产品有珍藏四特、15 年陈酿、商务四特、10 年陈酿、5 年陈酿、四特老窖等 100 多个品种，形成了覆盖高中低档、高中低度的产品结构。四特酒是江西的最大酒类品牌，更是中国名牌。

5000 年的四特酒史，汲取了中华文明的精华，印证了中国酒文明发展的每一个脚印。在新时代面前，创新的四特酒正以"王道之酒"的姿态屹立在中国名酒之林。

4. 江西省绿滋肴实业有限公司

江西省绿滋肴实业有限公司创建于 2002 年，"绿滋肴，专业做特产"，在充分挖掘各地特产资源的基础上，开拓出了一个绿滋肴特产世界。经过十年磨一剑，2011 年 9 月认定为国家级农业产业化重点龙头企业。

为进一步打造企业核心竞争力，公司斥巨资于南昌市小蓝经济开发区建成100亩葛系列产品生产基地，200亩产品研发基地，打造"葛粉产业王国"，集约化生产葛粉、葛片、葛黄酮以及银鱼、干货、枣糕、腊味、休闲小吃、高档礼品盒系列等自有产品。公司经过多年发展，逐步形成了产、供、销一条龙的完整产业链。

2008年初，绿滋肴被列为江西省66家拟上市企业之一，在公司的规范化、规模化进程中迈出了可喜的一步；2014年春节前夕，中央领导同志视察了绿滋肴井冈山超市，给绿滋肴人极大的鼓舞和鞭策，更加坚定了他们扩大内需、促进江西省农业产业化发展、战胜金融风暴的决心。

2008年，公司在南昌小蓝开发区征地，建设四大食品生产中心、一个葛产业系列产品生产中心、一个葛根衍生保健产品的生产中心，投资近千万元购置日本先进生产流水线，重点开发"葛产业集约化生产"项目，通过集约化经营，形成葛粉及葛黄酮的生产加工基地，创立"粉葛产业王国"。投产后生产销售收入超2亿元，逐渐改变现有公司流通占主导，工厂生产为辅的经营格局。2008年12月，占地100亩的绿滋肴生产研发中心的建设破土动工，工程进展顺利。

公司于2008年投资新开设的井冈山店，总面积8000平方米，上下三层，现已成为井冈山旅游购物标志性建筑。同时公司建立了自己的生产包装工厂，生产自有品牌系列特产，并已在全国各大卖场设置了100多个绿滋肴江西特产专柜，真正形成了产销一体化运作。公司现有员工1200多人，旅游特产食品占据江西50%以上的销售份额，稳稳坐实江西特产业的龙头企业位置，成为了江西省特产专营的响当当的品牌。

公司本着"搭建一流交易平台，让特产全世界流通"的信念，秉承"宁可失金钱，决不失信誉"的企业文化立足江西、面向全国、走向世界，铸造绿滋肴特产百年品牌。先后获得"ISO9001质量认证"、"绿色食品"标志、"有机食品"标志、"消费者诚信单位"、"江西省著名商标"、"全国质量、服务、信誉 AAA 级品牌（企业）"、"中国特产流通领域最具影响力品牌"。

5. 江西美庐乳业集团有限公司

江西美庐乳业集团是一家专注婴幼儿营养研究、开发、生产及销售的大型乳品企业。集团成立于2001年，总部坐落于江西庐山脚下的生态工业城，拥有世界一流的乳品加工设备和先进的加工工艺。旗下拥有江西美庐乳业集团有限公司、黑龙江美庐乳业有限公司、江西美凯宝包装有限公司、江西金母爱营养品服务有限公司。

公司占地面积近百亩，整体布局按花园式工厂理念设计而成。拥有先进的乳制品、营养品加工设备及加工工艺，并建立了严格的质量管理体系和售后服务体系；有固定资产8000万元，员工1800余人，通过 ISO9001：2000国际质量体系认证和 HACCP 国际食品安全卫生管理认证，先后获得"江西省著名商标"、"江西名牌"、"中国驰名商标"称号、"中国乳业十佳放心品牌"、"全国食品安全百佳先进单位"等一系列荣誉。公司已具备年产1万吨婴幼儿配方奶粉、2000吨婴幼儿米粉、5000吨豆奶粉和2亿元成年奶粉出口的生产能力。

美庐公司追求"融合全球智慧，缔造完善产品"之诉求。与国际澳洲金母爱营养乳品公司合作，成立澳洲金母爱营养乳品有限公司，从专业技术上支持美庐乳业的婴幼儿营养乳品及中老年乳品的科学研究和生产，使公司新产品的科技含量处于国内领先水平。

6. 江西人之初集团

人之初集团地处环境优美的江西省会南昌市（国家级小蓝经济技术开发区）。旗下有人之初营养科技股份有限公司（新三板上市，证券代码：833845）、江西人之初乳品营养有限公司、江西省人之初贸易有限公司、人之初婴童连锁机构、上海人之初营养食品有限公司等8家所属公司，形成了以乳制品、婴幼儿营养食品的研发、生产、销售为一体的主产业群；产业涵盖国内贸易、投资、婴童连锁机构、农业种植加工等多领域的综合性大型高科技型企业集团。

人之初集团以制药的标准生产婴幼儿营养食品；获得"高新技术"认定企业；中国驰名商标、全国食品工业优秀龙头企业；服务婴童行业十年奖；中国母婴行业十大影响力品牌；中国奶粉十大品牌；国家级首批食品安全示范单位；中国十大杰出赣商企业；江西省食品协会会长单位；农业产业化省级龙头企业；江西民营企业100强等荣誉。拥有"江西省营养功能食品工程技术研究中心"。

人之初集团现代化、智能化的生产基地具备了比肩国际乳业的标准，生产车间达到大型医药级的 GMP 生产标准，拥有当今世界先进的全自动化无人操作式流水线生产，生产全程在线视频监控生产状况，检验检测中心拥有当前国际乳制品行业最先进的高精尖检验、检测设备，生产条件和环境以及检验检测水平均处于国内领先水平。在质量安全保障方面，集团投入巨资建设了"质量安全电子信息追溯系统"，实现了从奶源和原材料入库到零售终端进行源头追溯。成为了中国乳制品行业一颗冉冉升起的明星和新锐品牌。

人之初集团秉承"至诚通天，有信则立"核心经营理念，以"始终致力成为中国婴幼儿食品行业标杆与民族品牌扛旗者和打造百亿企业、百年品牌"为目标，不断开拓进取，奋勇向前，续写人之初灿烂辉煌的诗篇。

7. 江西仙客来生物科技有限公司

江西仙客来生物科技有限公司地处世界级地质公园——庐山西北麓，其前身是公司董事长潘新华始创于1982年的九江庐山真菌研究所。经过32年的发展，已经成长为专业从事食（药）用菌研育产销于一体的国家级高新技术民营企业。是"中国食用菌行业十大龙头企业"、"国家星火计划龙头企业技术创新中心"、"国家食用菌加工技术研发专业分中心"、"首批国家林业龙头企业"、"江西省十大重点出口名牌企业"，国家工商总局认定的"全国守合同重信用"单位，"仙客来"商标是国家工商总局认定的"中国驰名商标"。

公司建立了以享受国务院特殊津贴专家、公司董事长潘新华为核心，以中国科学院魏江春、李玉等28位院士、教授及行业专家为中坚的科技创新团队、仙客来院士工作站（中国首家地衣菌藻类院士工作站）、江西省企业技术中心等科研平台。并与中国科学院、中国农业大学、美国柏克莱大学、香港中文大学等多所高校、科研院所建立了长期、稳定的协同创新、科技研发合作关系。研发并获得批准的国家发明专利和国内领先科研成果有25项，正在申报的国家发明专利还有21项。建设了中国首家"灵芝全产业链"可视工厂、检测中心、庐山灵芝文化馆。公司自主研发的灵芝、食用菌系列产品有清水、干品、铁罐、即食、灵芝五大系列100多种产品，并开发了灵芝工艺品和艺术品。多个产品被国家权威机构认定为绿色食品、有机食品、保健食品、清真食品和航天食品。产品不仅进入沃尔玛、家乐福等全国2000余家大型商超，畅销20多个省市，还被人民大会堂和钓鱼台国宾馆国宴选用，并出口日本、俄罗斯、美国等国外市场。

公司坚持"诚信、执着、感恩、创新"的企业精神，在谋求自身发展的同时，以"公司＋基地（合作社）＋村镇＋农户"的经营模式，扶持带动江西、四川、内蒙古等地区10多个县的3万余户农民走上致富之路。为四川抗震救灾、玉树灾区、九江抗洪抢险、捐资办学捐资助学、抗病救灾、扶贫济困和社会主义新农村建设、慰问国民党老兵、向九江市慈善总会捐赠创始基金等社会公益事业捐款捐物达 600 多万元。

公司规划投资 8.67 亿元，建设总部大楼、科研中心和新厂区，以及在庐山南门规划建设面积 2200 多亩，集驯化种植、科普科研、收藏展示、科技交流、美食休闲、生态旅游为一体的江西庐山食用菌文化博览园。整合食用菌产业相关要素和资源，打造国内一流食用菌文化产业基地。致力于在食（药）用菌领域内的第一、第二、第三产业范畴全面深入发展，实现农产业向健康、旅游、文化产业的转型升级，达到产能 30 万吨、带动农民 20 万户、年产值 100 亿元巨大的经济效益和社会效益。

（七）铜产业

以鹰潭为中心，南昌、上饶和吉安为重点展开产业布局。鹰潭重点培育铜精深加工产业聚集区，进一步加快世界铜都建设步伐。南昌以高新产品研发为主导，大力建设铜精深加工及新材料基地。上饶、吉安、赣州、抚州以铜材深加工为主导，大力发展特色铜加工产业基地和配套基地。在此产业领域中比较有影响的重点民营企业主要有：

1. 鹰潭江南铜业有限公司

鹰潭江南铜业有限公司是由中国南洋汽摩集团在鹰潭投资建设的一家民营企业。公司坐落于素有"世界铜都"美誉的江西省鹰潭市，占地 6 万平方米，员工 302 人，中高级技术和管理人才 80 人。公司规划建设两条低氧铜杆连铸连轧和铜杆拉丝生产线，年生产能力达到 15 万吨优质低氧铜杆和铜丝。江南铜业公司自成立以来，产值稳步上升，2012 年荣获鹰潭市"纳税特别贡献奖"，2013 被评委"江西省重点优强工业企业"。为开发和占领铜杆、铜丝下游产业链，发展铜材终端产品，公司于 2014 年升级转型，新建成电线及电镀用阳极两个铜材深加工项目。

2. 上饶市华丰铜业有限公司

上饶市华丰铜业有限公司是一家以废杂铜、海绵铜、IT 电路板中和污泥、电镀中和污泥、氧化铜物料等为主要原料，通过湿法、火法两种冶炼方法生产粗铜、镍、金、银等有色金属和贵金属的资源综合利用科技型生产企业。公司地处上饶市经济开发区，注册资金 6068 万元，总资产 2.3 亿元，年产粗铜 4 万吨以及镍、锌等化合物。

公司已拥有"从 IT 电路板及电镀污泥综合回收金属资源工艺技术"的自主知识产权，该技术已申报国家专利，并且已应用在公司 4 万吨/年铜资源工程项目中。2006 年 10 月，"年处理 6 万吨电镀污泥综合利用项目"已被国家发改委"环资〔2006〕016 号"文列入 2006 年资源节约和环境保护第三批国债备选项目计划。公司通过国家 ISO9001：2000 质量体系论证；被评为上饶市工业十强企业；2006 年 4 月被认定为江西省高新技术企业、高新技术产品；2006 年 10 月被评为江西省资源节约先进集体；2006 年进入江西企业 100 强排行榜；2006 年获国家科技型中小型企业技术创新基金无偿资助及省重大高新技术产业化项目资金支持。2005 年，公司与清华科技园签订了入园孵化合作协议，为企业长期稳定发展打下了扎实基础；2007 年 5 月与国际知名矿业集团签订原料供货、技术服务及境外合资办厂等多方面合作意向书，为其参与国际化经营奠定良好基础。2006 年 3 月投资 3 亿元，购地 600 亩，建设"有色金属资源综合利用产业基地"项目，主要生产电积铜、碳酸钴、草酸钴、硫酸钴、硫酸镍、硫酸锌、硫酸铵等产品，工程完工后，公司已形成年产值 35 亿元，纳税 1.5 亿元的有色金属资源综合利用产业基地，为我国循环经济节约资源及环保事业的发展开创一条新路。

3. 江西凯安铜业

江西凯安铜业有限公司地处我国风景名胜的道教发源地龙虎山附近，位于江西省贵溪市工业园兴一路，毗邻国内最大的铜加工企业江西铜业集团，是由浙江鑫安铜业有限公司投资经营的大型铜材加工企业，公司注册资金3000万元，占地面积209亩。

企业坚持走质量第一，科学管理和科技进步的发展道路，整体实力不断增强，无氧铜杆线车间生产厂房占地面积1.2万平方米，拥有182名技术熟练的生产员工。始终坚持以人为本，不断培训，灌输企业文化，从而为广大客户提供质量可靠，规格齐全的铜加工产品。

凯安铜业公司采用贵冶牌高纯度电解铜，现有5000吨无氧铜杆上引生产线2条，并配有冷轧机和9模拉丝机若干台，可生产直径3毫米、8毫米、12.5毫米、20毫米等各种电工圆铜线、各种规格T2和T3铜排、异型材、紫铜棒，产品质量完全达到GB3953/83标准；宽幅高精度铜板带生产厂房占地面积2.2万平方米，年产宽幅高精度铜板带、紫铜带、铜磷青铜带3万吨；成品卷重达到4吨，产品广泛用于电子、电气、家用电器\电力、装饰、连接器等行业，主要销售于温州地区、珠三角及长三角地区以及东南亚国家。

凯安铜业公司依靠先进的生产设备，雄厚的技术力量，科学的管理方法，以良好的市场信誉赢得了广大顾客的信赖。公司严格执行"创一流品质，以顾客为尊"的质量方针，加快企业发展，不断开发新产品、新市场，利用现有的发展平台，不断做强、做大。

4. 江西新金叶实业有限公司

江西新金叶实业有限公司坐落在"四省通衢"的"上乘富饶、幸福城市"之地——上饶经济技术开发区（国家级）茶亭工业园。公司创建于2007年，是一家以城市矿产、电子废弃物、含金属废料及电镀污泥等为原料、生产粗铜、电解铜及综合回收金银铂钯等稀有贵金属的资源再生企业，旗下拥有5家子公司及参股公司，总资产达15亿元，员工1000多人。

新金叶公司坚持以科技创新为先导，立足以"节能环保、综合利用"循环经济发展为宗旨，致力于二次有色金属资源环保处置及多金属综合回收利用产业化之路。以资源循环带动经济循环，重点在于废水循环利用、废气回收制酸、废渣提取稀贵有色金属的综合利用，新金叶公司有效解决了"三废"问题，最终达到了达标排放，实现了经济效益、环境效益和社会效益的协调发展。

（八）石化产业

石油化工业大力发展芳烃等炼油深加工产品。以中石化九江分公司原油加工为龙头，配套建设苯乙烯、大型芳烃装置，采用炼化一体化发展模式，带动相关下游产业发展，延伸石化产业链。有机硅业以有机硅单体为龙头，大力发展以硅橡胶、硅油、硅树脂、硅烷偶联剂、氟硅结合五条路径为重点的深加工产品，加大副产物的综合利用。盐化工业大力发展氯和氢深加工系列产品、医药中间体、农药中间体，构建岩盐、盐化工、精细化工、医药化工、农药化工、生物化工延伸的主导产业链，重点发展零极距、氧阴极等离子膜法烧碱、AC发泡剂、氯化亚砜、环氧氯丙烷、三氯吡啶酚钠、氯甲基吡啶等产品。氟化工业发挥萤石资源优势，构建萤石、氟化氢、氟代烷烃、含氟单体、含氟聚合物、含氟精细化工产品延伸的主导产业链，开发和引进磷肥副产氟硅酸制氢氟酸技术、新型ODS（氯氟烃制冷剂）替代品开发技术、含氟中间体的绿色制备技术等一批产业核心技术，重点发展氟树脂、氟塑料、氟橡胶、含氟膜材料、含氟电子化学品。在此产业领域中比较有影响的重点民营企业主要有：

1. 江西金龙化工有限公司

江西金龙化工有限公司创建于 2008 年 3 月，是浙江奥鑫控股集团有限公司的全资子公司，位于江西乐平塔山工业园区。注册资本 1.2 亿元，占地面积 400 多亩，员工 400 余人。公司主要从事草甘膦农药以及农药、医药中间体的开发、生产、销售。

金龙化工公司是国家农药定点生产企业，一期投资 2.7 亿元，于 2009 年建成了年产 2 万吨草甘膦原粉生产装置，草甘膦产品生产指标和产品质量达到了同行业领先水平。

金龙化工公司草甘膦生产装置，建设起点高，工艺设备先进。公司管理规范，制度健全，现已通过了 ISO9001：2008、ISO14001：2004 质量环境管理体系认证；取得了二级安全标准化合格企业证书；通过了清洁生产审核。荣获江西省重合同、守信用 AAA 企业证书。其技术中心通过了江西省省级技术中心认定。

金龙化工公司以管理、技术创新为核心，创建绿色、环保型农药化工为宗旨，坚持持续、稳定、和谐的发展战略，走循环经济发展之路。立足做大做强草甘膦原药主产品，不断延伸产业链，依托自身技术优势，加快企业产品升级，建设草甘膦生产各种资源回收综合循环利用装置。公司现正在抢占发展机遇、朝着行业龙头迈进。

2. 江西宜春远志腐植酸有限公司

江西远志腐植酸有限公司正式成立于 2007 年，注册资金 218 万元，地处江西省宜春市，毗邻浙赣铁路、沪昆高速公路、320 国道。公司拥有风化煤开采的优势，下设有 3 个年产量 2 万吨以上的原料生产基地。

公司已累计投资 630 多万元，生产员工 226 人，高级技术人员 25 人，管理和销售团队全部大学学历。拥有宜春、萍乡两个总占地面积 280 余亩的产品加工厂，并成立了江西远志内蒙古分公司、山西分公司。经过江西远志全体员工的不懈努力，公司已开发生产出高品质的精品腐植酸原粉、复合型煤球黏结剂、钻井泥浆处理剂、陶瓷添加剂、锅炉防垢剂、水产养殖增效剂、经济作物专用肥、微生物有机肥、速效叶面肥、腐植酸复混肥、精品腐植酸钠、精品腐植酸钾、营养土等一系列腐植酸类产品。远志公司的经营模式获得了中国腐植酸工业协会和江西省农业厅等部门的高度评价。销售网络遍及湖北、广东、浙江、福建、上海、江苏、广西、湖南、安徽、海南等地，并已获得了巴基斯坦、印度、马来西亚、泰国、台湾地区和欧盟的出口许可。

3. 江西省萍乡市环星化工填料塔内件有限公司

江西省萍乡市环星化工填料塔内件有限公司是化工部化工技术中心站成员单位，是天津大学为数不多的几家合作单位之一。公司位于素有陶瓷填料之乡及秋收起义发源地萍乡市，工厂坐落于萍乡市安源经济开发区高新园，320 国道边，与浙赣线相邻，从 320 高速到长沙黄花国际机场只需 1.5 小时，具有便捷的交通区位优势。

环星化工公司自 80 年代从单一生产陶瓷填料的小工厂发展到目前的集生产各种陶瓷填料、塑料填料、金属填料及设计生产各种塔内件等上百种产品的股份制企业，已与国内多家化工设计科研单位签订为合作单位。现已成为占地面积 15 亩，生产车间面积 6000 平方米，固定资产约 500 万元，全体职工 103 人，专业设计人员 5 人，中高级技术人员 10 名，年销售额 2000 多万元的中型企业。面对激烈的市场竞争，公司已通过 ISO9000 国际管理体系认证，生产的系列化工填料产品及塔内件销往全国各地焦化、化肥、化工、炼油、冶炼、电力、环保、制药等化工企业，使用效果良好，取得了一定的社会效益。

环星化工公司拥有齐全精良的生产设备及技术力量，严格遵循质量体系认证，坚持以人为本，以质量求生存，本着互惠互利、共同发展的原则，信奉以诚信经商为客户服务的遵旨。

4. 江西奥特精细粉体有限公司

江西奥特精细粉体有限公司是一家集矿产开采、超微细粉体技术研发、生产、销售为一体的高新技术企业，公司拥有丰富高品位的天然非金属矿产资源，是国内较大规模超微细矿化粉体生产基地之一。

奥特公司依托本地优势矿产资源，不断引进国内外先进技术和设备，现拥有蒙山采矿厂、蒙山粉体加工厂、芦州粉体加工厂、上高工业园 4 个生产基地，已形成矿山开采、提纯精细加工、煅烧、粉碎分级、超细粉体活化改性等生产工艺，公司年产橡塑增强粉（补强剂）、硅灰石粉、超细硅粉、超细透明粉、超细滑石粉、煅烧高岭土、白云石粉、超微细碳酸钙粉等矿化粉体活化改性产品 50 余万吨，产品广泛用于塑胶、橡胶、涂料、造纸、玻纤、密封胶、油墨、无纺布、电线电缆、高分子化工、绝缘材料、复合材料、橡塑补强材料等行业领域。

奥特公司将奉行永续经营的服务宗旨，本着开拓进取，精益求精的精神，不断扩大销售网络，不断完善服务内涵，始终如一地为客户提供高品质的产品和优良服务。

5. 兴国宝丽金胶粘制品有限公司

兴国宝丽金胶粘制品有限公司成立于 2005 年 9 月，公司是一家集研发、生产、销售为一体的科技综合型企业，位于江西省赣州市兴国县工业园，有着得天独厚的地理条件和十分理想的投资环境。公司占地面积约 7000 平方米，采用先进的生产设备和专业技术人才，有着完善的品保系统，以稳定的品质、合理的价位而享誉市场，深受用户青睐。

宝丽金公司主要生产电工绝缘胶粘带 PCB 镀金明蓝保护膜胶粘带、高尔夫球头透明/绿色保护膜胶粘带、警示地板胶粘带系列产品，已被电子电器业、汽车业、印刷线路板业、高尔夫球头制造业、各行业地板警示以及包装、建筑、广告等诸多行业广泛应用，并可根据客户需求进行研制开发产品以便使公司的服务更加完善。

公司坚持以"奉献，务实，诚实，奋进"为企业精神，坚持"以质量求生存，以信誉求发展"为经营理念。

宝丽金公司立足于自身的技术优势，成本优势和服务优势，确立了"以用户为中心，以市场为导向，坚持技术创新，持续开发个性化多样化特色产品"的发展方向，建立了自主创新、开发和高科技嫁接两者良性互动的技术创新机制。潜心研发高科技、高可靠性、高适用性的新型产品。

宝丽金公司本着"以信为本，以诚待人，以稳求实，共同发展"的理念，为用户提供"POLYGRAM"为代表的核心品牌产品，持续改进，努力发展，以生产一流产品为本，创一流品牌企业为目标，与国内外同行携手共创美好明天。

（九）钢铁产业

重点在九江、新余、南昌、萍乡布局。九江着力打造千万吨级的沿江新型钢铁产业基地，成为全省钢铁产业优化布局的重点区域。新余着力打造千亿元级钢铁及钢材深加工产业集群，成为全省钢铁产业转型升级重点区域。萍乡积极发展金属新材料和粉末冶金新材料，构建粉末冶金先进制造产业链，成为全省金属新材料重点发展区域。南昌重点开发高性能弹簧钢、齿轮钢和轴承钢，打造国内汽车零部件用钢和汽车零部件生产基地。在此产业领域中比较有影响的重点民营企业主要有：

1. 方大特钢科技股份有限公司

公司始建于 1958 年，位于风景秀丽的南昌市青山湖区。2001 年，按照国家债转股政策，南钢公司由国有独资公司成为多元投资主体的有限责任公司，江西省冶金集团公司、中国华融资产管理公司、中国东方资产管理公司各占 57.97%、37.78% 和 4.25% 的股权。2003 年，由南钢公司绝对控股的江西汽车板簧有限公司为主发起人设立的江西长力汽车弹簧股份有限公司，在上海证券交易所挂牌上市。2006 年，南钢公司以生产经营性资产认购长力股份公司非公开发行股票，实现了南钢公司整体上市。2007 年，江西长力汽车弹簧股份有限公司更名为南昌长力钢铁股份有限公司。2009 年，辽宁方大集团实业有限公司通过公开竞拍，获得南钢公司 57.97% 的省属国有股权，成为南钢公司的控股股东，南钢公司控股的上市公司南昌长力钢铁股份有限公司更名为方大特钢科技股份有限公司。

南钢公司是中国 500 强企业之一，先后荣获全国重合同、守信用单位，全国用户满意企业，江西省先进企业，江西省优秀企业，江西工业十强企业，江西省质量效益型先进企业，江西省质量管理先进企业等荣誉称号。公司党委先后荣获江西省冶金集团"红旗党委"，江西省国资委"红旗党委"、"先进党委"，江西省文明单位，江西省思想政治工作先进单位等荣誉称号。公司工会先后荣获全国模范职工之家、全国先进女职工集体、全国体育先进单位等荣誉称号。公司团委荣获全省"五四红旗团委"等荣誉称号。

南钢加入方大集团后，将秉承"以人为本、诚信为先"的企业精神和"经营企业一定要对政府有利，对企业有利，对职工有利"的企业价值观，坚持"要听党的话，跟党走"；对员工要好，要建和谐企业；要坚持依法治企、"依法兴企"的企业方针，培育优秀的企业文化，实现跨越式发展。

2. 江西萍钢实业股份有限公司

江西萍钢实业股份有限公司（原萍乡钢铁厂）始建于 1954 年，是江西省最早建成投产的国有钢铁企业。2003 年 7 月，萍钢公司完成整体改制，转制为民营企业。2012 年 11 月，辽宁方大集团实业有限公司重组萍钢公司。方大集团总部位于北京，以碳素、钢铁、化工、医疗为主业，兼营矿山、焦化、房地产等产业，是有较强国际竞争力的大型企业集团。

经过半个多世纪的创业，萍钢已经发展成为一个以钢铁为主业，成功向国际贸易、工程技术、房地产、矿山等行业多元发展，具备一定国际影响力的高成长性大型钢铁联合企业。萍钢具备年产钢能力 1100 万吨，员工 2 万余人，为全国企业 500 强和全国民营企业 50 强企业。

萍钢致力于打造全国棒线精品基地，企业通过了 ISO9001 质量管理体系、ISO14001 环境管理体系及 OHSAS18001 职业安全健康管理体系三大体系认证并运行健康，产品品牌为"博升"牌，涵盖螺纹钢筋、高速线材、小型材、中厚板等多系列多规格产品，获国家冶金产品实物质量"金杯奖"、"中国螺纹钢筋生产企业十强"、"中国螺纹钢筋生产十大畅销品牌"等多项荣誉称号，畅销国内 10 多个省、市、自治区，远销海外 20 多个国家。公司先后获得中国企业效益 200 佳企业、中国最具竞争力民营企业、最有社会贡献民营企业、最有社会责任民营企业等多项荣誉。

走向未来，萍钢秉承"经营企业一定要对政府有利、对企业有利、对职工有利"的企业价值观和"要听党的话，跟党走"的企业方针，以更加高昂的士气，更加充足的信心，众志成城，奋勇拼搏，全面提升效益水平，努力为方大集团实现销售收入超千亿元、资产超千亿元的"双千亿"的目标做出积极贡献！

3. 中国华林特钢集团

中国华林特钢集团坐落在美丽的世界地质公园庐山山脚——江西省九江县，是一家集钢铁、电器、房地产、贸易于一体的综合性企业，下辖华林特钢集团有限公司、九江佳立新电器有限公司、九江华林房地产开发有限公司、九江联华工贸有限公司、洋县华林房地产开发有限公司、浙江双林模具钢有限公司、浙江创祁模具有限公司等多家子公司，企业主要分布在江西、浙江、陕西、安徽、山东等省。

华林特钢有限公司是华林特钢集团骨干企业，以特殊钢生产和锻打为主，被列入"十一五"期间重点企业。公司成立于2003年12月，2004年底正式建成投产，厂区占地300余亩，现有职工300余人。华林特钢生产设备齐全、工艺先进、技术力量雄厚，一期项目总投资额3亿元，建成20吨电弧炉、大型模具锭生产线和大型氧气生产线各一条。公司备有35千伏用电专线、35千伏变电站一座、20吨电弧炉和20TLF钢包精炉配套的大型除尘设备、制氧机组、大型行车、750空气锤、1吨/2吨/3吨/5吨蒸汽锤、自由锻锤和分析化验及探伤专用仪器。并采用超大功率电炉—炉外精炼—大型钢锭模注短流程工艺PLC自动控制技术，光谱仪精确快速检测手段，主要生产高质量冷、热模具钢、塑胶模具钢及大型锻打件、圆钢和板材、高附加值产品（如H13、Y10、P20、D2、718、3Cr2W8V、5CrNiMO、Cr12MoV等），并可按客户要求生产各种精炼模具钢材。2007年公司进一步扩大生产规模，新上一台20吨精炼炉生产线，新增锻锤8台，大型锻打车间已建成，年产各类特殊钢种产量20万吨。产品销往赣、浙、沪、粤、闽、冀等10多个省市，其优秀产品和优质服务深受广大用户信赖与好评。

（十）纺织产业

服装业着力提高设计创新能力和加工制作水平，重点发展羽绒服装、针织服装、女性服饰以及西裤四大类产品，引导发展职业装、户外服装及少男少女装，培育一批在国内有较大市场影响力的自主品牌，提升服装出口原创设计比重。棉纺织业重点发展高档纱线、休闲面料，大力推广紧密纺、喷气纺等新型纺纱织造技术和高效短流程及少水或无水印染技术，开发高档精梳纱线、多种纤维混纺纱线和差别化混纺面料。针织业重点提高针织面料档次和针织服装设计含量，开发高档绒类、弹性、功能性面料以及功能化针织品、针织时装、针织内衣等产品。化纤业重点发展粘胶短纤和产业用纺织品，粘胶短纤以高性能纤维、超仿真功能纤维为重点；产业用纺织品重点发展土工合成材料、汽车内饰材料、帘子布、工业过滤材料、医用卫生材料、高档全盛革及服装衬布六大类产品。特色家纺业重点发展苎麻、丝绸家纺，麻艺家纺着力开发纯麻面料、麻棉混纺面料、麻棉服装、麻艺床上用品等系列产品；丝绸家纺着力开发涵盖时装、家居服、丝巾、饰品、蚕丝被的丝绸系列产品。在此产业领域中比较有影响的重点民营企业主要有：

1. 鸭鸭股份公司

鸭鸭股份公司是国家大二型企业、国家级农业产业化重点龙头企业和江西省高新技术企业，也是全国最大的专业羽绒制品生产企业之一。鸭鸭商标是"中国驰名商标"，被评为中国服装行业最具市场竞争力品牌。

公司创建于 1972 年，至今有着 40 余年自主开发羽绒服系列产品的历史，拥有省级企业技术中心和产品检测中心，年生产能力达 1000 万件。1983 年，鸭鸭牌商标在国家工商局正式注册，产品远销世界 60 多个国家和地区。从 2001 年起，集团先后通过了 ISO9001 质量管理体系、ISO14001 环境管理体系和中国环境标志产品认证。

鸭鸭对中国羽绒行业的发展起到了领头雁的作用。鸭鸭羽绒服以其轻柔保暖的特性和过硬的产品质量，屡获国家、省、部优质产品奖，得到了众多消费者的喜爱，同时改写了中国传统的以棉衣御寒的历史。鸭鸭产品标准曾被引用为国家羽绒服标准，曾作为国礼送与外国元首，成为国人的骄傲。

经过 40 多年的风风雨雨，公司塑造了自己的企业形象，铸就了勇于开拓，艰苦创业，诚实做人，踏实做事的企业精神。公司的发展得到了社会各界的亲切关怀和大力支持。自 1984 年以来，胡耀邦、江泽民、胡锦涛、乔石、温家宝、李瑞环等 70 多位党和国家领导人先后来公司视察。

总投资达 3 亿元的鸭鸭产业创新基地，是一座集生产、研发、销售、办公、旅游为一体的现代化工业园区。该园区自运转以来鸭鸭总产能达 800 万件，解决员工就业达 7000 人，预计"十二五"期间销售收入可达 14 亿元。

2. 江西深傲服装有限公司

江西深傲服装有限公司是一家集研发、生产、销售于一体，享有自营进出口权的现代化专业羽绒服生产企业，创建于 2001 年，注册资金 1166 万元，拥有员工 1200 多名，总资产 6.7 亿元，占地面积 10 万平方米，有各类先进缝纫专用设备 1000 余台（套）。

雄厚的实力使公司形成了年产羽绒服 300 万件、产值 4 亿多元的生产能力。全国销售网点及专营店 1000 余家，已成为区域内羽绒服装领域里的龙头企业，并跻身于全国羽绒行业前列。

深傲服装公司位于国家纺织服装产业集群基地、中国羽绒服装名城的江西九江共青城。北倚庐山，东临鄱阳湖，京九铁路、昌九高速公路穿城而过，昌北、九江机场坐落两端均距 40 千米。风景秀丽，环境优雅，交通便捷，区位优势得天独厚。

"深傲"有着极丰富的文化与精神内涵。2001 年北京申奥成功，"深傲"应运而生。诞生于这一铭记千载的重大历史事件中，披着神州风采，辉映着五环光芒的"深傲"，其基因里天然具有奥运拼搏、创新、活力、浪漫、典雅的精气神。

深傲服装公司不断加强技术创新和品牌推广力度，引进 CAD 设计制版系统等国际高端计算机自动化生产设备以及优秀的具有超凡水平的知名设计精英。坚持"一切从市场着眼、以消费者作向导、紧随时尚潮流"的品牌发展要求，凭借风尚前沿的设计灵感，领先行业高科技生产线，将创意变为现实，精工制造超值的羽绒服系列产品。蕴含着"申奥"文化的"深傲"牌系列羽绒服，以其明快、跳跃的鲜艳色彩体现对运动、休闲的钟爱；以新颖、时尚的设计理念彰显灵动、美感的个性化品位；以兼容、并蓄的品格实现羽绒服家族至尊完美的艺术境界。

深傲服装公司十分注重品牌的建设和宣传推广。在中央电视台一、二、三套和省市卫视等强势媒体以及赞助参加的各类具有社会影响力的公益活动中进行品牌推广。公司在精心打造品牌战略的同时，致力于拓展外贸加工业务，拥有国内外较大客户 20 余家，产品远销世界 30 多个国家和地区。"深傲"的发展是励精图治、载满荣誉的历史。自成立以来屡获中国驰名商标、江西名牌、江西省著名商标、中国著名品牌、中国羽裳杯银奖、中国十大畅销品牌等殊荣。"建优秀企业、做行业先锋"是深傲公司矢志不渝的发展目标。深傲公司将本着"稳健、务实、创新"的经营理念，坚持"诚信为本、客户至上、质量第一"的服务宗旨，秉承"团结、高效、忠诚、和谐"的企业精神，努力打造搏击市场的核心竞争力和卓越超凡的企业文化。它所展开的宏图不仅赋予了中国羽绒服领域里新的生机，而且也使"深傲"的事业势不可当，永不停息。中国深傲，五洲共享。中国申奥成功的激情永远激励着每一个深傲人，用勤劳智慧的双手为广大消费者奉献更加精美的产品。公司坚信"深傲"必将走向世界，走向世界人民的心中。人们将共同享受"深傲"带来的无限温暖和欢乐。

3. 江西金源纺织有限公司

江西金源纺织有限公司位于奉新工业园区，是江西最大的纺织企业，实力雄厚，发展势头强劲。公司投资 7 亿港元，总占地面积 266.4 亩，生产规模 35 万锭，其中一期投资 2.4 亿港元，占地面积 162 亩，建筑面积 7.3 万平方米，生产规模 12 万锭；二期投资 4.6 亿港元，占地面积 104.4 亩，建筑面积 10.5 万平方米，生产规模 23 万锭。现两期都已投入正式生产，公司现有员工 2500 余人，其中管理人员 61 人、技术人员约 230 人。

金源纺织公司环境优美，四周绿树环抱，花园锦簇，生活环境舒适，设施齐全，配有一流的职工食堂、澡堂、超市、舞厅、球场、网吧、图书馆、医务室、公寓，商贸娱乐一条街，每套公寓内设卫生间、洗衣池阳台等。整个厂区布局别致，气派壮观，是个集公园、环保、工作、生活娱乐于一体的大型现代化企业。

企业选用了国内外最成熟，最先进的成套设备，整个设计安装调试均参照国内外同行业最先进标准执行。同时采用最先进合理的纺纱工艺与最严格的内控标准与检测手段，确保产品的档次，二期还建有气流纺和环质纺。生产车间由清花、梳棉、精梳、并条、粗纱、细纱、络筒 7 个工序组成。清花、梳棉、精梳均配有一流除尘系统，车间达到了无尘的环保标准，车间空气清新，环境舒适，各车间均装有水帘式空调降温系统，解决了夏季高温问题，同时确保了产品质量的稳定。公司产品主要为纱、线、高档纺织面料、工程特种纺织品。

4. 江西宝源彩纺有限公司

江西宝源彩纺有限公司系外商投资企业，坐落于江西省级十大工业园区之一——奉新工业园区，园区现代化气息浓郁，创业就业环境宽松，通信发达，交通十分便利。

宝源彩纺公司实力雄厚，是目前江西唯一的彩纺生产企业。一期总投资 3.8 亿元，生产规模 20 万纱锭。公司发展势头强劲，二期扩大为 50 万纱锭，成为奉新纺织城的核心组成部分。

宝源彩纺公司一期占地面积 9.2 万平方米，建筑总面积 9.8 万平方米，其中厂房、仓库 7.2 万平方米，办公楼、职工宿舍、食堂、综合楼等设施 2.6 万平方米。公司于 2008 年 1 月注册成立。

企业选用了国内外最成熟、最先进的成套设备，有效地提高工作效率，为职工薪资提供更可靠的保障。整个设计安装调试均参照国内外同行业最先进标准执行，给您创造安全、高效、舒适的工作环境。

公司环境优美，四周绿树环抱，花园锦簇，生活环境舒适，设施齐全。配有一流的舞厅、网吧、超市、篮球场、健身房、乒乓球室，商贸娱乐一条街，为职工的日常生活提供便利的同时，也丰富了其业余生活。整个厂区布局别致，气派壮观，是个集公园、环保、工作、生活娱乐于一体的大型现代化企业。

5. 江西明恒纺织有限公司

江西明恒纺织有限公司是在对原抚州棉纺织厂整体收购的基础上于 2002 年 4 月 6 日组建起来的有限责任公司。现有员工 1800 人，占地面积 220 亩，建筑面积 13 万平方米，固定资产 1.4 亿元。具有纱锭 5 万枚，线锭 1.2 万枚，梭织布机 1100 台，丰田喷气织机 96 台，年产 10～100 秒普梳纯棉、混纺纱 1 万吨及各种中、高档坯布面料 5000 万米。

明恒纺织公司秉承"聚才，高效，创新，奉献"的企业精神；遵循"以市场为中心，以人为中心的价值观念和企业文化，以效率和效益为中心的不断变化的制度和程序"的管理机制，把"让客户满意是企业最大的愿望"作为企业唯一的追求，时刻保持着"与进代共存，和市场同步"的理念。不断地创新，从自我索取中寻求生存和发展之路，使明恒公司成为一个充满想象力，充满自信，充满激情的企业。

（十一）建材产业

重点在九江、上饶、赣州、宜春、萍乡布局。在上饶、赣州、瑞昌、永丰等石灰石资源富集地区建成新型干法水泥生产示范基地，在萍乡建成玻璃生产加工和工业陶瓷生产基地，在高安建成建筑陶瓷产业基地，在九江、上犹建成玻璃纤维复合材料产业基地。在此产业领域中比较有影响的重点民营企业主要有：

1. 利达装饰集团有限公司

江西利达装饰工程有限公司家装分公司创办于 1983 年 9 月，是国家建筑装饰一级企业，国家装饰、幕墙设计、消防、智能化、钢结构壹级资质单位，获得 ISO9001 国际质量体系认证、ISO14001 环境管理体系认证、GB/T28001 职业健康安全管理体系认证企业，现为中国建筑装饰协会常务理事、江西省装饰行业协会常务理事、南昌市装饰行业协会副会长单位，是江西省最早注册较有盛名的骨干装饰公司之一。公司除室内外装饰等经营为主外，还涉足广告、文化传播、消防检测、园林绿化、餐饮娱乐等诸多领域。

利达装饰工程公司自成立以来，经过不断完善、不断发展，以一流的科学管理、一流的服务，立足江西本土辐射全国各地。公司现有技术过硬的高、中级职称的各类工程师及项目经理近 400 名，在公司注册常年聘用的施工人员 5000 多人。现有专业承接工装工程的子公司 5 个、分公司 18 个、工程处 28 个。公司以精品求发展、以管理出效益，严抓科学管理、完善企业自律制度、树立诚实守信意识，拓展市场、提升企业整体优势，严把工程设计、施工质量、安全措施的落实关，使企业发展之路越走越宽。

近年来，利达装饰工程公司被中国装饰协会授予改革开放 20 年成就奖；2003 年、2004 年两度荣登"全国百强"行列，2007 年跨入"全国五十强"；省经贸委和省工商局授予"AAA"诚信单位；省工商局授予"重合同、守信用"单位；中装协、省市行业协会授予"优秀会员"单位；省装协及南昌市委历年授予"先进施工企业"的光荣称号。在由省建设厅、省装饰协会一届、二届、三届装饰工程设计施工评比活动中，江西省博物馆中央广场设计和施工被评为一等奖和优良工程奖；在福建、湖北、安徽的工程都被评为省级优良工程；江西省展览中心、井冈山党员干部培训中心被评为省级优良工程；南昌滨江宾馆"十八号"楼被评为国优工程。

2. 美华建设有限公司

美华，自 1993 年成立以来，从最初小规模企业发展到现在注册资金 1.005 亿元、分公司遍布全国各地的国内行业知名品牌。从最初单一装修企业，发展到以建筑装饰装修、幕墙施工为主，集建筑装修设计、建筑幕墙设计、钢结构工程、金属门窗工程、建筑智能化工程、机电设备安装工程、园林绿化工程、消防设施工程设计与施工、安防工程设计与施工等专业承包以及建筑劳务分包、建筑工程施工总承包和金融投资为一体的大型集团公司。短短二十几年，美华得以迅速成长，其中没有秘诀，有的只是美华人不断进取、不甘人后的精神。

争做行业龙头，打造国内知名装饰品牌，一直是美华锲而不舍的奋斗目标。为此，美华始终坚持以优质的产品、施工和服务取信于市场，建立了规范化、程序化、科学化的内部管理体制。凭借精湛的技术、严谨规范的质量管理、细致周到的售后服务赢得了客户的高度评价，创造了一个又一个的精品：南昌师范高等专科学校（鲁班奖）、南昌西客站、江西省省级党政机关搬迁置换项目核心区办公楼、中国移动通信集团江西有限公司红角洲生产基地二期幕墙、云南莲荷苑、云南博物馆、中国嘉兴（国际）毛衫城、承德宽城兆丰国际酒店、福建省科技馆、海沧体育馆、江铜集团总部大楼、南昌城投大厦、衢州市人民医院等成为美华的代表作品。

2005 年，美华朝着集团化的方向阔步迈进，先后在北京、上海、重庆、天津、广州等地设立分公司，构建起遍布全国的服务网络。如今的美华，业务范围已覆盖全国，在全国各地成立了 30 家分公司。

作为中部地区最具综合实力的建筑装饰及幕墙施工企业，美华集团连续 9 年被评为中国建筑装饰 100 强、中国建筑幕墙 100 强企业；是江西省民营企业百强企业、中国建筑装饰协会副会长单位、中国建筑装饰协会幕墙委副主任委员、江西省装饰行业协会副会长单位、江西省工商联常委，多项工程获国家及省市优秀工程奖。多名技术工人荣获中国技能大赛——"全国建设行业职业技能竞赛三等奖"、"江西省技术能手"、"江西省青年岗位能手"、"南昌市五一劳动奖章"等荣誉称号。

"立足中部、崛起全国"的战略蓝图一步步成为现实。美华正从一家区域企业，成长为中国著名装饰品牌。由改革大潮催生，在市场竞争中精进。美华，这颗中国装饰星空中冉冉升起的巨星，将紧扣装饰发展脉搏，用浓墨重彩的时代手笔，为构建和谐的城市空间再立新功。

3. 江西省园艺城乡建设集团有限公司

江西省园艺城乡建设集团有限公司长期秉承"真诚面对您我、诚信恪守诺言"的经营宗旨，坚持以诚信为立身之本，以质量和创新为做强做大之根。公司实行现代化企业管理模式，拥有一支专业技术能力突出、施工护养经验丰富的人才队伍，在职员工 588 人，其中具有高、中级职称人员 385 人。到目前为止，已经发展成一家专业门类齐全、服务领域广泛、技术力量雄厚的股份合作现代化大型综合性企业。

公司成立于 2001 年 9 月，在 10 多年的时间里，公司为自身打下了坚实的基础，先后在北京、上海、广东、广西、江苏、浙江、海南、湖南、湖北、福建、安徽、山东、山西、云南、贵州、四川、重庆、河南、河北、陕西、内蒙古等地分别设立了分公司或办事处，已经由最初的本地化单一经营模式发展成为今天的复合型多元经营体系，这使得企业的竞争力、美誉度和影响力也得到了极大的提升。不仅如此，还先后荣获了 2006 年、2007 年、2010年、2012 年、2013 年度江西省优良工程奖，2008 年、2009 年、2011 年度江西省优良工程杜鹃花奖及 2014 年度中国风景园林学会"优秀园林绿化工程"金奖等多项大奖，受到广大客户的一致好评，树立了企业良好的社会形象。

公司已通过国家 ISO9001：2000 质量体系认证，并拥有了城市园林绿化工程施工一级资质、市政公用工程施工总承包一级资质、房屋建筑施工总承包一级资质、机电安装工程施工总承包一级资质、园林古建筑工程专业承包一级资质、建筑装饰装修专业承包一级资质、城市及道路照明专业承包一级资质、土石方专业承包一级资质、体育场地设施专业承包一级资质、风景园林工程设计专项乙级、风景园林规划设计乙级资质、公路工程施工总承包三级资质、水利水电工程施工总承包三级资质、文物保护工程施工三级资质等多项等级资质。

严格遵守国家标准规范，采用严密的工程质量保证标准化管理体系，全面施行质量管理，是公司工程竣工合格率能够达到100%的重要保障。正因如此，园艺城乡建设公司才能够被中国建筑建设标准委员会评为授予全国工程设计、施工AAA级企业，被中国工程建设与管理联合会评为全国园林绿化工程行业质量、安全、信誉放心AAA+示范单位，另外还获得了江西省工商行政管理局授予的"守合同、重信用"AAA单位及银行界授予的AAA级信用企业称号。

不断发挥自身在园林绿化和城市建设方面的优势，公司立足市场，不断根据自身情况制定并实施创新驱动发展战略，坚持经济效益、社会效益和环境效益相统一的原则，以科学发展、和谐发展为理念，以与客户合作共赢为前提，把增强核心竞争力放在第一位，将用更多的精力来创造有利于激发创新活动的体制环境，并以此做强做大。同时，园艺城乡建设公司始终怀着一颗包容感恩的心，全心全意为客户服务，为经济建设服务，为创造一流的人居环境服务，让广大客户看到江西园艺集团崭新的企业形象。

4. 江西诚建建筑装饰工程有限公司

江西诚建建筑装饰工程有限公司成立于2005年，在新赣商代表叶修记先生10多年的苦心经营下，已成长为拥有建筑装饰、幕墙、消防、智能化、金属门窗等五个施工一级、钢结构施工二级、园林绿化及安防工程设计施工三级、装饰和幕墙设计双乙级的江西装饰行业品牌企业，注册资本金1.2亿元。

2012年，诚建装饰投资1000余万元在南昌县蒋巷镇完成了6500平方米的幕墙门窗生产基地建设；2013年，又斥资3000余万元购买装修南昌市政府对面高档写字楼唐宁街B栋20层作为新办公场所；2014年8月又计划斥资5000万元在南昌县千亿建筑产业园建设近万平方米新总部办公基地。诚建装饰获评中国建筑装饰协会AAA信用单位、江西省工商行政管理局AAA信用单位、江西省民营企业家商会副会长单位、南昌市青年企业家协会副会长单位、南昌市民营企业家协会副会长单位、南昌市工商联执委单位、中国建筑装饰协会会员单位、江西省装饰协会理事单位、南昌市装饰协会常务理事单位，创始人叶修记也因在装饰业的突出贡献和致力慈善事业获评东湖区人大代表，并荣获南昌市五一劳动奖章。

10多年来，诚建装饰从普通的家装施工起步，不断求新求变，本着诚信第一、品质第一、生态第一、服务第一的经营理念，逐步介入公装领域，并以精益求精的设计施工承接了一大批省市重点工程：如昌北机场二期、南昌国际体育中心光伏幕墙、江西省民俗风情展演中心、江西省出入境检疫检验局综合楼、江西省植护植检局、吉安市政府行政中心等室内外大型装饰工程。另外公司仅承接的天沐集团下属天沐星子温泉、宜春温泉、山东威海温泉及南昌温泉酒店的内外装饰工程产值就超过2亿元。这些工程无论是安全文明施工、质量进度控制都受到了业主和监理单位的好评。其中，吉安市政府行政中心、南昌天沐观湖温泉度假酒店工程相继荣获省优、国优装饰工程称号。近年来，公司日益重视技术积累和更新，相继有三项专利获得国家版权局的认可，创下了江西装饰行业的纪录。

5. 江西际洲建设工程集团有限公司

江西际洲建设工程集团有限公司成立于1997年10月，前身为江西际洲市政工程有限公司，2003 年 11 月 3 日更名为江西际洲建设工程有限公司，2009 年 4 月 29 日更名为江西际洲建设工程集团有限公司。公司现具有国家公路工程施工总承包一级、市政公用工程施工总承包一级、公路路基工程专业施工承包一级、公路路面工程专业施工承包一级、园林绿化工程二级、房地产开发二级资质。现有注册资金 1.01 亿元，2003 年底，顺利通过了 ISO9001 国际质量体系的认证。

公司拥有一支技术过硬，经验丰富，善打硬仗的施工队伍，现有各类工程技术人员 316 人，其中中高级工程技术管理人员 132 人，持证一级建造师 24 人。

际洲集团公司下设 6 个子公司：佳汇交通设计公司、百星机械工程有限公司、交通设施公司、华达建设工程质量检测有限公司、投资担保公司、苗圃生产培育基地 300 亩；并在四川、云南、湖南、福建、广东等省分别成立了分支机构。

际洲集团公司拥有挖掘机、装载机、沥青拌和楼、稳定土拌和站、沥青摊铺机以及各种大型公路桥梁、市政施工的配套设备和先进的试验检测仪器。

（十二）钨产业

以赣州、九江、南昌为重点开展产业布局。赣州以赣州经开区为龙头，赣州高新区、大余工业园、南康工业园、上犹工业园、崇义县工业小区等园区为支撑，重点发展钨资源开采、冶炼及精深加工，形成完整的产业链。九江重点发展钨精深加工。南昌着力打造钨产业研发平台。在此产业领域中比较有影响的重点民营企业主要有：

1. 江西耀升钨业股份有限公司

江西耀升钨业股份有限公司前身为江西耀升工贸发展有限公司，是崇义县长龙镇本土人士郭耀升先生在 2000 年 4 月出资设立的一家民营企业，初始名称为江西省崇义县金龙钨业有限公司，2003 年 4 月更名为江西耀升工贸发展有限公司，2012 年 10 月 19 日经赣州市工商行政管理局注册登记整体变更名称为江西耀升钨业股份有限公司。公司是一家以钨业为主营业务，取得钨制品出口经营权，集采矿、选矿、加工、冶炼、制粉、硬质合金生产、销售等产、供、销一条龙完整产业链的矿业企业，是江西省重点培育的拟上市企业。公司注册资本 2.6853 亿元，总资产 16 亿元，现有两个直属矿山、3 个全资矿业公司（含矿山）、4 个钨制品加工厂，从业人员约 3000 人。年产钨精矿 3000 吨，伴有一定数量的钼、锡、铜、铅、锌矿，年产仲钨酸铵（APT）9000 吨、钨粉 4500 吨、碳化钨粉 2500 吨，硬质合金棒材、球齿等产品在 2013 年投放市场。公司生产的"金龙耀升"牌钨制品获江西省名牌产品，"金龙耀升"牌钨粉、钨和碳化钨、氧化钨获江西省著名商标；自主攻关研发的系列新产品已获得江西省科技成果 5 项、江西省重点新产品 3 项，申报国家发明专利 7 项，取得实用新型专利 20 项。近年来公司荣获"首届全国矿产资源合理开发利用先进矿山企业"、"江西省优秀企业"、"江西工业优强企业"、"江西省五一劳动奖"、"江西企业 100 强"、"江西十大杰出矿业企业"、"赣州企业 50 强"、市县"纳税大户"等荣誉称号，获批为第二批"国家级绿色矿山试点单位"、"江西省民营科技企业"、"江西省第一批省级循环经济试点企业"。公司已通过 ISO9001：2008 质量管理体系认证以及 ISO14001：2004 环境管理体系认证。

进入新的发展时期，耀升钨业公司确定了"以人为本、诚信经营、安全高效、持续发展"的发展方针，形成了"坚定信念、奋发图强、创新进步、德业并举"的创业精神，提出了"科学决策、规范管理、稳健经营、求特创新"的经营理念。在新的发展时期，公司将坚持以科学发展为先导，以改革开放为动力，以稳健发展为中心，以科技进步为依托，以严格管理为手段，以诚信经营为准则，以求特创新为目标，以德业并举为追求，以服务社会为宗旨，稳步推进公司持续、稳定、科学、健康、安全、和谐发展。

2. 荡坪钨业有限公司

荡坪钨业有限公司地处江西省赣南西部，横跨大余、崇义两县，现有员工1075人，其中高级技术专业人员10人，中级专业技术人员31人，初级专业技术人员57人，班子成员5人，中层管理人员40人。拥有3个黑钨矿区和1个铅锌矿区，主要产品有黑钨精矿、白钨精矿；副产品主要有铅、锌、铜、钼、铋精矿等。企业在长达55年的发展过程中，经过几代人的艰辛努力，特别是改制近5年来，通过立足自主创新，优化采选工艺，加强节能减排，强化内部管理，狠抓安全生产，提高职工素质，挖掘内部潜力，充分走资源节约型、环境友好型、生态环保型集约化发展模式，使公司产品质量优良，其中白钨精矿曾两度荣获国家金质奖。白钨常温浮选技术领先世界先进水平，黑钨精选技术能按客户的特殊要求生产。改制后企业先后荣获"江西省优秀企业"、"赣州市50强企业"、"积极参与新农村建设先进单位"等多项荣誉称号，每年被赣州市人民政府授予"工业经济突出贡献奖"，2014年又被赣州市人民政府确定为"全市百户重点调研企业"。

3. 崇义章源钨业股份有限公司

崇义章源钨业股份有限公司位于江西省赣州市崇义县县城，始创于2000年，是集钨的采选、冶炼、制粉、硬质合金与钨材生产和深加工、贸易为一体的民营上市企业。

自2000年以来，公司持续坚持"利用资源、依靠科技、以人为本、诚信至上"的经营理念，以"安全、和谐、高效、创新"为企业目标，坚持走自主创新和产学研相结合的技术创新之路，采用国内外先进的工艺技术和装备，连续实施了APT、钨粉、碳化钨粉、硬质合金及其工具、高比重合金、钨异型材等多项钨深加工技术改造，建立了从钨上游采矿、选矿，中游冶炼至下游精深加工的完整一体化生产体系及与之配套的研发和销售平台，走出了一条快速稳健的纵向一体化发展之路，实现了由资源型企业向高技术深加工型企业的快速跨越。

章源钨业公司现有员工2000多人，拥有5个探矿权矿区、4座采矿权矿山、5个钨冶炼及精深加工厂，具备年产仲钨酸铵10000吨、钨粉5000吨、碳化钨粉4000吨、硬质合金系列1500吨的生产能力。公司是国家高新技术企业，通过了ISO9001：2000质量管理体系和ISO14001：2004的环境管理体系的认证，拥有多项专利、科技成果和高新技术产品，中国地质科学院、中南大学、赣南科学院分别在公司设立了博士后工作站、博士后研究基地和钨业研究所。2009年在钨行业价格下降平均超过20%、出口下降平均超过50%的严峻情势下，公司总资产达到14.25亿元，实现营业收入10.718亿元，利润总额1.354亿元，上交税金8252万元，自营出口创汇2256万美元。

章源钨业公司于2010年3月31日在深交所成功挂牌上市，成为江西省首家钨行业上市企业。此次成功发行募集约5.59亿元资金将用于高性能、高精度涂层刀片技术改造工程项目（一期）、研发中心技术改造项目（一期）和淘锡坑钨矿区精选厂生产线技术改造项目。借此，公司凭借深厚的资源保障能力、完善的钨精深加工产业链和有效的资源利用能力，在钨行业整合中抢占先机，在保持行业领先地位的同时，向世界领先的综合性钨企业的目标迈进。

（十三）稀土产业

重点布局在赣州市。赣州经开区重点发展稀土磁性材料和永磁电机、发光材料及新型光源材料；赣州高新区、龙南经开区、沙河工业园（水西有色基地）、定南工业园重点发展稀土精深加工产品。在此产业领域中比较有影响的重点民营企业主要有：

1. 虔东稀土集团股份有限公司

虔东稀土集团股份有限公司，位于赣州市章贡区水东镇虔东大道。其前身为赣州虔东实业（集团）有限公司，始创于 1988 年初，2008 年改制变更为规范的股份有限公司。现发展成为一家集稀土基础材料、稀土功能材料、稀土应用产品开发和稀土加工装备制造为一体的稀土开发综合性企业集团。

虔东稀土集团公司注册资本 1.5 亿元，总资产 30 亿元。员工 2000 余人，其中工程技术人员 150 人，管理人员 120 人。公司下属有科力稀土新材料、东利高技术、科瑞精密磁材、南方稀土矿冶、明达功能材料、长汀虔东稀土、力赛科新技术、力凯稀土资源回收、科盈结构陶瓷、力重机械和科明高技术 11 家子公司和控股公司。

虔东稀土集团公司已初步建立了完整的科研、试验、生产、检测体系和具有国内先进水平的稀土分离、稀土金属、稀土磁性材料、稀土结构陶瓷、稀土发光材料、稀土催化剂、稀土资源回收、稀土加工设备制造等生产线。主要生产稀土化合物、稀土金属、稀土合金、磁性材料、荧光粉、钇锆结构陶瓷、稀土催化剂和稀土深加工设备等 60 余种产品。公司自 1988 年创办以来，紧紧依靠科技进步，先后组织实施了 1 个国家"863 计划"项目、3 个国家"星火计划"项目、3 个国家"火炬计划"项目、1 个国家"重点新产品"项目、1 个国家"创新基金计划"项目等 70 多个国家、省、市级新产品的研制和开发。

虔东稀土集团公司早在 1998 年通过中国质量认证中心对企业 ISO9000 质量体系认证，2009 年分别通过国家级高新技术企业的认证和省级技术中心的认证。公司测试中心已于 2005 年通过国家 CNAS 认证。公司建立完善的"OA"办公系统和 ERP 生产管理系统，连续三年获得"江西省企业信息化建设先进单位"称号。公司实行集团"六大中心"管理平台，推行 6S 管理、HSE 管理、引进 6 西格玛管理体系。

虔东稀土集团公司先后被评为"全国优秀民营科技企业"、"国家火炬计划重点高新技术企业"、"国家级高新技术企业"、江西省"百强企业"、"资源节约先进集体"、"信息化工作先进单位"、"光彩之星"、"企业文化建设优秀单位"、"'十五'制造业信息化重点示范企业"、"'十五'期间安全生产先进单位"。

虔东稀土集团公司以"创造价值、成就希望、奉献社会"为宗旨，以"勤奋、务实、创新、发展"为精神，并将凭借在行业领先的技术水平及市场拓展能力，在国内建立从稀土基础材料、稀土功能材料及稀土终端应用产品一体化的生产销售服务体系，面向全球稀土市场提供高性能增值产品和多元化解决方案，为人类科技进步贡献最好的稀土材料。

2. 赣州鑫磊稀土新材料有限公司

赣州鑫磊稀土新材料有限公司创立于 2006 年，是一家集研发、生产、销售于一体的专业烧结钕铁硼永磁材料国家高新技术企业。公司位于美丽的稀土王国——江西省赣州市定南县，占地 100 亩，员工 200 多人。

公司已通过 ISO/TS16949 体系认证，采用国内先进成熟的生产设备和低氧工艺技术，配备激光粒度测定仪、红外定氧仪、磁化特性自动测试仪等各种先进检测仪器，建立行业领先的检测中心。能稳定生产 35UH、38UH、40UH、38EH、40EH、42EH 等各牌号高性能、高品质永磁材料。产品性能稳定，质量过硬，有核心竞争力，营销网络覆盖全国。

鑫磊稀土公司抓住新能源汽车行业快速发展的有利契机，专注新能源汽车细分市场，多年保持细分市场第一的领先地位，并与比亚迪、江特电机等行业龙头企业建立了紧密的战略合作伙伴关系。

鑫磊稀土公司内部管理规范，坚持以人为本，科技领先的经营理念，永不满足，追求卓越的企业精神，以优质的产品，优惠的价格，优良的服务，与广大客户真诚合作，共创辉煌。

3. 龙南龙钇重稀土科技股份有限公司

龙南龙钇重稀土科技股份有限公司是由江西龙钇控股（集团）公司投资组建的一家股份制企业。为省科技厅、财政厅、国家税务局、地方税务局 4 部门认定的高新技术企业，江西省首批创新型试点企业。公司拥有一家全资子公司：龙钇（赣州）稀土应用研究所有限公司；两个省级工程中心：江西省镁合金工程研究中心和江西省离子型稀土开发与应用工程研究中心。

龙南龙钇重稀土科技股份有限公司是国标《球墨铸铁用球化剂》（GB/T28702—2012）主要起草单位，地处世界闻名的稀土王国——江西赣州，是国内集稀土分离、稀土系列铁（钢）添加剂研发、生产、销售、服务为一体的高新技术企业，也是国内首家从事重稀土球化剂研究开发及市场推广应用的企业。经过 20 多年的发展，其研究开发的系列产品广泛用于铸铁（钢）球化、孕育、变质和合金化，主要产品有钇基重稀土球化剂、高品质中小铸件 TZ 球化剂、高效复合孕育剂、新型蠕化剂、抗磨合金铸铁变质剂、铸（炼）钢变质剂、有色钇基铝中间合金、钇基铜中间合金等产品及相应的合金包芯线制品。

（十四）锂电产业

宜春以国家锂电新能源高新技术产业化基地为平台，重点发展原材料及锂电池材料、锂电池。新余按照"掌控上游、突破中游、集聚下游"的发展路径，重点发展碳酸锂和锂电池正负极材料。赣州重点发展动力锂电池。在此产业领域中比较有影响的重点民营企业主要有：

1. 江西赣锋锂业股份有限公司

江西赣锋锂业股份有限公司成立于 2000 年 3 月，总部位于江西省新余市的"国家高新技术产业园区"，目前注册资本 3.78 亿元。2010 年 8 月 10 日公司在深圳股票交易所中小企业板正式挂牌上市，成为中国锂行业首家上市公司。

公司是专业从事于锂铷铯和锂电新材料系列产品研发、生产及销售的国际知名企业，经过十余年的快速发展，已成为中国深加工锂产品行业的龙头企业，是全球最大的金属锂生产供应商，拥有特种无机锂、有机锂、金属锂及锂合金等系列产品。先后开发了金属锂（工业级、电池级）、碳酸锂（电池级）、氯化锂（工业级、催化剂级）、丁基锂、氟化锂（工业级、电池级）和锂电新材料系列等 30 余项国家级和省级重点新产品，广泛应用于新医药、新材料、新能源领域，是国内锂系列产品品种最齐全、产品加工链最长、工艺技术最全面的专业生产商，产品远销到美国、日本、韩国、中国台湾、欧盟及东南亚等国家和地区。

赣锋锂业公司是"国家火炬计划重点高新技术企业"，国家博士后科研工作站，国家（新余）锂材料应用高新技术产业化基地龙头企业，锂基新材料国家地方联合工程研究中心，国家创新基金实施十周年优秀企业，建有省级企业技术中心、江西省锂电新材料工程技术研究中心、江西省中小企业公共技术服务示范平台和江西省锂基新材料工程研究中心4个省级研发平台。公司拥有国内锂行业最具竞争力的技术研发团队，聘请多位国际知名专家学者长期担任技术顾问，广泛开展产学研合作，研发实力强劲，引领行业技术发展方向，是江西省实施科技创新"六个一工程"创新示范型企业，拥有"江西省研究生教育创新基地（第二批）"，多次被评为"江西省优秀高新技术企业"。公司已经申请国家专利43项，拥有非专利技术近百项，主持制定和修订国家标准3项，主持和参与制定行业标准9项，承担国家和省级以上科技攻关和新产品开发项目30余项。

赣锋锂业公司是国内唯一同时拥有"卤水提锂"和"矿石提锂"产业化技术的企业，拥有全球最大的金属锂生产加工基地，金属锂销量占据全球25%以上的市场份额，拥有国内领先的金属锂冶炼和低温真空蒸馏提纯技术，金属锂超薄锂带加工技术世界先进，锂带厚度可以控制在0.07毫米以下。同时，公司还是全球最大的锂再生资源规模化综合利用的企业、是国内唯一专业化规模化供应丁基锂的企业，在全球市场占有重要地位。

创业10余年来，赣锋锂业一直秉承"利用有限资源，创造无限价值"的经营理念，自强不息，追求卓越，凭借其技术创新优势、成本领先优势和卓有成效的经营管理，大力发展循环经济，积极倡导绿色化工，开发资源再生先进技术，成为中国锂行业的技术领跑者。公司是中国有色工业协会"中国锂业分会"的创始单位之一，多次被评为江西省"先进非公有制企业"、"出口创汇先进单位"、"大学生创业实习基地"，被授予"和谐用工单位"、"红十字会先进单位"、"江西省五一劳动奖状"、"江西省优秀企业"、江西省实施科技创新"六个一"工程优秀创新型企业、"江西省质量信用AAA级企业"、"江西省质量管理先进企业"、"江西名牌产品"等荣誉称号。

展望未来，赣锋锂业公司将坚持"利用有限的锂资源，为人类的发展和进步创造绿色、清洁、健康的生活"的神圣使命，坚持"为社会贡献财富，为客户创造价值，为员工创造平台，为股东谋取收益"的宗旨，坚持"做强中游，立足上游，关注下游，努力打造全球锂行业上下游一体化的国际一流企业"的发展战略，弘扬"诚信、责任、合作、高效、创新"的文化理念，依靠科技创新继续引领国内锂行业技术发展方向，依托上市资本平台打造中国锂行业民族第一品牌。

2. 江西江特锂电池材料有限公司

江西江特锂电材料有限公司位于赣西文化生态名城宜春，是由江特电机控股的一家集基础研究、产品开发、生产、销售与提供解决方案于一体的高新技术企业，主营锂离子电池用锰基正极材料和三元正极材料。公司拥有一支以钟盛文博士为核心的优秀专业技术团队，其中博士2人，硕士8人，学士3人，具有强大的自主研发和创新能力，具有独立的知识产权，拥有10余项国家发明专利。公司现有员工100余人，占地2万平方米。年产锰基正极材料400吨，三元正极材料300吨。江特锂电公司始终致力于锂离子电池用正极材料的研究与开发，在能源材料领域孜孜以求、不断创新、不断发展，引领着中国正极材料的发展方向。公司成功研制了富锂锰基正极材料，并实现产业化，属国内外首创，其放电比容量达到150毫安时/克，压实密度在3.7克/毫升以上，循环寿命2000次，高温循环性能优良，在55℃下200次循环容量保持率达93%，安全性好，能通过3C10伏过充实验，制备的电池不发生气胀现象，适合应用于小型锂离子电池，并且特别适用于动力电池。同时，公司开发了系列组分的三元材料（镍钴锰酸锂），具备优良的性能。产品已销往国内外多家锂电厂家，并建立了长期的合作伙伴关系。公司还引进了具有国际领先水平的高端生产设备，建立了配备先进检验仪器的分析室，由从事分析工作数十年的资深专家牵头，组建了一支由本科以上学历人员组成的高素质质检队伍，从原料的流入到产品的出厂整个过程设置了多道严格的品质检验程序，对各个工序的产品进行了各项指标的监测与管控，杜绝了不良产品进入到下一工序，保证了产品质量的稳定。

3. 江西美亚能源股份有限公司

江西美亚能源股份有限公司主要从事动力锂离子电池开发、生产的高新技术企业。其开发、生产的动力锂离子电池是南昌大学完成成果转化的一项高新技术产业化项目，具有单体电池工作电压高、比能量大、循环寿命长、无记忆效应、无污染等优点，是动力电池的最佳选择，完全顺应 21 世纪节能、环保的发展趋势，符合国家发展政策。国内外多家媒体对这一成果进行了报道。公司汇聚了一批国内外知名专家、高级工程师，在研发方面做出了巨大贡献。同时公司还积极与各用户单位制订战略发展计划，配合用户单位开发配套产品。美亚能源公司的锂电池在实际应用中充放电次数可达 500 ~ 1000 次，其容量不低于原容量的 80%，一组 36 伏、10 安时锂电池用于驱动普通电动车能够行驶约 5 万千米。而普通铅酸电池的循环寿命短，充放电次数只有锂电池充放电次数的 1/4 ~ 1/3，其充放电次数在 200 次时，容量只剩余 50% 左右，一组 36 伏、12 安时普通铅酸电池的行驶距离仅 1 万千米左右。

4. 江西鸿兴能源有限公司

江西鸿兴能源有限公司成立于 2010 年初，专业从事锂电研发与规模化生产。公司 5 年内在锂电工业园里的总投资达到 5 亿元。公司基地新建 7 个 1.3 万平方米的标准手机锂电厂房。基地建设后容纳员工超过 5000 人，年产值超过 20 亿元。目前公司已经在开发区建成一条自动化程度为国内一流的高端手机电芯生产线，建立了技术与生产融合的开发与品质保障体系。平均日产品牌电芯 5 万片。可容纳员工 350 人，年产值 1.5 亿元。公司未来的主营业务有高端锂离子电池的生产与销售；高端磷酸铁锂动力电池的生产与销售。

5. 江西省福斯特新能源有限公司

江西省福斯特新能源有限公司（FST）在国内锂离子电池行业规模仅次于比亚迪、比克，是专业研发与制造高品质锂电池、电芯的大型企业，国家级高新技术企业，同时也是亚太地区乃至国际市场最有影响力的厂商之一。子公司遍布湖南、云南、深圳、天津、北京等地，20 多个生产基地遍布全国各地，有专业的研发团队和研发中心，国内外市场占有量名列前茅，是中国最大的锂电池制造企业之一。

福斯特新能源公司是一家国际化、高品质锂电池制造商，是国家级高新技术企业，同时也是亚太地区乃至国际市场最有影响力的厂商之一。公司自 2005 年涉足锂电行业以来，始终致力于高品质锂电池和电芯的研发、制造与销售，公司生产各类手机电池、笔记本电脑电池和自行车动力电池，锂电池电芯产品广泛应用于手机电池、笔记本电池、数码电池、动力电池等领域。福斯特电池以极其富有竞争力的价格，通过自主品牌以及优质合作伙伴，将性能与价格完美平衡的锂电池产品带到世界各个角落，向各类企业提供安全性、稳定性、一致性、循环寿命、高低温性能、自放电、容量等指标均优质产品。

第八章　民营企业社会责任

一、概述

企业社会责任（Corporate Social Responsibility，CSR），是企业通过透明的有道德的行为为其决策及活动对社会、环境所负的责任。具体来讲，本章对企业社会责任的定义采用了中国工业经济联合会发布的《中国工业企业及工业协会社会责任指南》为界定，即指企业对政府的责任、利益相关方的责任、对消费者的责任，对社会、资源、环境、安全的责任以及保护弱势群体、支持妇女权益，关心保护儿童、支持公益事业等。这里的利益相关者（Stakeholder）指那些在一个组织的决策和活动中有利益的个人或群体。

基于2014年民营企业社会责任履行状况的省内数据统计发现：①江西上规模民营企业营业收入总额4542亿元，占2014年全省生产总值的29.0%；②就纳税规模而言，江西省379家民营企业共缴纳税金141.57亿元，占全省财政收入比重为5.28%；③就吸纳就业情况而言，上规模民营企业吸纳了39.47万人就业，占全省就业人数的1.52%；④就用工规范性而言，233家企业和员工100%签订了书面劳动合同，占上规模民营企业总数的61.5%；⑤就研发创新投入而言，研发费用合计39.74亿元，有131家上规模民营企业研发投入占营业收入的比重超过1%。

基于《南方周末》2014年全国百强社会责任民营企业的数据发现，江西省仅有江西萍钢实业股份有限公司1家进入民营企业社会责任百强榜，与上榜企业最多的浙江省和江苏省（各22家）相比，差21家；就中部六省的比较来看，江西省与湖北省齐平，均只有1家企业上榜，湖南省最多，有2家企业上榜。

二、民营企业社会责任总体履行状况

（一）营业收入

2014年江西上规模民营企业主要分布在宜春、九江、南昌3个设区市，营业收入总额前三位为南昌、上饶、宜春，资产总额前三位为南昌、宜春、上饶，净利润总额前三位为南昌、宜春、九江（见表8-1）

2014年江西省民营企业100强全省11个设区市都有企业入围，其中南昌31家，宜春、九江、上饶均超过10家（见表8-2）。

表 8-1 2014 年上规模民营企业营业收入、资产和净利润分布情况

设区市	企业数量（家）	企业数量占比（%）	营业收入总额（万元）	营业收入总额占比（%）	资产总额（万元）	资产总额占比（%）	净利润总额（万元）	净利润总额占比（%）
南昌市	47	12.40	19696525	43.36	9690525	31.57	707942	32.34
九江市	55	14.51	4672507	10.29	2573816	8.39	246310	11.25
景德镇市	7	1.85	477825	1.05	524514	1.71	78073	3.57
萍乡市	19	5.01	433861	0.96	374213	1.22	42424	1.94
新余市	12	3.17	1008555	2.22	2507505	8.17	212215	9.70
鹰潭市	23	6.07	2566227	5.65	1011029	3.29	72801	3.33
赣州市	32	8.44	2623681	5.78	3473771	11.32	199485	9.11
宜春市	102	26.91	4914928	10.82	4742795	15.45	311943	14.25
上饶市	34	8.97	5485417	12.08	3881560	12.65	178493	8.15
吉安市	26	6.86	2082660	4.59	1063329	3.46	84458	3.86
抚州市	22	5.80	1458422	3.21	852400	2.78	54763	2.50

资料来源：《2015 江西上规模民营企业调研分析报告》，江西省工商业联合会网站。

表 8-2 江西省民营企业 100 强分布情况　　　　　　　　单位：家

设区市	入围江西省民营企业 100 强企业数
南昌市	31
九江市	12
景德镇市	3
萍乡市	1
新余市	4
鹰潭市	8
赣州市	7
宜春市	15
上饶市	11
吉安市	5
抚州市	3

资料来源：《2015 江西上规模民营企业调研分析报告》，江西省工商业联合会网站。

从全国工商联发布的中国民营企业 500 强榜单来看，近年江西省入围 500 强的企业有所增加，2014 年则达到了 8 家（见表 8-3），入围中国民营企业制造业 500 强的企业达到了 9 家（见表 8-4）。

表 8-3 进入 2014 年中国民营企业 500 强的江西企业　　　　　　　　单位：万元

排名	企业名称	所属行业	营业收入总额
74	正邦集团有限公司	农业	4303866
98	双胞胎（集团）股份有限公司	农副食品加工业	3702788
144	江西萍钢实业股份有限公司	黑色金属冶炼和压延加工业	2912994
225	晶科能源有限公司	电气机械和器材制造业	1937730
419	方大特钢科技股份有限公司	黑色金属冶炼和压延加工业	1150930
426	江西济民可信集团有限公司	医药制造业	1142731
475	吉安市大广宏再生资源利用有限公司	批发业	1037286
487	江西赣基集团工程有限公司	土木工程建筑业	993610

资料来源：《2015 江西上规模民营企业调研分析报告》，江西省工商业联合会网站。

表8－4　进入2014年中国民营企业制造业500强的江西企业　　　单位：万元

排名	企业名称	所属行业	营业收入总额
90	江西萍钢实业股份有限公司	黑色金属冶炼和压延加工业	2912994
140	晶科能源有限公司	电气机械和器材制造业	1937730
245	方大特钢科技股份有限公司	黑色金属冶炼和压延加工业	1150930
252	江西济民可信集团有限公司	医药制造业	1142731
343	江西博能实业集团有限公司	金属制品业	786483
359	泰豪集团有限公司	专用设备制造业	726093
467	江西新金叶实业有限公司	有色金属冶炼和压延加工业	508700
472	志高空调（九江）有限公司	通用设备制造业	502716
479	鸭鸭股份公司	纺织服装、服饰业	495355

资料来源：《2015江西上规模民营企业调研分析报告》，江西省工商业联合会网站。

（二）纳税

2014年379家上规模民营企业共缴纳税金141.57亿元，比2013年增加14.8亿元，增长率为11.67%；2014年上规模民营企业缴税总额占全省财政收入比重为5.28%。

从纳税规模来看，上规模民营企业缴税总额在5亿元以上的有四特酒有限责任公司（9.08亿元）、方大特钢科技股份有限公司（9.06亿元）、江西济民可信集团有限公司（8.77亿元）、江西萍钢实业股份有限公司（8.10亿元）、毅德置业（赣州）有限公司（7.25亿元）、江西青峰药业有限公司（5.41亿元）、江西新金叶实业有限公司（5.36亿元）7家，缴税总额在1亿~5亿元的有38家，缴税总额在5000万~1亿元的有28家，缴税总额5000万元以下的有306家（见图8－1和表8－5）。

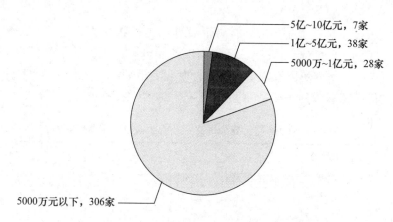

图8－1　2014年上规模民营企业纳税情况

表8－5　2014年上规模民营企业纳税前10位　　　单位：万元

序号	企业名称	所属行业名称	缴税总额
1	四特酒有限责任公司	酒、饮料和精制茶制造业	90848
2	方大特钢科技股份有限公司	黑色金属冶炼和压延加工业	90577
3	江西济民可信集团有限公司	医药制造业	87658
4	江西萍钢实业股份有限公司	黑色金属冶炼和压延加工业	81010

序号	企业名称	所属行业名称	缴税总额
5	毅德置业（赣州）有限公司	房地产业	72458
6	江西青峰药业有限公司	医药制造业	54088
7	江西新金叶实业有限公司	有色金属冶炼和压延加工业	53657
8	江西金宏铜业有限公司	有色金属冶炼和压延加工业	40043
9	江西赣基集团工程有限公司	土木工程建筑业	39596
10	江西自立环保科技有限公司	有色金属冶炼和压延加工业	36535

资料来源：《2015 江西上规模民营企业调研分析报告》，江西省工商业联合会网站。

从行业类别来看，缴税总额居前五位的行业为有色金属冶炼和压延加工业，医药制造业，黑色金属冶炼和压延加工业，房地产业，酒、饮料和精制茶制造业（见表 8 - 6）。

表 8 - 6　2014 年上规模民营企业纳税前 5 大行业

序号	行业名称	缴税总额（万元）	企业数量（家）
1	有色金属冶炼和压延加工业	384298	40
2	医药制造业	263676	26
3	黑色金属冶炼和压延加工业	172397	3
4	房地产业	116992	10
5	酒、饮料和精制茶制造业	94461	3

资料来源：《2015 江西上规模民营企业调研分析报告》，江西省工商业联合会网站。

（三）吸纳就业

2014 年上规模民营企业吸纳了 39.47 万人就业，占全省就业人数的 1.52%，比上年增加 1.06 万人。其中房屋建筑业、农业、医药制造业吸纳就业人数居前三位；上规模民营企业员工人数超万人的有正邦集团有限公司、江西萍钢实业股份有限公司、江西省第五建设集团有限公司、晶科能源有限公司 4 家（见表 8 - 7 和表 8 - 8）。

表 8 - 7　2014 年上规模民营企业就业人数前 5 大行业

序号	行业名称	就业人数（人）	企业数量（家）
1	房屋建筑业	43961	16
2	农业	41067	6
3	医药制造业	35081	26
4	黑色金属冶炼和压延加工业	18247	2
5	非金属矿物制品业	18210	15

资料来源：《2015 江西上规模民营企业调研分析报告》，江西省工商业联合会网站。

表 8 - 8　2014 年上规模民营企业员工人数排名前 10 家　　　　　单位：人

序号	企业名称	员工人数
1	正邦集团有限公司	39000
2	江西萍钢实业股份有限公司	17767

续表

序号	企业名称	员工人数
3	江西省第五建设集团有限公司	12447
4	晶科能源有限公司	11000
5	双胞胎（集团）股份有限公司	9514
6	江西济民可信集团有限公司	8846
7	江西赛维 LDK 太阳能高科技有限公司	8520
8	方大特钢科技股份有限公司	8327
9	井冈山市映山红瓷业有限公司	8000
10	发达控股集团有限公司	7500

资料来源：《2015 江西上规模民营企业调研分析报告》，江西省工商业联合会网站。

（四）用工规范

对上规模民营企业劳动用工的调查显示，233 家企业和员工 100% 签订了书面劳动合同，占上规模民营企业总数的 61.5%，38 家企业员工签订书面劳动合同，占上规模民营企业总数 10%；员工 100% 参加养老保险、医疗保险、失业保险的上规模民营企业分别有 29.55%、32.45%、25.33%（见表 8-9）。

表 8-9　2014 年上规模民营企业规范劳动用工情况　　　　　　　　　　单位：家

比重	签订书面劳动合同员工	参加养老保险员工	参加医疗保险员工	参加失业保险员工
100%	233	112	123	96
90%~100%	38	39	31	27
80%~90%	11	32	25	27
80% 以下	97	196	200	229

资料来源：《2015 江西上规模民营企业调研分析报告》，江西省工商业联合会网站。

（五）研发及创新

对于 219 家上规模民营企业研发的统计表明，2014 年研发费用，合计 39.74 亿元，有 131 家上规模民营企业研发投入占营业收入的比重超过 1%，其中有 12 家超过 5%，219 家企业的平均研发强度为 1.34%。对 194 家上规模民营企业研发人员情况的统计表明，有 91 家研发人员占员工总数的比重超过 5%（见表 8-10）。

表 8-10　2014 年上规模民营企业研发投入、研发人员情况

研发投入	2014 年研发费用		2014 年研发人员	
	企业数量（家）	占上规模民营企业比重（%）	企业数量（家）	占上规模民营企业比重（%）
5% 以上	12	3.17	91	24.01
3%~5%	72	19.00	61	16.09
1%~3%	47	12.40	21	5.54
1% 以下	88	23.22	21	5.54
合计	219	57.78	194	51.19

资料来源：《2015 江西上规模民营企业调研分析报告》，江西省工商业联合会网站。

2014 年江西民营企业 100 强中，研发费用位于前三位的企业是：方大特钢科技股份有限公司、泰豪集团有限公司、鸭鸭股份有限公司。研发费用分别是：3.97 亿元、3.80 亿元、1.52 亿元。

2014 年有 224 家上规模民营企业的关键技术来源于自主研发与研制，占上规模民营企业总数的 59.10%，其次分别为引进人才 128 家，引进技术 126 家，产学研合作 115 家，另有少数企业是通过模仿、并购企业、企业合资获得关键技术（见表 8－11）。

表 8－11　2014 年上规模民营企业关键技术来源情况

关键技术来源	企业数量（家）	占上规模民营企业比重（%）
自主开发与研制	224	59.10
产学研合作	115	30.34
模仿	19	5.01
引进技术	126	33.25
引进人才	128	33.77
并购企业	13	3.43
企业合资	10	2.64

资料来源：《2015 江西上规模民营企业调研分析报告》，江西省工商业联合会网站。

2014 年上规模民营企业有 5 家获得国家级科技奖，36 家获得省部级科技奖，1 家获得全国工商联科技奖。

从企业技术中心和实验室资质认定情况看，截至 2014 年被国家有关部门认定为国家重点实验室的有 26 家，国家工程实验室的有 16 家，国家级企业技术中心的有 5 家，国家工程研究中心的有 9 家，行业重点实验室的有 20 家；设立博士后工作站的有 27 家。

三、部分民营企业履行社会责任事例

（一）方大特钢科技股份有限公司："以人为本，诚信优先"①

方大特钢科技股份有限公司是具有炼焦、烧结、炼铁、炼钢、轧钢全流程生产工艺和配套设施，拥有弹簧扁钢和汽车零部件产品特色优势的钢铁联合企业。在岗员工近 8000 人，各类专业技术人员 1100 余人。公司已通过 QEO 一体化贯标认证，ISO 计量管理体系通过国家质监总局的审核认证，弹簧扁钢和螺纹钢荣获国家产品"金杯奖"，"长力牌"弹簧扁钢荣获江西省名牌产品、全国用户满意产品。

1. 公司价值观

公司秉承"以人为本，诚信为先"的企业精神，遵循"企业一定要对政府有利，对企业有利，对职工有利"的企业价值观，贯彻"要听党的话，跟党走；对员工好，要建和谐企业；要依法治企，依法兴企"的企业方针，恪守"要团结在党和政府的周围，要团结协

---

① 《方大特钢科技股份有限公司 2014 年社会责任报告》。

作形成强大合力，要团结广大客户共谋发展"的企业原则。

2. 以人为本，关爱员工，提高员工幸福指数

（1）坚持以人为本，倡导"快乐工作，快乐生活"的理念，针对当前生产节奏快的现状，在开展文化体育活动模式上，公司结合职工的不同特点，举办既有利于促进企业文化发展，又能体现基层单位意愿，职工乐意参与的文化活动。

2014 年，公司开展了多项文体活动，如羽毛球双打精英赛、乒乓球比赛、排球邀请赛、摄影知识讲座、"美丽中国"邮展、"和谐情—方大梦"主题征文活动、以安全为主题的书法、漫画橱窗活动。成功举办方大特钢公司"中国梦—方大情—翰墨香"迎国庆 65 周年金秋书画笔会；"方大特钢杯"第五届江西省名企棋牌联谊赛；坚持编印出刊公司文联季刊《钢魂》。

（2）春节、端午和中秋前夕，为 1025 余名困难职工发放慰问金及慰问品共计 77.5 万元。"三八"期间走访慰问公司大病及单亲困难女职工 21 人；"五一"前夕，为两名困难劳模发放慰问金 200 元；做好金秋助学工作，为 19 名困难职工子女发放助学金 30400 元，同时为符合条件的两名职工子女申请南昌市金秋助学，领取 8000 元助学金。

认真做好互助保险和医疗费用救助工作。公司在实施对所有患病住院职工及职工配偶医疗资助政策的基础上，2014 年又增加出台实施对职工子女医疗救助的帮扶政策。8 月公司工会获"2012～2013 年度全省工会职工互助保障工作先进单位"荣誉称号。

（3）关注职工诉求，确保职工安全。每周通过工会 QQ 群了解基层单位开展精神文化活动的情况，同时收集职工思想动态和相关意见建议，做好信息反馈，将职工的相关诉求，逐一进行反馈解释，记录建档。为保障职工安全，公司为职工配备了齐全的安全防护用品，同时，注重防暑降温工作，在高温时期对一线在岗职工提供清凉饮品等，保证职工身心健康。

3. 保护环境，维护绿色生态

（1）节能降耗，推进环保技术应用。2014 年初制订并下发《2014 年节能工作计划》，把 2014 节能工作的重点放在能耗指标的对标挖潜、节能新技术的推广应用、节能项目的落实上。组织提高顿钢综合能耗技术攻关，取得了较好的节能效果。实施完成厂区路灯照明节电改造。2014 年自发电量创历史纪录，组织完成江西省直购电试点申报，完成焦化干熄项目江西省节能减排示范项目申报。

（2）努力构建"生态式工厂"。厂区环境进一步改善。持续开展扬尘点整治工作，对扬尘点制定了有效的整改措施，完成主干道、重点区域绿化整治补植，并组织开展团员义务植树活动。

4. 狠抓产品质量，重视创新生产

（1）在提升质量方面。围绕对标、安全、质量、5S 等经济技术工作重点，全年开展班组对标立功竞赛、安全成果展示、"提升质量管理大家谈"等活动，全年评出对标明显班组 60 个，总结推广安全管理成果 10 个。举办"我为质量工作提建议"讨论会、"如何改进服务质量"畅谈会，开展建言献策活动。

（2）在创新方面。《基于 MES 的炼钢—连铸过程精准控制与动态协同技术研究》获冶金科学技术三等奖，《炼铁系统原燃料资源优化》获南昌市科技进步一等奖，《德标高质量 55Cr3 弹簧扁钢》获江西省优秀新产品一等奖，《提升输送机传动板链用扁钢》获江西省优秀新产品二等奖。《舰艇用高性能纳米减震弹簧钢制造关键技术研发与集成创新》项目立项为 2014 年省科技支撑计划项目，《方大特钢铁产品缺陷剖析及对策分析》项目立项为 2014

年省对外科技合作计划项目。完成了江西省弹簧钢生产与开放技术创新团队项目《新型弹簧钢研究开发》成果验收工作。

5. 履行信息披露的责任

根据中国证监会江西监管局《关于举办江西上市公司监管工作会暨 2014 年江西上市公司投资者网上集体接待日活动的通知》（赣证监发〔2014〕122 号）要求，公司于 2014 年 10 月 11 日 14：30 ~ 16：00 参加 2014 年江西上市公司投资者网上集体接待日活动，与广大投资者互动交流，回答投资者所关注的问题。

董事会、监事会及股东大会的决议及时进行披露，并对"大股东承诺"、"股权激励计划"事项进行披露，全年共披露公告 89 项。同时，根据相关法律法规及公司的相关要求，按照预披露时间及时、完整地披露了包括 2013 年年报、2014 年第一季度的报告、半年报告及第三季度报告四次定期报告。

（二）思创数码科技股份有限公司："智者思、勇者创、人为本、合为要"

思创数码科技股份有限公司 1991 年创立于江西南昌，一直专注于 IT 行业，以软件开发、计算机系统集成、建筑智能化和信息技术服务为主营业务，是国内领先的行业应用解决方案供应商，为多个行业领域提供涵盖 IT 咨询、设计、研发、交付与服务全过程一体化的解决方案。

经过 25 年健康、快速的发展，公司拥有 1100 余名员工，在全国拥有 10 多家分/子公司，形成了立足江西，布局华东、华中，辐射华北、华南、西南，面向全国的良好发展态势。公司一直以技术驱动发展，共拥有 100 余项软件著作权和国家专利，且每年以 20% 的速度增长。

1. 经营哲学

思创以"为客户提供满意的产品和服务，为员工创造发展机会，为社会和股东创造财富"作为企业的宗旨；以"和谐、务实、进取、创新"为公司的核心理念；以"以人为本、结果导向、严格认真、主动高效"作为管理理念；以"精湛技术为先导、优质服务做基础"为经营理念。

2. 勇于创新

思创始终以技术创新驱动升级发展，先后承担了"核高基"、"863 计划"、"火炬计划"等多个国家级重点科研项目，在智慧航运、智慧城市、移动互联、大数据等行业应用领域取得重大突破，处于全国领先地位。

（1）通过大数据技术促进地方政府管理创新。我国政府自 20 世纪 90 年代开始进行政务信息化建设，20 多年下来积累了很多数据。这些数据量极大，但存在数据互通和共享的障碍。为了实现政府内部数据的互通和共享，思创提出数据统筹的整体解决方案，推动信息化建设由传统型的碎片式、项目式的发展方式，向集约化、效能型的发展方式转变。目前，由思创承担的《南海数据统筹项目》已在国内率先实现新型智慧城市数据中心的体系设计与建设，取得国内领先地位。项目被列为广东省首批大数据应用示范项目，中编办试点项目。数据统筹模式及成果入选由国家行政学院编撰的《大数据领导干部读本》，成为全国智慧政务、新型数据中心的标杆。

（2）"感知航道"技术达国际领先水平。思创"感知航道"技术应用以航道基础数据及交通航运信息的采集为核心，通过物联网技术，建立一套集数据采集、传输和智能分析为一体的业务应用系统，形成一个综合信息服务平台和数字化、智能化、可视化的决策支撑体系。感知航道信息化项目可以实现对各类设施及航行船舶的全天候、全区域、全过程实时、动态、准确的监测，是一套集采集、传输、智能分析、决策评估系统为一体的数字化、智能化、可视化业务应用系统。"感知航道"技术解决了多项内河航运信息化领域的难题，技术达到了国际领先水平。

3. 乐善好施

以诚为本，诚信对待社会及公众，敢于承担责任，公司先后成立了工会组织和党组织。公司倡议和设立了旨在为社会和公司内部职工奉献爱心的"思创爱心基金"，向社会慈善事业、教育事业捐款、捐物达数百万元。在"98 抗洪"、"抗非典"、"05 年九江地震"等救灾中向上饶、九江等重灾区捐款数万余元；向省市慈善机构和西藏班捐款捐物累计数十万元；在抗冰雪灾害中捐款 5 万元、在抗震救灾中捐款 30 余万、全国助残日捐款 5 万等。思创十分关心和支持教育事业，向贫困大学生直接捐款近万元；捐资几十万元在江西财经大学、江西陶瓷大学、江西赣江学院等单位设立了"思创奖学金"，吸收应届大学生就业等。2014 年企业向社会捐赠共计 97 万元。

4. 职工关怀

公司拥有独立的办公园区，园区内建有办公大楼、食堂、宿舍、篮球场、羽毛球场等生活娱乐设施；同时公司在外租赁了专业的羽毛球场，为喜爱羽毛球的职工提供更优质的运动场地；为全体职工购买了五险一金，并每年发放三节（端午、中秋、春节）节日福利，职工生日福利，防暑降温费，同时公司管理层还会慰问住院、生育等职工；为职工提供免费定期体检；每年为职工购买团体人身意外险，并为项目组人员提供应有的劳动保障用品（安全帽、工作服等）；每年定期组织管理及技术培训，提升职工工作能力；每年组织全体职工旅游，并开展丰富多彩的企业文化活动（篮球赛、K 歌比赛、羽毛球赛、公司年会等）；每年组织"一日捐"活动，所捐费用全部用于经济困难的职工，最高援助困难个人达 5 万元；建立了图书室，购买了近万册的图书，每年组织读书节活动，丰富了职工业余活动；每年提供加薪的机会，保障职工能获得更有竞争力的劳动报酬。

5. 优质服务

思创公司始终秉承"精湛技术为先导，优质服务作基础"的理念，以信息技术服务智慧中国为己任，致力于提升智慧行业应用解决方案、智慧基础设施建设与服务、智慧城市建设运营的综合能力，成为中国领先的信息技术服务提供商。

当前，公司已经形成了包括硬件维保、信息安全服务、技术支持服务和外包服务在内的完善的服务产品体系，为客户提供"一站式整合运维服务"。在管理方面为确保多地域客户满意度持续平稳提升，公司推行矩阵式管理模式，将公司专业服务与行政管理职能有机整合，优化公司运营流程，实现整体能力提升、服务水平提高和成本节约，通过整个业务链升级再造提升客户满意度。

（三）慧华实业发展有限公司："诚信经营、以人为本"

江西省慧华实业发展有限公司是一家预拌干混砂浆生产企业，公司位于南昌市经济技术开发区白水湖工业园港口大道以东，占地面积 100 多亩，拥有一座国内一流、省内最大、型号为 FBT－60 型干粉砂浆搅拌楼，年生产能力为 50 万吨。

1. 质量为先的产品要求

现主要产品有：砌筑砂浆、抹灰砂浆、防水砂浆、抗裂砂浆、地坪砂浆、外墙保温砂浆等。为提高产品质量，为客户负责，公司从德国引进了 FKM3000 型号主机，可全自动化控制制作干粉砂浆，确保各类别各标号干粉砂浆、节能环保砂浆的一流品质，为南昌市打造了江西省第一条节能、环保干混砂浆示范生产线。随着干粉砂浆的不断推广，现已在多数工地使用，使用结果得到一致好评，连年被授予"南昌市先进施工企业"、"南昌市推广散装水泥先进单位"等多项殊荣。

2. 以人为本的管理理念

公司始终秉持"以人为本"的管理理念，"职工是企业的主人翁，科技人员更是企业的财富。"企业的生存与发展，离不开广大职工的辛勤劳动。在管理上，企业勤钻善研，取各家之长，形成了一套独特而行之有效的企业管理机制。实行奖励和考核制度，按劳分配，分级取酬，极大地调动了下属企业领导和全体职工的积极性，并坚持"预防为主"，严格实行安全生产责任制，层层落实责任，实行安全生产"一票否决"，严格规范工作人员的操作行为，做好深入细致的管理工作。

3. 家庭般的职工关怀

企业还非常关心职工生活，虽然只有 60 余人，可企业对每一位普通职工的身体状况、家庭背景都了如指掌。从未拖欠职工工资，在按规定为职工缴纳社保金、公积金和补充医疗，让其老有所养的同时，尽可能地提高职工福利，定期按规定发放劳保用品，并定期检查身体。特别是在职工遇到困难时，公司会专门组织人员尽量帮助他们渡过难关。"在当今社会日益丰富、消费水平日益提高的社会，不能让员工过上好日子，我哪里坐得住啊！"这就是企业的大家长杨桂花时常挂在嘴边的话。此外，公司还经常通过工会组织丰富职工业余生活的活动，组织旅游，放松身心，以便让职工更好地投入到工作中去。

4. 富不忘本的社会关怀

慧华实业遵守社会公德，热衷社会公益事业。多年来，慧华实业先后安置下岗职工再就业 15 人次，安置农民工 40 余人次，使得众多困难群众又重新走上了工作岗位。

在政府组织的"百企帮百村"等帮扶活动中，慧华实业公司是第一家积极响应企业，积极捐款帮助贫困村、贫困县修桥、修路，进行建设。截至目前，公司累计捐款捐物达 40 余万元，充分体现一家创业先锋企业对社会高度的责任感。此外，公司还积极响应政府号召，参与"帮扶千名高校毕业生创业行动计划"，为大学毕业生提供学习、实践机会，并向他们发放生活补助。

（四）南昌百瑞实业有限公司："以人为本"

南昌百瑞实业有限公司成立于 2000 年，集团旗下 8 家公司、1 所培训学校，在江西、湖北、广东等地拥有百余家分公司及县级营销服务网点，职工 1000 余人。公司建立县级网点 100 多家，网点数居全国首位，渠道网络管理体系完善，营销服务快捷便利，优势明显，自公司创立以来累计销售额近百亿元，集团主要从事建筑工程机械、建筑机械、环保设备、职业培训产业等。

1. 提供优质服务

集团名下的南昌百瑞职业培训技术学校，是经南昌市政府批准，省内规模最大的工程机械职业培训学校，学校多年来被南昌市政府评为"优质学校"，又被授予"技能人才培训基地"以及"校企合作人才培训示范基地";同时是全国机械工业职业技能鉴定指导中心唯一在江西授权的"工程机械操作工和维修工职业技能鉴定站";是江西省质监局共同培训"叉车考证及起重机驾驶承训单位",是江西省安全监督管理局"电工及电焊工培训基地",学校还具备"护理培训"资质,为社会各界培养、输送专业人才近万人。

2. 支持社会公益

2008 年以来,董事长亲自带队为各高校、企业、商会及协会等免费公益培训,共培训62 场,受益人员 12000 余人,免费对退伍军人、下岗职工、农民工等开展发动机、设备维修工培训等,价值数百万元;2013 年多次为蒋巷"太阳村"当地儿童捐款;组织全员为市精神病医院捐赠御寒物资近 10 万元;通过广丰商会,资助当地白血病儿童 6000 元;2014年为江西财经大学创业基金捐赠 3 万元;牵头为安义县青湖村"红源小学"资助扶贫工作捐赠 4 万元;公司还多次资助市工信委、南昌创业大学、江西财经大学组织开展文体活动比赛,如"创业大学乒羽球俱乐部"、"财大体育日活动";为响应"全民创业、万众创新"的号召,公司出资牵头编制《创业故事与案例》一书,免费为梦想创业的人员提供了指导与帮助,让他们少走弯路;为保护鄱阳湖生态候鸟园,组织捐赠 1 万元。

四、2014 年国内企业社会责任十大事件

为了记录企业社会责任事业的发展,《WTO 经济导刊》和金蜜蜂团队以年度为单位,评选出 2014 年十件具有代表性事件[①],以反映全年度的社会责任基本态势及最新趋势。

(一) 山东率先发布企业社会责任地方标准

1 月 21 日,山东省质量技术监督局在全国率先批准发布《企业社会责任指标体系》和《企业社会责任报告编写指南》两项山东省地方标准,从责任管理、社会影响、环境影响、经济影响等方面为企业如何履行社会责任提供了统一的标准和规范的文本。

(二) 新环保法增加惩罚力度强调公众参与

4 月 24 日,全国人大对《环境保护法》进行了 25 年来的首次修订,新增"按日计罚"的制度,并规定:对情节严重的环境违法行为适用行政拘留;对有弄虚作假行为的环境监测机构以及环境监测设备和防治污染设施维护、运营机构,规定承担连带责任,设信息公开和公众参与专章,设置了环境公益诉讼制度。

(三)《网络交易平台经营者履行社会责任指引》发布

5 月 29 日,中国国家工商总局发布了《网络交易平台经营者履行社会责任指引》。文件明确网络交易平台经营者履行社会责任的主要内容,涉及建立健全管理制度、订立履行合同、审查登记经营者信息、防止商标侵权和制售假冒伪劣商品行为、保护消费者权益等方面。

---

① 企业社会责任中国网(http://www.csr-china.net/a/guandian/shouyeguandian/20150206/2524.html)。

（四）金蜜蜂 CSR 指数首次发布

6 月 5 日，在第九届中国企业社会责任国际论坛上，由《WTO 经济导刊》联合责扬天下（北京）管理顾问有限公司首次发布的《金蜜蜂 CSR 指数报告（2007～2013 年）》揭示：中国企业社会责任仍处于发展初期，呈现出平缓发展、总体向上态势；资源与能源行业社会责任的整体表现最抢眼。

（五）中铝公司全面推进社会责任管理模块和负面清单

6 月 11 日，中国铝业公司社会责任工作委员会通过了《中国铝业公司社会责任管理模块和中国铝业公司社会责任负面清单》文件。这意味着中铝建立了社会责任管理体系，将社会责任工作与公司战略和日常运营有机融合起来，实现了社会责任管理的常态化、规范化。

（六）商务部发布《境外投资管理办法》提出企业对外投资要履责

9 月 6 日，商务部发布了新修订的《境外投资管理办法》，进一步确立企业对外投资主体地位，提高境外投资便利化水平。其中第 20 条规定，企业应当要求其投资的境外企业遵守投资目的地法律法规、尊重当地风俗习惯，履行社会责任，做好环境、劳工保护、企业文化建设等工作，促进与当地的融合。

（七）中共十八届四中全会《决定》提出"加强企业社会责任立法"

10 月 28 日，中共十八届四中全会通过并发布的《中共中央关于全面推进依法治国若干重大问题的决定》提出"加强企业社会责任立法"工作。

（八）外资企业社会责任倡议及优秀案例集发布

12 月 5 日，在"2014 中国外商投资企业履行社会责任优秀案例"发布会上，47 家外商投资企业申报的 56 个社会责任实践案例分别入选"发展好伙伴、客户好朋友、员工好雇主、环境好使者、社区好邻居"5 个类别的优秀案例。会上还同期发布了《中国外商投资企业社会责任倡议 2014》和《中国外商投资企业履行社会责任优秀实践指数报告》。

（九）电子信息行业组织多举推进企业履责

12 月 12 日，在第三届中国电子信息行业社会责任年会上，电子信息行业社会责任委员会分别与中国社会科学院企业社会责任研究中心、《WTO 经济导刊》发布了中国电子信息行业社会责任发展指数、《中国电子信息行业企业社会责任典型实践案例集》。中国电子信息行业联合会及近 30 家电子类社会组织共同向电子信息所有企业发出推动社会责任建设的倡议。

（十）三项社会责任国家标准征求意见

12 月 12 日，由中国标准化研究院归口并牵头组织起草的《社会责任指南》、《社会责任报告编写指南》和《社会责任绩效指标体系》三项国家标准已完成征求意见稿，面向社会各界广泛征求意见。

第九章　民营经济研究组织与成果

一、概述

江西省民营经济研究组织主要有学术机构性质的江西省民营经济研究会、江西省宜春市民营经济研究会、江西财经大学产业集群与企业发展研究中心（又称民营企业发展研究中心）、江西师范大学非公有制经济发展研究中心等。

2014年，江西省民营经济研究会与江西师范大学、江西财经大学和江西省委党校三所高校合作共成功立项30项有关于民营经济研究的课题。其中，按时结项的课题有28项。成功结项的28项民营经济相关课题涉及民营经济发展的现状、瓶颈以及对策方面的研究，同时也对江西省民营经济发展中的品牌建立、商会的设立以及科技创新等方面进行了研究和探讨；并且，针对江西省民营经济发展的实际情况提出了一些解决民营企业社会责任、税收问题、绩效薪酬问题、物流服务问题以及党建问题等多方面的意见建议。

江西省民营经济相关的文献研究成果主要来源是江西民营经济内参、专报以及各类刊物。本章共收集文献成果23篇，其中有6篇摘自江西民营经济内参、专报，主要涉及江西民营经济贷款利率、企业创新、劳动力信息和人才培养等方面的问题。摘自其他各类杂志的17篇文献，大多数是基于江西省民营经济发展的现实问题提出的一些建议，很大一部分是通过对江西省民营经济的发展情况进行实地调查后形成的研究，研究的问题涉及民营经济发展的多个方面，例如，江西省民营经济体制改革问题、民营企业投融资问题、中小民营企业人力资源管理问题研究、民营企业激励问题、民营家族企业财务管理问题和民营企业文化建设问题等。

2014年江西省民营经济研究报告主要是由江西省社会科学院课题组、江西省民营经济研究会课题组和江西省工商联课题组等相关课题组的成员经过调查、分析和研究得来的，共有10篇有关于江西省民营经济发展的报告。其中1篇由江西省社会科学院课题组完成的2014年江西民营经济发展研究主报告对2014年江西省民营经济的各项调查研究作了系统地梳理和研究，并对江西省民营经济发展的整体发展现状进行了较完整性的概述。有6篇研究报告针对江西民营经济的转型发展问题、企业家代际传递问题、集群式发展战略问题、投资环境分析问题、金融体制改革问题和发展层次战略选择问题进行了现状分析，并提出了各自的建议。还有研究报告涉及新时期民营经济发展的问题研究，主要包括环保条件下民营企业可持续发展的问题研究和电子商务环境下的民营企业发展道路探索。摘录的最后1篇研究报告主要是对江西省上规模的民营企业进行专项调研和专题分析下得出的专题研究报告。

二、民营经济研究组织

　　江西省的民营经济研究组织数量不多，主要分布在南昌。江西省民营经济研究会是由有关专家学者、经济领域工作者、民营企业家和有关部门领导组成的学术机构，主要围绕省委、省政府的工作中心、围绕省委统战部、省工商联的重要工作、围绕民营经济发展的实践，开展对策性的、实践课题性的理论研究，为江西民营经济持续健康发展提供政策理论支持。江西省民营企业家协会是由中国人民大学国学院（华商书院）同学发起成立，由江西省工商联主管、经江西省民政厅批准，具有法人资格的全省性、非营利社会团体，协会以"尊德问学、修己安人、抱团发展，富强祖国"为宗旨，以"引导观念转变，推动产业升级、创办幸福企业，实现幸福人生"为协会愿景，努力实现"打造抱团文化，搭建合作平台，创立共赢模式，勇担时代责任"的协会使命。江西财经大学产业集群与企业发展研究中心，发源于 1998 年 7 月成立的民营企业发展研究中心，2003 年 4 月被江西省教育厅批准为江西省高等人文社科重点研究基地。以上各个研究组织的具体情况如表 9-1 所示。

表 9-1　江西民营经济研究组织列表

序号	组织名称	成立时间	组织性质	组织职能
1	江西省民营经济研究会	2013 年 11 月	由有关专家学者、经济领域工作者、民营企业家和有关部门领导组成的学术机构	对江西民营经济发展中的重大问题进行深入系统的研究和宣传，不断推出符合江西省情、符合民营经济发展实情的、切实能对发展有推动作用的工作成果，做强研究会品牌，在江西发展中努力贡献应有的力量
2	江西省民营企业家协会	2013 年 8 月	作为民营企业、企业家和民营企业团体的联合组织，具有法人资格的全省性、非营利社会团体	努力打造一个相互学习、信息交流、感情沟通、资源整合的平台。由协会牵头，对接渠道、整合资源，为江西省的民营企业家提供商务拓展、法律维权、政企对接、银企合作、学习培训、企业宣传、公益慈善等一系列服务，积极培养会员"修身、兴企、报国、富天下"的当代企业家精神
3	江西省宜春市民营经济研究会	2015 年 1 月	由市工商联组织筹建的学术机构	深入研究非公经济发展过程中需要解决的问题；探索市场经济条件下非公经济的发展规律，打造思想领先的主渠道智库，提升民营经济群体的质量和能级
4	江西财经大学产业集群与企业发展研究中心（原称民营企业发展研究中心）	1998 年 7 月	江西省高校人文社科重点研究基地	深化科研体制改革，加强对外学术交流，积极参与实践，为地方经济建设服务，努力把中心办出特色、办出水平，多出成果、多出人才，把中心建设成国内领先，并在国际上有一定影响的产业集群与企业发展研究基地，为我国经济改革与发展做出贡献
5	江西师范大学非公有制经济发展研究中心	2004 年 1 月	江西非公有制经济研究机构	为江西省非公有制企业人士提供培训学习和交流的机会，改善江西省非公有制企业人力资源管理现状，为实现江西在中部地区崛起做出贡献

三、立项课题与研究成果

（一）立项课题

2014 年有关于江西民营经济发展的立项课题主要包括江西省民营经济研究会与江西各个高校之间合作的课题，省工商联与省委党校共同承办的课题以及江西省社会科学研究"十二五"（2014 年）规划项目中部分课题。具体表现为：江西省民营经济研究会 2014 年度与江西师范大学合作研究且成功结项的课题共 10 项，其中重点课题 6 项，一般课题 4 项；与江西财经大学合作研究且成功结项的课题共 9 项，其中重点课题 5 项，一般课题 4 项；与中共江西省委党校合作研究且成功结项的课题共 9 项，其中重点课题 5 项，一般课题 4 项。江西省社会科学研究"十二五"（2014 年）规划项目中也有关于民营经济企业劳动关系等方面的内容（见表 9-2）。

表 9-2 江西省民营经济课题研究成果

序号	课题名称	参与人姓名	课题来源
1	加快我省民营企业科技创新研究	雷元江 邓久根 张晓盈	江西省民营经济研究会与江西师范大学 2014 年合作的重点课题
2	影响民营经济健康发展的体制性问题及对策研究	洪跃平 刘善庆 李世财	江西省民营经济研究会与江西师范大学 2014 年合作的重点课题
3	江西省民营经济的发展瓶颈及对策研究	毛端谦	江西省民营经济研究会与江西师范大学 2014 年合作的重点课题
4	民营企业协同创新中的公共服务问题与对策研究	李晓园	江西省民营经济研究会与江西师范大学 2014 年合作的重点课题
5	扶持江西民营企业本土品牌的政策创新研究	赵波	江西省民营经济研究会与江西师范大学 2014 年合作的重点课题
6	规范公务人员自由裁量权，营造民营经济发展的良好政务环境研究	唐天伟	江西省民营经济研究会与江西师范大学 2014 年合作的重点课题
7	商会组织建设及其在推进民营经济发展中的作用研究——以江西、江苏商会为例	谢宏维	江西省民营经济研究会与江西师范大学 2014 年合作的一般课题
8	民营经济发展绩效及其影响因素研究	张明林	江西省民营经济研究会与江西师范大学 2014 年合作的一般课题
9	非公有制经济领域统战工作改革创新研究	陈文华	江西省民营经济研究会与江西师范大学 2014 年合作的一般课题
10	江西如何培养高素质的民营企业家——基于民营经济发展的政策需求视角	卢宇荣 张新芝	江西省民营经济研究会与江西师范大学 2014 年合作的一般课题
11	优化非公有制经济发展环境研究	于也明 熊小斌 陈明	江西省民营经济研究会与江西财经大学 2014 年合作的重点课题

续表

序号	课题名称	参与人姓名	课题来源
12	民营企业家的社会责任与社会参与研究	李良智	江西省民营经济研究会与江西财经大学 2014 年合作的重点课题
13	民营企业新生代传承问题研究	占小军	江西省民营经济研究会与江西财经大学 2014 年合作的重点课题
14	景德镇陶瓷产业及税收问题调研报告	邢小明 伍云峰	江西省民营经济研究会与江西财经大学 2014 年合作的重点课题
15	江西省民营企业战略风险评估研究	陈明	江西省民营经济研究会与江西财经大学 2014 年合作的重点课题
16	江西农业产业化龙头企业成长与扶持政策研究	刘克春	江西省民营经济研究会与江西财经大学 2014 年合作的一般课题
17	江西省民营企业薪酬水平调研报告	李敏	江西省民营经济研究会与江西财经大学 2014 年合作的一般课题
18	江西省口岸物流服务外向型民营企业发展问题研究	刘浩华	江西省民营经济研究会与江西财经大学 2014 年合作的一般课题
19	江西省民营企业商业模式创新研究	吴良平	江西省民营经济研究会与江西财经大学 2014 年合作的一般课题
20	江西金融现状及其对民营经济发展的影响与对策	雷元江 吴志远	江西省民营经济研究会与中共江西省委党校 2014 年合作的重点课题
21	非公有制经济人士在改革发展中发挥作用的研究	刘金炎 涂颖清	江西省民营经济研究会与中共江西省委党校 2014 年合作的重点课题
22	非公经济组织党建工作模式创新研究	叶元斌 冯志峰 蔡泉水	江西省民营经济研究会与中共江西省委党校 2014 年合作的重点课题
23	改革开放以来，非公经济对江西发展的贡献研究	李吉雄	江西省民营经济研究会与中共江西省委党校 2014 年合作的重点课题
24	当前基层党政干部关注的民营经济发展深层次思想理论问题研究	姚亮	江西省民营经济研究会与中共江西省委党校 2014 年合作的重点课题
25	保护民营企业知识产权问题研究	晏辉	江西省民营经济研究会与中共江西省委党校 2014 年合作的一般课题
26	地方政府依法协助民营企业处理突发事件研究	李才平	江西省民营经济研究会与中共江西省委党校 2014 年合作的一般课题
27	地方政府引导和支持民营企业创新和转型升级研究	郭金丰	江西省民营经济研究会与中共江西省委党校 2014 年合作的一般课题
28	民营企业家合法权益的法律保护	舒小庆	江西省民营经济研究会与中共江西省委党校 2014 年合作的一般课题
29	当前金融形势下我省民营中小企业融资问题研究	雷元江	省工商联与省委党校共同承办的课题
30	江西私营经济劳动关系评价指标体系研究	洪泸敏	江西省社会科学研究"十二五"（2014 年）规划项目社会学青年项目
31	江西民营旅游企业的治理结构与绩效评价研究	罗小娟	江西省社会科学研究"十二五"（2014 年）规划项目管理学青年项目

（二）研究成果

江西省相关民营经济的研究成果，主要分为文献研究成果和主题研究报告两类，本章共收集 17 篇文献研究成果和 10 篇主题研究报告，详细信息如表 9-3 和表 9-4 所示。

表 9-3　江西省民营经济课题研究成果

序号	成果名称	作者	成果摘要	文献来源
1	"民营铁路"路在何方？——江西余干铁路物流专线调查	谭保罗	"民营铁路"的故事早已不再新鲜，但相比那些无果而终的项目而言，余干物流专线是难得的正面样本。两个百分点的利润率下降，对地产和金融业来说，无关大局，但对实业来说，无法等闲视之	《经济》2014 年第 2 期
2	江西民营企业软实力的提升对策探析	嵇国平 胡银花	企业的软实力是民营企业综合竞争力的重要组成部分，打造和提升软实力是当前民营企业面临的重要课题	《北方经贸》2014 年第 2 期
3	对提高非公有制企业党建工作有效性的思考——基于江西的调查	刘晓根	非公企业已经成为我国社会主义市场经济的重要组成部分，非公企业党建工作在整个党建工作中的地位也越来越重要	《中共杭州市委党校学报》2014 年第 2 期
4	鲶鱼效应的蜕变：民营医院的困境与对策	詹晓波 林素萍 刁鸿锦	新医改给了民营医院最重大的战略发展机遇期。但是，如果不对民营医院存在的一些重大问题做深入研究，这个战略发展机遇期也可能丧失。笔者试图从鲶鱼效应的蜕变、孤岛效应的产生以及劣币驱逐良币效应的危害三个方面探讨影响我国民营医院可持续发展的战略问题及其对策	《卫生经济研究》2014 年第 2 期总第 322 期
5	民营为主的混合所有制农村合作金融机构股权激励的路径选择	江西省农村信用社联合社风险合规部课题组	作为解决企业委托代理问题的长期激励机制，股权激励有助于实现高管层的个人利益与银行中长期发展目标的有机统一。本文通过对股权激励的历史沿革、主要模式、银行机构实施现状等的研究，探讨民营为主的混合所有制农村合作金融机构实施股权激励的必要性和可行性以及具体操作路径	《金融与经济》2014 年第 5 期
6	贷款利率下限取消对江西民企的影响	张文君 吴伟军	经国务院批准，自 2013 年 7 月 20 日起全面放开金融机构贷款利率管制。央行的这一决定对我省的民营企业有什么影响？我省的民营企业应当如何积极应对？回答这些问题，具有十分重要的现实意义	《江西民营经济内参》2014 年第 3 期
7	民企创新有热情也有顾虑	乐志为	面对日益上涨的人力成本和逐渐饱和的传统市场，尤其是中国经济步入了"转型升级"的新常态大背景下，通过产品创新开拓蓝海、管理创新降低成本，成为大多民营企业的两大重要战略	《江西民营经济内参》2014 年第 4 期

序号	成果名称	作者	成果摘要	文献来源
8	江西金达莱：缘何墙内开发墙外香？	乐志为	谈起行业颠覆，人们往往想起的是互联网的奇迹，如小米颠覆手机业、淘宝颠覆零售业。在江西也有一家这样的企业，颠覆着污水处理的行业规则，它就是江西金达莱环保研发中心有限公司	《江西民营经济内参》2014 年第 4 期
9	江西民企科技创新困境的突破路径	傅春	近年来，江西省民营企业数量不断增加、总体规模有所扩大、税负贡献逐年攀升、创新能力不断增强、品牌建设稳中求优。然而民营企业在科技创新发展中存在产权保护不力、人才匮乏缺乏智力支撑、投入不足、融资困难、"产出"低效等问题，阻碍了民营企业的进一步发展	《江西民营经济内参》2014 年第 4 期
10	建劳动力信息平台解招工难题	冯志峰	近年来，江西省劳动力大量外流，导致劳动力资源供需失调，一定程度上形成"招工难"和"就业难"问题。建设全省劳动力资源信息平台，能够将劳动力资源纳入统一的管理轨道，避免重复建设，降低社会就业成本，有效杜绝招工诈骗行为，实现"企业招工"和"劳动力就业"信息的有效对接	《江西民营经济内参》2014 年第 4 期
11	工商行政管理促进民营经济发展的措施	周燕	随着民营经济逐渐成为我国社会主义市场经济的重要组成部分，同时工商行政管理对民营企业经济发展有着极大的推动与促进作用。本文探讨运用工商行政管理来促进民营经济发展的相关措施，以便推动我国民营经济的健康可持续发展	《企业导报》2014 年第7 期
12	大力发展非公有制经济应作为江西全面深化改革的重要突破口	徐书生	个体、私营经济等非公有制经济是社会主义市场经济的重要组成部分。大力发展非公有制经济，是江西加快发展升级的必然选择，是江西省全面深化改革的重要突破口。我们要以创新的思维、多维的视角、综合的措施积极促进非公有制经济快速、健康、持续地发展	《南昌师范学院学报》（社会科学）2014 年第 35 卷第 4 期
13	强力促进全省非公经济更好更快发展	刘金炎 朱寻	2014 年上半年，江西省委统战部紧紧围绕深化改革主题，采取一系列举措，为全省非公有制经济发展注入新的强大动力，在全省上下营造出齐心协力促进非公经济发展的浓厚氛围，形成了非公经济发展的新一轮热潮	《当代江西》2014 年第10 期
14	民营中小企业融资难的地方政府治理困境研究	吴志远	民营企业融资难是处在经济体制长期的、重大变革中的中国难以回避而且需要积极面对和应对的具有重大理论和现实意义的课题	《江西行政学院学报》2014 年第16 卷第 4 期

序号	成果名称	作者	成果摘要	文献来源
15	新常态下如何做好非公经济人士思想工作	曾先锋	新常态下，非公有制经济普遍面临着市场疲软、原材料价格和职工工资上涨等诸多不利因素，生产经营出现困难，由此导致非公经济人士出现较大的思想波动。这就需要我们通过深入细致的调查研究，详细了解非公经济人士的思想政治工作，这是党的思想工作的重要组成部分，是新的历史阶段各级党组织特别是党委统战部的一项重要任务	《江西民营经济内参》2014年第5期
16	南昌民营人才市场发展问题研究	孙琼	随着社会的发展，人才是发展地域经济和国家经济的重要元素之一。人才成为第一战略资源，未来的竞争是人才的竞争。论文通过对南昌市民营人才市场进行实地调查，对比政府人才市场，以调查得出的信息为依据，结合相关理论，分析南昌民营人才市场面临的发展问题，并给出建设性建议，促进民营人才市场走上有序、健康发展的轨道，全面实现南昌人才合理供求的目标	http://lib.cqvip.com/read/detail.aspx? ID=662828084
17	基于系统动力学的民营家族制企业财务管理制度创新研究	姜华裕	民营企业是我国经济重要的组成部分，对推动经济社会的发展发挥着重要的作用。但是民营家族制企业在经营管理模式上是落后的，不与市场经济发展相适应。寻求发展就必须改革创新，本文将运用系统动力学的理论分析民营家族制企业财务管理制度的创新	《现代商业》2014年第24期

表9-4 江西省民营经济研究报告成果

序号	研究报告名称	作者	成果内容摘要	来源
1	2014年江西民营经济发展研究主报告	江西省社会科学院课题组	近年来，江西省委省政府出台了一系列促进民营经济发展的政策措施，有力地推动了全省民营经济的发展。民营经济作为全省经济发展中最具活力的增长点，已经成为江西国民经济的重要组成部分，在推动经济增长、财政增收、促进就业、改善民生等方面做出了重要贡献	2014年江西民营经济发展报告
2	江西民营经济转型发展的思考与建议（专题研究报告）	孙育平	改革开放以来，江西民营经济在国家政策引导下，在省委省政府的大力支持下发展迅速，在推动江西崛起过程中发挥着越来越重要的作用。如何在我国经济处于新常态的关键时期推进江西民营经济的转型发展，进而加快江西的"发展升级、小康提速"步伐，成为我们必须认真研究的重要课题	2014年江西民营经济发展报告
3	江西民营企业家代际传递的现状与建议（专题研究报告）	马智胜孟召博周永祥	我国民营企业产生于20世纪80年代，经过30多年的发展，逐步形成了推动地方经济快速发展的一股重要力量。实践证明，民营企业要保持长期可持续发展，不仅取决于合理的内部企业管理制度和良好的外部政策环境，更依赖民营企业代际传递的顺利过渡	2014年江西民营经济发展报告

序号	研究报告名称	作者	成果内容摘要	来源
4	促进江西民营企业集群式发展的战略构想（专题研究报告）	万红燕	伴随着经济全球化、经济中高速增长和新技术革命的发展趋势，新常态下传统主要以劳动力和资源为主的企业在参与国际竞争中的优势逐步下降，靠一个企业的力量来培育品牌、技术创新、管理等来提高竞争能力存在很大的困难，寻求分工与合作成为民营中小企业生存发展的趋势，因此，根植于特定的区域和一定地理位置的企业集群便孕育而生	2014 年江西民营经济发展报告
5	江西民营经济投资环境评估及政策建议（专题研究报告）	江西经济管理干部学院课题组	江西正处在"发展升级、小康提速、绿色崛起、实干兴赣"和建设富裕和谐秀美江西的关键时期，而民营经济作为改革开放的产物，对区域投资环境特别敏感，投资环境的优劣直接影响民营企业投资收益和投资风险。因此，对江西民营经济投资环境进行评估，并给出政策建议是值得研究的重要命题，本课题据此展开研究	2014 年江西民营经济发展报告
6	加快江西省金融体制改革与民营金融创新研究（专题研究报告）	韩士专 陈起珑 吴敏	改革开放为我国经济社会发展带来强劲而持续的动力，不过我国金融体制改革并未完全跟上整体改革的步伐，其改革紧迫性愈加突出，以至于最近几年国务院政府工作报告连续不断将金融改革定位为深化改革的四到五个重点之一。作为金融体制改革的重要议题之一，民营金融创新提高到前所未有的高度	2014 年江西民营经济发展报告
7	提升江西民营经济产业发展层次的战略选择（专题研究报告）	黄新建 朱越浦	改革开放以来，随着思想转变、政策放开，民营经济发展如雨后春笋，规模迅速壮大，中共十八届三中全会进一步肯定了民营经济在市场经济发展中的重要作用。未来，江西民营经济要实现进一步发展，需从放宽市场准入条件、鼓励科技创新、打造产业集群等对策构成的战略组合入手，推动民营经济产业结构升级，强化民营经济的主体地位	2014 年江西民营经济发展报告
8	低碳经济背景下江西民营经济可持续发展道路探索（专题研究报告）	李志萌 张秋兰 马回	能源短缺和环境污染问题已经成为世界关注的焦点，转变传统高能耗、高污染的经济发展方式，发展以低能耗、低排放为标志的低碳经济，实现可持续发展，正成为世界各国经济发展的共同选择。随着工业化和城镇化步伐加快，江西面临的资源和环境形势日益严峻，产业低碳转型的压力进一步加大	2014 年江西民营经济发展报告
9	加快江西民营经济电子商务发展研究（专题研究报告）	李小玉 何雄伟	电子商务作为江西转变流通方式、加快现代服务业发展的重要抓手和突破口，近年来日益受到各级政府及业界高度重视，中共江西省委十三届七次、八次、九次全会均作了重要论述	2014 年江西民营经济发展报告
10	2014 江西上规模民营企业调研分析报告（专题研究报告）	江西省工商联课题组		2014 年江西民营经济发展报告

四、部分研究成果收录

（一）江西民营中小企业融资问题调研报告

1. 关于课题立项背景的说明

2013～2014 年，在经济下行压力持续加大的过程中，江西省非公经济依然呈现健康快速的发展态势，但发展中的诸多困难压力也始终并存。这其中，民营中小企业融资难、融资贵是反响最强烈的问题之一。为此，根据省委统战部展开大调研的部署，省工商联与省委党校共同组成《当前金融形势下我省民营中小企业融资问题研究》课题组，希望为探索缓解省民营中小企业融资难、融资贵的路径提供一定参考。

2. 关于课题开展情况和课题报告核心内容的阐述

（1）课题开展情况。课题分三个阶段完成，具体如表 9 - 5 所示。

表 9 - 5　课题时间任务表

时间	具体任务和成果
2014 年 5 月初至 8 月中旬	完成问卷调查与实地调研，其间发放和回收有效问卷 774 份，问卷对象和数量分别为民营中小企业 325 户、各类金融机构 192 家、担保公司 25 家、各级政府部门工作人员 232 人次，实地走访民营企业、金融机构和政府部门共 50 多家，范围涉及全省 11 个设区市、共 34 个县（市、区）
9 月底	完成课题报告撰写
10～11 月	组织专家对课题报告进行评审、修改和定稿

（2）课题报告核心内容。主要分为三大部分，具体如表 9 - 6 所示。

表 9 - 6　课题报告核心内容

序号	总体概述	详细概述
第一部分	对当前金融形势下我省民营中小企业融资现状的调查与特点分析	民营中小企业融资需求与银行信贷供给满足率反差大
		省民营中小企业融资难状况在全国范围内比较突出
		融资难状况在我省不同行业、不同规模的民营企业之间具有明显差异
		融资难与融资贵互为成因，融资越难融资越贵
		全省信贷总量偏小
第二部分	对当前金融形势下我省民营中小企业融资难、融资贵原因的深度研究分析	地方政府因素
		银行方面因素
		企业自身因素
		资本市场因素
		担保机制因素

序号	总体概述	详细概述
第三部分	对当前金融形势下改善和缓解我省民营中小企业融资的困境提出对策与建议	积极发挥地方政府的主导作用（加大要素市场化配置力度；政策制定要注重科学性、稳定性和长期性；地方政府要为国务院会议精神的落实创造条件）
		全面提升金融有效供给能力和金融良性供求关系
		加快搭建并完善多层次融资担保体系
		各地加快健全多层次资本市场的步伐，拓宽中小民营企业融资渠道
		由各级金融办牵头，建立统一有效、信用度高的企业信用评价体系，出台"江西省企业和法人代表信用评价办法"
		抢抓互联网金融发展的巨大机遇，出台我省"关于大力发展互联网金融的指导意见"，形成全省微信银行的蓬勃发展之势

注：课题负责人：雷元江，江西省工商联主席、江西省总商会会长。《当前金融形势下我省民营中小企业融资问题研究》课题调研报告。

（二）江西民企商业模式创新研究

民营企业作为江西经济在中部崛起的一支重要的生力军。研究江西民营企业商业模式创新问题，对提高民营企业创新能力、增强企业竞争力、加快企业市场反应能力，进而推动江西民营企业创新发展有着重要的指导意义。通过总结商业模式创新体系，对江西省民营企业商业模式创新进行分析比较，找出发展问题和难点，借鉴省内外先进经验，从政府层面、行业层面和企业层面，为推动江西省民营企业商业模式发展提出创新路径和对策建议（见表9-7）。

表9-7 江西民企商业模式创新研究主要内容摘编

1. 我省商业模式创新的比较分析	（1）我省商业模式创新与先进国家比较	A. 法律保护和鼓励性政策方面存在差距
		B. 理论深度与实践广度不匹配
	（2）国内省市地区经验	
2. 我省民营企业商业模式创新面临的问题	（1）顾客认同风险	由于创新的商业模式强调的产品或服务特点不同于成熟公司的传统商业模式，因此也将面临一定的顾客认同风险，至少在一开始难以吸引成熟公司的顾客群体
	（2）规避风险的惯性	新的商业模式开拓的市场领域一般都是从小规模领域做起，并且与成熟公司的主要市场关联甚少。因此，一般民营企业风险承受能力较低，出于风险规避的惯性，商业模式创新难以使成熟的公司产生开拓新市场的创业热情
	（3）投资回收期的问题	新的市场领域需要成长时间，对于企业来说，可能需要更长时间才能够赚取利润。而一般的民营企业由于资金限制，将面临一段较长的投资回收期问题
	（4）重构关键因素的困难	创新商业模式所定位的市场领域的关键因素，一般与主要市场中传统的模式不同，它需要对特定的活动（如价值链、架构、企业文化和内部流程等）进行不同且有效的组合。这种重构不仅是寻找独特点，更重要的是其有效性。只有有效的重构才是成功的创新，而这无疑是困难的
	（5）来自传统商业模式的抵制	创新的商业模式活动在抢占现有市场的同时逐渐削弱现存模式，不仅与现有主要业务活动模式不同甚至会发生冲突。因此，创新的商业模式作为传统商业模式的威胁，不但会引起行业内传统模式的抵制，也可能遭到企业内部传统模式的排斥

续表

2. 我省民营企业商业模式创新面临的问题	(6) 投融资困难	首先，融资困难是中小企业发展面临的主要问题，也是我省民营企业的发展困境；其次，民间投资增速回落。2014 年 3 月以来，江西省民间投资增速较罕见地出现低于我省平均水平的情况
3. 促进江西民营企业商业模式创新对策建议	(1) 政府层面	A. 加强创新政策引导
		B. 重视第三产业商业模式创新
		C. 打造中小企业融资信用信息共享平台
		D. 扩大工商联基层组织覆盖面，加强总商会职责切实落地
	(2) 行业层面	A. 加强理论研究，强化认识深度
		B. 扩大宣传推介，提高认识广度
	(3) 企业层面	A. 坚持以市场为导向，匹配企业实际发展需求
		B. 坚持企业自主创新与开放创新相结合
		C. 重视电子商务线上线下结合创新
		D. 坚持技术创新与营销创新相结合
		E. 充分重视价值创新和免费价值

注：课题负责人：占小军，江西财经大学工商管理学院博士，副教授。成员：王平，江西财经大学工商管理学院；李梦晓，中山大学管理学院博士。江西省民营经济研究会委托课题成果。

（三）江西省民营企业薪酬管理水平

江西省委省政府明确提出要通过多种方法与途径加快民营经济的发展，并将加快发展民营经济作为江西实现在我国中部地区崛起的重要突破口。截至 2013 年 12 月，据江西省工商联不完全统计，江西省有民营企业 23 万多家，其中上规模企业 377 家（销售额 1 亿元以上），绝大部分是微小企业。近年来，江西民营企业也有了长足的发展，但横向比较中部五省（除山西省外都由当地工商联通过上规模民营企业调研进行了民营企业百强排序），从各省民营百强的数据来看，江西民营企业百强仍有差距。从百强民营企业入围门槛来看，湖北最高，为 16.7 亿元，其次为安徽 14 亿元、河南 9.86 亿元、湖南 8.29 亿元，江西最低，为 7.36 亿元；从百强民营企业营业收入总额、资产总额、缴税总额、净利总额、就业人数这几项指标来看，江西也基本处于末端。从投资者的角度来看，一个公司各层级报酬水平及组成可以很好地反映该公司治理的有效程度。一个公司支付职工的报酬，一方面会花掉公司巨额财产；另一方面，也提供了一个通过优厚的刺激措施激励组织成员促使公司走向成功的机会。通过薪酬管理拥有一支高品质、高素质的职工队伍，对江西省民营企业的成功有事半功倍的作用。在经营体量普遍较小，利润较薄、稳定性不高的民营企业如何能够吸引、留住所需的优秀人才，一直是困扰民营企业管理者的重大问题。企业薪酬管理是现代企业管理的重要内容。本调研报告采用全面薪酬概念分析江西省民营企业薪酬水平的竞争力和公平性，探讨其促进战略的实施和企业价值的增长。

1. 相关研究理论基础

（1）全面薪酬管理理论。与传统薪酬管理不同，全面薪酬管理从表层而言反映组织对职工贡献的承认和回报，更深层次是公司战略目标和价值观转化的具体行动方案，它突破了金钱与物质的范畴，包含间接收入和一些非经济性报酬，如决策参与、学习成长、工作体验等要素，凸显内在报酬（如自我成就感、参与管理等）在薪酬管理中的效用。现代薪酬管理主要是通过全面薪酬管理来体现的，全面薪酬管理适应了现有职工的工作理念和追求。全面薪酬管理是强调薪酬要素的享受和绩效密切关联的重要体现，从而在职工和企业之间营造出了一种双赢的工作环境。全面薪酬管理目标包括分配公平、过程公平、机会公平三个层次。

（2）人力资本理论。顾名思义，人力资本就是把职工作为一种资本。这种资本的价值包括职工有价值的知识、技能、健康状况等方面，这些方面的总和构成人力资本。亚当·斯密的《国富论》一书中最早提出人力资本一词。人力资本以一种理论被美国经济学家西奥多·舒尔茨和加里·贝克尔提出是在 20 世纪 60 年代。他们认为，人力资本的增值相当于给人力资本作投资。这种人力资本以个人独立享有，一定意义上相当于物质资本。但是，人力资本对企业的价值远远高于物质资本，对企业战略目标的实现也高于物质资本。20 世纪 80 年代出现了新经济增长理论，又一次验证了人力资本的价值高于物质资本。进入知识经济时代后，企业职工中更多有技能的人出现，这样极大地推动了当时社会经济的发展，创造了更多地社会财富，人力资本不断得到重视，所属地位也在不断提升。随着人力资本得到企业的认可，企业同时也在依靠人力资本来保持物质资本的加大。

（3）分享经济理论。美国学者马丁·威茨曼于 1984 年在《分享经济》一文中提出了职工和企业所有者共享利润的分享经济理论。20 世纪 80 年代，石油危机引发了全球的经济下滑，威茨曼认为是西方资本主义国家的工资制度不合理引发的，于是提出解决这种困境的方法是分享制度。同时他指出，在传统的薪酬制度中，职工的薪酬与企业经营效绩无关，没有直接的经济利益关系，而在分享制度中，职工的薪酬与企业的经济利益相关，并随之而波动。

2. 民营企业薪酬现状及分析

通过 15 家民营企业资料分析及取样调查（调查企业有江西科泰华软件有限公司、晶安高科、江西联创光电股份有限公司，限于公司薪酬保密，不对个案进行分析）结合现有研究资料，江西省民营企业薪酬管理总体表现为对外薪酬竞争力不强、对内公平性不够。主要问题有以下几个方面：

（1）人均薪酬水平低。江西省统计局公布的最新数据显示，2013 年城镇非私营单位就业人员年平均工资 42473 元，与上年同比名义增长 10.29%，扣除物价因素，实际增长 7.60%；全省城镇私营单位就业人员年平均工资 27819 元，与上年同比名义增长 18.35%，扣除物价因素，实际增长 15.46%。江西省 2013 年私营单位就业人员年平均工资水平是非私营单位的 66%，比上年的 61% 提高了 5 个百分点。从增速上看，私营单位的工资实际增速达到了 15.46%，比上年同期提高了 6.56 个百分点，比非私营单位高 7.86 个百分点。同期，湖南全省城镇非私营单位从业人员年平均工资为 42726 元，民营单位从业人员平均工资为 27637 元，此数据略低于江西省。据国家统计局报告，2013 年全国城镇非私营单位就业人员年平均工资为 51474 元，城镇私营单位就业人员年平均工资 32706 元，江西省民营单位就业人员年平均工资 27819 元，远低于全国就业人员平均工资，更是大幅度低于非私营单位就业人职工资。薪酬水平低，雇用不到优秀的职工。这种低薪酬水平，导致企业缺乏外部竞争性，长此以往，职工就会产生不满，影响工作热情。由此造成江西省薪酬洼地，进而人才洼地。

（2）薪酬战略缺失或迷失。在江西省中小民营企业中，制定公司战略的很少，制定符合企业发展实际的企业战略的就更少，根据企业战略和企业现状制定人力资源战略、薪酬战略的更是少之又少。江西省中小民营企业有的采取机会型经营，但可喜的是，有的已经开始确定自己的发展方向。在调查中，中小民营企业较少考虑如何使企业通过薪酬管理体系来支撑企业的竞争战略，获得竞争优势，较少利用薪酬战略促使职工和企业确立共同的价值观和行为准则。对于江西省上规模的民营企业，其薪酬战略清晰，但执行起来，容易出现头疼医头，脚疼医脚的现象。

（3）薪酬体系缺乏公平。薪酬的不公平性包括内部不公平和外部不公平。内部不公平表现在职工的报酬与付出负相关，他们会认为自己努力工作与其他工作不负责或责任性不强的职工获得的报酬是相同的，这种情况的出现必然影响上进职工的积极性，从而导致负面情绪的产生，长此以往便会造成优秀职工的离职，这些情况反映了民营企业薪酬激励机制有待加强。外部不公平表现为非私有企业薪酬水平与民营企业之间的差距，这种不公平加剧民营企业招人、留人的困难。调查发现，90%以上的中小企业，职工的薪酬通常是由老板根据当时情况和凭经验与应聘人员谈判来确定，基本上都是口头协议，随意性较大，没有薪酬制度明确的规定，职工待遇由于进公司的时间不同，且个人谈判能力不同，很难保持前后的一致性，结果往往导致企业内部职工的薪酬水平较混乱，经常出现"同岗不同酬"、"同工不同酬"的现象，同时这种现象也让一些老职工心理产生不平衡。

（4）薪酬体系不够完整。薪酬结构（如不同级别的岗位工资其差异）有着较大的随意性，各岗位的薪酬确定的依据较模糊、透明性差、弹性差。薪酬构成如固定工资、绩效工资和福利等存在较大随意性，并且发放也不规范。薪酬的调整取决于老板的个人意志，即使公司业绩较好，但职工分享的可能性及分享的比例没有明确的规定，导致职工对自己的薪资增长的预期不明确，损伤了职工的积极性，从而导致职工缺乏工作动力。工资增长的随意性在中小民营企业表现最明显，而在规模以上的民营企业其工资增长较清晰。调查发现，现有江西民营企业很少将职工成长、提供学习纳入薪酬体系中，这一点与西方企业薪酬管理存在较大差距。

（5）薪酬理念认识不清。一个完整的薪酬体系不但包括合理科学的工资分配，也应包括隐性薪酬，注重职工的个性发展，强调职工的归属感。很多企业的管理者认为薪酬就是工资。江西省民营企业采用薪酬结构主要是"工资 + 绩效工资 + 福利 + 选择性的五险 + 住房公积金"。薪酬内容很少包括间接收入和一些非经济性报酬，而这些要素在薪酬设计中的地位越来越重要。江西民营企业非货币报酬和部分货币报酬运用情况如表9-8所示，调查企业涉及房地产、制造、生活消费品IT等行业，共计15家公司。

表9-8 江西民营企业非货币报酬和部分货币报酬运用情况　　　单位:%

非货币性报酬	提供奖励的公司百分比	货币性报酬	提供奖励的公司百分比
弹性工作制度	5	雇员红利	10
非现金奖励	18	现金利润分红	25
职工建议奖励	15	公司高管股票期权	5
正规的职业生涯规划	5	退休金	5
良好的人际关系	6		
培训机会	20		
富有挑战性工作	30		
参与决策	16		

调研发现，企业除了固定工资、可变工资，很少运用工作环境、培训机会去激励组织职工。这种情况在全国也是普遍现象。根本的原因是职工流动率高，其次是企业经营稳定性差。由此出现企业和职工都关注货币报酬，并且对股票期权这种长期收入使用较少。现有的针对我国企业薪酬研究报告表明，现金比股票更有激励性。我国的这种报酬现象与 20 世纪 70 年代后美国公司以长期激励性报酬为主体的报酬制度恰好相反。

在所调查的企业中发现有 78% 的新职工把学习成长摆在第一位，将货币报酬放在第二位。这一点与国外研究结果相似。现在越来越多的职工不但需要从企业中得到货币报酬，而且更需要从企业发展的过程中，自身的能力也得到提升。自我能力的成长是 "80 后"、"90 后" 职工更加重视的方面，自身的被认可与职业发展空间是他们首要考虑的。企业应结合职工特点进行合理的薪酬体系的调整。但目前大多数民营企业老板认为职工付出劳动的收入已从其所得工资中完全体现，只要支付高货币工资就能吸纳、激励和留住人才。这种想法可以满足职工的短期利益，但长期利益则不能得到保证，这种理念对民营企业的创新与持续发展能力有悖。

3. 江西民营企业薪酬管理建议

在组织管理实践过程中，薪酬管理确实给不少企业带来一定的挑战。不少民营企业明显感觉到这种难度，且有增无减。这来自两个方面：其一，薪酬制定的难度是由不同行业间的不同薪酬规模所导致的；其二，薪酬制度的难度来源于同一行业不同职工的工作特点。民营企业要做到每个职工都满意，是薪酬管理的最大困难。所以，民营企业建立一种理论上成立、实践中可行的薪酬管理策略，显得迫在眉睫。这种薪酬管理策略，能够满足民营企业内部职工的公平性和外部的激励性，使得薪酬分配管理得到很大的提升，职工的工作积极性得到极大的调动，有更大地薪酬增减空间。同时，它使职工拥有更多的晋升渠道，真正地做到薪酬绩效机制的公正、公平、科学和合理，职工能够得到有效激励。

（1）明确公司薪酬战略定位，实行战略性的薪酬管理。企业的薪酬战略能帮助企业赢得并保持竞争优势，其所要解决的是 "整体薪酬制度如何调动职工工作积极性" 的问题。通过制定和实施适合企业发展的薪酬战略，企业可以充分利用薪酬激励杠杆，向职工传递组织的战略意图，激发职工的工作热情。企业的薪酬战略必须有针对性，与企业所处的发展阶段、企业的组织结构及企业的文化相匹配，并对其起到支持作用。如企业在初创阶段，由于没有知名度，其经营尚处于探索阶段，这时期的薪酬可采用追随策略，即根据市场平均薪酬水平，或是确定行业内某个企业为标杆，岗位工资可适当低于其薪酬水平。采取追随策略，一方面避免了职工薪酬水平过低，吸引不了人才；另一方面也不会增加公司经营成本。在企业发展稳定期，可加大固定工资收入比重，强化荣誉、职位薪酬的效用。

薪酬战略设计直接关系薪酬激励效用的强与弱。薪酬战略设计要求运用各种薪酬组成因素，如基本薪酬、可变薪酬、间接薪酬等来实现促进绩效目标的实现，从而力图最大程度地发挥薪酬对于组织战略的支持功效。组织战略的实现取决于职工工作任务的完成，只有当个人目标和组织目标达成一致的时候，组织效用才能最大化。通过薪酬沟通和福利的激励把企业战略和职工需求联系起来，达到个人目标和企业目标的统一，才能更好地留住所需人才，也才能更好地引导职工的工作行为。薪酬沟通能使职工和民营企业在经营目标方面形成共识，使职工的努力和行为集中到企业在市场的竞争和发展的方向上去；福利体现着民营企业对职工的关怀，增加职工对企业的感情，有利于增强民营企业的凝聚力。

（2）调整企业所有者与职工关系，建设合作关系。在现代组织管理中，资本所有者与劳动者的关系不再是简单的雇佣关系，而是货币资本与人力资本的对等合作关系，企业家与职工成为组织价值创造的主导要素，都具有剩余价值的索取权，但要使资本所有者与劳动者在组织中的贡献有区别，这需要通过明确的薪酬制度规范两者的利益分配。

（3）调整薪酬挂钩原则，保证薪酬结果公平。在组织管理中，每个岗位的价值在组织贡献中的作用是唯一的，但是在所有岗位中，每个岗位的重要性存有差异性，这就要求在薪酬体系设计时除了考虑薪酬的竞争性外，还要考虑内部公平性、激励性、可行性。当职工通过对本企业中其他工作和其他组织中类似工作进行比较，认识到对企业越重要的工作获得的报酬越多，反之越少，职工感到薪酬内部一致性，就认为自己的薪酬是公平的。这样设计的薪酬可以满足职工的公平需求，有效地保留和激励企业需要的人才。

江西省民营企业在岗位评价方面的工作存在较大空白，很多企业对此没有合理的评价，只是根据经验对岗位进行评价，确定岗位价值，并且这种评价很少随着企业发展进行调整。工作业绩的评价则过粗，在调研中，屡屡发现职工对自己的报酬不满意，认为自己的贡献大，而企业给予的报酬太少。民营企业在基础管理中需要花力气去建设工作业绩评价和利益分配工作。建立基于岗位价值、人力资源价值、工作业绩的价值分配体系，使职工收入水平向岗位价值、人员素质、工作贡献方向倾斜；建立职位等级制度，同时开辟职工横向发展跑道，满足在职位晋升机会不足的情况下职工个体发展的需求。薪酬福利能够吸引职工进入企业，要留住和激励人才可以调整薪酬体系中固定收入与浮动收入的比例，在设计上保证职工收入水平有较大涨幅，需增加职工浮动收入的比例，增强薪酬的激励效应，促进公司薪酬制度与市场接轨。

（4）将"内在薪酬"作为薪酬管理创新的重要领域。运用内在薪酬，要做到机会公平。随着经济发展水平不断地提高，许多职工不把货币收入看作是挑选工作地点和单位的首选要素。换言之，职工在乎工作能否带来快乐与发展，大家寻求的不是终身就业，而是是否具有终身就业的能力。这一趋势在"80后"、"90后"的职工中体现显著。企业应增加工作参与感，增强工作自主性，让职工产生工作成就感。

（5）创新弹性福利机制，激活职工潜能和热情。现代职工更强调自主性，调研发现，企业福利项目是公司统一的组织行为，建议在适度集中的基础上建立自助式福利体系，满足职工多元化的需要，将福利制度引导到增强职工归属感和忠诚度、促进个人成长的道路上来。

（6）调整薪酬周期，实现薪酬市场化。企业依据组织变革、年度中期经营效益以及市场薪资行情的变化等因素适时对薪酬体系进行调整，实现薪酬的"小步快跑"。考虑江西民营企业基数较低因素，建议根据企业经营情况调整调薪的周期，保持薪酬体系的动态涨跌，促使公司薪酬制度逐步实现市场化、企业化。

（7）积极探索长期激励报酬，增强薪酬外部竞争力。江西民营企业薪酬水平较全国平均水平，处于低位。为留住优秀职工，企业可积极探索股权激励。根据企业生存的制度环境、经济环境和社会环境，在民营企业可尝试实行限制性股票。限制性股票是指，企业赠予经理人一定数量的股票，但这些股票的再出售或转让受到限制，在限制期限到期或行权授予之前，经理人离开企业，限制性股票随之作废。一些企业不愿意将真正的股份授予高管人员，也可选择虚拟股票激励模式。

（课题负责人：李敏，江西财经大学工商管理学院人力资源管理系主任，博士，副教授。成员：李章森，江西财经大学工商管理学院研究生；刘晨韵，江西财经大学工商管理学院研究生；冷勇，江西财经大学工商管理学院研究生）

（四）大力发展非公有制经济作为江西全面深化改革的重要突破口

个体、私营经济等非公有制经济是社会主义市场经济的重要组成部分。大力发展非公有制经济，是江西加快发展升级的必然选择，是全面深化改革的重要突破口。我们要在认识上"放胆"、政策上"放宽"、范围上"放开"、政治上"放心"、机制上"放活"、规模上"放手"、环境上"放松"、层次上"放高"，以创新的思维、多维的视角、综合的措施积极促进非公有制经济快速、健康、持续地发展。

1. 大力发展非公有制经济是江西全面深化改革的重要突破口

（1）非公有制经济日益成为江西加速崛起的主力军。近年来，非公有制经济已经成为江西经济发展的主动力，江西经济发展最广的基础性力量、最大的发展潜力和增长点、最强的创新活力都来源于非公有制经济。截至2012年底，全省非公有制经济实现增加值7246亿元，上缴税金1164亿元，完成固定资产投资8635.4亿元，实现出口交货值236.4亿美元，吸纳从业人员1303.5万人，这些指标在全省都超过半壁江山。截至2014年6月底，全省私营企业实有户数29.24万户，注册资本达9756.53亿元，同比增长43.58%。实践充分证明，非公有制经济是市场经济中最有活力、最具潜力、最富创造力的主体，日益成为江西省加速崛起的主力军、改革开放的主动力、增收富民的主渠道，在全省经济社会发展中发挥着越来越重要的作用。

（2）江西非公有制经济与浙江、江苏等发达地区的差距。虽然江西省非公有制经济发展较快，但跳出江西看江西，总量小、产业层次低、企业竞争力弱、技术创新和商业模式创新能力差等问题依然突出。从经济总量看，2012年江西省非公有制经济增加值只有江苏的20%、福建的55%、湖南的57%。从占GDP的比重看，江西省为56%，江苏、福建都达到66.7%。从市场主体看，截至2012年底，江西省个体工商户为126.57万户、私营企业22.6万户，仅占全国私营企业总数的2%；江苏有个体工商户352.8万户、私营企业达131.3万户；浙江有个体工商户255万户、私营企业78万户。从万人拥有企业数看，江西省为50户、江苏为167户、浙江为143户。从非公经济人士数量看，江西省约为172万人，江苏为615万人、浙江为411万人。从企业规模看，2012年江西省规模以上民营企业为6000余户，占民营企业总数的比例不足3%，安徽为8%；江西省进入2013年中国民营企业500强的只有6家，浙江有139家、湖北有18家。从上市企业看，江西省在境内外上市企业共有46家，另有晨光稀土、江西合力泰、赣州稀土宣布借壳A股上市。在这49家上市公司中，民营企业22家，占比不到45%；而浙江、江苏境内外上市企业分别为304家、332家，民营企业占比分别为80%和72%。从以上数据可以看出，江西经济实力弱、发展不足、竞争力不强，主要体现在非公有制经济发展滞后。落后就是动力，差距就是潜力，只要我们克服制约发展的瓶颈，就能将非公有制经济的广阔发展前景转化为江西的主要后发优势。

（3）江西非公有制经济加快发展仍存在不少困难和问题。主要表现在：政务环境有待改善、法律保障亟待加强、融资渠道有待拓宽、市场秩序有待规范、配套服务体系有待健全、科技含量有待提高、经济规模有待做大做强、企业家素质急需提升等。应该说，江西省经济发展的差距、潜力、希望都系于非公有制经济。江西要追赶时代步伐，就要把做大、做强、做优非公有制经济作为发展升级、小康提速的必然选择。

（4）大力发展非公有制经济应作为江西省当前全面深化改革的重要突破口。大力促进非公有制经济更好更快地发展，关键在优化环境。要着力营造公平公正的市场环境，更加注重发挥市场在资源配置中的决定性作用，消除各种隐性壁垒，兑现市场准入政策，确保各类市场主体依法平等参与市场竞争；着力营造优质高效的政务环境，加快转变政府职能，下大力气解决政府在经济管理工作中"越位"、"错位"和"缺位"的问题，为非公经济发展提供更好的要素保障；着力营造创新创业的社会环境，使创新创业观念得到尊重、创新创业举措得到支持、创新创业成果得到肯定。同时，改革发展需要良好的投资环境，大力推进行政审批制度改革显得尤为重要。江西正处在对外开放，承接东部产业转移的重要时期，加快发展非公有制经济，面临着引进外资、引进省外非公有制经济投资的重要机会。当前，我们把大力发展非公有制经济作为江西全面深化改革的突破口提出来，既体现了江西发展的阶段性特征，也体现了江西的基本省情。

2. 发展非公有制经济的创新视角

（1）认识上要"放胆"。要充分认识到非公有经济是长期发展的经济形态。首先，我国正处于并将长时期处于社会主义初级阶段的基本国情，决定了发展非公有经济的长期性。现实生产力发展水平的多层次性，成为多种所有制经济形式长期存在和发展的客观基础。实际上，评价和判断一种经济形态能否存在和发展的唯一标准，就是生产力标准。只要一种经济形态能够促进生产力发展，这种经济形态就会必然存在。因此，非公有经济在其能促进生产力发展的长时期里，必然会长期存在和发展。其次，建立和发展社会主义市场经济，决定了发展非公有经济的长期性。市场经济发展的前提是市场主体的多元化、决策的分散化，而单一的公有制经济与市场经济发展要求相悖。坚持公有制经济的主体地位与发展非公有经济并不完全矛盾，而应互动、互补，要克服两者关系上的"对立论"。既然实行和发展市场经济绝非权宜之计，那么发展非公有经济也绝非权宜之计，也一定会长期发展下去，而且绝不仅仅限于社会主义初级阶段。

要肯定并充分发挥非公有经济的资本作用。只要把资本追逐利润的动机和行为纳入合法的轨道，资本不仅不是可怕的魔鬼，而且是促进经济和社会发展的强大力量。资本将潜在的生产要素转化成现实的生产要素；通过黏合多种生产要素，使潜在生产力转化为现实生产力；资本能提高生产要素的效率；资本还有开拓市场、获取资源、承担市场风险等作用。正确认识资本和承认资本在参与财富和价值创造中的贡献，不仅为保护私有财产确立了扎实的依据，而且将使资本与其他生产要素的活力"竞相迸发"。

重新正确认识非公有经济的所谓剥削问题，把非公有经济从剥削性质中解脱出来应该看到，非公有经济的资本不仅创造了应归自己所有的资本收入，而且同时也为人们创造了就业机会，为政府创造了税收，为社会创造了产品和服务。如果再考虑到有的资本所有者把资本的一些收入捐献给社会，那么资本实际上还在为社会创造着福利，因而不能简单随意地将非公有经济划入剥削范畴。如果将非公有经济简单界定为剥削经济，那么非公有经济就不可能拥有完整的法律地位，也就难以真正快速发展。

为进一步深刻认识非公有制经济的历史地位，中共十八届三中全会通过了《中共中央关于全面深化改革若干重大问题的决定》（以下简称《决定》）。该《决定》对于非公有制经济理论上实现了重大突破，将拓展非公有制经济发展空间，增强非公有制经济创新能力，极大地释放非公有制经济的活力。中共十八届三中全会在完善基本经济制度方面的一大突破和创新，就是更加公平地对待和认识多种所有制经济。尤其是对非公有制经济的地位更鲜明，提出坚持权利平等、机会平等、规则平等，公开、公平、公正参与市场竞争。《决定》关于非公有制经济方面的亮点，主要体现在三个方面：一是非公有制经济理论取得重大突破。《决定》指出："公有制为主体、多种所有制经济共同发展的基本经济制度，是中国特色社会主义制度的重要支柱，也是社会主义市场经济体制的根基。公有制经济和非公有制经济都是社会主义市场经济的重要组成部分，都是我国经济社会发展的重要基础。"两个"都是"这一重要论述，是党的非公经济理论又一重大突破，是以文件形式对非公有制经济的空前肯定，为非公有制经济的蓬勃发展在意识形态上扫清了障碍，也为非公有制经济参与平等竞争、公平地使用资源提供了前所未有的理论保障。二是非公有制经济发展空间将更加广阔。全会提出："加快完善现代市场体系，完善主要由市场决定价格的机制，使市场在资源配置中起决定性作用。"将"基础性作用"改为"决定性作用"，意味着在政府和市场的关系中，要让市场作为决定性力量。也就是说，非公有制经济发展的"玻璃门"、"弹簧门"等市场壁垒将被有效打破，非公有制经济可以公平参加市场竞争。三是非公有制经济创新能力将明显增强。《决定》指出要"积极发展混合所有制经济"。混合所有制经济是现代市场经济的一种有效产权组织形式。中共十五大提出了"混合所有制经济"的概念，十六大提出发展混合所有制经济，十八届三中全会提出"积极发展混合所有制经济"，体现了我们党关于所有制理论的与时俱进。混合所有制经济的优势是它能够充分利用公有制经济和非公有制经济两种产权形式、计划与市场两种经济调节方式各自的长处，形成更大的优势，获得多种产权形式协同配合的正效应。如果把二者结合起来，混合所有制企业的创新能力肯定会明显增强。

（2）政策上要"放宽"，范围上要"放开"。完善产权保护制度中共十八届三中全会在完善基本经济制度方面有重大突破和创新，《决定》指出："公有制为主体、多种所有制经济共同发展的基本经济制度，是中国特色社会主义制度的重要支柱，也是社会主义市场经济体制的根基。公有制经济和非公有制经济都是社会主义市场经济的重要组成部分，都是我国经济社会发展的重要基础。""私有合法财产不容侵犯"的条文也写入了《宪法》，因此应以这一原则修改各类相关法律、法规，解除私人投资者的后顾之忧，这是鼓励非公有制经济加快发展的重要政策基础。

排除市场准入歧视，在政策取向上，除关系国家安全和必须由国家垄断的领域外都应允许非公有制经济进入，与国有经济和外商投资经济一视同仁。鼓励非公有制经济以独资、合作、参股、特许经营等方式进行投资和参与国有经济战略调整。当前最为紧迫的，是要打破阻碍非公有制经济进入的行政性垄断，在已经开放的领域进一步消除依然存在的某些歧视，建立和完善公平竞争的有效机制。即使在传统上被视为必须由国家垄断的某些行业，也应根据实际情况对垄断的层次、范围和环节做出充分论证，将能够市场化经营的部分进行必要的分解或剥离。就江西省而言，要进一步扩大非公有制资本投资领域，重点引导支持民间资本进入交通、能源、矿产资源开发、城市基础设施、医疗、教育、养老、文化娱乐、对外出版、现代物流、旅游和金融服务等领域，制定并实行非公有制企业进入特许经营领域的具体办法。

拓宽融资渠道。融资渠道不畅不宽已经成为有前景的非公有制经济发展的重要制约因素。建议从"设立专项资金、实行税收优惠、拓宽融资渠道、增加有效信贷"等多方面采取措施，加大对非公有制经济发展的财税金融支持力度。一是在省、市、县财政分别设立非公有制经济发展专项资金，并根据地方财力的增长和非公经济对地方财政贡献的增长逐年增加资金额度。二是拓宽非公经济融资渠道，改善金融服务，对符合条件的民营企业在上市、发债、兼并、收购等直接融资方面给予大力支持。三是建立非公有经济信用等级制度，加快包括非公有经济信用担保、信用评级体系在内的信用中介体系的建设。四是扩大金融业对民间资本的开放，在加强监管的前提下，允许具备条件的民间资本依法发起设立中小型银行等金融机构。五是充分利用民间资本，提倡风险投资基金与银行贷款组合融资；积极发展贷款以外其他的业务种类，如融资租赁、代理融通、设备租赁也是企业获得资金的业务种类；建立健全非公有经济金融支持社会辅助体系。

（3）政治上要"放心"。正确判断非公有经济人士都是中国特色社会主义事业建设者的政治属性。中共十六大报告就明确指出财产的拥有量并不决定人的政治觉悟和思想品德，关键是要看财产是如何获得和如何使用的；非公经济的所有者和经营者都是中国特色社会主义事业的建设者，他们中的优秀分子也可以加入中国共产党。可以说，中共十六大报告真正使非公经济的所有者和经营者获得了完整的法律和社会政治地位。

坚持对非公经济人士实行"团结、鼓励、保护、表彰"的新方针"团结、鼓励、保护、表彰"方针的提出，充分体现了党对这一新的社会群体已从性质（中国特色社会主义事业的建设者）的界定发展到对他们政策的具体体现和落实，表明了党对非公有制经济人士在政治上是一视同仁的。坚持好这一方针，必将在全社会形成尊重非公有制经济人士的新风尚；必将形成更有利于非公有制经济快速发展的社会环境；必将进一步激发广大非公有制经济人士报效祖国、奉献社会、服务人民的热情。

（4）机制上要"放活"。政府管理体制要创新求活各级政府部门、执法单位要在党的群众路线的学习教育实践中结合实际，认真开展执政为民、改进作风、强化服务观念的教育，进一步加大制度创新力度，规范政府、企业、市场的关系，防止权力部门化的现象。各地各部门要牢固树立责任意识、服务意识，进一步转变政府职能，保护非公有制企业合法权益，加大政策支持力度，加快健全服务体系，努力为非公有制经济发展提供更好的服务；各级政府要把主要精力切实转到制定规划、政策引导、维护市场秩序、提供公共服务上来，用市场经济的办法抓非公有制经济，真正做到对非公有制经济少干预、多服务，少限制、多支持。建议由省政府牵头，成立江西省非公有制经济发展研究中心，并强化其投资咨询服务功能，为非公经济提供信息咨询、项目指南、创业辅导等服务，以提高非公经济决策的准确性。全省各级党委、政府要始终坚持"两个毫不动摇"，进一步解放思想、更新观念，放手、放胆、放权支持和促进江西省非公有制经济发展，让一切创造社会财富的源泉充分涌流，更好更快地创造更多成果惠及全省人民。

非公经济必须在制度创新上下功夫，这是其发展壮大的根本所在。在产权制度上，要从不成熟的产权制度向成熟的产权制度过渡，实现产权形式的多元化，使企业成为公众性企业，实行人力资本和货币资本的结合，促进非公经济的快速扩张。在经营管理制度上，要从多层次、不规范向高素质、规范化转变，按照现代企业制度的要求，建立决策层、管理层和经营层分立的符合现代化生产要求的治理结构和管理制度。在组织制度上，要从小而散向公司化、集团化、股份合作化方向发展，利用科学的生产组织和劳动组织形式，建立健全科学的生产组织、劳动组织制度，建立健全合理的监督机制和分配制度。

（5）规模上要"放手"。改革开放以来，特别是中共十五大以来，个体私营经济等非公经济得到长足的发展，但与时代要求仍不相适应，究其重要原因：一是个体私营经济人士整体素质不高；二是法律观念淡薄；三是经营管理方式落后；四是技术力量薄弱。这些内在因素制约着个私民营经济的更大规模发展。

努力学习，提高综合素质。第一，提高思想政治素质，增强社会责任感。把企业发展与国家的发展结合起来，把个人的富裕和全体人民的富裕结合起来，把遵循市场法则和发展社会主义道德结合起来。第二，提高科学文化素质，增强驾驭市场经济的能力和水平。第三，提高领导艺术和管理水平，增强组织协调能力。树立以人为本的管理理念，培育团队精神。建议把江西省社会主义学院作为培训全省私营业主及其高层管理人员的定点学院。全省广大非公有制经济人士要不辜负伟大时代赋予的神圣使命，始终坚定理想信念，永葆爱国爱乡情怀，大力发扬赣商优良传统，志存高远、奋发图强、开阔视野、提高境界，艰苦创业、勇于开拓，努力在江西省"发展升级、小康提速、绿色崛起、实干兴赣"的伟大实践中力争更大作为、贡献更大力量。

开拓创新，上规模，上水平。第一，推进科技创新。非公企业要立足实际，从引进、消化、吸收等方面入手，加快企业技术进步，提高产品科技含量。各级政府要支持非公有制企业与有实力的省内外高校、科研机构和央企实现深度科技对接合作，推进协同创新，构建产业技术创新联盟，推动创新升级，增强经济发展动力。要调整科技创新策略，加快科技开发，拥有自主知识产权的新设计、新工艺、新技术，提高核心竞争力。第二，重视人才机制创新。要树立人才是第一资源的观点，把加快实施能人战略作为上规模、上水平、争创新优势的关键举措来抓。要加强人才和职工的岗位培训，以提高科技水平和技能水平。要及时实施灵活有效的人才引进机制，实施五大工程：稳定工程、候鸟工程、蜻蜓工程、远程工程、借脑工程。第三，加速产品创新。加大科技含量，提高产品质量，优化产品结构，要继续实施人无我有、人有我优、人优我特的产品生产、开发、创新战略，增强市场竞争力。第四，实施营销创新。要切实培养品牌，发挥品牌效应；要拓宽营销思路，用注意力理论指导营销，探索一套适合自身产品销售的新思路、新策略；各级政府应支持非公有制企业到省外境外开展品牌专卖、电子商务、连锁网络，巩固并扩大营销网络体系。第五，我省非公企业应有效解决转型升级问题，努力实现抱团发展，进而实现全面协调可持续发展。

（6）环境上要"放松"。环境是最大的品牌。环境是一个地方思想解放程度、市场经济发育程度和依法行政水平的集中体现。

各级领导干部转变观念是关键。坚持以"三个有利于"为标准，作为思想是否解放、观念是否更新、政策是否准确、行为是否扎实的依据。各级领导干部要从实践"为民、务实、清廉"的高度，充分认识非公经济持续发展的地位和作用，努力实现"四个转变"、"树立四个意识"、"实行三不原则"、"确立三放观念"、实行"四要政策"，即权利观念向责任观念转变，树立责任意识；管理观念向服务观念转变，树立服务意识；墨守成规的观念向开拓创新观念的转变，树立创新意识；小富即安的观念向加快发展观念的转变，树立发展意识；不唯成分论，不争论，不评论，由实践作结论；放开领域，放宽环境，放活政策，让非公经济作用充分发挥，以造福人民。对为祖国富强贡献力量的非公有经济人士都要团结，对他们的创业精神都要鼓励，对他们的合法收入都要保护，对他们中的优秀分子都要表彰，鼓励、支持和引导非公经济持续、健康、快速发展。

优化政务环境是重要保证，审批过多、收费过多、检查过多仍是企业最不满意之处。"三乱"现象仍然是企业和客商投诉的重点。应进一步加快行政审批制度改革，规范审批行为，除国家法律政策规定需要审批的事项外，一律取消各种审批事项；需要审批的也要简化手续，降低准入门槛，加速非公经济进入市场，提高工作效率；继续整顿和规范市场经济秩序，彻底清除对民营企业的不合理收费，进一步规范税费征收行为；要不折不扣地把相关优惠政策落实到位；坚决杜绝各种形式的乱集资、乱摊派、乱罚款现象。建议在省工商联设立江西非公经济投诉中心，建议在全省范围内建立领导干部对非公经济的定点联系帮扶制度。

充分发挥传媒的作用。我们要充分利用报纸、电台、电视台、互联网以及现代新媒体，多形式、多渠道、多层次对非公经济进行宣传，以形成加快发展非公经济浓厚的舆论氛围，它是营造非公经济更快更好发展社会氛围的基本途径。

（7）层次上要"放高"。非公经济在发展中也要自我提升和完善自己。其中最主要表现在这样几个方面：一是增强法律观念。不能因为财富的拥有而无视法律，应该懂得法律面前人人平等。二是信守社会公德。财富的拥有应该同社会公德的水平相对称。三是勇于承担社会责任。应该利用自己拥有财富的有利条件，更多地考虑和完成应负有的社会责任。四是树立公平与民主的规范性理念。不能因为拥有财富而歧视或者危害别人的人权，而是应该平等待人，谦和自律，理性地对待社会。五是不断增长才干。应该懂得财富的拥有并不表明就有了一切，财富的拥有代替不了学习，代替不了自我的不断提升。

（徐书生．大力发展非公有制经济作为江西全面深化改革的重要突破口．南昌师范学院学报，2014（4）．）

（五）江西民营企业软实力的提升对策探析

企业的软实力是民营企业综合竞争力的重要组成部分，打造和提升软实力是当前民营企业面临的重要课题。江西民营企业软实力存在着一些问题，提升的对策是：加强文化建设；提升企业领导力；提升企业创新力；提升企业形象力。

1. 引言

自哈佛大学约瑟夫·奈教授提出软实力概念后，学术界便掀起了一场关于软实力研究与应用的浪潮，软实力概念最初是针对提升国家竞争力而提出的，主要用于国际关系领域，包括文化吸引力、政治价值观吸引力及塑造国际规则和决定政治议题的能力。随着研究的不断深入，越来越多的学者将软实力的应用对象从国家向城市继而向企业的微观领域延伸。

就企业的软实力而言，其本质是企业利用其有效资源来满足相关利益者主体和价值认同后，最终实现企业目标的一种能力。当前，在中国建设和谐社会的背景下，对外方面，企业更加关注其品牌建设和美誉度；对内方面，更关注企业文化和价值观念等软实力是否被社会所接纳，因而对企业软实力的研究就显得尤为重要。

2. 提升江西民营企业软实力的必要性分析

（1）江西民营企业发展迅速，对社会贡献力度巨大。改革开放30多年来，民营经济作为我国社会主义市场经济的重要组成部分，为我国社会经济的发展做出了巨大贡献。江西省民营企业自2006年以来，得到迅猛发展，私营企业平均每天增加25户，其注册资本平均每天增加8658万元，其增长速度甚为惊人。2011年江西省规模以上私营工业企业总数达到3237个，就业人员达到700347人，总资产贡献率达到39.79%，2011年江西省外贸出口总值突破200亿美元，达到218.8亿美元，其中民营企业出口总值就达143.5亿美元，增长100%，占江西省出口总值的65.6%。由此可见，江西省民营企业经过近年的发展，对社会经济的贡献力度巨大。因此，加快推动民营企业的发展和壮大，是江西实现中部地区崛起的战略目标，推动全省社会经济全面发展、实现富民强省的重要途径。表9-9数据反映了近年江西民营企业的发展情况。

表 9 – 9　近十年来江西省规模以上私营工业企业经济指标

年份	单位数（个）	从业人员（人）	工业总产值（万元）	工业增加值（万元）	总资产贡献率（%）
2000	252	33823	355569	101405	9.9
2005	2079	315183	7500650	2368465	15.21
2006	2800	413555	12010240	3946956	16.74
2007	3242	496063	20087875	6257152	20.81
2008	3349	527120	28993186	8306254	28.47
2009	4062	644267	36293038	9982724	28.67
2010	4349	757930	53492060	11579822	36.38
2011	3237	700347	68204692	14399029	39.79

（2）相比发达地区同类民营企业，差距较大，龙头企业较少。近年，江西省民营企业发展较好，一批有实力的优秀企业先后涌现，如清华泰豪、赛维 LDK 和仁和药业等，这些企业因科技含量较高和管理规范而具有较强的竞争力，在省内外已颇具知名度，显示出了广阔的发展前景，大大提升了江西省民营企业的总体水平。但与周边省份的相关企业对比，特别是与全国民营企业发展较快的周边省份，如江苏、浙江等省份相比，江西民营企业总体还比较落后，大多数技术含量较低，企业规模较小，美誉度不够。在全国范围来看，江西省民营企业龙头企业较少，影响力较小，许多民营企业尚没有自己的核心品牌，可持续发展的条件明显不足。因此，提升民营企业综合竞争实力已越来越迫切。

（3）提升软实力是实现民营企业转型升级、提高综合竞争力的有效途径。约瑟夫·奈指出软实力是一种普遍存在于所有竞争主体之中的精神性力量。推而广之，民营企业的软实力同样如此，它包括企业理念、发展战略、人员权力的分配以及日常工作的计划、管理，还有企业风气、职工的士气、精神状态以及企业的传统、企业文化氛围、企业的品牌形象等，反映出民营企业的社会影响力以及对公众的吸引力。软实力在民营企业发展过程中起到某些关键性作用，是测量民营企业综合实力的重要指标。

与企业的土地、设备、技术等硬实力相比，企业的软实力一般具有三个特性：一是历史积淀性；二是可以培育性；三是作用的持久性。在企业创业和发展初期，硬实力在提升企业竞争力方面常常居于主导地位，而当企业发展到一定阶段和规模后，软实力则成为提升企业综合竞争力的重要因素。因而从长远看，软实力对于推动企业的发展更具基础性、长期性、战略性的地位，对推进民营企业转型升级、提高综合竞争力、实现可持续发展具有重要的意义。

3. 江西民营企业软实力提升中存在的主要问题

（1）对企业文化建设认识不足，不够重视。江西很多民营企业从简单的手工作坊起家，企业生产规模小，维持生存、追求单一的经济效益是企业当前的主要目标，在这种情况下，企业主根本无暇顾及文化建设，或者对企业文化建设的重要性认识不够，未将其提升到战略的高度，也没有把企业文化建设作为一项提升企业核心竞争力的工作来抓；部分企业的文化建设工作停留在形式上，不注重文化内涵的培育；还有相当部分企业对企业文化的认识存在误区，认为企业文化等同于外在形象设计、政治思想工作或规章制度等。

（2）缺乏品牌经营理念，品牌管理意识淡薄。江西很多民营企业受管理者认识的局限，对品牌资产的重要性认识不足，不愿意将太多资金投入在品牌宣传和推广上。部分企业一味追求短期的经济利益，热衷于为名企做贴牌或做加工，而忽视了自身品牌的建设；部分企业对品牌的运用仅仅停留在概念化炒作以短期内扩大品牌知名度的层面上，缺乏品牌战略的长远规划；部分企业在品牌建设上存在定位模糊、定位缺乏特色等问题；部分企业把品牌建设等同于广告宣传，不惜花巨资争抢广告标王，扩大知名度，而忽视了产品质量、企业信誉、售后服务等美誉度的提高，致使品牌知名度和品牌美誉度相分离，品牌资产无法持续。

（3）不重视领导力的提升和培育。许多民营企业的创始者在创业过程中虽然积累了丰富的市场经验，但是没有经过系统的企业管理能力的培训和教育，作为领导者缺乏必要的素质和理念，对外部环境变化不敏感，导致企业领导力不佳。在培养领导人才方面，大部分民营企业遇到了诸多阻力，如领导人才青黄不接，人员流动较大，优秀的继任者空置。相当一部分的民营企业仍采用的是家族式管理模式，在人才引用上具有强烈的排外倾向，从而严重限制了企业对优秀人才的吸收利用。另外，很多民营企业仅仅注重对人才的聘用，而不注重对人才的培养，没有储备、培养继任领导者的长远规划，导致企业的思想及观念整体僵化停滞，严重阻碍了企业的持续发展。

（4）自主创新意识缺乏，创新投入不足。江西省内产业集群呈现出同类企业简单扎堆现象，企业之间缺少有机的产业联系，功能区分模糊，企业创新意识淡薄，相当多的民营企业对于自主创新地认识仅停留在被动接受的阶段，自主创新投入不足，不注重创新人才的吸纳，创新服务环境不完善，而一些规模民营企业的持续创新动力也较弱。

据调查，80%的江西民营企业还没有建立起专门的技术创新机构，建立企业技术中心的只占到6.6%。现有的开发机构中有43.5%的机构无经常性开发任务，有65.8%的开发机构无稳定的经费来源，有55.1%的机构无正常的试验测试条件，近一半的机构由于诸多条件的限制而未能很好地发挥作用。大部分中小民营企业自主创新能力较弱、缺乏统一规划，虽然民营科技企业逐渐成为研发活动的主体，但还未真正成为技术创新的主体。

（5）企业社会责任意识淡薄。企业社会责任意识和行为是外部机制强制和内在情感驱动的共同产物，在企业社会责任缺失问题日益严重的当前，民营企业的社会责任缺失尤为明显，相当部分的民营企业在生产和经营过程中存在制假贩假、虚报瞒报信息、克扣职工福利、污染环境等严重问题，这一方面是因为企业领导者社会责任意识淡薄，见利忘义，缺乏可持续发展的长远眼光。另一方面约束和激励机制不足是民营企业履行社会责任的动力缺失的主要外部原因。

4. 提升江西民营企业软实力的主要对策

（1）加强文化建设，提升企业内聚力。企业内聚力显示了企业对职工的吸引力和企业参与竞争的总体实力，是企业维持生存与发展、实现战略目标的必要条件。提升企业内聚力主要通过企业文化的培育来实现，其主要通过以下几个方法来实现：一是塑造企业的发展愿景，该愿景要符合企业与职工的共同利益，以达到鼓舞人心，凝聚职工力量的作用。二是建立健全的激励机制，激励职工参与各项事务和团队合作，客观公正地考核和评价职工的业绩。三是重视职工的职业规划，为职工提供各种培训机会和创造实现个人发展的条件，防止优秀职工的流失。四是保证信息沟通顺畅，营造和谐的沟通环境，增强职工的归属感。

（2）结合人本管理与制度化管理，提升企业领导力。优秀的民营企业领导者应能根据民营企业发展的不同阶段、不同规模、不同管理对象，不断调整领导风格和方法，在创业初期，领导者要注重亲情化管理，由于企业规模小，领导者很多时候需要事事亲力亲为，注重现场管理，习惯于个人决策。而随着企业的不断壮大，领导者的工作重心要向战略的规划和统筹方向转移，吸纳优秀人才，培养更多的管理者，并学会适当授权，不过多干预他们的工作，做好对主要管理者的管理，做好重大计划的执行，建立和谐的分工和合作的工作氛围。另外，对企业的管理要逐步向制度化方向转移，要通过建立有效的管理制度，使企业管理行为规范化。大多数民营企业是以领导者作为发展的驱动力，而不是以先进的制度和文化来推动，而民营企业领导力的提升是有形的制度与无形的文化影响力共同作用的结果。只有将人本管理与制度化管理相结合，不断提升企业领导力，企业才能做大做强。

（3）营造全员创新环境，提升企业创新力。创新是企业持续发展的根本动因，其本质是进取，只有持续提高企业的创新能力，才能不断提升企业软实力，从而实现企业更好更快发展。加强民营企业自主创新能力，一是要营造积极的创新环境，建立全员学习的学习型组织，重视职工自我学习能力的提高，支持、鼓励职工不断学习、参与创新，以有效的措施激励职工创新成果。二是要切实完善创新制度，制定明确的创新目标，规范创新管理，形成有利于科技创新的基础条件和体制机制，注重提高创新工作中的市场意识，实现知识、技术与经济的统一。三是抓好当前引领企业发展的核心技术，攻克制约企业发展的瓶颈技术，大胆吸纳国内外先进科技成果，加快适用新技术的推广应用，完善企业的技术改造，实施产学研结合，争取在关键技术和核心技术领域取得自主知识产权。四是要组建创新团队，吸纳优秀人才，加强人才队伍的培训和教育，造就一支素质优良的科技与创新人才队伍，激发团队的创新智慧。

（4）加强品牌塑造和传播，提升企业形象力。企业形象是企业精神文化的外在表现形式，它是社会公众与企业接触交往过程中所感受到的总体印象。企业形象是企业软实力的重要组成部分，对开辟市场、赢得伙伴信任、获得政府支持、吸引优秀人才都具有重要推动作用。提升民营企业的企业形象力主要从以下方面着手：一是要努力塑造企业的内在实质形象。这主要通过完善企业的产品质量、售后服务，积极承担企业社会责任、建立良好社会声誉，提高企业盈利能力、显示持续的发展潜力等来实现。二是要加强品牌塑造，这主要通过合理设计企业识别系统，包括企业 Logo、企业建筑物、职工着装等视觉识别系统，企业制度和规范等行为识别系统以及企业理念和文化等理念识别系统。三是企业还要利用各种因素积极宣传和推广其积极形象，如通过积极投身公益活动、加强广告宣传、运用新闻报道等，以扩大企业的影响力和美誉度。

（嵇国平，胡银花. 江西民营企业软实力的提升对策探析. 北方经贸，2014（2）.）

（六）民营中小企业融资难的地方政府治理困境研究

民营企业融资难是处在经济体制长期的、重大变革中的中国难以回避而且需要积极面对相应对的具有重大理论和现实意义的课题。需要我们准确地分析民营企业融资所涉及的众多利益相关者及由此形成的复杂的、动态的利益结构，并分别从政府治理、社会治理及市场治理整体角度深度探索挖掘化解民营企业融资难的途径与方法，而地方政府治理恰恰是政府治理、社会治理及市场治理的整体框架中十分现实和重要的节点，地方政府治理机制的优化与功能的发挥应成为该领域研究的关键。

民营中小企业融资难是较长时期以来一直存在的问题，有不少观点认为，这是一个亟待解决的历史遗留问题。然而，从中国仍处于经济体制转轨的角度看，这一判断似乎并不科学准确。20世纪80年代中期开始的体制外民营经济的增量发展，真正开启了中国市场化改革的序幕，但这个过程还远未结束。民营企业融资问题的解决与中国市场经济体制发育必然是一个同步过程。换言之，民营企业融资问题的破解，在很大程度上意味着我国市场经济体制机制运转不断趋于灵活高效，资金的市场配置机能不断焕发活力，对各领域市场化水平的提升、对市场在各类资源配置中发挥决定性作用具有重要的"黏合剂"作用。从这个角度看，民营中小企业融资难是一个重大的现实问题，而不是所谓的"历史遗留问题"，因为经济体制转轨的过程还远没有结束。

在经济体制转轨过程中，政府与市场两种机制或手段必然处于胶着的竞争状态，传统力量与新兴力量之间必然充满着极富意义的博弈，体制转轨必将意味着对市场与政府各自功能及其相互间匹配方式等方面的重要发现，体制转轨也由此具有了极具价值的发现功能，毋庸评价这个发现过程的效率高低，直至当前，我们始终没有看到政府、市场或政府与市场的某种结合能真正持续有效地改善民营中小企业的融资困境，公共决策过程的方式与效率、市场选择的水平与成熟度、公共决策与市场选择之间的匹配效应等均应成为研究所关注的方面。基于公共部门角度，无论是从为打造国家竞争力而重视民营中小企业及其融资问题的角度看，还是从地方政府经济发展竞争竞赛的层面看，长期以来，我国中央及地方多级政府均以各自的方式或力度参与到资金的市场配置特别是向民营中小企业的资金配置，中央政府所属经济与金融部门从体制机制改革层面或工具技术层面主导了大量的行动，试图通过顶层设计自上而下地解决这一顽疾。然而，体制机制改革需要较长的时间，工具技术的适应性也有待各地区实践的检验。无论体制机制创新还是技术工具的创造，都必将通过某些传导渠道、路径影响各地区利益相关者，包括各地、各级地方政府。当然，随着我国经济体制改革的不断推进，地方政府将普遍转型为有限责任、服务型政府，由此，市场对政府作为的预期也将发生改变，政府履行职责的路径依赖也将被打破，地方政府作为民营中小企业融资难困局中的重要利益相关者的角色可能会发生重大改变，至少目前政府主导资源配置包括一定程度地影响资金配置的状况将有望得到改善，但这一过程必将经历一个较长时期，即便接近预期状态，地方政府作为利益相关者的角色也不会消失，而只是转型，或者说，在经济体制转轨演变的不同阶段，政府的行动价值观及方式必然会转变而不是消失，这也将表现在政府面对民营企业融资困境的过程中。本文试图描述和剖析地方政府在面对民营企业融资难时的治理困境的状况、表现及其原因，进而为当前缓解地方政府治理困境提出一些参考意见。

1. 民营企业融资难的地方政府治理困境的若干表现

民营企业融资过程及其结果意味着一个复杂的利益结构，涉及广泛而大量的利益相关者。随着市场经济体制的不断成熟定型，民营企业融资难问题也逐步得到了缓解，但仍大量地存在，尤其表现在民营中小企业融资领域，即便市场制度十分成熟的国家也仍然存在这一问题，迄今人类选择并实施的制度模式在破解这个难题上均显得乏力。民营企业尤其是民营中小企业融资难涉及众多利益相关者，如果该问题长期且广泛存在，必将演化为重要的公共问题，进而引发各界对公共部门介入的期望。"中小企业融资不仅受到金融和法律市场化程度制约，还可能取决于政府行为及由此带来的政策环境的影响。"中共十八届三中全会通过的《中共中央关于全面深化改革若干重大问题的决定》明确指出了改革的总目标是实现国家治理体系和治理能力的现代化，之所以这样提，一是因为随着改革开放进程的加快，国内各种治理力量和诉求不断成长并提出与政府进行治理分权的愿望。二是因为长期以来政府主导各领域事业的效率逐渐下降，这一格局难以持续下去。权利必须与责任相匹配。政府已经意识到，政府主导带来了政府责任的无限性，主导的结果是低效率甚至无效率，进而又如何能承担无限责任呢？政府治理困境的原因或许就在于大包大揽而客观上又无能为力，又或许是难以适应政府治理、市场治理及社会治理三种治理力量之间相互匹配的分工要求及政策工具选择。当然，所有机制设计环节中被认可的方案都将有待实践的检验。

（1）较中央政府而言，地方政府应对民营企业融资难的治理困境更突出。民营经济是一项重要的国策，非公经济已成为我国社会主义初级阶段基本经济制度的重要构成部分。多年来，我国在探求社会主义市场经济实现形式与路径的过程中发现，非公经济发展环境是衡量我国社会主义初级阶段市场经济体制发育成熟度的重要标志。中共十八届三中全会通过的《中共中央关于全面深化改革若干重大问题的决定》继续强调要坚持和完善基本经济制度，特别指出"非公有制经济财产权同样不可侵犯"，这既说明非公经济在中国改革发展稳定大局中的重要地位，又在一定程度上说明非公经济发展环境仍亟待改善。种种迹象表明，中央政府有强烈的动机来改善非公经济发展环境并推动非公经济可持续发展，顶层设计框架中已包含了诸多破解非公经济融资困境的设想和内容，包括央行推出的定向降准措施。源于我国长期计划金融机制的实际状况，金融资源配置权更多集中于中央政府，无论是从监管还是货币总量与结构的调节来看，中央政府无疑拥有更多的事权。另外，金融行业属契约密集型行业，金融运行与金融资源配置对投资与消费信息有较高要求，而信息生产环节往往容易出现"搭便车"现象或造成"各自为战"的信息孤岛现象，导致全社会信息生产与流动的成本居高不下，所以信用信息的生产与流动便具有了部分跨区域乃至全国性公共品的特征，这进一步对中央政府介入金融运行特别是民营中小企业融资过程提出了具体要求。

与此同时，我们注意到，多年来地方政府也积极参与到缓解民营企业融资难的行动之中。基于对经济发展规律与趋势的准确判断、区域经济竞争考核及履行公共服务职能等压力，地方政府无疑也成为了民营中小企业融资结构中的利益相关者。然而，地方政府在面对和治理长期以来存在的民营企业尤其是中小民营企业融资难时却显得效率低下。金融资源最大的特点在于其流动性，特别是随着金融基础设施建设的不断完善、金融工程运用于金融工具创新实践的不断深化，金融资源跨区域乃至跨国界、跨行业的流动性不断提高，如何实现对这种强流动性资源的吸附与高效配置便成了地方政府遇到的难题，惯用行政性手段或工具的地方政府从趋势上越来越难以实现对金融资源流向的引导，一直致力于治理民营企业融资难的地方政府越来越发现已采用的工具或办法如政银企对接等对金融资源配置只是形式上的软约束。较中央政府而言，地方政府应对民营企业融资难的治理困境显得更为突出，如何破解这种局面并形成与中央政府治理的密切配合，既艰难又意义重大。

（2）民营企业融资难的地方政府治理困境在区域分布上既有一致性又有空间分异性。从总体上或主流上看，民营企业融资难的地方政府治理困境是普遍存在的客观现象。长期以来，我国各地产业规划与发展的相对独立性导致了区域产业同构化现象，尽管各区域包括历史条件、国土空间特征等区位条件存在差异甚至较大差异，但计划经济时期形成的政府职能与行为特征在相当长时期内仍表现出较强的路径依赖，在经济与财税增长刚性考核目标的驱动下，各地政府并未严格遵循区域动态比较优势和国土空间区划的要求进行产业布局，区域间产业同构化现象十分严重，而产业同构化又造成产业发展过程中对资金需求规模与结构的基本一致性，如果各区域金融供给功能趋于接近及各区域政府治理水平接近的话，民营企业融资难的地方政府治理困境就将趋于收敛，表现为空间上的一致性。

然而，在强化现实条件约束方面，即客观地看，地方政府所面临的民营企业融资难的治理困境又存在一定空间分异性。在改革开放较早进入工业化后期或后工业化阶段的发达地区，非公经济及市场经济体制成为推动这些区域发展的重要支撑，非公经济发展对被誉为"现代经济的核心"的金融较早地提出了强烈的需求，而这些区域由开放倒逼的较早的市场化进程又推进了金融业及其运行机制的现代化，供给推动和需求拉动效应对我国发达地区金融现代化起到了明显的促进作用，尽管这些区域至今还面临着民营中小企业融资难问题，但毕竟这一问题一直处在不断解决的过程之中。由于这些区域现代金融体制机制在不断完善，该区域针对中小企业融资的创新能力也在不断提高，由于市场治理水平的不断提升，其在一定程度上既弥补了政府治理的不足，又较好地实现了与政府治理的匹配，从而弱化了该区域民营中小企业融资难的地方政府治理困境。

（3）从纵向演进看，民营企业融资难的地方政府治理困境呈不断强化趋势。20世纪70年代末至80年代中期之前，中国经济体制改革的主要任务是谋求处理好政府与国企之间的利益关系，试图以此激励并约束国有企业，提升以国企为绝对主体的中国整体经济效率，这个阶段不存在民营企业，也就不存在由此引发的民营企业融资难的地方政府治理及其困境。

80年代中期，体制外经济以顽强的生命力开始了发展的历程，直至90年代前期，我国经历了双轨制发展阶段，在这个阶段，非公经济发展的环境优化问题并未真正提到议事日程，实践与理论界对改革方向并不明确，非公经济还未成为社会主义基本经济制度的法定构成部分。显然，这个阶段的非公经济发展已开始面临双轨制框架中的融资压力，但这种压力并未引起政府的关注，政府并不认为自身是其中的利益相关者。

中共十四大及十四届三中全会确立并推动了社会主义市场经济体制建设，从产权角度看，中国经济体制改革开始摆脱仅仅关注国企改革的藩篱，各界逐步认识到，必须进一步创新以公有制为主体、多种所有制经济共同发展的具体有效的实现形式，无论从提升国民经济实力与效率，还是从推动国企改革抑或是推动民营企业自身发展等角度，非公经济已成为改善中国经济的具有系统性效应的杠杆因素，从国家整体看如此，从区域局部看也如此。与此同时，中国金融系统也从过去"大一统"的弱金融逐步发展演变成为日益强大、独立的资金流通渠道甚至从某种意义上讲，中国金融业发展的"枷锁"恰恰是基于非公经济发展的要求而被打破的，中国金融业发展在很大程度上应归功于非公经济的发展，但遗憾的是，直至今日，非公经济与金融这两个关联密切的处在体制转轨阶段的中国经济元素却始终未能有效地结合，民营企业融资难的地方政府治理困境也始终存在。但本文认为，自中共十四大以来，民营企业融资难的地方政府治理困境的具体表现也可依据公共财政体制建立与否大致分为两个阶段来看：第一阶段即从中共十四大开始至公共财政体制建立之前（90年代末）。在这个阶段，我国公共财政体制尚未建立，政府职能的系统性变革尚未启动，市场与社会治理功能尚未发挥，社会公共事务大多仍由国有部门进行分割式管理和运作，国有经济部门仍是政府职能的延伸，是该阶段国家治理的重要载体。由此，民营企业发展环境与质量难以成为公共政策的重要影响参量，公共政策取向自然要更多地顾及国有经济部门的利益，进而，仅从政府主观角度看，民营企业融资难的地方政府治理困境并不突出。第二阶段即是自21世纪以来，随着我国政企分开、政资分开及公共财政体制的建立和日益完善，政府演化为权威的公共管理与服务者，进而必须以公正的态度并站在公正的立场为市场和社会提供一视同仁的管理或服务，此时，政府真正成为了顶层设计者，成了主动退出一些领域并由此可以站在新的高度科学准确审视、判断和应对经济社会突出问题，满足市场与社会的诉求，也只有这样，才能形成政府治理、市场治理及社会治理的"同频共振"，形成高效率的国家治理状态。这一阶段，无论是从主观上还是客观上，地方政府都无法回避民营企业融资难的问题，政府治理成了各界所期盼的破解民营企业融资难问题的重要工具。然而，囿于政府治理、市场治理及社会治理三者之间的匹配度及各自发展水平，政府治理仍难以独立或协同市场与社会治理发挥足以令人鼓舞的重要作用。

（4）民营企业融资难的政府治理困境在地方各级政府之间表现不一。需要强调的是，民营企业对政府参与其融资难问题治理的预期和政府基于资源拥有状况所提供的公共政策的数量及质量等均与地方各级政府的层级紧密相关。市县尤其是县级政府承担了大量的招商引资和直接推动发展的任务，在与民营企业频繁的接触过程中，也自然不断直接接收民营企业融资诉求，越是基层政府，其所接收的该类诉求也越现实、越直观、越强烈。如果基层政府的治理低效甚至无效，则不仅直接遭到现实或潜在投资者的用脚投票，还可能触碰上级政府的考核底线。而与此同时，层级越低的地方政府所拥有的资源配置权力也越小，加上基层政府专业人员的严重缺乏和较低的决策水平等客观因素的存在，基层政府治理能力相应也较弱，市县尤其是县级政府经受的治理压力和困境不言而喻。由此，我们还可以引申出一个判断，民营企业融资难的地方政府治理困境较集中地收敛于基层政府，这个结果不符合效率与公平原则，于是，有必要从地方政府系统的角度来谋划提升治理效率的路径和举措。

2. 民营企业融资难的地方政府治理困境的基本成因

以上分析了民营企业融资难的地方政府治理困境的形成背景及若干表现，为更好地化解该困境，必须明确导致民营企业融资难的地方政府治理困境的基本原因。前已述及，民营企业融资是一个涉及方方面面的系统性问题，其中的利益关联方较多，而民营企业融资难会使众多具有利益关联性的经济主体一荣俱荣、一损俱损，民营企业融资难会导致经济效率系统性的下降乃至影响我国基本经济制度的坚持和完善，这也是该问题可能衍生为公共问题的基本依据。但毕竟民营企业融资难也具体影响到了各局部利益主体的利益结构，这就意味着除了公共治理以外，各利益主体积极参与治理的必要性和重要性，也就是前述的政府治理、市场治理与社会治理的协同治理格局的打造。从总体上看，民营企业融资难的地方政府治理困境的基本原因就在于这种协同格局的缺失，而协同治理格局的缺失又源于各局部治理的不足，协同治理及各局部治理的不足放大了政府治理的困境并使政府治理困境长期存在。

（1）社会治理能力不足是强化民营企业融资难的地方政府治理困境的社会因素。民营企业融资难的直接原因在于社会信用的缺失，从某种意义上讲，社会信用水平完全可以改善民营企业融资中影响银行决策的种种技术性因素，如民营企业融资中的成本问题等，全面、准确的信用信息是解决民营企业融资的首要因素。社会信用水平、社会资本的培育等与社会治理水平息息相关，社会力量有效、有序地参与经济社会发展是社会治理水平高低的标志，而只有具备较高诚信度的社会才是成熟的社会，才可能真正组织起来正确评估社会发展进步的方向并积极参与治理，实现经济社会科学有序地发展。目前，我国公民社会发育还不充分，公民的社会责任意识及自组织意愿、能力和行动效率等均有待提升，而社会诚信的意识和行动则是其中重要的基础性构成因子，社会治理能力不足放大了政府治理困境，反过来，政府治理能力不足也严重影响了社会治理能力的提升。长期以来，政府惯性的行政主导模式一定程度地排斥了社会自组织的成长空间，社会诚信与社会资本在中国经济乃至社会成长进步中的作用与贡献不够突出，随着经济社会发展任务的日益繁重、环境与条件日益复杂，政府治理渐渐显得乏力并由此呼唤更多曾被约束的治理机制的成长。

（2）市场治理能力不足是强化民营企业融资难的地方政府治理困境的经济因素。经过反复的改革探索，中共十四大以来，我国市场经济体制和机制不断发育成熟，在20世纪末初步建立社会主义市场经济体制的基础上继续不断完善，市场功能日益强大，市场治理在国家治理架构中的地位不断提升，尤其在资源配置中作用日益凸显，但市场治理常常因受到政府治理的干预而难以发挥资源配置的决定性作用，导致经济结构调整与发展方式转变困难重重，经济运行的宏微观效率均不尽如人意。结合本文的研究主题，当前中国经济结构失衡的重要内容或表现为金融结构的失衡，而大量的货币供应量却无法满足实体经济尤其是民营中小企业的发展需求，民营企业融资难直接折射出市场治理在金融资源配置中的失效。基于此，中共十八届三中全会提出要进一步深化经济体制改革，实现市场在资源配置中的决定性作用，为实现这一目标，加快转变政府职能自然成为关键。本届中央政府已采取了一系列简政放权的行政改革举措，这也意味着政府治理过度而约束了市场治理功能。

（3）政府主导进一步强化了民营企业融资难的地方政府治理困境。一方面，政府主导意味着政府应承担无限责任，导致社会和市场责任与纪律的缺失，长期以来以政府主导为特征的国家治理模式影响了社会治理和市场治理两大机制的培育，而社会治理与市场治理的不足又进一步导致或强化了政府治理的困境。另一方面，政府主导对政府履职效率提出了更高的要求，如果政府系统能掌握足够的信息并具有足够的条件、意愿及能力来应对民营企业融资难，则市场治理与社会治理的必要性便不凸显，然而，公共选择理论并不支持这一判断。

上述分析的社会治理与市场治理的不足均增加或放大了民营企业融资难的地方政府治理困境，而这两种治理不足又都源于政府治理的不足，政府治理的不足又源于政府自身在经济社会事务中主导权或垄断权的维护和强化。更麻烦的是，即便随着行政体制改革的深化和政府职能的不断转变，"大包大揽"的政府主导模式将退出历史舞台，但地方政府仍难以基于此而通过局部区域性地改善社会与市场治理功能来缓解民营企业融资难，而且，随着地方政府转型为有限责任政府，地方政府可能更难找到有效的工具或政策来提升民营企业融资中的地方政府治理水平。由于民营企业尤其是中小民营企业融资过程全面且较深入地涉及了政府治理、社会治理及市场治理三大因素，因此，破解民营企业融资难的过程对上述三大治理机制的优化及其有效结合提出了更高的要求，同时也意味着破解民营企业融资难的条件较高或风险较大。

3. 民营企业融资难的地方政府治理困境的突破

之所以选择以民营企业融资难中的地方政府治理为突破口试图找到化解民营企业融资难的路径，是因为政府治理是国家治理的基础，同时，政府治理也是任何处在改革或转轨阶段的国家或地区必然面对的主题，其中，地方政府治理是政府治理的重要构成部分，前文已简要描述了地方政府尤其是市县级政府在民营企业融资中的治理困境。由于未开展实证分析，本文仅从理论层面方向性地提出一些化解地方政府治理困境的对策。

（1）要通过加快转变政府职能进一步释放社会与市场自治的活力，进一步形成政府治理、社会治理与市场治理的均衡协调、互补共赢。各种机制相互结合、协同发挥作用，是各机制能独立有效发挥作用的前提。在破解民营中小企业融资难过程中，上述三种机制之间并没有优劣之分，诸如"积极推动担保机构发展和完善信用评级机制等市场手段较之政府支持手段对缓解中小企业融资难问题更为有效"的观点或许缺乏依据。资金流动需建构在利益交互与诚信增进的基础上，金融活动对社会诚信秩序乃至社会功能的需求并不逊色于对市场交易与竞争的呼唤，社会治理与市场治理较政府治理而言能更大程度地激发资金流动的规模与效率，而民营企业融资就更需要社会治理与市场治理的介入，而且社会治理与市场治理的边界往往难以明晰，这两种治理机制之间有着很强的关联性。问题在于，政府治理转型与再造对社会治理和市场治理机制的培育和优化以及三种治理机制的系统协调能否高效地适应民营企业融资难问题的破解？由此引出的观点是，有必要根据民营企业融资特征来精确地、动态地设计政府职能在该领域的转变并基于此规划设计社会治理和市场治理机制。

（2）民营企业融资难的地方政府治理困境与突破均涉及各级政府之间的协调能力及功能。基于金融运行的特点，中央政府治理在破解民营企业融资难方面的作为将可能为地方政府相关治理提供良好的、足够的空间和机会。从某种意义上讲，金融领域地方政府治理困境往往会因为更高层级政府治理不足而被放大。可见，政府间事权的厘清与协调对化解民营企业融资难的地方政府治理困境具有极为重要的作用。

（3）在已有实践的基础上，须进一步明晰地方政府特别是市县政府在民营企业融资框架与利益结构中的合理功能定位与功能培育。特别需要把握的前提是，我国民营企业融资难问题十分普遍、严峻，是一个涉及中国基本经济制度生存与活力的关键问题。基于这个认识，本文设想在进一步的研究尤其是实证研究中要详尽掌握有关民营企业融资框架与利益结构及其中的市县地方政府功能、行为的数据或案例信息，力求动态合理地确认市县地方政府在该领域的功能定位并探索该功能的培育路径、方式与方法，为地方政府的行动提供积极的建议。可以想象，在这个研究过程中，既需要对已有的局部经验的获取与总结，又需要严格的逻辑推理并持续地关注实践进展。

（吴志远．民营中小企业融资难的地方政府治理困境研究．江西行政学院学报，2014（4）．）

（七）2014 年江西民营经济发展研究主报告

近年来，江西省委省政府出台了一系列促进民营经济发展的政策措施，有力地推动了全省民营经济的发展。民营经济作为全省经济发展中最具活力的增长点，已经成为江西国民经济的重要组成部分，在推动经济增长、财政增收、促进就业、改善民生等方面做出了重要贡献。

1. 江西民营经济发展环境分析

中共十八大明确提出：要毫不动摇地鼓励、支持、引导非公有制经济发展，保证各种所有制经济平等使用生产要素、公平参与市场竞争、同等受到法律保护。中共十八届三中全会对民营经济发展做出系统部署，将民营经济发展融合在国家发展战略中，这必将为民营经济发展开拓出更大的空间，为江西民营经济发展带来新的机遇。当然，在复杂严峻的世界经济形势和我国经济"新常态"下，江西民营经济发展也面临新的挑战。

（1）面临重大机遇。国际国内环境为民营企业"走出去"提供重要契机。美国、英国、日本等世界主要经济体发展形势的回暖，为江西民营企业"走出去"寻求全球市场提供了契机；另外，我国当前着力打造的"一带一路"和长江经济带等新一轮对外开放战略，对江西机电、光伏、农产品等民营企业加大开放、加强区域合作带来了历史性机遇；并且，长江经济带新一轮开发开放将推动上海自贸区政策向上游延伸，江西相比中部其他省份具有明显的区位优势，可以获得较明显的上海自贸区的辐射、示范和溢出效应，在系统分析上海自贸区一系列政策的基础上，江西通过理清相关功能区对接自贸区的政策思想，创新投资贸易便利、监管高效便捷、法制环境规范等体制机制，将显著加快民营企业"走出去"步伐，提高全省民营经济的开放度和国际化水平。

制度不断完善为民营企业发展创造广阔的发展空间。当前，民营经济的发展不再是技术的约束，也不是资本的约束，更不是管理水平的约束，而是制度的约束。

江西一系列改革举措激发民营企业发展活力。民营经济是江西经济发展的最强火力所在，要实现江西"发展升级、小康提速、绿色崛起、实干兴赣"的奋斗目标，必须激活发展潜力和空间巨大的民营经济。

民营企业的做大做强为江西民营经济发展提供坚实基础。作为最富发展活力、内生动力和创新精神的企业群体，江西民营企业由小到大、由弱变强，其地位不断提升、作用不断凸显。与此相应，江西民营经济在全省经济格局中的份额不断增加，影响力不断提升，对江西经济社会发展的贡献不断提高。随着全面深化改革进程的推进，民营经济迎来了制度平等竞争新时代，为民营企业开拓市场、提高创新能力、加快转型升级带来新的机遇。

（2）面临诸多挑战。发达经济体回归制造业增加江西民营企业参与竞争难度。以美国为主的全球发达经济体在金融危机之后实施再工业化战略，通过调整税收政策等举措发展高端制造业，这将显著增加江西外向型民营企业参与全球市场竞争的剧烈度。

"新常态"对民营经济发展提出新的更高要求。中国经济已进入一个新的发展阶段，GDP 增速由过去两位数换挡至一位数的常态化，"新常态"将更加注重经济发展的质、更加突出创新驱动的核心作用。然而，对欠发达的江西而言，正处在加快发展的爬坡期、全面小康的攻坚期，保持较快发展势头依然是第一要务。

发展环境不优依然是制约民营经济发展的根本屏障。中共十八届三中全会将民营经济发展提到前所未有的高度，并相继出台了一系列政策举措，以改善民营经济发展环境，但由于种种原因，改善过程比较缓慢，能够感受到的改善面不是很大。

2. 加快江西民营经济发展的原则与举措

（1）基本原则：第一，坚持做大规模与赶超发展相结合；第二，坚持产业引领与创新发展相结合；第三，坚持发挥优势与绿色发展相结合。

（2）发展举措：第一，加强政府引导，狠抓政策落实：在解放思想上狠抓落实，在发展战略上狠抓落实，在协调督办上狠抓落实。第二，以问题为导向，推动关键环节、关键领域改革：深化政府管理改革，深化企业内部改革，深化要素市场改革。第三，突出企业主体地位，不断增强民营企业的市场竞争力。第四，积极培育产业集群，促进民营企业抱团发展。第五，推进科技创新、人才培育和品牌建设，增强民营企业核心竞争力。第六，创优市场环境、政务环境和法制环境，构建优化民营经济发展环境的长效机制。

（课题组组长：梁勇，江西省社会科学院课题组。副组长：龚建文，江西省社会科学院课题组。成员：甘庆华，江西省社会科学院课题组；张秋兰，江西省社会科学院课题组；盛方富，江西省社会科学院课题组；马回，江西省社会科学院课题组。《2014 年江西省民营经济发展报告》）

（八）江西民营经济投资环境评估及政策建议

江西正处在"发展升级、小康提速、绿色崛起、实干兴赣"和建设富裕和谐秀美江西的关键时期，要实现这个目标，就必须充分调动一切市场主体的积极性。民营经济作为改革开放的产物，对区域投资环境特别敏感，投资环境的优劣会直接影响民营企业投资收益和投资风险。因此，对江西民营经济投资环境进行评估，并给出政策建议是一个值得研究的重要命题，本课题据此展开研究。

1. 投资环境主要评估方法介绍

投资环境评价是一项综合性和科学性很强的工作，直接关系到投资环境建设及优化的政策和方向。目前，对投资环境的评价主要有以下理论体系：一是投资环境多因素分析法；二是"冷、热"因素分析法；三是加权等级分析法；四是投资障碍分析法；五是闵氏多因素评估法。

2. 江西省民营经济投资环境分析

影响民营经济投资的环境既包括宏观环境，也包括微观环境。宏观环境主要从政治、经济、文化、自然环境等方面进行判断，微观环境主要从基础设施、市场环境、投资的优惠政策、政府行政办事效率等方面进行分析。具体的环境分析如表 9 – 10 所示。

表 9 – 10　江西省民营经济投资环境分析

宏观投资环境分析	（1）政治环境	
	（2）经济环境	经济增长水平
		物价水平
		固定资产投资增长强劲
	（3）对外交流环境分析	
	（4）自然环境分析	
微观投资环境分析	（1）交通基础设施	
	（2）投资成本	
	（3）市场环境分析	市场规模
		地理位置
	（4）投资优惠政策	
	（5）政府办事效率	
	（6）技术条件	
	（7）工业发展状况	

3. 进一步优化江西民营经济投资环境的政策建议

扩大民间投资是江西今后一项长期政策，这需要进一步优化民间投资环境，充分挖掘民间投资潜力，实现民间资本的国民待遇。政策建议如表 9 – 11 所示。

表 9 – 11　江西民营经济投资环境的政策建议

（1）加强组织领导，健全工作协调保障机制	成立江西民营经济发展领导小组及机构
	建立健全民营经济统计监测及考核体系
（2）加大财税支持，建立健全民间投资市场体系	设立民营经济发展专项扶持资金
	建立民营企业贷款担保分摊机制
	设立创业扶持资金，鼓励全民创业

（3）拓宽准入领域范围，建立民间投资信息咨询业务	实行"非禁即入"政策
	提供民间投资信息咨询服务
（4）培育龙头民营企业，实施产业集群发展战略	积极培育民营龙头企业，发挥其在产业集群中的骨干带动作用
	鼓励民营企业加大研发投入，提高产品科技含量与竞争力
（5）打造高效投资软环境，增强投资信心	加强社会舆论宣传，营造有利于民间投资、民营经济发展的舆论环境
	加大对市场竞争的监督管理力度，营造公平自由的市场竞争环境
	积极支持民营企业家参政议政
	转变政府职能，提高行政办事效率

（课题组组长：肖鸿晶，江西经济管理干部学院。成员：黄小平，江西经济管理干部学院；肖文胜，江西经济管理干部学院。《2014年江西省民营经济发展报告》）

第十章 民营企业排行榜

一、2014 年中国民营企业 500 强

表 10 - 1 　 2014 年中国民营企业 500 强名单　　　　　　单位：万元

序号	企业名称	省区市	所属行业	营业收入总额
1	联想控股股份有限公司	北京市	计算机、通信和其他电子设备制造业	28947583
2	华为投资控股有限公司	广东省	计算机、通信和其他电子设备制造业	28819700
3	苏宁控股集团	江苏省	零售业	28294180
4	山东魏桥创业集团有限公司	山东省	有色金属冶炼和压延加工业	28193071
5	正威国际集团有限公司	广东省	有色金属冶炼和压延加工业	26871182
6	江苏沙钢集团有限公司	江苏省	黑色金属冶炼和压延加工业	24853607
7	大连万达集团股份有限公司	辽宁省	房地产业	24248000
8	中国华信能源有限公司	上海市	批发业	21399476
9	恒力集团有限公司	江苏省	化学原料和化学制品制造业	16352810
10	浙江吉利控股集团有限公司	浙江省	汽车制造业	15395264
11	万科企业股份有限公司	广东省	房地产业	14638800
12	美的集团股份有限公司	广东省	电气机械和器材制造业	14231097
13	海亮集团有限公司	浙江省	有色金属冶炼和压延加工业	13003081
14	恒大地产集团有限公司	广东省	房地产业	11139811
15	中天钢铁集团有限公司	江苏省	黑色金属冶炼和压延加工业	10520502
16	TCL 集团股份有限公司	广东省	计算机、通信和其他电子设备制造业	10129662
17	新疆广汇实业投资（集团）有限责任公司	新疆维吾尔自治区	零售业	10082004
18	广厦控股集团有限公司	浙江省	房屋建筑业	9868116
19	泰康人寿保险股份有限公司	北京市	保险业	9838871
20	苏宁环球集团有限公司	江苏省	房地产业	9710088
21	三胞集团有限公司	江苏省	零售业	8506805
22	碧桂园控股有限公司	广东省	房地产业	8454880
23	西安迈科金属国际集团有限公司	陕西省	批发业	8379831

续表

序号	企业名称	省区市	所属行业	营业收入总额
24	浙江恒逸集团有限公司	浙江省	化学纤维制造业	7911115
25	新希望集团有限公司	四川省	农业	7820573
26	山东晨曦集团有限公司	山东省	批发业	7692621
27	陕西东岭工贸集团股份有限公司	陕西省	批发业	7578723
28	三一集团有限公司	湖南省	专用设备制造业	7436800
29	盛虹控股集团有限公司	江苏省	化学纤维制造业	7384208
30	北京京东世纪贸易有限公司	北京市	互联网和相关服务	7229989
31	杭州娃哈哈集团有限公司	浙江省	酒、饮料和精制茶制造业	7204254
32	浙江荣盛控股集团有限公司	浙江省	化学纤维制造业	7185218
33	超威集团	浙江省	电气机械和器材制造业	6564987
34	河北津西钢铁集团股份有限公司	河北省	黑色金属冶炼和压延加工业	6237595
35	天能集团	浙江省	电气机械和器材制造业	6057873
36	雅戈尔集团股份有限公司	浙江省	纺织服装、服饰业	5897962
37	江苏南通三建集团有限公司	江苏省	房地产业	5892663
38	比亚迪股份有限公司	广东省	汽车制造业	5819587
39	新奥集团股份有限公司	河北省	燃气生产和供应业	5790400
40	新华联集团有限公司	湖南省	综合	5698916
41	中天发展控股集团有限公司	浙江省	房屋建筑业	5630461
42	奥克斯集团有限公司	浙江省	专用设备制造业	5521610
43	江苏金峰水泥集团有限公司	江苏省	非金属矿物制品业	5512430
44	上海复星高科技（集团）有限公司	上海市	综合	5426059
45	银亿集团有限公司	浙江省	批发业	5358317
46	海澜集团有限公司	江苏省	纺织服装、服饰业	5230881
47	华泰集团有限公司	山东省	造纸和纸制品业	5206043
48	深圳市大生农业集团有限公司	广东省	农业	5119342
49	山东大海集团有限公司	山东省	电气机械和器材制造业	5118357
50	修正药业集团	吉林省	医药制造业	5070116
51	万达控股集团有限公司	山东省	石油加工、炼焦和核燃料加工业	5064961
52	通威集团有限公司	四川省	农副食品加工业	5062104
53	盾安控股集团有限公司	浙江省	专用设备制造业	5031944
54	山东新希望六和集团有限公司	山东省	畜牧业	5024170
55	天津荣程联合钢铁集团有限公司	天津市	黑色金属冶炼和压延加工业	5003413
56	重庆龙湖企业拓展有限公司	重庆市	房地产业	4958879
57	深圳市神州通投资集团有限公司	广东省	零售业	4933128
58	百度公司	北京市	互联网和相关服务	4905232
59	中南控股集团有限公司	江苏省	房屋建筑业	4882433
60	深圳市爱施德股份有限公司	广东省	批发业	4832056

序号	企业名称	省区市	所属行业	营业收入总额
61	浙江桐昆控股集团有限公司	浙江省	化学纤维制造业	4828991
62	红豆集团有限公司	江苏省	纺织服装、服饰业	4712826
63	玖龙纸业（控股）有限公司	广东省	造纸和纸制品业	4670472
64	科创控股集团有限公司	四川省	医药制造业	4621089
65	腾邦投资控股有限公司	广东省	软件和信息技术服务业	4578531
66	远大物产集团	浙江省	批发业	4563731
67	江阴澄星实业集团有限公司	江苏省	化学原料和化学制品制造业	4503512
68	华盛江泉集团有限公司	山东省	黑色金属冶炼和压延加工业	4501664
69	新疆特变电工集团有限公司	新疆维吾尔自治区	电气机械和器材制造业	4453073
70	江苏南通二建集团有限公司	江苏省	房屋建筑业	4423509
71	冀南钢铁集团有限公司	河北省	黑色金属冶炼和压延加工业	4411388
72	山东京博控股股份有限公司	山东省	石油加工、炼焦和核燃料加工业	4363306
73	中太建设集团股份有限公司	河北省	房屋建筑业	4317537
74	正邦集团有限公司	江西省	农业	4303866
75	江苏新长江实业集团有限公司	江苏省	黑色金属冶炼和压延加工业	4224963
76	利华益集团股份有限公司	山东省	石油加工、炼焦和核燃料加工业	4202161
77	华勤橡胶工业集团有限公司	山东省	橡胶和塑料制品业	4175362
78	浙江前程投资股份有限公司	浙江省	批发业	4154905
79	临沂新程金锣肉制品集团有限公司	山东省	农副食品加工业	4143331
80	内蒙古鄂尔多斯投资控股集团有限公司	内蒙古自治区	综合	4136036
81	江苏永钢集团有限公司	江苏省	黑色金属冶炼和压延加工业	4124747
82	九州通医药集团股份有限公司	湖北省	批发业	4106840
83	东方希望集团	上海市	有色金属冶炼和压延加工业	4100000
84	四川宏达（集团）有限责任公司	四川省	有色金属矿采选业	4092407
85	山东太阳控股集团有限公司	山东省	造纸和纸制品业	4091833
86	日照钢铁控股集团有限公司	山东省	黑色金属冶炼和压延加工业	4059318
87	江苏省苏中建设集团股份有限公司	江苏省	房屋建筑业	4038725
88	亚邦投资控股集团有限公司	江苏省	化学原料和化学制品制造业	4012780
89	德力西集团有限公司	浙江省	电气机械和器材制造业	3963010
90	宁波金田投资有限公司	浙江省	有色金属冶炼和压延加工业	3923939
91	亨通集团有限公司	江苏省	计算机、通信和其他电子设备制造业	3833692
92	江苏西城三联控股集团有限公司	江苏省	金属制品业	3833506
93	雅居乐地产置业有限公司	广东省	房地产业	3831759
94	天津宝迪农业科技股份有限公司	天津市	农副食品加工业	3814060
95	广东温氏食品集团股份有限公司	广东省	畜牧业	3804022

续表

序号	企业名称	省区市	所属行业	营业收入总额
96	长城汽车股份有限公司天津哈弗分公司	天津市	汽车制造业	3777097
97	天津俊安煤焦化工有限公司	天津市	批发业	3753694
98	双胞胎（集团）股份有限公司	江西省	农副食品加工业	3702788
99	四川科伦实业集团有限公司	四川省	医药制造业	3680434
100	杭州锦江集团有限公司	浙江省	有色金属冶炼和压延加工业	3667906
101	宁夏宝塔石化集团有限公司	宁夏回族自治区	石油加工、炼焦和核燃料加工业	3650888
102	内蒙古伊泰集团有限公司	内蒙古自治区	煤炭开采和洗选业	3627026
103	广东圣丰集团有限公司	广东省	橡胶和塑料制品业	3627023
104	浙江中成控股集团有限公司	浙江省	房屋建筑业	3577368
105	天瑞集团股份有限公司	河南省	非金属矿物制品业	3560101
106	金龙精密铜管集团股份有限公司	河南省	有色金属冶炼和压延加工业	3506618
107	云南中豪置业有限责任公司	云南省	房地产业	3505578
108	上海均和集团有限公司	上海市	综合	3484075
109	江苏阳光集团有限公司	江苏省	纺织服装、服饰业	3475281
110	蓝思科技股份有限公司	湖南省	计算机、通信和其他电子设备制造业	3445510
111	稻花香集团	湖北省	酒、饮料和精制茶制造业	3444574
112	君华集团有限公司	广东省	综合	3388471
113	正荣集团有限公司	福建省	房地产业	3381228
114	四川蓝光实业集团有限公司	四川省	房地产业	3379929
115	和润集团有限公司	浙江省	农副食品加工业	3325699
116	山东金岭集团有限公司	山东省	化学原料和化学制品制造业	3292511
117	融信（福建）投资集团有限公司	福建省	房地产业	3289789
118	重庆市金科投资控股（集团）有限责任公司	重庆市	房地产业	3268671
119	江苏扬子江船业集团公司	江苏省	铁路、船舶和其他运输设备制造业	3266661
120	山东泰山钢铁集团有限公司	山东省	黑色金属冶炼和压延加工业	3242667
121	天狮集团有限公司	天津市	食品制造业	3219568
122	人民电器集团有限公司	浙江省	电气机械和器材制造业	3217181
123	四川德胜集团钒钛有限公司	四川省	黑色金属冶炼和压延加工业	3215038
124	山东科达集团有限公司	山东省	综合	3208371
125	江苏金辉铜业集团有限公司	江苏省	有色金属冶炼和压延加工业	3183959
126	东方集团实业股份有限公司	黑龙江	其他金融业	3162416
127	郑州宇通集团有限公司	河南省	汽车制造业	3071976
128	重庆力帆控股有限公司	重庆市	汽车制造业	3062012
129	山东金诚石化集团有限公司	山东省	石油加工、炼焦和核燃料加工业	3051258

序号	企业名称	省区市	所属行业	营业收入总额
130	天津友发钢管集团股份有限公司	天津市	金属制品业	3038187
131	湖南博长控股集团有限公司	湖南省	黑色金属冶炼和压延加工业	3036469
132	波司登股份有限公司	江苏省	纺织服装、服饰业	3026981
133	浙江龙盛控股有限公司	浙江省	化学原料和化学制品制造业	3016131
134	隆鑫控股有限公司	重庆市	通用设备制造业	3012838
135	浙江昆仑控股集团有限公司	浙江省	综合	3012720
136	沂州集团有限公司	山东省	非金属矿物制品业	2984185
137	双良集团有限公司	江苏省	专用设备制造业	2968756
138	山河建设集团有限公司	湖北省	房屋建筑业	2965321
139	东营方圆有色金属有限公司	山东省	有色金属冶炼和压延加工业	2951659
140	河北普阳钢铁有限公司	河北省	黑色金属冶炼和压延加工业	2944826
141	物美控股集团有限公司	北京市	零售业	2927511
142	武安市裕华钢铁有限公司	河北省	黑色金属冶炼和压延加工业	2926625
143	大汉控股集团有限公司	湖南省	综合	2925116
144	江西萍钢实业股份有限公司	江西省	黑色金属冶炼和压延加工业	2912994
145	广东格兰仕集团有限公司	广东省	通用设备制造业	2895450
146	山东玉皇化工有限公司	山东省	石油加工、炼焦和核燃料加工业	2874614
147	亿利资源集团有限公司	内蒙古自治区	综合	2873157
148	宁波富邦控股集团有限公司	浙江省	综合	2856847
149	东营鲁方金属材料有限公司	山东省	有色金属冶炼和压延加工业	2821623
150	南京丰盛产业控股集团有限公司	江苏省	土木工程建筑业	2815030
151	天津领先控股集团有限公司	天津市	批发业	2804979
152	浙江宝业建设集团有限公司	浙江省	房屋建筑业	2803563
153	亿达集团有限公司	辽宁省	综合	2786031
154	维维集团股份有限公司	江苏省	食品制造业	2725608
155	江苏华夏融创置地有限公司	江苏省	房地产业	2714921
156	华芳集团有限公司	江苏省	纺织业	2707181
157	江苏法尔胜泓昇集团有限公司	江苏省	金属制品业	2706947
158	步步高集团	湖南省	零售业	2703795
159	卓尔控股有限公司	湖北省	综合	2700275
160	江苏省建筑工程集团有限公司	江苏省	房屋建筑业	2667427
161	晶龙实业集团有限公司	河北省	计算机、通信和其他电子设备制造业	2665612
162	福晟集团有限公司	福建省	土木工程建筑业	2657390
163	富海集团有限公司	山东省	石油加工、炼焦和核燃料加工业	2650208
164	宁夏天元锰业有限公司	宁夏回族自治区	有色金属冶炼和压延加工业	2647261

续表

序号	企业名称	省区市	所属行业	营业收入总额
165	山东九羊集团有限公司	山东省	黑色金属冶炼和压延加工业	2638267
166	百兴集团有限公司	江苏省	批发业	2576238
167	上海圆迈贸易有限公司	上海市	零售业	2555087
168	广州市番禺南星有限公司	广东省	批发业	2553399
169	龙信建设集团有限公司	江苏省	房屋建筑业	2542647
170	远东控股集团有限公司	江苏省	电气机械和器材制造业	2542515
171	河北新金钢铁有限公司	河北省	黑色金属冶炼和压延加工业	2503973
172	武安市明芳钢铁有限公司	河北省	黑色金属冶炼和压延加工业	2497251
173	上海龙昂国际贸易有限公司	上海市	批发业	2484679
174	中经汇通有限责任公司	广东省	软件和信息技术服务业	2482241
175	传化集团有限公司	浙江省	化学原料和化学制品制造业	2481600
176	山东汇丰石化集团有限公司	山东省	石油加工、炼焦和核燃料加工业	2459961
177	红狮控股集团有限公司	浙江省	非金属矿物制品业	2417965
178	江苏新海石化有限公司	江苏省	石油加工、炼焦和核燃料加工业	2409477
179	威高集团有限公司	山东省	医药制造业	2404400
180	河北新武安钢铁集团烘熔钢铁有限公司	河北省	黑色金属冶炼和压延加工业	2401853
181	浙江元立金属制品集团有限公司	浙江省	金属制品业	2395856
182	江苏新华发集团有限公司	江苏省	通用设备制造业	2393589
183	精功集团有限公司	浙江省	金属制品业	2380513
184	天津塑力线缆集团有限公司	天津市	铁路、船舶和其他运输设备制造业	2380178
185	山东万通石油化工集团有限公司	山东省	石油加工、炼焦和核燃料加工业	2361182
186	东岳集团有限公司	山东省	化学原料和化学制品制造业	2343731
187	通鼎集团有限公司	江苏省	电气机械和器材制造业	2333621
188	西子联合控股有限公司	浙江省	专用设备制造业	2327219
189	河南省龙成集团有限公司	河南省	黑色金属冶炼和压延加工业	2320612
190	卧龙控股集团有限公司	浙江省	电气机械和器材制造业	2312521
191	唯品会（中国）有限公司	广东省	零售业	2296353
192	广州元亨能源有限公司	广东省	批发业	2250875
193	天士力控股集团有限公司	天津市	医药制造业	2250317
194	香江集团有限公司	广东省	综合	2248818
195	深圳市怡亚通供应链股份有限公司	广东省	装卸搬运和运输代理业	2214181
196	上海绿地建设（集团）有限公司	上海市	房屋建筑业	2213658
197	深圳海王集团股份有限公司	广东省	医药制造业	2204209
198	东辰控股集团有限公司	山东省	石油加工、炼焦和核燃料加工业	2202347
199	江苏三木集团有限公司	江苏省	化学原料和化学制品制造业	2200653
200	广西盛隆冶金有限公司	广西壮族自治区	有色金属冶炼和压延加工业	2191966

续表

序号	企业名称	省区市	所属行业	营业收入总额
201	江苏文峰集团有限公司	江苏省	零售业	2186500
202	四川金广实业（集团）股份有限公司	四川省	黑色金属冶炼和压延加工业	2168841
203	江苏集群信息产业集团	江苏省	软件和信息技术服务业	2163678
204	四川省达州钢铁集团有限责任公司	四川省	黑色金属冶炼和压延加工业	2130050
205	常州天合光能有限公司	江苏省	电气机械和器材制造业	2120108
206	苏州金螳螂企业（集团）有限公司	江苏省	建筑装饰和其他建筑业	2111456
207	江苏三房巷集团有限公司	江苏省	纺织业	2109430
208	广东海大集团股份有限公司	广东省	农副食品加工业	2109041
209	南通化工轻工股份有限公司	江苏省	批发业	2095194
210	澳洋集团有限公司	江苏省	化学纤维制造业	2092058
211	江苏南通六建建设集团有限公司	江苏省	房屋建筑业	2081278
212	江苏省镔鑫钢铁集团有限公司	江苏省	黑色金属冶炼和压延加工业	2075253
213	富通集团有限公司	浙江省	计算机、通信和其他电子设备制造业	2066848
214	山东昌华实业发展有限公司	山东省	农副食品加工业	2056914
215	包商银行股份有限公司	内蒙古自治区	货币金融服务	2044900
216	山东华信国际控股有限公司	山东省	化学原料和化学制品制造业	2021870
217	万丰奥特控股集团有限公司	浙江省	汽车制造业	2019088
218	攀枝花钢城集团有限公司	四川省	废弃资源综合利用业	2018677
219	浙江富冶集团有限公司	浙江省	有色金属冶炼和压延加工业	2011965
220	河北新武安钢铁集团文安钢铁有限公司	河北省	黑色金属冶炼和压延加工业	2002000
221	中天科技集团有限公司	江苏省	电气机械和器材制造业	1999500
222	北京运通国融投资有限公司	北京市	零售业	1965487
223	南通四建集团有限公司	江苏省	房屋建筑业	1955843
224	浙江新湖集团股份有限公司	浙江省	综合	1950168
225	晶科能源有限公司	江西省	电气机械和器材制造业	1937730
226	攀华集团有限公司	江苏省	金属制品业	1928308
227	香驰控股有限公司	山东省	农副食品加工业	1927057
228	安徽国购投资集团	安徽省	综合	1910237
229	浙江大东南集团有限公司	浙江省	橡胶和塑料制品业	1897552
230	华东医药股份有限公司	浙江省	医药制造业	1894738
231	通州建总集团有限公司	江苏省	房屋建筑业	1893050
232	恒安国际集团有限公司	福建省	造纸和纸制品业	1883560
233	银泰商业（集团）有限公司	浙江省	零售业	1863992
234	成都蛟龙港（双流蛟龙投资有限责任公司、成都蛟龙经济开发有限公司）	四川省	综合	1853217
235	江苏天工集团有限公司	江苏省	有色金属冶炼和压延加工业	1852182

续表

序号	企业名称	省区市	所属行业	营业收入总额
236	中洋联合集团股份有限公司	河南省	批发业	1850736
237	福星集团控股有限公司	湖北省	综合	1836368
238	河南森源集团有限公司	河南省	电气机械和器材制造业	1835046
239	新八建设集团有限公司	湖北省	房屋建筑业	1830626
240	常州东方特钢有限公司	江苏省	黑色金属冶炼和压延加工业	1822742
241	中浪环保股份有限公司	浙江省	批发业	1819224
242	金花投资控股集团有限公司	陕西省	零售业	1804926
243	森马集团有限公司	浙江省	纺织服装、服饰业	1803592
244	五洲国际集团	江苏省	房地产业	1801302
245	广州立白企业集团有限公司	广东省	化学原料和化学制品制造业	1801262
246	宜华企业（集团）有限公司	广东省	木材加工和木、竹、藤制品业	1800210
247	新疆生产建设兵团农八师天山铝业有限公司	新疆维吾尔自治区	有色金属冶炼和压延加工业	1793512
248	中发实业（集团）有限公司	黑龙江省	保险业	1793338
249	浙江广天日月集团股份有限公司	浙江省	房屋建筑业	1792872
250	浙江逸盛石化有限公司	浙江省	化学原料和化学制品制造业	1774296
251	大全集团有限公司	江苏省	电气机械和器材制造业	1767776
252	江苏高力集团有限公司	江苏省	房地产业	1748202
253	天津聚龙嘉华投资集团有限公司	天津市	农副食品加工业	1743425
254	升华集团控股有限公司	浙江省	化学原料和化学制品制造业	1735688
255	宁波申洲针织有限公司	浙江省	纺织业	1729264
256	河北新武安钢铁集团鑫汇冶金有限公司	河北省	黑色金属冶炼和压延加工业	1726185
257	杭州海康威视数字技术股份有限公司	浙江省	计算机、通信和其他电子设备制造业	1723311
258	陕西荣民集团	陕西省	综合	1720820
259	宗申产业集团有限公司	重庆市	铁路、船舶和其他运输设备制造业	1720215
260	华南物资集团有限公司	重庆市	批发业	1714058
261	江苏新城地产股份有限公司	江苏省	房地产业	1710023
262	华仪电器集团有限公司	浙江省	电气机械和器材制造业	1708086
263	山东五征集团有限公司	山东省	汽车制造业	1682906
264	明阳新能源投资控股集团有限公司	广东省	通用设备制造业	1676743
265	江苏邗建集团有限公司	江苏省	房屋建筑业	1675182
266	上海均瑶（集团）有限公司	上海市	综合	1672540
267	国能商业集团有限公司	上海市	批发业	1661176
268	华峰集团有限公司	浙江省	化学原料和化学制品制造业	1653365
269	新华锦集团	山东省	批发业	1636726
270	龙元建设集团股份有限公司	浙江省	房屋建筑业	1623029
271	万马联合控股集团有限公司	浙江省	电气机械和器材制造业	1620664

序号	企业名称	省区市	所属行业	营业收入总额
272	江苏沃得机电集团有限公司	江苏省	专用设备制造业	1620331
273	海天建设集团有限公司	浙江省	房屋建筑业	1610626
274	金发科技股份有限公司	广东省	化学原料和化学制品制造业	1609362
275	福中集团有限公司	江苏省	批发业	1602605
276	江苏天裕能源化工集团有限公司	江苏省	石油加工、炼焦和核燃料加工业	1602475
277	康美药业股份有限公司	广东省	医药制造业	1594919
278	浙江金田阳光投资有限公司	浙江省	商务服务业	1594728
279	江河创建集团股份有限公司	北京市	建筑装饰和其他建筑业	1590428
280	山西潞宝集团	山西省	石油加工、炼焦和核燃料加工业	1587198
281	美锦能源集团有限公司	山西省	石油加工、炼焦和核燃料加工业	1585739
282	河南黄河实业集团股份有限公司	河南省	非金属矿物制品业	1573935
283	曙光控股集团有限公司	浙江省	房屋建筑业	1573860
284	山东创新金属科技股份有限公司	山东省	有色金属冶炼和压延加工业	1571984
285	大亚科技集团有限公司	江苏省	木材加工和木、竹、藤制品业	1569288
286	震雄铜业集团有限公司	江苏省	有色金属冶炼和压延加工业	1563950
287	海外海集团有限公司	浙江省	商务服务业	1559828
288	盘锦北方沥青燃料有限公司	辽宁省	石油加工、炼焦和核燃料加工业	1552519
289	三花控股集团有限公司	浙江省	专用设备制造业	1552377
290	永鼎集团有限公司	江苏省	电气机械和器材制造业	1552275
291	南方石化集团有限公司	广东省	批发业	1551273
292	润东汽车集团有限公司	江苏省	零售业	1546932
293	日照兴业集团有限公司	山东省	批发业	1536756
294	诸城外贸有限责任公司	山东省	食品制造业	1533852
295	上海胜华电缆（集团）有限公司	上海市	电气机械和器材制造业	1532300
296	山东远通汽车贸易集团有限公司	山东省	零售业	1519721
297	方远建设集团股份有限公司	浙江省	房屋建筑业	1516017
298	山东金升有色集团有限公司	山东省	有色金属冶炼和压延加工业	1515822
299	中兴建设有限公司	江苏省	房屋建筑业	1512448
300	浙江中南建设集团有限公司	浙江省	房屋建筑业	1511649
301	红太阳集团有限公司	江苏省	化学原料和化学制品制造业	1510758
302	泰地控股集团有限公司	浙江省	综合	1503718
303	浙江八达建设集团有限公司	浙江省	建筑安装业	1503269
304	常熟市龙腾特种钢有限公司	江苏省	黑色金属冶炼和压延加工业	1501219
305	银海万向控股集团有限公司	北京市	批发业	1500894
306	河南济源钢铁（集团）有限公司	河南省	黑色金属冶炼和压延加工业	1487054
307	天津华北集团有限公司	天津市	有色金属冶炼和压延加工业	1486448
308	均和（厦门）控股有限公司	福建省	批发业	1484339

续表

序号	企业名称	省区市	所属行业	营业收入总额
309	重庆市中科控股有限公司	重庆市	房屋建筑业	1482215
310	巨星控股集团有限公司	浙江省	金属制品业	1477728
311	新凤鸣集团股份有限公司	浙江省	化学纤维制造业	1475538
312	中利科技集团股份有限公司	江苏省	电气机械和器材制造业	1470379
313	山东胜通集团股份有限公司	山东省	金属制品业	1469094
314	华立集团股份有限公司	浙江省	综合	1464770
315	河南众品食业股份有限公司	河南省	农副食品加工业	1456157
316	新七建设集团有限公司	湖北省	房屋建筑业	1452860
317	江苏金昇实业股份有限公司	江苏省	专用设备制造业	1452690
318	云南力帆骏马车辆有限公司	云南省	汽车制造业	1440900
319	中博建设集团有限公司	浙江省	房屋建筑业	1436154
320	绿都控股集团有限公司	浙江省	房地产业	1425846
321	兴乐集团有限公司	浙江省	电气机械和器材制造业	1420646
322	俊发地产有限责任公司	云南省	房地产业	1418695
323	浙江翔盛集团有限公司	浙江省	化学纤维制造业	1409758
324	广州东凌实业集团有限公司	广东省	农副食品加工业	1409659
325	浙江明日控股集团股份有限公司	浙江省	零售业	1405184
326	武汉市金马凯旋家具投资有限公司	湖北省	综合	1398681
327	江苏华宏实业集团有限公司	江苏省	化学纤维制造业	1398109
328	群升集团有限公司	浙江省	综合	1391393
329	河南省淅川铝业（集团）有限公司	河南省	有色金属冶炼和压延加工业	1386907
330	重庆市博赛矿业（集团）有限公司	重庆市	有色金属冶炼和压延加工业	1386618
331	华太建设集团有限公司	浙江省	房屋建筑业	1386591
332	山东科瑞控股集团有限公司	山东省	专用设备制造业	1384308
333	江苏大明金属制品有限公司	江苏省	金属制品业	1381300
334	天津亿联投资控股集团有限公司	天津市	房地产业	1381166
335	浙江东南网架集团有限公司	浙江省	金属制品业	1379466
336	三鼎控股集团有限公司	浙江省	纺织业	1370811
337	太平鸟集团有限公司	浙江省	零售业	1370536
338	浙商新业投资集团有限公司	重庆市	租赁业	1364717
339	中厦建设集团有限公司	浙江省	房屋建筑业	1362698
340	兴惠化纤集团有限公司	浙江省	纺织业	1359050
341	广州美涂士投资控股有限公司	广东省	综合	1358157
342	山西通达（集团）有限公司	山西省	汽车制造业	1355934
343	金正大生态工程集团股份有限公司	山东省	化学原料和化学制品制造业	1355444
344	重庆小康控股有限公司	重庆市	汽车制造业	1341779
345	祐康食品集团有限公司	浙江省	食品制造业	1341386

序号	企业名称	省区市	所属行业	营业收入总额
346	广东广青金属科技有限公司	广东省	黑色金属冶炼和压延加工业	1336387
347	天颂建设集团有限公司	浙江省	房屋建筑业	1332592
348	浙江正凯集团有限公司	浙江省	纺织业	1331660
349	利时集团股份有限公司	浙江省	橡胶和塑料制品业	1326455
350	浙江航民实业集团有限公司	浙江省	纺织业	1322365
351	中设建工集团有限公司	浙江省	房屋建筑业	1315268
352	五洋建设集团股份有限公司	浙江省	房屋建筑业	1313075
353	花园集团有限公司	浙江省	综合	1309609
354	红楼集团有限公司	浙江省	商务服务业	1302657
355	伟星集团有限公司	浙江省	综合	1302512
356	重庆新鸥鹏地产（集团）有限公司	重庆市	房地产业	1300653
357	骆驼集团股份有限公司	湖北省	电气机械和器材制造业	1295624
358	浙江富春江通信集团有限公司	浙江省	计算机、通信和其他电子设备制造业	1295065
359	福耀玻璃工业集团股份有限公司	福建省	非金属矿物制品业	1292818
360	深圳市富森供应链管理有限公司	广东省	批发业	1291811
361	浙江亚厦装饰股份有限公司	浙江省	建筑装饰和其他建筑业	1291711
362	浙江兴日钢控股集团有限公司	浙江省	有色金属冶炼和压延加工业	1273630
363	江苏吴中集团有限公司	江苏省	零售业	1273150
364	常州南海铜业有限公司	江苏省	废弃资源综合利用业	1271674
365	金猴集团有限公司	山东省	皮革、毛皮、羽毛及其制品和制鞋业	1270893
366	歌尔声学股份有限公司	山东省	计算机、通信和其他电子设备制造业	1269899
367	富丽达集团控股有限公司	浙江省	化学纤维制造业	1268146
368	沈阳远大企业集团	辽宁省	建筑安装业	1267177
369	邯郸市正大制管有限公司	河北省	黑色金属冶炼和压延加工业	1265838
370	天洁集团有限公司	浙江省	专用设备制造业	1261719
371	润华集团股份有限公司	山东省	零售业	1257453
372	南通建工集团股份有限公司	江苏省	房屋建筑业	1257003
373	大华（集团）有限公司	上海市	房地产业	1255900
374	内蒙古黄河能源科技集团有限责任公司	内蒙古自治区	石油加工、炼焦和核燃料加工业	1255647
375	武汉康顺集团有限公司	湖北省	零售业	1249367
376	杭州华三通信技术有限公司	浙江省	计算机、通信和其他电子设备制造业	1246695
377	河北立中有色金属集团	河北省	有色金属冶炼和压延加工业	1245103
378	新疆农六师铝业有限公司	新疆维吾尔自治区	金属制品业	1241668
379	歌山建设集团有限公司	浙江省	房屋建筑业	1238746
380	海马汽车集团股份有限公司	海南省	汽车制造业	1235198

续表

序号	企业名称	省区市	所属行业	营业收入总额
381	西林钢铁集团有限公司	黑龙江	黑色金属冶炼和压延加工业	1221266
382	浙江国泰建设集团有限公司	浙江省	房屋建筑业	1221114
383	杭州东恒石油有限公司	浙江省	批发业	1217430
384	深圳市兖峰能源投资控股有限公司	广东省	煤炭开采和洗选业	1217206
385	山东中海化工集团有限公司	山东省	石油加工、炼焦和核燃料加工业	1213646
386	金海重工股份有限公司	浙江省	铁路、船舶和其他运输设备制造业	1212832
387	宝业湖北建工集团有限公司	湖北省	房屋建筑业	1212589
388	杭州诺贝尔集团有限公司	浙江省	非金属矿物制品业	1211651
389	月星集团有限公司	江苏省	零售业	1210395
390	利泰集团有限公司	广东省	零售业	1210210
391	浙江展诚建设集团有限公司	浙江省	房屋建筑业	1209401
392	内蒙古蒙泰煤电集团有限公司	内蒙古自治区	非金属矿采选业	1209130
393	南通五建建设工程有限公司	江苏省	房屋建筑业	1208710
394	正太集团有限公司	江苏省	房屋建筑业	1206493
395	南通新华建筑集团有限公司	江苏省	房屋建筑业	1200340
396	浙江协和集团有限公司	浙江省	黑色金属冶炼和压延加工业	1197826
397	齐鲁制药有限公司	山东省	医药制造业	1197171
398	浙江天宇交通建设集团有限公司	浙江省	土木工程建筑业	1191487
399	内蒙古明华能源集团有限公司	内蒙古自治区	批发业	1190496
400	天津市恒兴钢业有限公司	天津市	有色金属冶炼和压延加工业	1187096
401	德华集团控股股份有限公司	浙江省	木材加工和木、竹、藤制品业	1184548
402	腾达建设集团股份有限公司	浙江省	土木工程建筑业	1183079
403	天津现代集团有限公司	天津市	房地产业	1182035
404	杭州滨江房产集团股份有限公司	浙江省	房地产业	1175857
405	山东尧王控股集团	山东省	综合	1175287
406	杭州鼎胜实业集团有限公司	浙江省	有色金属冶炼和压延加工业	1173463
407	汇宇控股集团有限公司	浙江省	房地产业	1168760
408	万事利集团有限公司	浙江省	纺织服装、服饰业	1167143
409	江苏新时代控股集团有限公司	江苏省	有色金属冶炼和压延加工业	1165015
410	中亿丰建设集团股份有限公司	江苏省	房屋建筑业	1164455
411	上海春秋国际旅行社（集团）有限公司	上海市	航空运输业	1162641
412	南通华新建工集团有限公司	江苏省	房屋建筑业	1160189
413	高运控股集团有限公司	浙江省	土木工程建筑业	1156847
414	东方建设集团有限公司	浙江省	房屋建筑业	1156670
415	华翔集团股份有限公司	浙江省	汽车制造业	1156442

序号	企业名称	省区市	所属行业	营业收入总额
416	湖北枝江酒业集团	湖北省	酒、饮料和精制茶制造业	1155132
417	柳桥集团有限公司	浙江省	皮革、毛皮、羽毛及其制品和制鞋业	1153042
418	江苏华地国际控股集团有限公司	江苏省	零售业	1151946
419	方大特钢科技股份有限公司	江西省	黑色金属冶炼和压延加工业	1150930
420	法派集团有限公司	浙江省	纺织服装、服饰业	1150000
421	大自然钢业集团有限公司	浙江省	黑色金属冶炼和压延加工业	1146649
422	春和集团有限公司	浙江省	铁路、船舶和其他运输设备制造业	1146365
423	建华管桩集团有限公司	江苏省	非金属矿物制品业	1146000
424	浙江栋梁新材股份有限公司	浙江省	有色金属冶炼和压延加工业	1145169
425	星星集团有限公司	浙江省	电气机械和器材制造业	1144804
426	江西济民可信集团有限公司	江西省	医药制造业	1142731
427	恒尊集团有限公司	浙江省	建筑安装业	1142177
428	海天塑机集团有限公司	浙江省	专用设备制造业	1141118
429	得力集团有限公司	浙江省	文教、工美、体育和娱乐用品制造业	1133565
430	永兴特种不锈钢股份有限公司	浙江省	黑色金属冶炼和压延加工业	1131884
431	江苏中信建设集团有限公司	江苏省	房屋建筑业	1129478
432	瑞星集团股份有限公司	山东省	化学原料和化学制品制造业	1124259
433	内蒙古源通煤化集团有限责任公司	内蒙古自治区	煤炭开采和洗选业	1121712
434	内蒙古庆华集团有限公司	内蒙古自治区	煤炭开采和洗选业	1120488
435	湖北三宁化工股份有限公司	湖北省	化学原料和化学制品制造业	1120000
436	浙江建华集团有限公司	浙江省	批发业	1117981
437	内蒙古伊东资源集团股份有限公司	内蒙古自治区	煤炭开采和洗选业	1117743
438	港龙控股集团有限公司	江苏省	房地产业	1116597
439	浙江暨阳建设集团有限公司	浙江省	房屋建筑业	1110542
440	连云港兴鑫钢铁有限公司	江苏省	黑色金属冶炼和压延加工业	1108300
441	宁波中源电力燃料有限公司	浙江省	批发业	1107473
442	开元旅业集团有限公司	浙江省	综合	1106755
443	广州市时代地产集团有限公司	广东省	房地产业	1104711
444	中昂地产（集团）有限公司	重庆市	房地产业	1103696
445	浙江东杭控股集团有限公司	浙江省	批发业	1102218
446	康恩贝集团有限公司	浙江省	医药制造业	1102164
447	深圳市朗华供应链服务有限公司	广东省	商务服务业	1101357
448	山东荣信煤化有限责任公司	山东省	石油加工、炼焦和核燃料加工业	1092713
449	胜达集团有限公司	浙江省	造纸和纸制品业	1092267

序号	企业名称	省区市	所属行业	营业收入总额
450	江苏江中集团有限公司	江苏省	房屋建筑业	1090892
451	圣光投资集团股份有限公司	河南省	批发业	1089594
452	公元塑业集团有限公司	浙江省	橡胶和塑料制品业	1085012
453	安徽省文一投资控股集团	安徽省	房地产业	1084900
454	江苏上上电缆集团有限公司	江苏省	电气机械和器材制造业	1084742
455	浙江舜江建设集团有限公司	浙江省	房屋建筑业	1084565
456	新龙药业集团	湖北省	批发业	1072000
457	长业建设集团有限公司	浙江省	房屋建筑业	1070180
458	上海奥盛投资控股（集团）有限公司	上海市	金属制品业	1069385
459	振石控股集团有限公司	浙江省	黑色金属冶炼和压延加工业	1068952
460	宜城市襄大农牧有限公司	湖北省	畜牧业	1067600
461	山西通才工贸有限公司	山西省	黑色金属冶炼和压延加工业	1062595
462	锦联控股集团有限公司	辽宁省	水上运输业	1058848
463	同益实业集团有限公司	辽宁省	化学原料和化学制品制造业	1055060
464	致达控股集团有限公司	上海市	房地产业	1054932
465	农夫山泉股份有限公司	浙江省	酒、饮料和精制茶制造业	1054198
466	致远控股集团有限公司	浙江省	有色金属冶炼和压延加工业	1053875
467	北京京奥港集团有限公司	北京市	批发业	1050599
468	山西立恒钢铁集团股份有限公司	山西省	黑色金属冶炼和压延加工业	1048175
469	青岛世纪瑞丰集团有限公司	山东省	批发业	1046897
470	江苏国强镀锌实业有限公司	江苏省	金属制品业	1046845
471	苏州市相城区江南化纤集团有限公司	江苏省	化学纤维制造业	1045335
472	湖南金龙国际集团	湖南省	有色金属冶炼和压延加工业	1043477
473	内蒙古双欣能源化工有限公司	内蒙古自治区	煤炭开采和洗选业	1042387
474	四川省乐山市福华农科投资集团	四川省	化学原料和化学制品制造业	1041874
475	吉安市大广宏再生资源利用有限公司	江西省	批发业	1037286
476	河南金汇不锈钢产业集团有限公司	河南省	有色金属冶炼和压延加工业	1033331
477	浙江康桥汽车工贸集团股份有限公司	浙江省	零售业	1032473
478	山东亨圆铜业有限公司	山东省	有色金属冶炼和压延加工业	1030199
479	济源市万洋冶炼（集团）有限公司	河南省	有色金属冶炼和压延加工业	1030079
480	安徽中鼎控股（集团）股份有限公司	安徽省	橡胶和塑料制品业	1025286
481	河南金利金铅有限公司	河南省	有色金属冶炼和压延加工业	1017490
482	贵阳宏益房地产开发有限公司	贵州省	房地产业	1017341
483	浙江万达建设集团有限公司	浙江省	房屋建筑业	1012102
484	浙江古纤道新材料股份有限公司	浙江省	化学纤维制造业	1007237
485	唐人神集团股份有限公司	湖南省	农副食品加工业	1007126

续表

序号	企业名称	省区市	所属行业	营业收入总额
486	宏胜饮料集团有限公司	浙江省	酒、饮料和精制茶制造业	1001148
487	江西赣基集团工程有限公司	江西省	土木工程建筑业	993610
488	徐龙食品集团有限公司	浙江省	食品制造业	993577
489	辅仁药业集团有限公司	河南省	医药制造业	990882
490	安钢集团信阳钢铁有限责任公司	河南省	黑色金属冶炼和压延加工业	988408
491	齐鲁特钢有限公司	山东省	黑色金属冶炼和压延加工业	985191
492	中鑫建设集团有限公司	浙江省	房屋建筑业	983430
493	鄂尔多斯市乌兰煤炭（集团）有限责任公司	内蒙古自治区	煤炭开采和洗选业	982316
494	浙江天圣控股集团有限公司	浙江省	化学纤维制造业	971769
495	金洲集团有限公司	浙江省	金属制品业	967148
496	河北养元智汇饮品股份有限公司	河北省	酒、饮料和精制茶制造业	965764
497	湖北东圣化工集团有限公司	湖北省	化学原料和化学制品制造业	960125
498	道恩集团有限公司	山东省	批发业	956667
499	宁夏宝丰集团有限公司	宁夏回族自治区	石油加工、炼焦和核燃料加工业	953477
500	福建省闽南建筑工程有限公司	福建省	房屋建筑业	950911

资料来源：http://www.china.com.cn/cppcc/2015 - 08/25/content_ 36409969. htm.

二、2014 年中国民营企业社会责任 100 强

《南方周末》基于其制定的企业社会责任评价体系——该体系包含了经济指标、管理指标、合规指标、环境指标和社区指标五大模块，涵盖 10 个二级指标和 30 个具体评价指标（见表 10 - 2），对国内民营企业进行了调查，发布了民营企业 2014 年社会责任 100 强名单（见表 10 - 3）。

表 10 - 2　30 个民营经济社会责任评价指标体系

一类指标	二类指标	三类指标
经济指标	经济规模指标	主营收入
		主营收入增速
		净资产
		净资产增速
	经济效益指标	净利润
		净利润增速
		纳税额
		纳税额增速

续表

一类指标	二类指标	三类指标
管理指标	企业社会责任管理团队	是否设立企业社会责任管理团队
	企业社会责任管理目标及考核	企业社会责任管理团队是否有明确目标及考核
合规指标	产品安全与服务质量	是否有重大（人群/后果）消费者投诉事件
		是否存在产品与服务虚假宣传
		是否因违反消费者权益法规而受到监管部门处罚
		是否建立产品与服务的可持续评估体系
		是否通过 ISO 9001 质量管理体系认证
	职工权益保护	雇用职工人数
		是否设立 EHS 管理体系
		是否通过职业安全卫生管理系统认证 OHSAS18001
		是否及时、足额为职工缴纳社保
		是否存在劳资纠纷
		是否受到第三方组织颁发的劳动权益相关奖励
环境指标	环境保护行为及认证	是否曾因违反环境法规而受到国家监管部门处罚
		是否通过 ISO 14001 环境管理体系认证
	环境影响管理体系及节能减排举措	是否接受环境影响的第三方评估
		是否对供应商进行环境影响评估
		是否制定了节能减排目标并完成
社区指标	信息公开与透明度	是否发表企业社会责任报告
		是否对责任报告进行第三方审验
	社区建设和公益表现	是否发起或参与解决本地社区（此处本地社区指中国内地）实际问题的行动（贫困、教育、儿童权利、妇女权利、消除疾病等）
		慈善捐赠金额及公益项目投入金额总计所占当年净资产的比例

资料来源：http://www.infzm.com/content/107658。

表 10 - 3　民营企业 2014 年社会责任 100 强

排名	企业名称	主营业务	地区	总得分
1	华为技术有限公司	通信	广东省	73.190
2	苏宁电器集团	物流电商	江苏省	67.489
3	万科集团	房地产	广东省	65.114
4	中国民生银行	银行	北京市	64.944
5	浙江吉利控股集团有限公司	汽车	浙江省	61.864
6	大连万达集团股份有限公司	地产	辽宁省	61.857
7	比亚迪股份有限公司	汽车	广东省	59.395
8	长城汽车股份有限公司	汽车	河北省	57.839
9	雅戈尔集团股份有限公司	纺织	浙江省	56.032

排名	企业名称	主营业务	地区	总得分
10	碧桂园控般有限公司	地产	广东省	55.998
11	美的电器	家电	广东省	52.711
12	海航集团有限公司	航空	湖南省	48.082
13	恒大地产集团有限公司	地产	广东省	47.491
14	腾讯控股有限公司	信息技术	广东省	46.416
15	TCL集团股份有限公司	家电	广东省	44.098
16	亨通集团有限公司	通信	江苏省	42.003
17	东营方圆有色金属有限公司	金属	山东省	41.426
18	盾安控般集团有限公约	工业	浙江省	41.001
19	中兴通讯股份有限公司	通信	广东省	40.155
20	新奥集团股份有限公司	化工	河北省	39.337
21	联想控股有限公司	计算机	北京市	39.083
22	魏桥纺织股份有限公司	纺织	山东省	38.681
23	国美电器集团	物流电商	北京市	38.673
24	新疆广汇实业投资有限公司	综合	新疆	38.326
25	九州通集团有限公司	医药	湖北省	37.986
26	华盛江泉集团有限公司	钢铁	山东省	36.761
27	创维数码	家电	广东省	36.253
28	新疆特变电工股份有限公司	电气电子	新疆	35.944
29	上海人民企业（集团）有限公司	化工	上海市	35.762
30	浙江荣盛控股集团有限公司	纺织	浙江省	35.315
31	三一集团有限公司	工业	湖南省	34.487
32	杭州娃哈哈集团有限公司	食品	浙江省	34.482
33	香江集团	地产	广东省	34.195
34	恒力集团有限公司	纺织	江苏省	34.076
35	中天发展控股集团有限公司	建筑	浙江省	33.953
36	奥克斯集团	家电	浙江省	33.527
37	波司登股份有限公司	纺织	江苏省	33.073
38	海澜集团有限公司	纺织	江苏省	32.958
39	山东太阳纸业股份有限公司	造纸	山东省	32.513
40	正泰集团	电气电子	浙江省	32.171
41	广州富力地产股份有限公司	地产	广东省	32.171
42	青山控股集团有限公司	钢铁	浙江省	32.109
43	江苏南通三建集团有限公司	建筑	江苏省	31.929
44	内蒙古鄂尔多斯投资控股集团有限责任公司	纺织	内蒙古	31.466
45	北京建龙重工集团有限公司	钢铁	北京市	31.365
46	人民电器集团有限公司	电气电子	浙江省	31.260

排名	企业名称	主营业务	地区	总得分
47	修正药业集团	医药	吉林省	30.904
48	四川宏达集团	能源化工	四川省	30.771
49	万达控股集团有限公司	地产	山东省	30.732
50	江苏沙钢集团有限公司	钢铁	江苏省	30.585
51	新希望集团有限公司	综合	四川省	30.436
52	南通二建集团有限公司	建筑	江苏省	30.058
53	桐昆集团股份有限公司	纺织	浙江省	29.988
54	中太建设集团股份有限公司	建筑	河北省	29.960
55	山东六和集团有限公司	养殖饲料	山东省	29.886
56	盛虹集团有限公司	纺织	江苏省	29.841
57	玖龙纸业（控股）有限公司	造纸	广东省	29.743
58	新华锦集团	贸易	山东省	29.508
59	浙江昆仑控股集团有限公司	建筑	浙江省	29.201
60	南通四建集团有限公司	建筑	江苏省	28.906
61	中天钢铁集团有限公司	钢铁	江苏省	28.835
62	德力西集团有限公司	电气电子	浙江省	28.701
63	丰立集团有限公司	零售	江苏省	28.506
64	江西萍钢实业股份有限公司	钢铁	江西省	28.305
65	华泰集团有限公司	造纸	山东省	28.182
66	东方希望集团有限公司	养殖饲料	上海市	28.054
67	科创集团	医药	四川省	28.002
68	天津荣程联合钢铁集团有限公司	钢铁	天津市	27.987
69	红豆集团有限公司	纺织	江苏省	27.980
70	精功集团有限公司	钢铁	浙江省	27.606
71	山东泰山钢铁集团有限公司	钢铁	山东省	27.574
72	上海复星高科技集团有限公司	综合	上海市	27.424
73	江苏扬子江船业集团公司	运输	江苏省	27.346
74	江苏苏宁环球集团有限公司	地产	江苏省	27.228
75	西林钢铁集团有限公司	钢铁	黑龙江省	27.216
76	海亮集团有限公司	贸易	浙江省	27.057
77	西王集团有限公司	食品	山东省	26.992
78	江苏阳光集团有限公司	纺织	江苏省	26.867
79	宁波银亿集团有限公司	地产	浙江省	26.541
80	四川德胜集团钢铁有限公司	金属	四川省	26.503
81	宁波金田投资控股有限公司	金属	浙江省	26.486
82	浙江宝业建设集团有限公司	建筑	浙江省	26.424
83	维维集团股份有限公司	食品	江苏省	26.403

排名	企业名称	主营业务	地区	总得分
84	江苏高力集团有限公司	地产	江苏省	26.390
85	华芳集团有限公司	纺织	江苏省	26.151
86	重庆龙湖企业拓展有限公司	地产	重庆市	26.075
87	河北文丰钢铁有限公司	钢铁	河北省	25.862
88	利华益集团股份有限公司	日化品	山东省	25.844
89	远大物产集团有限公司	零售	浙江省	25.290
90	四川金广实业（集团）股份有限公司	金属	四川省	24.883
91	广厦控股创业投资有限公司	地产	浙江省	24.704
92	山东金诚石化集团有限公司	能源化工	山东省	24.413
93	宁波富邦控股集团有限公司	化工	浙江省	23.973
94	江苏三房巷集团有限公司	纺织	江苏省	23.674
95	重庆力帆控股有限公司	运输	重庆市	23.375
96	江苏永钢集团有限公司	金属	江苏省	23.356
97	通威集团有限公司	养殖服务	四川省	23.194
98	万向集团公司	汽车	浙江省	23.069
99	物美控股集团有限公司	零售	北京市	23.059
100	江苏申特钢铁有限公司	钢铁	江苏省	22.941

资料来源：2015 中国企业社会责任年会蓝皮书［EB/OL］. http://www. infzm. com/content/107658.

三、2014 年江西民营企业 100 强

表 10 - 4　2014 年江西民营企业 100 强名单　　　　　　　　　单位：万元

排名	企业名称	设区市	所属行业名称	营业收入总额
1	正邦集团有限公司	南昌市	农业	4303866
2	双胞胎（集团）股份有限公司	南昌市	农副食品加工业	3702788
3	江西萍钢实业股份有限公司	南昌市	黑色金属冶炼和压延加工业	2912994
4	晶科能源有限公司	上饶市	电气机械和器材制造业	1937730
5	方大特钢科技股份有限公司	南昌市	黑色金属冶炼和压延加工业	1150930
6	江西济民可信集团有限公司	南昌市	医药制造业	1142731
7	吉安市大广宏再生资源利用有限公司	吉安市	批发业	1037286
8	江西赣基集团工程有限公司	九江市	土木工程建筑业	993610
9	江西博能实业集团有限公司	上饶市	其他制造业	786483
10	泰豪集团有限公司	南昌市	专用设备制造业	726093
11	鹰潭瑞兴铜业有限公司	鹰潭市	有色金属冶炼和压延加工业	680791
12	江西新金叶实业有限公司	上饶市	有色金属冶炼和压延加工业	508700

排名	企业名称	设区市	所属行业名称	营业收入总额
13	志高空调（九江）有限公司	九江市	通用设备制造业	502716
14	鸭鸭股份公司	九江市	纺织服装、服饰业	495355
15	利达装饰集团有限公司	南昌市	建筑装饰和其他建筑业	462743
16	仁和（集团）发展有限公司	宜春市	医药制造业	417865
17	江西耀升钨业股份有限公司	赣州市	有色金属矿采选业	412155
18	江西省丰和营造集团有限公司	南昌市	房地产业	408019
19	江西赛维 LDK 太阳能高科技有限公司	新余市	其他制造业	397000
20	美华建设有限公司	南昌市	建筑装饰和其他建筑业	393744
21	中大建设有限公司	上饶市	房屋建筑业	378329
22	江西青峰药业有限公司	赣州市	医药制造业	377220
23	江西深傲服装有限公司	九江市	纺织服装、服饰业	368546
24	红旗集团江西铜业有限公司	鹰潭市	电气机械和器材制造业	364071
25	发达控股集团有限公司	南昌市	房屋建筑业	363482
26	上饶和丰铜业有限公司	上饶市	有色金属冶炼和压延加工业	360580
27	煌上煌集团有限公司	南昌市	食品制造业	357303
28	城开建设集团有限公司	南昌市	土木工程建筑业	353289
29	毅德置业（赣州）有限公司	赣州市	房地产业	336019
30	中阳建设集团有限公司	抚州市	房屋建筑业	331258
31	贵溪大三元实业（集团）股份有限公司	鹰潭市	有色金属冶炼和压延加工业	326570
32	江西自立环保科技有限公司	抚州市	有色金属冶炼和压延加工业	326362
33	四特酒有限责任公司	宜春市	酒、饮料和精制茶制造业	310916
34	汇仁集团有限公司	南昌市	医药制造业	286096
35	江西省园艺城乡建设集团有限公司	南昌市	建筑装饰和其他建筑业	263580
36	九江联盛实业集团有限公司	九江市	零售业	253927
37	江西省第五建设集团有限公司	南昌市	房屋建筑业	251820
38	全南晶环科技有限责任公司	赣州市	有色金属冶炼和压延加工业	232828
39	华林特钢集团有限公司	九江市	房地产业	228000
40	江西金汇铜业有限公司	上饶市	有色金属冶炼和压延加工业	212304
41	江西合力泰科技有限公司	吉安市	其他制造业	206916
42	崇义章源钨业股份有限公司	赣州市	有色金属冶炼和压延加工业	202500
43	上饶市华丰铜业有限公司	上饶市	有色金属冶炼和压延加工业	199106
44	江西太阳陶瓷有限公司	宜春市	非金属矿物制品业	194103
45	虔东稀土集团股份有限公司	赣州市	有色金属冶炼和压延加工业	186805
46	江西盛达商业投资集团有限公司	南昌市	道路运输业	182753
47	江西诚建建筑装饰工程有限公司	南昌市	建筑装饰和其他建筑业	182649
48	江西际洲建设工程集团有限公司	上饶市	建筑装饰和其他建筑业	180500
49	江西省万事发粮油有限公司	南昌市	农副食品加工业	169261

排名	企业名称	设区市	所属行业名称	营业收入总额
50	江西省宏顺建筑工程有限公司	南昌市	房屋建筑业	159617
51	江西高能投资集团有限公司	南昌市	综合	157546
52	江西洪达医疗器械集团有限公司	南昌市	医药制造业	155785
53	江西百神药业股份有限公司	宜春市	医药制造业	153900
54	江西同心铜业有限公司	鹰潭市	有色金属冶炼和压延加工业	152603
55	江西金土地集团	新余市	农副食品加工业	148709
56	江西省景程实业有限公司	九江市	综合	141220
57	江西省绿滋肴实业有限公司	南昌市	零售业	139389
58	江西益康医疗器械集团有限公司	南昌市	医药制造业	138981
59	江西省人之初科技集团有限公司	南昌市	食品制造业	138941
60	江西省新厦建设集团有限公司	上饶市	房屋建筑业	138295
61	江西美庐乳业集团有限公司	九江市	食品制造业	136721
62	江西保太有色金属集团有限公司	鹰潭市	有色金属冶炼和压延加工业	135924
63	江西汇能电器科技有限公司	宜春市	其他制造业	135000
64	江西凯安铜业有限公司	鹰潭市	有色金属冶炼和压延加工业	124833
65	江西新威动力能源科技有限公司	宜春市	其他制造业	123806
66	江西联达冶金有限公司	萍乡市	其他制造业	121893
67	江西青春康源集团有限公司	新余市	医药制造业	120300
68	九江博莱肉类食品有限公司	九江市	畜牧业	120279
69	中粮粮油工业（九江）有限公司	九江市	农副食品加工业	118504
70	高安红狮水泥有限公司	宜春市	非金属矿物制品业	118386
71	江西交建工程集团有限公司	南昌市	土木工程建筑业	117886
72	九江诺贝尔陶瓷有限公司	九江市	其他制造业	115531
73	果喜实业集团有限公司	鹰潭市	其他采矿业	110525
74	协讯电子（吉安）有限公司	吉安市	计算机、通信和其他电子设备制造业	109570
75	九江恒生化纤股份有限公司	九江市	化学纤维制造业	107843
76	江西九州医药有限公司	宜春市	批发业	107196
77	江西金田粮油集团有限公司	吉安市	农副食品加工业	105086
78	江西世龙实业股份有限公司	景德镇市	化学原料和化学制品制造业	104789
79	江西省中联能源发展有限公司	南昌市	煤炭开采和洗选业	104702
80	思创数码科技股份有限公司	南昌市	软件和信息技术服务业	104543
81	江西天新药业有限公司	景德镇市	医药制造业	104333
82	江西瑞源陶瓷有限公司	宜春市	非金属矿物制品业	103816
83	江西瑞晶太阳能科技有限公司	新余市	其他制造业	103815
84	江西中旺铜业有限公司	上饶市	有色金属冶炼和压延加工业	101371
85	江西罗纳尔陶瓷集团有限公司	宜春市	非金属矿物制品业	100202
86	江西国鸿集团股份有限公司	南昌市	农业	98223

排名	企业名称	设区市	所属行业名称	营业收入总额
87	江西金利达钾业有限责任公司	宜春市	化学原料和化学制品制造业	97648
88	博硕科技（江西）有限公司	吉安市	计算机、通信和其他电子设备制造业	97454
89	江西三川集团有限公司	鹰潭市	仪器仪表制造业	95297
90	赣州市龙树实业有限公司	赣州市	家具制造业	92930
91	江西长荣建设集团有限公司	南昌市	建筑安装业	92369
92	广东兴发铝业（江西）有限公司	宜春市	金属制品业	90548
93	广昌县华能铜业有限公司	抚州市	有色金属冶炼和压延加工业	89550
94	江西雄宇集团有限公司	南昌市	金属制品业	88010
95	江西金龙化工有限公司	景德镇市	化学原料和化学制品制造业	87788
96	江西九州通药业有限公司	南昌市	批发业	87629
97	江西和美陶瓷有限公司	宜春市	非金属矿物制品业	85833
98	江西振盟新能源有限公司	宜春市	其他制造业	85700
99	上饶光电高科技有限公司	上饶市	非金属矿物制品业	85163
100	江西金源纺织有限公司	宜春市	纺织业	84409

资料来源：http：//jx.ifeng.com/news/jj/detail_2015_10/21/4465897_0.shtml.

四、2014 年江西民营企业制造业 100 强

表 10 - 5　2014 年江西民营企业制造业 100 强名单　　　　　　单位：万元

排名	企业名称	设区市	所属行业名称	营业收入总额
1	双胞胎（集团）股份有限公司	南昌市	农副食品加工业	3702788
2	江西萍钢实业股份有限公司	南昌市	黑色金属冶炼和压延加工业	2912994
3	晶科能源有限公司	上饶市	电气机械和器材制造业	1937730
4	方大特钢科技股份有限公司	南昌市	黑色金属冶炼和压延加工业	1150930
5	江西济民可信集团有限公司	南昌市	医药制造业	1142731
6	江西博能实业集团有限公司	上饶市	其他制造业	786483
7	泰豪集团有限公司	南昌市	专用设备制造业	726093
8	鹰潭瑞兴铜业有限公司	鹰潭市	有色金属冶炼和压延加工业	680791
9	江西新金叶实业有限公司	上饶市	有色金属冶炼和压延加工业	508700
10	志高空调（九江）有限公司	九江市	通用设备制造业	502716
11	鸭鸭股份公司	九江市	纺织服装、服饰业	495355
12	仁和（集团）发展有限公司	宜春市	医药制造业	417865
13	江西赛维 LDK 太阳能高科技有限公司	新余市	其他制造业	397000
14	江西青峰药业有限公司	赣州市	医药制造业	377220
15	江西深傲服装有限公司	九江市	纺织服装、服饰业	368546

排名	企业名称	设区市	所属行业名称	营业收入总额
16	红旗集团江西铜业有限公司	鹰潭市	电气机械和器材制造业	364071
17	上饶和丰铜业有限公司	上饶市	有色金属冶炼和压延加工业	360580
18	煌上煌集团有限公司	南昌市	食品制造业	357303
19	贵溪大三元实业（集团）股份有限公司	鹰潭市	有色金属冶炼和压延加工业	326570
20	江西自立环保科技有限公司	抚州市	有色金属冶炼和压延加工业	326362
21	四特酒有限责任公司	宜春市	酒、饮料和精制茶制造业	310916
22	汇仁集团有限公司	南昌市	医药制造业	286096
23	全南晶环科技有限责任公司	赣州市	有色金属冶炼和压延加工业	232828
24	江西金汇铜业有限公司	上饶市	有色金属冶炼和压延加工业	212304
25	江西合力泰科技有限公司	吉安市	其他制造业	206916
26	崇义章源钨业股份有限公司	赣州市	有色金属冶炼和压延加工业	202500
27	上饶市华丰铜业有限公司	上饶市	有色金属冶炼和压延加工业	199106
28	江西太阳陶瓷有限公司	宜春市	非金属矿物制品业	194103
29	虔东稀土集团股份有限公司	赣州市	有色金属冶炼和压延加工业	186805
30	江西省万事发粮油有限公司	南昌市	农副食品加工业	169261
31	江西洪达医疗器械集团有限公司	南昌市	医药制造业	155785
32	江西百神药业股份有限公司	宜春市	医药制造业	153900
33	江西同心铜业有限公司	鹰潭市	有色金属冶炼和压延加工业	152603
34	江西金土地集团	新余市	农副食品加工业	148709
35	江西益康医疗器械集团有限公司	南昌市	医药制造业	138981
36	江西省人之初科技集团有限公司	南昌市	食品制造业	138941
37	江西美庐乳业集团有限公司	九江市	食品制造业	136721
38	江西保太有色金属集团有限公司	鹰潭市	有色金属冶炼和压延加工业	135924
39	江西汇能电器科技有限公司	宜春市	其他制造业	135000
40	江西凯安铜业有限公司	鹰潭市	有色金属冶炼和压延加工业	124833
41	江西新威动力能源科技有限公司	宜春市	其他制造业	123806
42	江西联达冶金有限公司	萍乡市	其他制造业	121893
43	江西青春康源集团有限公司	新余市	医药制造业	120300
44	中粮粮油工业（九江）有限公司	九江市	农副食品加工业	118504
45	高安红狮水泥有限公司	宜春市	非金属矿物制品业	118386
46	九江诺贝尔陶瓷有限公司	九江市	其他制造业	115531
47	协讯电子（吉安）有限公司	吉安市	计算机、通信和其他电子设备制造业	109570
48	九江恒生化纤股份有限公司	九江市	化学纤维制造业	107843
49	江西金田粮油集团有限公司	吉安市	农副食品加工业	105086
50	江西世龙实业股份有限公司	景德镇市	化学原料和化学制品制造业	104789
51	江西天新药业有限公司	景德镇市	医药制造业	104333
52	江西瑞源陶瓷有限公司	宜春市	非金属矿物制品业	103816

续表

排名	企业名称	设区市	所属行业名称	营业收入总额
53	江西瑞晶太阳能科技有限公司	新余市	其他制造业	103815
54	江西中旺铜业有限公司	上饶市	有色金属冶炼和压延加工业	101371
55	江西罗纳尔陶瓷集团有限公司	宜春市	非金属矿物制品业	100202
56	江西金利达钾业有限责任公司	宜春市	化学原料和化学制品制造业	97648
57	博硕科技（江西）有限公司	吉安市	计算机、通信和其他电子设备制造业	97454
58	江西三川集团有限公司	鹰潭市	仪器仪表制造业	95297
59	赣州市龙树实业有限公司	赣州市	家具制造业	92930
60	广东兴发铝业（江西）有限公司	宜春市	金属制品业	90548
61	广昌县华能铜业有限公司	抚州市	有色金属冶炼和压延加工业	89550
62	江西雄宇集团有限公司	南昌市	金属制品业	88010
63	江西金龙化工有限公司	景德镇市	化学原料和化学制品制造业	87788
64	江西和美陶瓷有限公司	宜春市	非金属矿物制品业	85833
65	江西振盟新能源有限公司	宜春市	其他制造业	85700
66	上饶光电高科技有限公司	上饶市	非金属矿物制品业	85163
67	江西金源纺织有限公司	宜春市	纺织业	84409
68	红板（江西）有限公司	吉安市	计算机、通信和其他电子设备制造业	84239
69	江西省福斯特新能源集团有限公司	宜春市	其他制造业	84124
70	江西宝源彩纺有限公司	宜春市	纺织业	82517
71	江西建鑫铜业有限公司	鹰潭市	有色金属冶炼和压延加工业	79747
72	江西特种电机股份有限公司	宜春市	电气机械和器材制造业	79330
73	广昌县众发铜业有限公司	抚州市	有色金属冶炼和压延加工业	77553
74	赣州腾远钴业有限公司	赣州市	有色金属冶炼和压延加工业	74195
75	九江齐鑫化工有限公司	九江市	石油加工、炼焦和核燃料加工业	73116
76	江西万泰铝业有限公司	抚州市	废弃资源综合利用业	71111
77	江西变电设备有限公司	抚州市	电气机械和器材制造业	68969
78	井冈山市映山红瓷业有限公司	吉安市	其他制造业	68000
79	江西华伍制动器股份有限公司	宜春市	通用设备制造业	67790
80	江西晨飞铜业有限公司	抚州市	废弃资源综合利用业	67432
81	江西锦溪水泥有限公司	景德镇市	其他制造业	67364
82	鹰潭市众鑫成铜业有限公司	鹰潭市	有色金属冶炼和压延加工业	65400
83	江西赣锋锂业股份有限公司	新余市	有色金属冶炼和压延加工业	65362
84	贵溪正发铜业有限公司	鹰潭市	有色金属冶炼和压延加工业	65000
85	江西恩达麻世纪科技股份有限公司	新余市	纺织业	62749
86	江西春源绿色食品有限公司	上饶市	农副食品加工业	61018
87	鹰潭荣嘉集团医疗器械实业	鹰潭市	医药制造业	60990
88	江西联达金砂湾冶金有限公司	九江市	有色金属冶炼和压延加工业	60057
89	江西省金三角陶瓷有限公司	宜春市	非金属矿物制品业	58185

排名	企业名称	设区市	所属行业名称	营业收入总额
90	江西金洋金属有限公司	宜春市	废弃资源综合利用业	58076
91	江西广通电缆有限公司	九江市	电气机械和器材制造业	58061
92	赣州华劲纸业有限公司	赣州市	造纸和纸制品业	57219
93	江西省康舒陶瓷有限公司	抚州市	其他制造业	57043
94	江西兴成新材料股份有限公司	鹰潭市	有色金属冶炼和压延加工业	56785
95	江西百神昌诺药业有限公司	抚州市	医药制造业	56784
96	江西远成汽车技术股份有限公司	南昌市	铁路、船舶、航空航天和其他运输设备制造业	55654
97	江西起重机械总厂	宜春市	专用设备制造业	55614
98	贵溪市恒鹏金属加工有限公司	鹰潭市	有色金属冶炼和压延加工业	53899
99	江西省圣塔实业集团有限公司	赣州市	其他制造业	53129
100	赣州海盛钨钼集团有限公司	赣州市	黑色金属冶炼和压延加工业	

资料来源：http://jx.ifeng.com/news/jj/detail_ 2015_ 10/21/4465897_ 0. shtml.

五、2014 年江西民营企业服务业 20 强

表 10-6 2014 年江西民营企业服务业 20 强名单 单位：万元

排名	企业名称	设区市	所属行业名称	营业收入总额
1	吉安市大广宏再生资源利用有限公司	吉安市	批发业	1037286
2	江西省丰和营造集团有限公司	南昌市	房地产业	408019
3	毅德置业（赣州）有限公司	赣州市	房地产业	336019
4	九江联盛实业集团有限公司	九江市	零售业	253927
5	华林特钢集团有限公司	九江市	房地产业	228000
6	江西盛达商业投资集团有限公司	南昌市	道路运输业	182753
7	江西省绿滋肴实业有限公司	南昌市	零售业	139389
8	江西九州医药有限公司	宜春市	批发业	107196
9	思创数码科技股份有限公司	南昌市	软件和信息技术服务业	104543
10	江西九州通药业有限公司	南昌市	批发业	87629
11	江西仁翔药业有限公司	宜春市	仓储业	83222
12	江西江龙集团鸿海物流有限公司	宜春市	道路运输业	66741
13	江西康成药业有限公司	宜春市	仓储业	57991
14	江西万马投资发展有限公司	南昌市	房地产业	51000
15	赣州市越秀房地产开发有限公司	赣州市	房地产业	50211
16	江西凯诚医药有限公司	上饶市	批发业	49007
17	江西新振兴投资集团有限公司	宜春市	道路运输业	39917
18	江西华鼎置业有限公司	宜春市	房地产业	36177
19	江西省万宜经贸有限公司	九江市	批发业	35771
20	南昌市恒通金属材料有限公司	南昌市	批发业	32576

资料来源：http://jx.ifeng.com/news/jj/detail_ 2015_ 10/21/4465897_ 0. shtml.

第十一章 大事记

序号	时间 （年/月/日）	内容
1	2014/01/04	省工商联十届三次执委会议在南昌市召开。省委常委、省委统战部部长蔡晓明出席会议并作重要讲话。省委统战部常务副部长黄小华出席会议。省工商联主席雷元江做工作报告。省委统战部副部长、工商联党组书记刘金炎主持会议
2	2014/01/20	2014 年江西省"两会"举行了首场全媒体访谈直播。江西省政协常委、省工商联主席雷元江谈及江西省非公有制经济发展时表示，非公有制经济已经成为江西经济发展的生力军，针对江西非公经济产业层次低、企业竞争力弱的问题，江西将打破非公经济发展障碍，支持民营资本进入江西省战略性新兴产业、军工行业、基础设施等领域
3	2014/02/07	省人民政府办公厅出台《关于推动中小微企业利用全国中小企业股份转让系统发展的实施意见》
4	2014/02/08	南昌市组织市委常委及市级领导干部开展党的群众路线教育实践活动集体学习，省政协副主席孙菊生作主题为《大力促进江西非公经济更好更快发展》的专题讲座。市委副书记、市长郭安主持并讲话，市委副书记欧阳海泉、市人大主任蔡社宝、市政协主席卢晓健等市四套班子领导和1000 多名市直各单位副县级以上干部出席并聆听讲座
5	2014/02/21	省工商联工作联系会暨深入开展非公有制经济人士理想信念教育实践活动会议在南昌市召开。省工商联主席雷元江出席会议并讲话。省委统战部副部长、省工商联党组书记、第一副主席刘金炎主持会议。省工商联副主席谭文英、洪跃平、刘星平，巡视员于也明，省民营经济研究会副会长龚培兴和全省各设区市工商联主席、书记等参加会议
6	2014/02/21	萍乡上海商会第一届会员代表大会暨商会成立庆典在上海市举行，在长三角打拼的萍商有了自己的"娘家"。大会审议通过了商会《章程》，选举产生了萍乡上海商会第一届会长、常务副会长、副会长，选举产生了萍乡上海商会第一届商会监事长
7	2014/03/07	中共萍乡市委市政府印发《关于加快非公有制经济发展的意见》
8	2014/03/11	宜春市工商联党组书记刘锋率队赴新余市工商联、萍乡市工商联考察交流，并就赣西三市工商联共打"赣西"牌、合作助推赣西转型发展进行会商
9	2014/03/13	由省工商联与财智名家论坛联合举办的全国知名学者下基层专场报告会在赣州、吉安两地成功举办，共计 900 余位企业家听取了著名经济学家魏杰《关于 2014 年经济走势》的报告，反响热烈。这是省工商联实施"万人培训计划"，打造"非公经济人士教育培训体系"的重要举措
10	2014/03/14	省工商联副主席洪跃平一行 3 人到访天津市工商联，重点考察了解天津市工商联服务非公有制经济发展的具体做法，交流工作经验。李广文书记主持召开座谈会，牛予其秘书长出席，天津市江西商会负责人，办公室、市非公党工委、经济部、会员部、宣传部等部分部室负责人参加
11	2014/03/20	吉安市促进非公有制经济发展领导小组印发《关于落实大力促进非公有制经济更好更快发展政策措施责任分工方案》

序号	时间（年/月/日）	内容
12	2014/03/25	25～27日，省工商联主席雷元江到抚州市，就发展非公经济、县级工商联建设和抚州商会大厦建设等情况进行调研。调研期间，江西省抚州市委书记龚建华，市委副书记、市长张和平，市委常委、统战部部长朱章明，市委常委、副市长周小平，市委常委、临川区委书记李智富，会见雷元江主席。抚州市政协副主席、市工商联主席蔡青，市委统战部副部长、市工商联党组书记吴茶香等陪同调研
13	2014/03/28	首届赣西企业家联谊会在宜春市召开。江西省工商联主席雷元江，萍乡市委副书记、市长李小豹，新余市委常委、常务副市长胡高平出席会议并讲话，宜春市委副书记、市长蒋斌致辞，宜春市委常委、统战部长钱薇主持会议
14	2014/03/31	为加快农村经济发展，分宜县推出举措，在民营企业家中选聘村委会"名誉主任"，效果初显。目前，该县已经选聘了11名优秀民营企业家到村委会挂职任"名誉主任"
15	2014/03/31	南昌市首批8家民营企业在上海股权托管交易中心成功鸣锣挂牌。出席当天仪式的有南昌市政协副主席、市工商联主席陈斌，南昌市人民政府金融工作办公室企业上市处负责人和上海股权托管交易中心副总经理魏舒明。南昌首批8家民营企业的高层管理人员、南昌电视台等主流媒体，共同见证这一具有历史意义的时刻
16	2014/04/03	中共江西省委统战部公布了"江西省民营经济发展升级示范企业"名单
17	2014/04/03	省工商联副主席谭文英、江西省中小企业工贸协会会长施玉清率领江西省中小企业工贸协会代表团深入抚州市广昌县考察，并召开项目洽谈会。抚州市政协副主席、市工商联主席蔡青，广昌县委副书记江志坚，县委常委、宣传部长，县工业园区党工委书记洪斌，县政府副县长易忠华，县政协副主席、县工商联主席黄琛等陪同考察
18	2014/04/22	由省工商联、江西财经大学主办，江西财经大学人文学院承办的"江西省工商联非公有制经济代表人士培训班"开班。省委统战部副部长、工商联党组书记刘金炎，江西财经大学党委书记廖进球，省工商联副主席洪跃平，江西财经大学副校长邓辉等领导出席了开班式。会议由省工商联巡视员于也明主持
19	2014/05/08	首届中国青年企业家发展峰会在共青城市隆重开幕。此次峰会以"创新创业创优——机遇与使命"为主题，来自全国工商联、中国青年企业家协会、深圳手机协会的企业家代表共计400余人参加此次峰会
20	2014/05/12	省工商联"万企培训"计划启动仪式暨民营企业家（复旦大学）高级研修班在上海市开班。培训由江西省工商联主席雷元江主持，江西省委常委、统战部长蔡晓明，统战部副部长、省工商联党组书记刘金炎，江西省人大常委、省工商联副主席、人民电器集团董事长郑元豹和省工商联各副主席（会长）出席本次开班典礼
21	2014/05/27	在南昌市迎宾南大道与富山五路交叉口，江西国际汽车广场三期开工奠基仪式盛大举行，众多领导、嘉宾出席了仪式，同时还邀请了全国汽车摩托车配件用品商会会长章宏伟、上海分会、杭州分会、北京分会、武汉分会、广州分会等行业的800余位嘉宾积极参与，省市多家新闻媒体对此次活动进行报道。省工商联主席雷元江和全国工商联汽车配件业商会会长章宏伟为商会揭牌并授牌
22	2014/05/29	由省委宣传部、省工商联和省妇联联合主办的首届"江西省十大杰出民营女企业家"表彰发布会在南昌市举行。詹慧珍、胡恩雪、雷凤莲、吕佩菲、何茂颐、林静霞、胡慧萍、何文莉、林钦、王雅兰10人被授予"江西省十大杰出民营女企业家"荣誉称号。省工商联主席雷元江出席活动并讲话，省工商联主席雷元江、省委统战部副部长、省工商联党组书记刘金炎，省妇联副主席肖晓兰为受表彰女企业家颁发奖杯和证书

序号	时间 （年/月/日）	内容
23	2014/05/30	江西省第一家以个人名字命名的江西庆金慈善基金会揭牌成立，标志着江西省非公有制经济组织参与社会公益慈善事业进入了一个新的台阶。基金会由江西淦龙集团董事长蒋庆金出资 200 万元创立，其宗旨是宣传公益理念，创新公益模式，培育公益文化，推动江西公益事业发展
24	2014/06/17	省工商联非公经济发展环境监测点培训工作会议在南昌召开。省工商联主席雷元江出席会议并讲话，省工商联副主席刘星平、省民营经济研究会会副会长龚培兴、省社会科学院经济研究所副所长高玫参加会议。会议由省工商联巡视员于也明主持。会议对 2014 年上半年省工商联非公经济发展环境监测工作开展情况进行了通报，对下半年工作进行了部署，向全省 1000 家非公经济环境监测点企业颁发了奖牌和证书
25	2014/06/18	41 家民企赣商联手打造的江西"同心谷·商联中心"项目建设启动仪式暨赣商恳谈会在南昌市举行。江西省委常委、省委统战部部长、省促进非公有制经济发展领导小组组长蔡晓明，省人民政府副省长、省促进非公有制经济发展领导小组副组长李贻煌，省工商联主席雷元江，省委统战部副部长、省工商联党组书记刘金炎以及设区市工商联商会会长、全国各地知名赣商代表、中铁建设集团、慧联股东等出席启动仪式
26	2014/06/25	省工商联副主席王雪冬率领企业家来进贤县考察，县委副书记、县长钟益民，副县长罗通文会见了王雪冬一行
27	2014/07/04	海南省工商联副主席王胜一行 6 人来赣考察调研，就江西省"同心谷·赣商之家"项目运作情况进行交流。江西省工商联巡视员于也明、省总商会项目服务办、慧联置业有限公司相关负责同志陪同考察调研
28	2014/07/12	全国工商联商会考察团对接会在南昌市举行，拉开了全国工商联商会赴赣州投资考察活动的序幕。受赣南苏区振兴发展优惠政策和发展成就的吸引，由全国工商联会员部副部长张新武带队，中国民营文化产业商会、全联农业产业商会、全联新能源商会和北京民俗旅游业商会的会员企业家一行 13 人，到赣州就投资环境进行为期 3 天的专题考察活动
29	2014/07/15	15～16 日，省工商联十届四次常委会议暨江西民营企业·萍乡市经贸合作洽谈会召开。会议期间，萍乡市政府与省工商联签署战略合作框架协议；三县两区、萍乡经济技术开发区与 10 家民营企业签订项目合作协议。省工商联主席雷元江，省委统战部副部长、省工商联党组书记刘金炎，省工商联副主席谭文英、洪跃平，市领导李小豹、周敏、江枝英、王开贵、崔传鹏、谢新明出席会议
30	2014/08/08	省工商联主席雷元江在接受人民政协报记者采访时说，中国经济正处于由高速增长向中高速增长的换挡期。同全国一样，江西民营经济也迎来了转型升级发展的阵痛期。在这个关键时期，气可鼓不可泄
31	2014/08/28	省人民政府办公厅印发《关于进一步加强涉企收费管理减轻企业负担的实施意见》，指出为更好地落实企业减负政策，结合江西省实际，逐步建立和实施涉企收费目录清单制度、规范和完善涉企收费管理、加强监督检查和政策宣传
32	2014/09/10	全省商（协）会改革发展调研座谈会在南昌市召开。省委改革办、省委政研室副主任陈强一行 3 人出席，省委统战部、省民政厅、省工商联机关处室负责人以及部分省级行业协会商会会长、秘书长参加座谈会。会议由省工商联副主席谭文英主持
33	2014/09/11	省工商业联合会副主席洪跃平一行 4 人拜访了全国工商联信息中心、宣教部、非公经济人士理想信念教育实践活动领导小组办公室等相关部门领导，并深入北京江西商会等会员企业进行座谈调研

序号	时间 （年/月/日）	内容
34	2014/09/11	省地方税务局印发《关于贯彻落实稳增长、促改革、调结构、惠民生政策措施　促进我省经济平稳增长若干措施的通知》
35	2014/09/12	省工商业联合会副主席洪跃平和办公室主任傅炜、宣传调研处唐迎丰等一行莅临北京江西企业商会调研指导。北京江西企业商会常务副会长熊炎飞、严昌忠、黄云，副会长樊考平、皮燕娟、张国义，理事易克力、赵艺欢、宁萌，副秘书长毛祖棠等热情接待来访客人
36	2014/09/17	17~19日，省委常委、省委统战部部长、省促进非公有制经济发展领导小组组长蔡晓明来到高安、樟树、丰城三市，就贯彻落实省委十三届九次全会精神，进一步加快非公有制经济转型升级进行专题调研。省政协副主席、民建江西省委员会主任孙菊生，省政府决策咨询委主任、省工信委党组副书记、省中小企业局局长吴治云，省工商联主席雷元江，省金融办主任胡伏云等随同调研
37	2014/09/20	由江西诚建建筑装饰工程有限公司举办的纪念诚建成立十周年暨乔迁之喜慈善晚会开幕，主要是为南昌市青少年发展基金会筹集资金，用于资助家境困难的大学生顺利完成学业。江西省工商联主席雷元江同志致辞，高度褒奖了江西诚建的慈善之举，肯定了诚建今天的成绩并提出了殷切的期望
38	2014/09/23	由省总商会、江西日报社联合主办，江西省民营经济研究会、中国江西网、江西手机报承办的"推选和宣传首届最佳优化民营经济发展环境县（市、区）活动"圆满结束。经过组织推荐、参评申报、公众评议、实地考察、专家评定，评出遂川县、上高县、万安县、金溪县、广丰县、青云谱区、余江县、青山湖区、宜黄县、西湖区、瑞昌市、龙南县、万年县13个县（市、区）为"首届最佳优化民营经济发展环境县（市、区）"
39	2014/09/28	由省人民政府新闻办、省工商联主办的"2014江西民营企业100强"发布会在南昌市召开。会上，先后发布2014江西民营企业100强、2014江西民营企业制造业100强、2014江西民营企业服务业20强名单以及《2014江西上规模民营企业调研报告》。省政协副主席、民建江西省委主委、省非公经济发展领导小组副组长兼办公室主任孙菊生出席发布会。省工商联主席雷元江作了讲话。出席发布会的还有省委统战部副部长、省工商联党组书记刘金炎，省工商联副主席洪跃平，省发改委副巡视员杨毅以及相关厅局负责同志。发布会由省工商联副主席刘星平主持
40	2014/09/28	赣州市人民政府办公厅关于印发《加大对小微企业帮扶力度加快非公有制经济发展的实施意见的通知》
41	2014/10/11	全国工商联非公有制经济人士理想信念教育实践活动调研座谈会在南昌市召开。全国工商联党组成员、副主席李路，江西省委统战部副部长、省工商联党组书记刘金炎，省工商联副主席谭文英、副主席刘星平等出席会议。双胞胎集团、正邦集团、煌上煌集团等12家企业、商会负责人参加会议。省工商联主席雷元江主持会议
42	2014/10/15	省工商联主席雷元江率调研组来到抚州市，就新形势下商会建设工作进行调研，并与市工商联负责人和企业家代表座谈。副市长韦萍，市政协副主席、市工商联主席蔡青出席座谈会。雷元江希望抚州各级工商联充分认识加快非公经济发展的重要意义，把发展非公经济摆到更加突出的位置，进一步增强责任感和使命感，不断提高抚州非公经济发展水平。要加强经济发展软环境建设，不断优化非公经济发展环境。要进一步加强工商联队伍建设，不断提高服务水平

续表

序号	时间 （年/月/日）	内容
43	2014/10/22	福建省江西抚州商会成立庆典大会在福州市举行。抚州市人大常委会主任王晓媛，市政协主席谢发明，市委常委、统战部长朱章明，市委常委、副市长赵世斌，市政协副主席、工商联主席蔡青等到会祝贺。会上审议通过了福建省江西抚州商会筹备工作报告、商会章程、会员大会选举办法、商会财务管理制度，选举产生了以福建丰溢建设工程有限公司董事长王军球为会长的商会领导班子
44	2014/10/25	永修（南昌）商会成立大会在南昌市举行。省工商联主席雷元江，县委书记邹绍辉分别为商会和商会党支部揭牌授牌。原省新闻出版局巡视员程利民，原省环保厅巡视员罗来发，市工商联主席梅武林，县领导李鹏云等出席商会成立大会
45	2014/10/30	由省工商联举办的全国知名学者下基层专场报告会分别在鹰潭、新余两地举办，共计400余名民营企业家听取了著名经济学家、国务院参事陈全生作的《宏观经济走势与政策分析》报告。是省工商联实施"万企培训计划"的生动体现
46	2014/11/14	省工商联召开非公有制经济发展环境监测点工作情况通报会暨第三方评估工作推进会。会议主要内容是对非公经济发展环境监测工作进行通报，对开展第三方评估工作进行动员部署。省工商联主席雷元江出席会议并讲话。省工商联巡视员于也明、省社科院经济研究所所长麻智辉出席会议。省工商联副主席刘星平主持会议
47	2014/11/23	省人民政府印发《关于鼓励社会资本进入社会事业领域的意见》
48	2014/12/09	省非公经济领导小组办公室印发了赣非公领办字〔2014〕15号文《关于促进非公有制企业品牌建设的实施意见》
49	2014/12/16	省委统战部印发《关于加强我省非公有制经济代表人士队伍建设的实施意见》